CLAUDE
LAHARIE

LE CAMP DE GURS

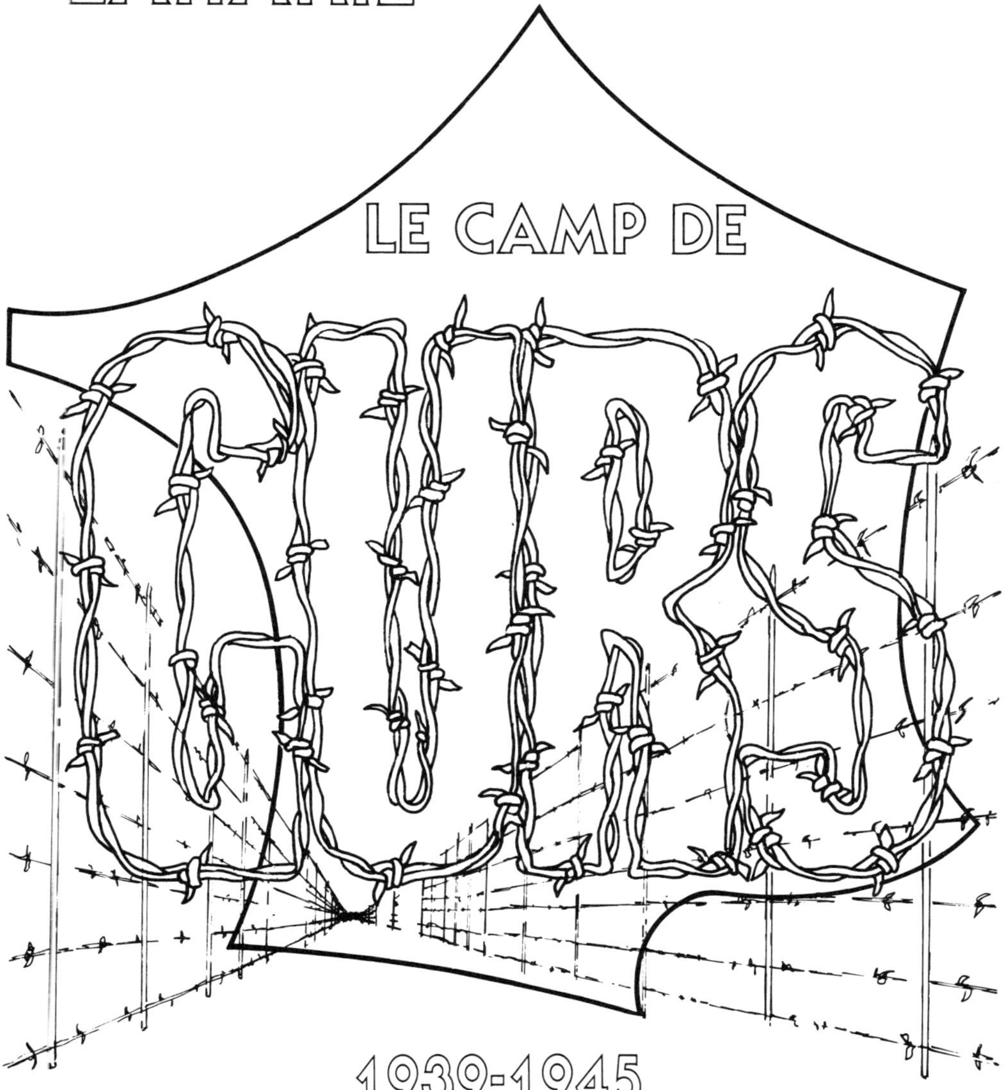

1939-1945

UN ASPECT MECONNU DE L'HISTOIRE DU BEARN

J&D
EDITIONS

Gurs, une drôle de syllabe,
comme un sanglot
qui ne sort pas de la gorge.

Louis Aragon.

Nous tenons à remercier le Conseil général des Pyrénées-Atlantiques et l'Amicale du camp de Gurs qui ont accordé leur soutien financier à l'édition de cet ouvrage.

Notre gratitude va également à tout le personnel des Archives départementales des Pyrénées-Atlantiques qui a facilité nos recherches, particulièrement MM. Noël Pinzutti et Jacques Staes, directeurs, à M. Paul Laroche qui a réalisé les travaux photographiques, à M. Bela Nogrady, informaticien, à Mlle Monique Morales, cartographe, et à tous ceux qui ont contribué à l'élaboration de ce travail.

C.L.

PRÉFACE

Au début des années 1970, Jacqueline Souchère, ancienne déportée de Ravensbrück, dont le mari avait été mon compagnon au camp central de Mauthausen, me fit rencontrer Claude Laharie, jeune étudiant en Histoire à l'Université de Bordeaux. Comme sujet de thèse de IIIe cycle, il avait choisi d'étudier le camp de Gurs de 1939 à 1945. Il pensait que j'y avais été interné en tant que volontaire des Brigades internationales et que je pourrais lui donner un témoignage personnel. Ce n'était pas le cas puisque j'avais évité l'internement en passant illégalement la frontière, dans une voiture officielle où se trouvaient aussi Roll Tanguy et un camarade allemand, Baier, sous la protection de Raymond Guyot et Jean Catelas, députés communistes, venus aider sur place à l'accueil des réfugiés. A Paris j'avais été intégré au Comité d'Aide à l'Espagne Républicaine dont l'une des tâches était d'assurer la liaison et la solidarité, tant matérielles que morales, notamment avec les internés de Gurs.

Parmi les 20.000 soldats républicains qui s'y trouvaient parqués il y avait 7.000 volontaires des Brigades internationales non rapatriables. En effet, les Allemands et les Autrichiens, les Italiens, les Yougoslaves, les Roumains, les Bulgares et les Polonais ne pouvaient retourner dans leurs pays jugulés par des régimes fascistes ou totalitaires. Il y avait aussi 700 de mes compatriotes tchécoslovaques dont le gouvernement, mis en place après le traité de Munich, avait refusé le retour au pays où ils se proposaient de poursuivre la lutte contre Hitler qui s'apprêtait à l'envahir.

Après le déclenchement de la guerre et le départ massif des travailleurs et des paysans français aux armées, les autorités françaises décidèrent d'exploiter l'énorme potentiel de main-d'œuvre que représentait les internés de Gurs et des autres camps implantés dans le Midi. La majorité des soldats républicains furent incorporés dans les compagnies de travailleurs étrangers (C.T.E.) et envoyés aux quatre coins du pays : dans les arsenaux, les poudreries, les centrales hydro-électriques ou au front pour réparer et renforcer la ligne Maginot. D'autres furent versés dans les compagnies de marche de la

Légion étrangère. Tous n'avaient qu'une pensée : poursuivre aux côtés du peuple français le combat qu'ils avaient mené, trois années durant, en Espagne contre le fascisme.

Nous ne pouvons pas ne pas mentionner ce que fut leur destin après que les armées hitlériennes eussent déferlé sur la France. Faits prisonniers avec l'Armée française, ils furent d'abord internés dans les camps de prisonniers français. Avec l'agrément du gouvernement de Vichy, ils furent ensuite déportés par les nazis dans le camp de concentration allemand de Mauthausen où ils furent en majorité exterminés. Arrivés 8.000, ils ne seront plus que 1.500 à pouvoir célébrer, en mai 1945, la libération du camp et la victoire contre le nazisme.

Pour ce qui est des "Internationaux", Polonais et Tchécoslovaques s'engagèrent massivement dans les armées polonaise et tchécoslovaque qui avaient été créées en France pour combattre aux côtés des Français. D'autres, jugés trop "rouges", avaient été envoyés dans des camps de représailles et, par la suite, transférés en Afrique du Nord. Ceux qui restaient à Gurs réussirent à s'évader, à s'évanouir dans la nature et à rejoindre, nombreux, les rangs de la Résistance française à laquelle prirent part aussi des milliers de Républicains et réfugiés espagnols résidant en France. Il est intéressant de rappeler que quelques centaines d'"Internationaux" parvinrent à regagner illégalement leurs pays d'origine occupés par les Allemands où ils participèrent aux combats de la Résistance intérieure.

Après la défaite, l'occupation de la France, la création de la zone libre et la honteuse collaboration des autorités de Vichy, la tragédie de Gurs devait atteindre son paroxysme. Vidé des Espagnols et des "Internationaux", on y avait interné, par fournées successives, les antifascistes allemands et autrichiens réfugiés en France pour fuir Hitler, des centaines de patriotes français, les 6.500 Juifs déportés du pays de Bade en octobre 1940 par les nazis, des milliers d'autres raflés par les autorités françaises de Vichy qui exécutaient, et souvent même devançaient, les consignes de l'occupant.

Si durant la première phase de l'histoire de Gurs, des contacts amicaux, une solidarité matérielle et morale s'étaient établis entre la population locale, les Républicains espagnols et les "Internationaux", il n'en fut pas de même (bien sûr à des exceptions près) pour les nouveaux arrivants : ces étrangers "indésirables", ces espions, ces Juifs, fauteurs de guerre désignés à la vindicte publique.

A partir de 1942, alors que la zone libre existait encore, Gurs, transformé en un véritable pourrissoir, fut un des principaux réservoirs français où les nazis puiseront, avec l'aide des policiers, des gardes mobiles et des gendarmes français, les victimes qui alimenteront les fours d'Auschwitz.

Le chargement de ces milliers d'hommes, de femmes et d'enfants dans les camions, leur acheminement par trains entiers s'effectuaient au vu et au su des populations environnantes. La vérité leur était donc connue. Pourtant, mis à part quelques protestations et des actions de solidarité isolées, c'est l'indifférence qui prédomine, confortée par les difficultés de la vie quotidienne, les accusations et les calomnies contre "cette vermine qui dénature et pourrit la France".

L'être humain est ainsi fait qu'il ensevelit au plus profond de lui-même, évacue et même oublie purement et simplement les mauvais souvenirs, surtout ceux qui lui font honte.

Au fur et à mesure de l'avance des forces alliées en Allemagne et dans les pays occupés par les nazis, le monde entier fut secoué par la "découverte" des camps de la mort. La même interrogation se posait partout : comment avait-on pu ignorer jusqu'ici l'existence de ces centaines de camps de concentration qui s'étendaient comme une immense toile d'araignée sur ces terres peuplées d'Europe, certains aux portes même de grandes cités industrielles ? Pourquoi un tel mur de silence autour d'eux ?

Les populations alentour ne pouvaient pas ne pas savoir, à moins d'avoir constamment les yeux, les oreilles et... le nez bouchés, pour ceux qui vivaient près des camps d'extermination dont le ciel était noir de la fumée nauséabonde qui s'échappait jour et nuit des cheminées des fours crématoires.

Avec la paix et les récits des survivants des camps, le monde fut frappé d'horreur en apprenant comment les nazis avaient pratiqué un génocide contre des millions de déportés transformés dans les camps en esclaves de la "race supérieure", comment ils avaient décidé et pratiqué la "solution finale" pour anéantir les Juifs, notamment à Auschwitz, où les cendres de près de cinq millions d'entre eux avaient été mêlées à la terre.

Après notre retour en France -j'avais moi-même été déporté à Mauthausen pour mon action dans la Résistance à la direction de la M.O.I. (Main d'Oeuvre Immigrée) et du T.A. (Travail à l'intérieur de l'armée allemande d'occupation)- nous étions harcelés de questions sur la nature des camps nazis. On voulait connaître la vérité pour que, avertie, l'humanité ne puisse plus jamais connaître cela.

Par contre, le silence planait sur les camps de concentration français : Rieucros, Septfonds, Le Vernet, St Cyprien, Rivesaltes, Noé, Nexon, Récébédou... et sur le plus important, le pire, Gurs.

Certes ce n'était pas Auschwitz, Mauthausen, Maidanek, Ravensbrück... Pourtant plus de mille morts avaient été ensevelis dans un coin de cette terre française, voués à l'oubli comme le camp lui-même. La lande boueuse où s'élevaient les baraquements et les barbelés avait disparu sous les frondaisons et les ronces. Quand un ancien interné passait par là pour retrouver ses souvenirs et se recueillir, peu de gens étaient capables de lui indiquer l'emplacement où s'élevait le camp. Dans une causerie entre les lycéens d'Oloron et d'anciens "Gursiens", un des professeurs présents, originaire du Béarn, dit qu'à l'âge de ses élèves, elle ignorait tout de la tragédie de Gurs.

Depuis 1964, grâce au Consistoire israélite de Bade et à la mairie de Karlsruhe, un cimetière impressionnant de grandeur et de simplicité rassemble 1 067 tombes -en grande majorité des Juifs déportés d'Allemagne, mais aussi, rassemblées dans un carré, celles des combattants espagnols et des Brigades internationales. Cependant, à part les liens qui, depuis lors, se sont noués entre la mairie de Navarrenx et celle de Karlsruhe qui sont jumelées, le mur de l'oubli persistait autour de Gurs.

Ma rencontre avec Claude Laharie -né après la guerre, l'intérêt qu'il portait à l'histoire du camp de Gurs, sa volonté d'éclairer les zones d'ombre recouvrant la mémoire collective des six années cruelles de son existence, m'avaient beaucoup touché. Aujourd'hui et demain sont faits d'hier, d'où l'importance que le témoin soit repris des mains des survivants de cette époque par la jeune génération. Les difficultés du travail qu'il entreprenait ne l'ont pas effrayé. Pendant des années il s'est attaqué au mur de l'oubli, il a recherché et mis à jour la vérité enfouie sous des tonnes de documents et d'archives ignorés jusqu'ici, non classés ni répertoriés, dispersés dans les bureaux des administrations civiles et militaires, dans les mairies...

On dit qu'une hirondelle ne fait pas le printemps mais d'autres ont suivi tout au long des années 1970. Ce qui est touchant pour nous, les anciens, c'est de constater l'intérêt de la jeunesse de la région pour Gurs, l'histoire de la guerre et de la Résistance. Hommage doit être rendu aux jeunes de la M.J.C. d'Oloron qui en 1979 furent les promoteurs de la célébration du 40e anniversaire de la création du camp de Gurs avec, pour corollaire, la réalisation d'un musée et la construction d'un mémorial qui perpétueront le souvenir de ce que nous ne devons ***plus jamais revoir****.*

C'est en janvier 1979 qu'était publié un livre excellent VIVRE A GURS, écrit conjointement par une universitaire de Paris, Barbara Vormeier, née pendant la guerre, et Hanna Schramm, antifasciste allemande exilée en France en 1934 et internée à Gurs en mai 1940.

Le 29 avril 1979, à l'appel de ces jeunes qui sont l'honneur de la jeunesse française les habitants du Béarn, venus parfois de deux cents kilomètres à la ronde, avec leurs enfants et petits enfants, ont participé en très grand nombre aux cérémonies du souvenir organisées conjointement par le Consistoire israélite de Bade, la mairie de Karlsruhe, les autorités civiles et religieuses des cantons riverains du camp de Gurs, des représentants des Républicains espagnols et des Brigades internationales. Ils étaient des milliers à découvrir ce cimetière. Chacun se recueillait en son nom et au nom de tous devant une stèle (Juif, Espagnol, "International") et y déposait la fleur amenée de chez lui voulant par ce geste réparer les années d'oubli qui avaient pesé sur ces morts.

Comme le disait avec émotion un membre de la délégation allemande reçue par le maire de Navarrenx : "On dirait que ce n'est que maintenant que l'on veut ouvrir les yeux sur ce qui a été...". L'idée force qui émanait de ces manifestations était : se souvenir pour préparer un avenir plus juste, plus fraternel, préservé de la guerre.

C'est le sens aussi de l'appel lancé à la fin du Congrès constitutif de l'Amicale des Anciens de Gurs qui réunit en juin 1980 une centaine de participants venus de nombreux pays d'Europe : "Gurs vivra dans la conscience des hommes grâce à la jeunesse qui entretiendra la flamme du souvenir et bâtira le monde de justice, de fraternité pour lequel sont morts nos camarades".

Paris - Décembre 1984
Artur London

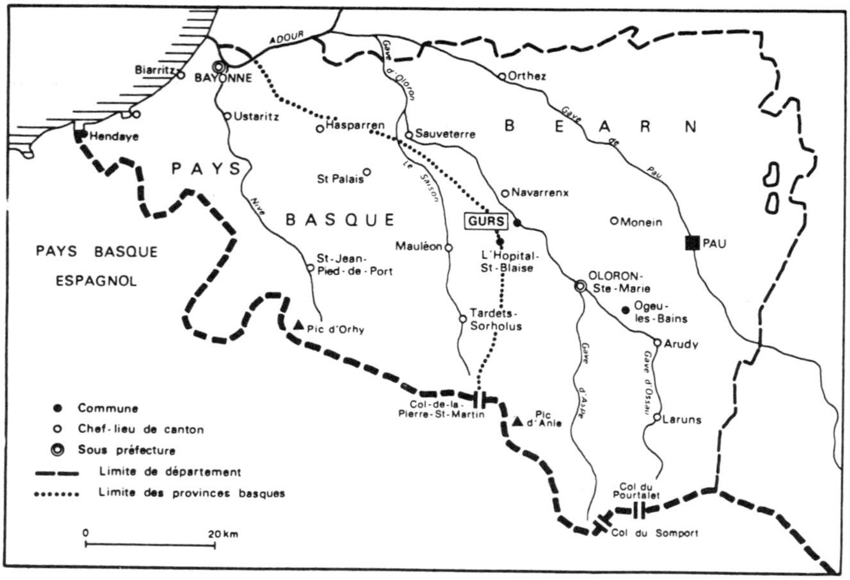

LE DEPARTEMENT DES BASSES-PYRENEES EN 1939

INTRODUCTION

Avril - mai 1939. Depuis plusieurs mois, les Républicains espagnols que la prise de la Catalogne a contraint de fuir leur pays s'entassent sur les plages du Roussillon. Le gouvernement français décide d'ouvrir pour eux des camps de réfugiés, parmi lesquels l'immense camp de Gurs. En quelques jours, toutes les places disponibles sont occupées.

Mai 1940. L'invasion par les troupes allemandes des Pays-Bas, de la Belgique, du Luxembourg et du nord-est de la France rejette sur les routes toute une population d'émigrés qui avait trouvé refuge dans ces régions. Le gouvernement français classe aussitôt ces hommes et ces femmes dans la catégorie des *"indésirables"* et les interne dans les camps. En une semaine, les baraques du camp de Gurs, qui avaient été progressivement vidées depuis le début des hostilités, sont à nouveau bondées.

Octobre 1940. Au moment où la politique antisémite de Vichy provoque l'internement des Juifs étrangers installés en zone non-occupée, au moment où Pétain rencontre Hitler à Montoire, l'"opération Bürckel" purge le Pays de Bade des milliers de Juifs qui y résidaient encore. Le convoi aboutit finalement à Gurs, partiellement vidé au cours de l'été.

Puis, jusqu'en novembre 1943, le flot continue, ininterrompu : non seulement des Juifs, cible favorite du nouveau régime, mais aussi des suspects de tous bords, parmi lesquels des opposants politiques français.

Au total, à la Libération, près de 60 000 Gursiens.

L'occupation du camp n'est pas pour autant terminée. En 1944-1945, le camp est réouvert et les vieilles baraques réutilisées : c'est l'époque des *"collaborateurs"* et des émigrés espagnols. En tout, 3 000 hommes et femmes environ.

Ainsi, pendant plus de six ans, du 5 avril 1939 au 31 décembre 1945, le camp de Gurs fonctionne presque sans interruption. Son histoire s'étend sur toute la durée de la Deuxième Guerre mondiale ; elle la déborde même, tant avant le déclenchement des hostilités qu'après la capitulation allemande.

Or cette période de six années est un des tournants du XXe siècle. Sur le plan européen, elle correspond à la fin de la guerre civile en Espagne, au déroulement du conflit le plus meurtrier que le monde ait jamais connu, aux victoires et à l'effondrement du régime nazi, aux premiers soubresauts de la reconstruction. Epoque majeure entre toutes, qui scelle pour de longues années le destin de l'Europe. En France, c'est le moment des grands bouleversements politiques, avec l'agonie de la IIIe République, l'instauration à sa place d'un régime réactionnaire qui se déconsidère peu à peu par sa collaboration avec l'occupant, la Libération et le retour au système démocratique. C'est dans ce contexte de guerres, d'instabilité des institutions et de troubles des esprits que s'inscrit l'histoire du camp de Gurs.

Mais son intérêt dépasse largement le simple cadre événementiel de la Deuxième Guerre mondiale. Il réside surtout dans la multiplicité des questions essentielles que soulèvent les différentes approches du sujet.

Les internés d'abord. Qui sont-ils donc, ces émigrés, ces expulsés, ces exilés qui viennent s'entasser les uns après les autres dans les baraques du camp ? La majorité d'entre eux vivait en Espagne et en Europe centrale. Mais la moindre analyse révèle qu'ils proviennent des quatre coins du monde ; qu'il ne s'agit pas seulement d'hommes dans la force de l'âge, mais aussi de femmes, d'enfants et de vieillards ; que, parmi eux, se trouvent des civils comme des militaires, des combattants comme des victimes de guerre, des Juifs comme des chrétiens, des citadins, des ruraux, des artisans, des ouvriers, des sans profession, bref toute une population disparate dans laquelle on chercherait vainement une unité de condition sociale, d'opinion politique, d'âge et de religion.

L'internement ensuite. Comment vit-on au camp ? Quelle est l'influence du milieu, des installations, du climat, sur les conditions de séjour dans les baraques ? C'est tout le problème des activités quotidiennes et de l'organisation à l'intérieur des îlots.

Le fonctionnement du système répressif français. Sous quel jour l'histoire de Gurs l'éclaire-t-il ? Car il s'agit bien de répression et les termes de *"centre d'accueil"* ou *"centre d'hébergement"*, dénominations officielles du camp, relèvent davantage de la terminologie administrative que de la réalité. Que ce soit à l'époque de la direction militaire, jusqu'en 1940, ou après, sous l'autorité des civils, la pesanteur d'une discipline de type pénitentiaire ne saurait être niée. En outre, des milliers de Gursiens ont été appréhendés, surveillés, encadrés et administrés par les seuls fonctionnaires français, y compris au plus profond de l'occupation allemande. Gurs est donc bien un aspect de la politique coercitive menée par les Français à l'encontre des étrangers. Quelle place exacte le camp occupe-t-il au sein de ce système ? Il n'est en effet qu'un des camps du midi de la France, un des éléments d'un ensemble qui, en 1942-1943, dépasse largement le cadre du pays et s'étend jusqu'à Auschwitz.

Les rapports des internés avec le monde extérieur. Le camp a été construit en terre béarnaise, au bord du Gave d'Oloron, le long duquel s'égrène un chapelet de villages. L'arrivée de milliers de réfugiés vient tout à coup bousculer la tranquillité des petites communes rurales. D'autant qu'avec eux, s'installe le cortège habituel des populations déplacées : les gardiens et leurs familles, les gendarmes que l'on rencontre partout, les inconnus qui parlent à peine le français et prennent d'assaut auberges et hôtels environnants. L'économie de la région en est bouleversée. Qui donc, dans de telles conditions, pourrait rester indifférent ?

Un grand nombre d'autres questions enfin. Pourquoi les volontaires des Brigades internationales ont-il été internés à Gurs ? Quel est l'impact des événements européens sur la population du camp ? Comment sont mortes les 1 067 personnes qui reposent au cimetière du camp ? Quelle a été l'attitude de l'administration face à l'antisémitisme prôné par le nouveau régime ? Pourquoi, pendant six ans, Gurs est-il apparu dans les journaux locaux comme un objet permanent de scandale ?

Seule une étude minutieuse pouvait répondre à ces questions. Nous avons tenté de la mener.

PREMIERE PARTIE

LE CAMP

CHAPITRE PREMIER

LA CREATION DU CAMP

Le 26 janvier 1939, les troupes nationalistes entrent à Barcelone. A la fin du mois, la Catalogne toute entière est occupée. Pour les Républicains, la chute de la province la plus riche et la plus peuplée d'Espagne est un désastre. L'issue de la guerre civile est désormais acquise et le grand exode commence[1].

Dès le 27 janvier, le gouvernement français ouvre ses frontières aux civils et aux soldats républicains blessés. Un fleuve de combattants, de femmes et d'enfants, en fuite devant les troupes franquistes, se déverse sur la frontière catalane. Par Port-Bou, le Perthus, Mollo et Puigcerda, les "hordes de Rouges", traînant valises et bagages, affluent en désordre. Le 7 février, le président Azana lui-même s'exile en France avec ce qu'il lui reste de gouvernement. Les autorités françaises, qui étaient loin de soupçonner un tel déferlement, se montrent, au début, assez hospitalières. Le préfet des Pyrénées-Orientales rappelle qu'il est des *"devoirs auxquels nous ne saurions nous soustraire"*[2]. Mais cette générosité cache une profonde inquiétude, d'ailleurs largement partagée par les populations locales. L'aspect de cette armée en déroute, sale, en haillons, la sourde rumeur qui l'accompagne où il est question de pillages,

1. Sur l'exode et la création des premiers camps de réfugiés voir Vilanova (Antonio), *Los Olvidados. Los exilados espanoles en la segunda guerra mundial* ed. Ruedo Iberico, Paris, 1969 et Prades (Eduardo), *Republicanes Espanoles en la segunda guerra mundial,* Ed. Planeta S.A., Barcelone, 1976, 600 p.

2. *La Dépêche de Toulouse,* 12 février 1939, p. 1

d'exécutions sommaires, d'attentats meurtriers, mettent en émoi les Pyrénées Orientales. En Béarn, la presse se déchaîne contre ces *"repris de justice, assassins et bourreaux"* [3]. Devant une telle effervescence, le 9 février, le gouvernement français décide de fermer définitivement la frontière. Près d'un demi-million de réfugiés est néanmoins passé. D'autres passeront encore pendant les sept mois suivants, clandestinement surtout, mais leur nombre, comparé au précédent, est réduit : à peine le dixième.

Fin janvier, l'administration française doit donc faire face à une situation d'autant plus préoccupante qu'elle n'avait pas prévu l'ampleur du phénomène. Il est vrai qu'un tel exode constitue alors quelque chose d'exceptionnel pour l'Europe occidentale. En toute hâte, des *"centres d'accueil"* sont aménagés à Argelès, à Prats-de-Mollo, à Bourg-Madame et à Saint-Cyprien, conformément au décret-loi du 12 novembre 1938, portant création de *"centres"* pour *"l'accueil des indésirables soumis à des mesures de surveillance étroites"* [4]. Mais ces camps n'ont de *"centres d'accueil"* que le nom : tout y manque, ou presque. On y couche à la belle étoile, dans des conditions d'hygiène lamentables, la nourriture est notoirement insuffisante et la tramontane, violente et glaciale en cette saison, accentue encore les épreuves imposées par les conditions d'hébergement.

C'est pourquoi, pendant la première semaine de février, de nouveaux camps sont installés en catastrophe, pour décongestionner les premiers, Trois zones de rassemblement sont délimitées : outre les plages environnant Perpignan (Collioure, Argelès, Saint-Cyprien, Le Barcarès), les réfugiés sont rassemblés dans le Haut-Vallespir (Arles-sur-Tech, Amélie-les-Bains) et en Cerdagne (Latour-de-Carol, Mont-Louis). Ainsi, quel que soit le lieu de passage choisi par les Républicains en fuite, un camp pourra les recevoir. Cependant, l'intensité du froid et la violence du vent provoquent, à la mi-février, l'évacuation des camps pyrénéens installés dans les stations d'altitude, et le regroupement des réfugiés sur les plages du Roussillon pour les hommes, dans des *"refuges"* de l'intérieur du pays pour les femmes et les enfants. A la fin du mois, la crasse, la misère et les maladies sont telles à Argelès et à Saint-Cyprien, les descriptions reproduites dans la presse laissent un tel sentiment d'épouvante, que le gouvernement est contraint d'élaborer une politique cohérente.

Le 23 février, le Conseil des ministres nomme le général Ménard, commandant la 17ᵉ région (Toulouse), chargé de mission responsable de la coordination de l'ensemble des mesures concernant l'accueil des réfugiés espagnols.

3. Titre d'un article décrivant l'arrivée en France des réfugiés espagnols, *Le Patriote des Pyrénées,* 11 février 1939, p. 1.

4. *Journal officiel* du 13 novembre 1938, p. 12 923, titre IV.

Ménard, d'accord avec le général Fagalde, chef de la 16e région (Montpellier), et le préfet des Pyrénées-Orientales, Didkowski, dirige son action vers deux directions. D'une part, il organise une intense propagande auprès des réfugiés. Dans chaque camp, des haut-parleurs, installés sur des camions, exhortent les Espagnols à rentrer chez eux ; avec un certain succès, d'ailleurs, puisqu'à la fin du mois de mars, 70 000 d'entre eux ont été rapatriés. Pour apaiser les craintes des Français et montrer que le gouvernement n'admettra pas que les "Rouges" se conduisent en fauteurs de troubles, il fait aménager (et le fait publier dans la presse) trois prisons, spécialement destinées aux "fortes têtes" : Fort-Collioure à la frontière catalane, Le Vernet et Rieucros dans l'Ariège. D'autre part, il décide d'améliorer les conditions d'hébergement : il limite à trois le nombre des camps installés sur les plages des Pyrénées-Orientales (Argelès, Saint-Cyprien et Le Barcarès), et les fait progressivement aménager. En même temps, il décide d'ouvrir dans les plus brefs délais six grands centres, disséminés dans les départements voisins de la frontière espagnole et capables d'accueillir environ 100 000 réfugiés. A Bram (Aude), seront envoyés les vieillards ; à Septfonds (Tarn-et-Garonne) et Vernet (Haute-Garonne), seront conduits les ouvriers spécialisés, à reclasser dans l'économie française ; les Catalans seront de préférence dirigés sur Agde (Hérault) et Rivesaltes (Pyrénées-Orientales) et les Basques dans un camp situé *"près d'Oloron"*.

Un centre d'accueil en Béarn : Ogeu ou Gurs ?

Pourquoi le Béarn, puisqu'il s'agissait, du moins à l'origine, d'héberger des Basques espagnols dans le département des Basses-Pyrénées ? La région de Bayonne, ou, à défaut, celles de Mauléon ou Saint-Palais, semblaient tout indiquées.

Des considérations d'ordre politique et électoral expliquent l'essentiel d'un tel choix. En 1939, les députés des trois circonscriptions basques sont des hommes de droite. Parmi eux, le leader incontesté est Jean Ybarnegaray, député de Mauléon. Forte personnalité, il est le seul candidat du département à avoir été élu dès le premier tour aux législatives de 1936. Orateur brillant et farouche partisan des nationalistes pendant la guerre civile, il déploie une grande activité au cours des derniers jours de février. Il rencontre Léon Bérard, sénateur et président du Conseil général, qui joue un rôle important dans les affaires franco-espagnoles, depuis que Daladier l'a officieusement chargé d'entreprendre des négociations, afin de faciliter la reconnaissance par la France du gouvernement du général Franco. Ybarnegaray obtient également une entrevue avec le préfet Surchamp[5]. Il n'est pas interdit de penser que le député bas-

5. Notes du cabinet du préfet des Basses-Pyrénées (Arch. dép. Pyr. Atl., 1 M 572).

que développe alors, auprès de ses interlocuteurs, des arguments expliquant que la cohabitation de Basques espagnols, "rouges" et turbulents, avec les Basques français, traditionnellement hostiles à la gauche, serait une source de désordre dans une région jusque là paisible.

Toujours est-il que, le 7 mars, les journaux du département annoncent en première page la redoutable nouvelle : un camp de réfugiés espagnols sera édifié près d'Oloron, à Ogeu-les-Bains.

Ogeu est une petite commune béarnaise, située à une dizaine de kilomètres au sud-est de la sous-préfecture, Oloron. Du point de vue électoral, elle appartient à la circonscription d'Oloron, celle-là même qui a envoyé au parlement le radical-socialiste Mendiondou, le seul élu du Front populaire du département. Du point de vue administratif, l'arrondissement d'Oloron est limitrophe de la province basque la plus orientale, la Soule.

La nouvelle provoque aussitôt une véritable levée de boucliers. Seul le député-maire d'Oloron, Mendiondou, écrit dans *Le Patriote* que l'existence d'un camp à Ogeu est non seulement *"justifiée pour des raisons humanitaires"*, mais aussi *"apportera la prospérité à la région"*[6] en donnant du travail à l'artisanat local et en stimulant les productions agricoles. Cette opinion est unique au milieu du concert des protestations. Toutes les autres tendent à démontrer que le village ne peut en aucun cas supporter l'installation des réfugiés sur son territoire. Le docteur Fauchay, conseiller général du canton, explique que les 500 habitants du village ont déjà du mal à se ravitailler en... eau, et qu'il sera impossible de satisfaire une population trente fois supérieure. Le chanoine Biers, maire d'Ogeu, déclare que les terrains de sa commune sont des *"fougeraies qui servent de lieu de pacage aux troupeaux. Leur enlever serait léser les paysans du village"*[7].

Peut-être le général Ménard et le préfet des Basses-Pyrénées furent-ils convaincus par ces arguments. Toujours est-il que, le 15 mars, après avoir reconnu, la veille, le site en quelques heures, ils annoncent que le camp ne sera pas installé à Ogeu, *"pour des raisons techniques et sanitaires"*[8], mais sur la lande de Gurs, sur un terrain *"qui avait déjà été utilisé pour des manœuvres militaires"*[8].

6. *Le Patriote des Pyrénées,* 11 mars 1939, p. 2.

7. Lettre adressée le 8 mars 1939 par le maire d'Ogeu-les-Bains au préfet des Basses-Pyrénées (Arch. dép. Pyr. Atl., 1 M 572).

8. Rapport adressé le 15 mars 1939 par le préfet des Basses-Pyrénées au ministre de l'Intérieur (Arch. dép. Pyr. Atl., 1 M 543). Ce rapport est remanié et présenté à la presse sous forme d'un communiqué préfectoral le 15 mars 1939, *L'Indépendant des Basses-Pyrénées,* 16 mars 1939, p. 3.

"Un camp volant. Ce n'est plus à Ogeu (arrondissement d'Oloron), mais à Gurs (arrondissement d'Orthez), que serait créé le camp de concentration pour miliciens espagnols", titre *Le Patriote* du 16 mars.

La nouvelle provoque un vif soulagement chez les uns et une nouvelle tempête de protestations chez les autres. Jean-Louis Tixier-Vignancour, le jeune député d'Orthez, est scandalisé que sa circonscription ait été choisie pour *"un tel cadeau"* ; il déclare avec éloquence que ces réfugiés constituent *"toute une armée non seulement de l'anarchie, mais du crime international"*. Il se console néanmoins en remarquant que, si le camp est construit sur "son" territoire électoral, il dépendra administrativement de la sous-préfecture d'Oloron, et non de celle d'Orthez, et économiquement de la vallée du Gave d'Oloron. La route est en effet directe entre Gurs et la ville de Mendiondou ; elle est longue et sinueuse entre Gurs et Orthez.

Dans la vallée, l'émotion est considérable. Au *Patriote,* un *"groupe de Béarnais"* fait publier un violent article dans lequel on peut lire :

> *"La nouvelle a causé dans toute la plaine de Navarrenx une véritable consternation. L'alarme est d'autant plus vive que les derniers exploits des massacreurs espagnols à Argelès-sur-Mer et à Prats-de-Mollo viennent de démontrer tout ce qu'on peut redouter d'un tel voisinage"* [9].

Le 19 mars, le Conseil municipal de Navarrenx proteste vivement et vote à l'unanimité une motion dans laquelle est expliqué que *"le déversement dans le Gave d'Oloron, à trois kilomètres environ en amont de la prise d'eau de la ville, d'une quantité énorme d'eaux usées et de matières animales, présente incontestablement un danger d'épidémie grave pour la population"*[10]. Le 25 mars, le Conseil municipal de Sus renchérit : *"le déversement des égouts du camp dans le Lausset risquerait de provoquer les pires épidémies de fièvre typhoïde"* et transformerait la rivière en *"un égout à ciel ouvert"*[11]. Le 26, celui de l'Hôpital-St-Blaise fait part de toute son appréhension, *"vu que la commune n'a aucun moyen de défense et ne possède pas d'appareil téléphonique pour alerter la police en cas d'alerte"*[12].

9. *Le Patriote des Pyrénées,* 19-20 mars 1939, p. 3. Les "exploits" auxquels il est fait allusion concernent les exécutions sommaires : une à Argelès, le 11 mars, et quatre à Prats-de-Mollo, le 17 mars. Dans les deux cas, les criminels n'ont pu être identifiés.

10. Extrait du registre des délibérations du Conseil municipal de Navarrenx, 19 mars 1939 (Arch. dép. Pyr. Atl., 1 M 543 et 3 Z 242).

11. Extrait du registre des délibérations du Conseil municipal de Sus, 25 mars 1939 (Arch. dép. Pyr. Atl., 3 Z 242). La commune de Sus est située à cinq kilomètres de l'entrée nord du camp.

12. Extrait du registre des délibérations du Conseil municipal de L'Hôpital-St-Blaise, 26 mars 1939 (Arch. dép. Pyr. Atl., 3 Z 242). Cette commune est située à 4,5 kilomètres de l'entrée sud du camp.

Mais il faut bien se rendre à l'évidence : plaintes et récriminations demeurent vaines. *"Gurs, on n'y coupera pas !"*, titre *Le Patriote*[13].

Le site de Gurs

Gurs est un village situé aux confins du Béarn, à quelques minutes de marche de la Soule, la province basque la plus orientale, au bord du Gave d'Oloron. Le bourg s'étire le long de la route nationale 636, à cinq kilomètres de Navarrenx, au nord, et à dix-sept kilomètres d'Oloron, au sud-est. Tout au sud, l'horizon est barré par la muraille pyrénéenne, d'où émerge la majestueuse cîme du pic d'Anie. Gurs est bien desservi par la route : la nationale 636, qui relie Oloron à Bayonne, est un des principaux axes routiers du département. En revanche, la commune est à l'écart du réseau ferré, la gare la plus proche se trouvant à Oloron.

Les terrains sur lesquels le camp doit être bâti sont vastes : 79,6 hectares. Ils s'étendent le long de la route nationale, sur les territoires communaux de trois petits villages, Préchacq-Josbaig, Dognen et Gurs, dont la population cumulée dépasse à peine, à la veille de la guerre, le millier d'habitants. Ils forment un rectangle de près de deux kilomètres de long et quatre cents mètres de large, dont le grand côté est limité par la nationale, et le petit par la départementale 25 (Lucq-de-Béarn - Mauléon).

Les collines environnantes sont parsemées de fermes souvent figées, depuis des générations, dans leurs habitudes d'autarcie. Les activités, presque exclusivement agricoles, y relèvent de l'économie de subsistance. La vallée du Gave présente une autre physionomie : un véritable chapelet de gros bourgs, construits sur les terrasses supérieures de la rivière, l'encadre d'Oloron à Sauveterre. Ces villages vivent de la terre d'abord, mais aussi des relations commerciales régulièrement entretenues avec les marchés de Navarrenx et d'Oloron. L'analogie des activités et la convergence des débouchés pourraient laisser supposer l'existence dans la vallée d'un sentiment communautaire profond. Ce n'est pas le cas : si chacun est fier de ses origines béarnaises, un véritable réseau de rivalités, plus diverses les unes que les autres, oppose les bourgs entre eux, les fermes entre elles, et les fermes aux bourgs.

L'installation d'un camp au centre de la vallée réussit néanmoins à réunir tous les habitants, ou peu s'en faut, dans un même refus. Moins d'ailleurs par méfiance vis-à-vis des Espagnols, nombreux dans la région, que par crainte des complications et des dérangements que ne manquera pas de provoquer la présence des réfugiés.

13. *Le Patriote des Pyrénées*, 23 mars 1939, p. 5.

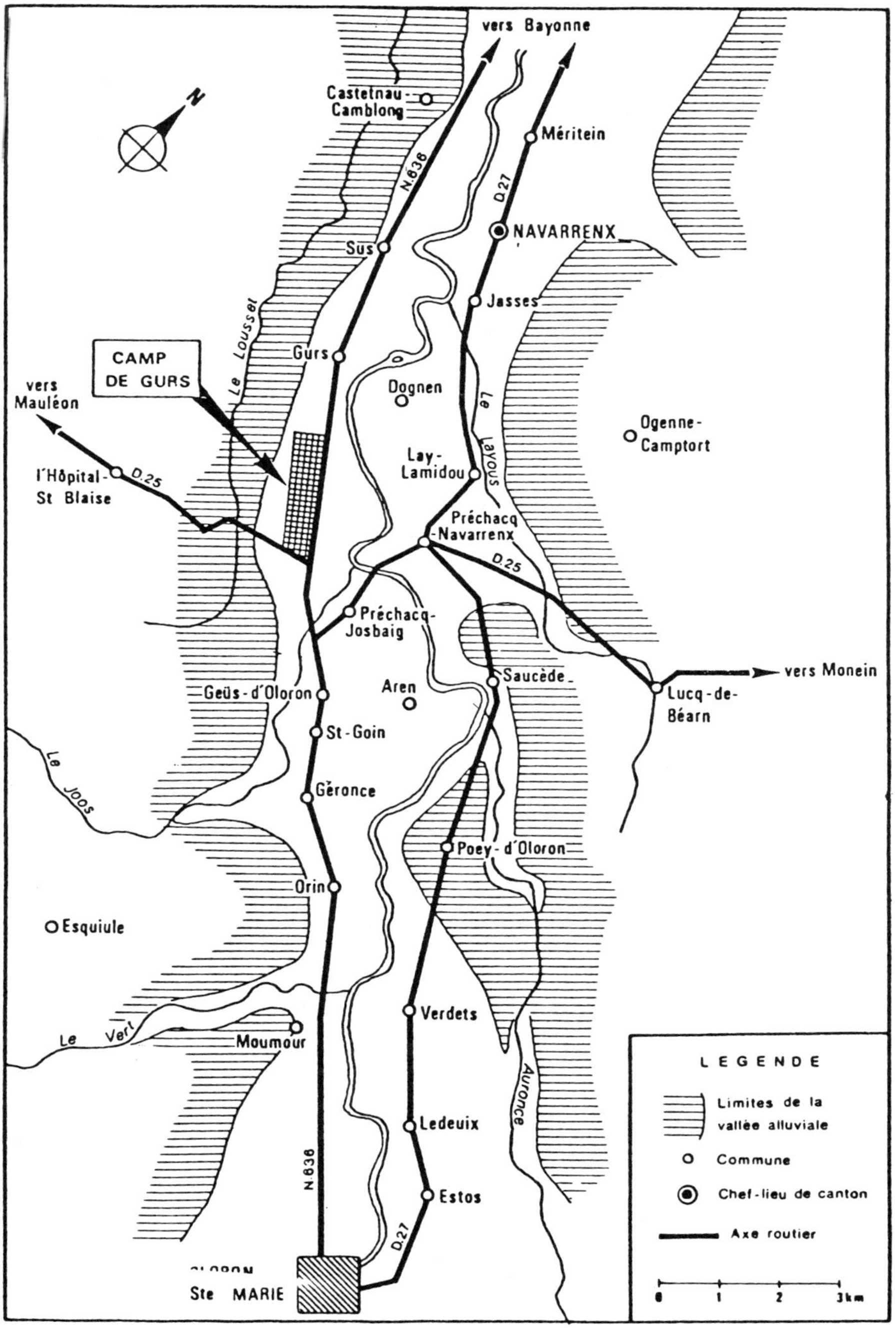

LA VALLEE DU GAVE D'OLORON ENTRE OLORON-STE MARIE ET NAVARRENX

Les friches où le camp sera construit sont situées sur le lit alluvial du Gave ou, plus exactement, sur une des terrasses dominant la rivière de quelques dizaines de mètres, à environ un kilomètre de son lit mineur. Le sol y est lourd : il est constitué d'alluvions argilo-sableuses assez grasses, qui se présentent sous la forme d'une gangue rougeâtre imperméable. Cette remarque est fondamentale lorsque l'on sait que le climat de la région est particulièrement humide : 1 250 mm de précipitations annuelles, en moyenne. L'hiver, avec le froid et la pluie, la neige plus rarement, la lande de Gurs se transforme en bourbier à peine praticable. L'été au contraire, l'argile superficielle durcit après quelques jours de sécheresse et se change en une croûte dure, qui se fendille sous la chaleur, jusqu'au prochain orage. Au printemps et en automne, les ondées fréquentes maintiennent en permanence la surface du sol détrempée et glissante. Ces inconvénients seraient mineurs si le terrain disposait d'un écoulement des eaux satisfaisant. Ce n'est pas le cas : la région est plane, entièrement comprise entre 181 et 183 mètres d'altitude, et les eaux de pluie stagnent.

L'ingénieur des Ponts et chaussées chargé de la construction du camp note à ce sujet :

> *"En raison de la nature argileuse du sous-sol, le problème de l'assainissement s'est posé immédiatement. Des dispositions ont été arrêtées pour drainer toute la surface du terrain et, en particulier, les marécages à l'état permanent dans les emprises du camp"*[14].

En fait de drainage, des fossés sont creusés. Cependant, après quelques journées de pluie, ces tranchées sont en partie comblées, l'eau cesse de s'écouler et le sol redevient ce qu'il est naturellement, un bourbier.

La lande de Gurs est inculte. Sa végétation spontanée est faite de fougères, de bruyères, de ronces et de broussailles. Les paysans de la région ont renoncé depuis longtemps à la cultiver et ne l'utilisent que pour y envoyer paître leurs troupeaux. Le paysage est sauvage, surtout quand le temps est à l'orage. Une légende oloronaise affirme que les sorciers locaux y tenaient régulièrement leurs sabbats. Il est vrai que les vents d'ouest balaient violemment la contrée, pouvant amasser en quelques heures les nuages les plus menaçants au-dessus de la campagne.

Les conditions pédologiques et climatiques particulières à la région de Gurs constituent donc, malgré la salubrité de l'air, d'incontestables handicaps. L'aménagement du camp n'a jamais vraiment permis de les combler durablement.

14. "Organisation des services et échelonnement des travaux" : rapport dactylographié rédigé par Elysée Larribau, ingénieur des Ponts et chaussées de l'arrondissement d'Oloron. Oloron, 4 mai 1939, p. 35 (Arch. dép. Pyr. Atl., 1 M 543) [référence abrégée : rapport Larribau].

La construction du camp

Le 15 mars 1939, au moment où est prise la décision d'installer sur la lande de Gurs un *"centre d'accueil"*, la tâche paraît immense et les difficultés innombrables.

Pour l'immédiat, trois questions doivent être résolues sans délai. Du point de vue juridique, il faut définir les modalités de l'occupation du terrain. Du point de vue technique, il faut créer une véritable ville tout en garantissant aux riverains la tranquillité et la sécurité. Du point de vue économique, il faut assurer le ravitaillement des internés.

Les terrains qui forment l'assiette du camp sont constitués de biens communaux et de domaines familiaux. Le ministère de l'Intérieur les réquisitionne le 15 mars, les fait expertiser, et passe avec les propriétaires un bail de location reconductible tacitement. Le montant des loyers mensuels est fixé à 4,50 F l'hectare. Après la liquidation du camp, les comptes des Ponts et chaussées font apparaître que 32 988,50 F de loyers ont été versés en un peu plus de sept ans, c'est-à-dire un chiffre correspondant sensiblement aux clauses définies en 1939 - en tout cas, n'ayant plus aucun rapport avec les prix pratiqués en 1945[15].

Ce ne sont pourtant pas des propriétaires en titre qui viennent les contestations, mais de la petite commune d'Esquiule, située à neuf kilomètres à l'ouest d'Oloron. Se référant à un *for* accordé en juin 1524 par Henri d'Albret, vicomte de Béarn, le maire d'Esquiule rappelle aux autorités administratives que sa commune *"possède un droit de pacage imprescriptible sur les terres des villes et lieux de Sainte-Marie, Josbaig, Moumour, Féas, Ance, Aramits et Gurs"*[16]. L'installation de clôtures sur la lande de Gurs constitue donc une violation de l'ancestrale coutume et empêche *"le libre exercice du droit de pacage dont la communauté a pu jouir pendant des siècles"*[16]. Certes le maire, sentant bien que sa protestation risque de rester lettre morte, ne réclame pas le rétablissement du privilège multiséculaire et se contente de *"souhaiter du moins toucher à juste titre une partie de l'indemnité allouée par l'Etat à la commune de Gurs, à titre de dédommagement"*[16]. Il n'obtiendra évidemment pas la moindre indemnisation, mais l'affaire en dit long sur le comportement d'une large partie des populations environnantes à l'égard du camp.

15. Rapport envoyé le 17 juin 1946 par l'ingénieur des Ponts et chaussées en détachement au camp à l'ingénieur d'arrondissement (Arch. dép. Pyr. Atl., liasse non cotée, 277).

16. Lettre adressée le 17 mai 1939 par le maire d'Esquiule au sous-préfet d'Oloron (Arch. dép. Pyr. Atl., 3 Z 242).

Les habitants de la vallée d'Aspe auraient pu, eux aussi, envoyer à la préfecture une lettre du même genre. L'arrêt du Conseil souverain du Béarn du 17 novembre 1477 leur octroyait en effet un *"droit de pacage et de gîte, avec leurs bestiaux, de nuit et de jour, dans la lande ou herm appelée territoire de Callorbe, située entre la vallée du Jousbaig, depuis le pont de Vert, au lieu de Gurs"*[17]. Sans doute plus sensibles que le maire d'Esquiule au côté désuet et malvenu de telles considérations, ils n'en firent rien.

Rendre la lande habitable et rassurer les riverains, telle est la tâche que le préfet Surchamp s'efforce d'accomplir. Avec fermeté, il tente d'apaiser les imaginations.

L'ensemble de son action s'appuie sur une lettre du ministre de l'Intérieur, datée du 4 mars 1939, visant à couper complètement les réfugiés espagnols des populations locales :

> *"Les miliciens sont considérés, par assimilation aux situations prévues par le droit international, comme faisant partie d'une armée internée. Sous aucun prétexte, (...) ils ne peuvent être autorisés à gagner l'intérieur du pays"*[18].

Les Gursiens ne doivent donc pas être considérés comme des réfugiés susceptibles de bénéficier du droit d'asile, mais comme des prisonniers (*"une armée internée"*). Il y a là beaucoup plus qu'une nuance. La population des baraques, qui revendique le statut de réfugié, ne l'a jamais soupçonné. Arguant de cette lettre, le préfet des Basses-Pyrénées ne cherchera à aucun moment à ouvrir le camp sur l'extérieur. Il l'acceptera parfois, mais contraint et forcé et dans des proportions infimes.

Pour calmer les craintes des élus locaux au sujet de l'évacuation des déchets du camp, le préfet écrit au maire de Navarrenx, en réponse à la motion du 19 mars :

> *"J'ai, dès l'origine, donné toutes instructions utiles à M. l'ingénieur en chef des Ponts et chaussées pour que l'évacuation des eaux usées ne constitue pas un danger pour la santé publique (...). Les précautions qui sont d'ores et déjà prises, seront de nature à donner tous apaisements aux populations qui auraient pu éprouver des craintes"*[19].

17. Mazure-Hatoulet, *Fors de Béarn,* Pau, non daté, p. 231, note en bas de page.

18. Lettre n° 2467 adressée le 4 mars 1939 par le ministre de l'Intérieur, Direction générale de la Sûreté nationale, 4e bureau, au préfet de la Gironde (Arch. dép. Pyr. Atl., 1 M 572).
Le terme de *"miliciens"* est systématiquement utilisé par les services administratifs français pour désigner les combattants de l'Armée républicaine. En 1939, cet emploi est impropre car il s'agissait réellement d'une armée.

19. Lettre adressée le 28 mars 1939 par le préfet des Basses-Pyrénées au maire de Navarrenx, publiée dans *Le Patriote des Pyrénées,* 30 mars 1939, p. 5

La solution finalement adoptée est la suivante : les eaux usées seront évacuées par canalisation vers le Lausset, ruisseau qui se jette dans le Gave d'Oloron plusieurs kilomètres en aval de la dérivation ravitaillant Navarrenx. Les excréments seront recueillis dans des tinettes, enfouis dans des tranchées d'épandage creusées à la périphérie du camp, détruits à la chaux et enterrés. Quant aux ordures, elles seront brûlées dans un incinérateur de fortune, baptisé "four crématoire".

Le ravitaillement en eau potable sera assuré par une dérivation du Gave d'Oloron, aménagée près du vieux moulin de Dognen. L'eau sera ensuite purifiée dans un terrain alluvionnaire présentant de bonnes qualités filtrantes, puis aspirée par une station de pompage et conduite par canaux d'amenée jusqu'aux deux châteaux d'eau du camp (réunissant six réservoirs d'équilibre au sud, deux au nord).

Enfin, une voie d'accès bitumée, parallèle à la RN 636, sera spécialement aménagée à l'intérieur du camp afin, d'une part, de tenir les installations d'hébergement à l'écart du réseau routier, et, d'autre part, d'assurer une viabilité correcte au futur *"centre d'accueil"*.

L'annonce de ces mesures pousse les Béarnais à la résignation, d'autant que les travaux avancent rapidement.

Construction des baraques : le montage des fermes (mars 1939)

L'entretien et le ravitaillement du camp relèvent du ministère de l'Intérieur. S'il est admis que, comme dans les autres camps de réfugiés du sud de la France, l'administration et la garde dépendront de l'autorité militaire, c'est-à-dire du ministère de la Guerre, *"toutes les dépenses nécessaires à la construction et l'entretien du camp, à l'alimentation, à la conservation des denrées et des médicaments, au ravitaillement en carburants, désinfectants, ingrédients divers (...) [seront] engagées au compte du budget de l'Intérieur''*[20].

Ainsi le préfet et le général commandant la 18e région seront-ils co-responsables : le premier des questions d'intendance, le second de l'encadrement. Cette division des fonctions, peu applicable dans les faits dès lors que le chef de camp et ses acolytes sont exclusivement des militaires, est à peu près respectée pendant le printemps 1939, plus rarement ensuite.

Voligeage des baraques : la pose des panneaux sur les fermes (mars 1939)

L'ingénieur des Ponts et chaussées de l'arrondissement d'Oloron, Elysée Larribau, est chargé par le préfet de la construction du camp. Il la mènera à son terme en 42 jours.

Commencé le 15 mars, le camp est, pour l'essentiel, terminé le 25 avril. En six semaines, la troisième agglomération du département, après Pau et Bayonne, mais avant Biarritz et Saint-Jean-de-Luz, est sortie de terre. Le fait est d'autant plus notable que les conditions atmosphériques sont franchement mauvaises pendant toute la durée des travaux.

Le schéma directeur de la construction s'inspire largement de l'exemple du camp du Barcarès, aménagé un mois auparavant. Son principe repose sur la répartition des internés en îlots autonomes, chaque îlot pouvant accueillir 1500 réfugiés environ, et sur l'installation, à l'intérieur des îlots, de baraques de bois. Les baraques sont conçues comme de simples abris, leur utilisation ne pouvant être que

20. Lettre directive adressée le 15 mars 1939 par le général Ménard, chargé de mission par le président du Conseil, au général commandant la 18e région (Arch. dép. Pyr. Atl., 1 M 543).

brève. Car le camp n'est pas fait pour durer. Il répond à un besoin urgent mais momentané, l'hébergement de combattants de l'armée républicaine espagnole, pendant quelques mois d'été et, peut-être, d'automne.

Le 16 mars, l'ingénieur d'arrondissement Larribau répartit le travail : ses services se chargeront de tout ce qui concerne les routes, les égouts, les voies ferrées, les adductions d'eau et les terrassements ; l'entreprise Lombardi-Morello d'Arudy aura la responsabilité de la construction et de l'aménagement des baraques. Le 20 mars, le piquetage des installations et des routes est terminé, sur la lande débroussaillée en toute hâte et grossièrement nivelée. La semaine suivante, arrivent du Barcarès une centaine d'ossatures de baraques. Le 4 avril, les deux premiers îlots, A et B, sont achevés et ravitaillés en eau potable par les réservoirs du camp. Le 5, 980 Basques espagnols sont *"hébergés"* à l'îlot A et un contingent à peu près identique est conduit dans les îlots B et C pendant chacune des trois journées suivantes. Le 10, les clôtures de barbelés, déjà posées autour du *"camp basque"*, cernent le camp tout entier. Le même jour, le drainage des marécages est achevé. Le 16, sept îlots sont habitables (A, B, C et D au sud, H, I et K au nord) et Gurs regroupe déjà 4 650 réfugiés. Le 19, l'éclairage de l'allée centrale, des abords immédiats et des baraques de troupes, est mis en service. Une voie ferrée, destinée au transport des tinettes, placées sur des wagonnets poussés à la main, est désormais exploitable : les rails proviennent de l'ancienne voie de chemin de fer désaffectée reliant Oloron à Sauveterre. Le 22, la route traversant le camp est bitumée. Le général Ménard, qui inspecte alors les installations, se déclare satisfait. Le 25 avril, le *"centre d'accueil de Gurs"* est remis aux autorités militaires. Plus de 15 000 Espagnols y sont déjà *"hébergés"*.[21]

Le camp, le 6 avril 1939. Au premier plan, l'îlot M, en construction ; à droite, la route centrale ; au fond les Pyrénées

21. Rapport Larribau, op. cit., p. 3 à 51.

Le bilan de ces 42 jours de construction est impressionnant. 428 baraques ont été dressées, 382 pour les réfugiés et 46 pour la troupe. La capacité d'accueil totale est de 18 000 hommes. Une route de 1 700 mètres de long, avec macadam bitumé, a été ouverte. Un réseau de 1 800 mètres d'*"égouts"*, de 1 200 mètres de fossés de drainage, a été creusé. Une voie ferrée de trois kilomètres de long a été posée. 250 kilomètres de barbelés ont été installés. Un service de captage, de filtrage, de pompage et de distribution d'eau a été aménagé. Le téléphone a été branché. L'éclairage est assuré partout, sauf dans les baraques de réfugiés. Huit abris pour douches ont été disposés à la sortie des îlots. Plus de quatre cents ouvriers et une quinzaine d'ingénieurs ou d'adjoints techniques ont participé à la construction ; les uns ont été embauchés, pour la plupart, dans la population locale ; les autres exerçaient leurs fonctions dans le département ou dans les Pyrénées-Orientales. L'ensemble a coûté douze millions et demi, dont plus de la moitié concerne les seules baraques.

Tout n'est certes pas terminé : les services de santé n'occupent encore aucun local ; l'administration et la gestion sont assurées dans des logements de fortune ; l'intendance ne dispose pas de lieu de stockage satisfaisant. Mais l'essentiel est réalisé.

Dans la vallée, c'est l'étonnement devant cette "ville" sortie de terre en quelques jours. Le ton des journaux, si véhément à la fin du mois de mars, s'infléchit pendant le mois d'avril. Certains rédacteurs incitent même leurs lecteurs à un certain optimisme, en développant le thème de Gurs source de revenus pour la vallée du Gave d'Oloron. C'est ainsi qu'André Bach écrit, dans *La Petite Gironde,* un billet largement repris par les quotidiens des Basses-Pyrénées, qu'il termine par ces mots :

> *"A quelque chose, malheur est bon ! (...) La construction d'une ville de 15 000 habitants a déjà offert quelques avantages économiques : emploi de main-d'œuvre, fournitures assurées par le commerce local. (...) La fourniture des dix tonnes de pain quotidiennement nécessaires au camp sera effectuée par les boulangers de Navarrenx, Sauveterre, Mauléon et Oloron, et ce n'est là qu'un détail entre mille"*[22].

Ces propos apaisants ne doivent cependant pas masquer la réalité. Pour la majorité de la population, la présence d'un camp pouvant accueillir 18 000 réfugiés espagnols en terre béarnaise, est ressentie comme une souillure, et la nature même des hébergés n'inspire guère la sympathie. Puisqu'il le faut, il existera donc une "ville" à Gurs, deux fois plus peuplée qu'Oloron ou Orthez, mais elle ne sera tolérée que dans la mesure où son rôle sera celui d'une parenthèse.

22. *La Petite Gironde,* 27 avril 1939, p. 4. L'article est intégralement reproduit dans *L'Indépendant des Basses-Pyrénées,* 30 mars, p. 4.

CHAPITRE DEUXIEME

LES INSTALLATIONS

Le camp de Gurs est, pour l'essentiel, édifié en quarante-deux jours, du 15 mars au 25 avril 1939. D'un strict point de vue technique, un délai aussi bref constitue une véritable prouesse dont les services des Ponts et chaussées peuvent se montrer fiers.

Il est vrai que le général Ménard, lorsqu'il commandite les installations, est davantage soucieux d'efficacité que de qualité. Il convient de construire vite et pas cher des abris provisoires. L'existence des *"centres d'accueil"* ne peut être, en effet, que de courte durée, le temps de soigner les blessés, d'apaiser les esprits et de secourir les miséreux. Par la suite, les uns et les autres seront rapatriés ou intégrés dans les circuits de production français. Dans tous les cas, Gurs sera vidé avant l'hiver et les baraques, devenues inutiles, seront abandonnées. Il n'est donc pas question de construire solidement, d'autant que le séjour des réfugiés correspondra surtout à la belle saison, la plus propice à un hébergement sommaire.

Ces principes expliquent le choix des matériaux utilisés, le type d'équipement affecté à l'aménagement des îlots et la rapidité de la construction.

La baraque

Pour l'*"hébergé"*, c'est-à-dire l'interné, le camp de Gurs, c'est d'abord sa baraque[1].

Les 382 baraques sont toutes construites sur le même modèle : longues de 24 mètres, larges de six mètres dans leur partie inférieure,

1. Rapport Larribau, op. cit., p. 20-23.

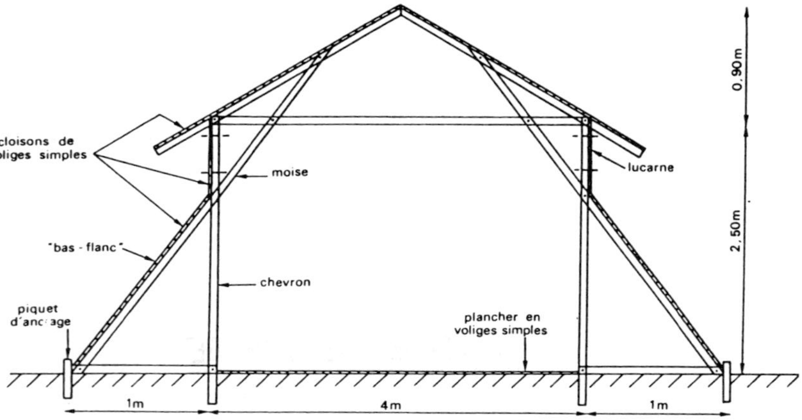

BARAQUE D'INTERNEMENT

Coupe d'une ferme

hautes de 2,50 mètres du plancher à l'entrait. De l'extérieur, elles sont *"obliques"*, par opposition aux baraques *"droites"* réservées au personnel administratif, aux services de garde et aux infirmeries. Les murs latéraux ne sont en effet verticaux que dans leur partie supérieure, obliques au niveau des *"bas-flancs"*[2].

En adoptant ce type de ferme, où les chevrons sont renforcés par des moises fixées au sol et à la toiture, les services des Ponts et chaussées reprenaient une technique mise au point pendant la Première Guerre mondiale : la baraque *"type Adrian"*. Elle servait alors de cantonnement aux troupes françaises, avant leur départ pour le front. Ce modèle s'est ensuite imposé au camp du Barcarès en raison de sa bonne résistance au vent. Il a été repris à Gurs pour des motifs analogues, à Rivesaltes (Pyrénées-Orientales) et, plus tard, à Nexon (Haute-Vienne). Mais il serait inexact de penser que le plan de ces charpentes confère aux *"baraques de miliciens"* une meilleure solidité qu'à celles des services d'encadrement. Ces dernières sont mieux construites, plus stables, plus confortables et d'ailleurs plus coûteuses. Le seul avantage des baraques *"obliques"* est qu'elles permettent d'allier le souci d'économie des constructeurs au choix d'un plan assurant un minimum de résistance aux intempéries.

Vues de l'intérieur, les dimensions semblent plus réduites qu'elles ne le sont réellement, car l'ossature interne, rythmée par chevrons, moises et entraits, limite la perspective. Les fermes sont distantes de 70 centimètres les unes des autres, et cet écartement délimite la largeur de l'espace dévolu à chaque interné. Les baraques com-

2. Le terme de "bas-flanc", qui désigne la partie inférieure des "murs" de la baraque, est un néologisme employé fréquemment dans les rapports émanant des services des Ponts et chaussées.

portant 31 fermes, soixante personnes peuvent être hébergées dans les chambrées. Chaque réfugié dispose alors, en moyenne, de 2,4 m².

Les murs et le toit sont construits en cloisons de simples voliges (15 mm d'épaisseur), clouées directement sur la charpente. Les panneaux, juxtaposés les uns à côté des autres, ne sont pas jointifs : ils ne présentent donc aucune garantie d'étanchéité ou d'herméticité. Le vent et le froid se glissent facilement dans les interstices, ce qui peut constituer un avantage à la saison chaude, mais un mal irrémédiable dès que la température fraîchit.

Pour résister à la pluie, les toitures et les *"bas-flancs"* sont entièrement couverts de carton bitumé, assez efficace tant qu'il n'est pas déchiré par le vent. Comme une telle avarie arrive fréquemment et que la réparation est difficile par temps de pluie, la vie de la chambrée s'en trouve affectée pendant plusieurs jours.

L'éclairage pose des problèmes à peu près insolubles. Lors de la construction du camp, il n'avait pas été prévu de doter les baraques d'une installation électrique. Mais en septembre 1939, lorsqu'il apparaît que la dissolution du camp n'interviendra pas dans les prochains mois et, mieux, que les circonstances pourraient conduire à l'exploiter sous une autre forme, deux à trois ampoules sont posées dans chaque baraque. De faible voltage, elles jouent, en quelques sorte, le rôle de veilleuses et ne permettent ni de lire, ni de travailler. Pendant la journée, l'électricité est coupée. Pour avoir un peu de lumière, il faut donc ouvrir les six fenêtres, ou plutôt les six lucarnes de bois amovibles, aménagées dans les cloisons latérales ; mais alors, le froid envahit la baraque.

> *"Il existait une antinomie totale entre les partisans de la lumière et les partisans de la chaleur. Si on voulait un peu de clarté, le froid entrait par les lucarnes. Si on voulait conserver un peu de chaleur, il fallait accepter l'obscurité. (...) Ce n'est que peu à peu que les hébergés réussirent à fermer une ou plusieurs lucarnes avec du "vitrex" et à laisser entrer ainsi un peu de lumière"* [3].

A l'intérieur de la baraque, ni châlit, ni table, ni banc.

Le chauffage est assuré pendant l'hiver 1939, puis à partir du mois de novembre 1940, par un poële à bois et à charbon. Son fonctionnement présente deux inconvénients majeurs : d'une part son efficacité est toute relative, nulle en tous cas lorsqu'on se trouve

3. Eugen Neter, "Erinnerungen an das Lager Gurs, in Frankreich", dans *Bulletin de liaison du Consistoire des Israélites du Pays de Bade,* Karlsruhe, janvier 1962, p. 16. Siegbert Plastereck, *"Rapport sur la vie des Israélites au camp de Gurs (1er novembre 1940 - 31 octobre 1943)"*, collection de l'auteur, [référence abrégée : rapport Plastereck] complète ainsi ce témoignage : *"Le vitrex fut payé en grande partie dans les caisses des îlots, ainsi d'ailleurs que les fenêtres supplémentaires percées dans les cloisons. Ce ne fut qu'à la fin de l'année 1942 que ce vitrex fut remplacé par des carreaux de vitre"* (p. 7).

éloigné de plus de trois mètres ; d'autre part, le bois est rare et les rations accordées sont insuffisantes pour laisser le poële allumé pendant toute la journée.

Ce qui *"incitait les internés au pillage des planches et des bouts de bois partout où ils pouvaient en dérober, même sur les marches et les cloisons des W.C."*[4].

Chacun, dans la baraque, tente d'aménager son coin du mieux qu'il le peut. Au début, pendant le printemps et l'été 1939, puis pendant l'hiver 1940, c'est presque impossible : les pièces sont bondées et la place de chacun est réduite au minimum, c'est-à-dire à l'espace compris entre deux chevrons. Les vêtements doivent rester dans les valises ou dans les paquets, lorsqu'on ne les suspend pas aux poutres pour les faire sécher. Les paillasses sont constamment sales et souvent humides. Pendant la journée, elles sont entassées dans un coin de la chambrée ou pliées sur le plancher. Puis, dès que les effectifs *"hébergés"* diminuent et que l'espace vital de chacun s'en trouve élargi, ou bien lorsque l'administration procède à des distributions de paillasses neuves (en mai 1939 et décembre 1940), la situation s'améliore. Le reste du temps, les internés imaginent mille inventions pour tenter d'apporter un peu de confort à leurs conditions de vie. Des étagères, des petits garde-manger, des penderies, des grabats sont confectionnés avec toutes sortes de matériaux de fortune : avec des planchettes tirées de diverses caisses, avec des bouts de fil de fer dérobés sur les barbelés, avec des morceaux de corde ou même des piquets arrachés à la clôture.

Mais ces efforts sont dérisoires et, bon gré mal gré, les Gursiens doivent s'accommoder du froid, de l'humidité, de l'obscurité et de l'extrême exiguïté des chambrées.

L'îlot

Si les baraques, cellules de base de toute activité au camp, composent l'environnement immédiat des Gursiens, les îlots forment le deuxième cercle, plus large mais tout aussi contraignant.

Le camp rassemble 13 îlots[5], désignés chacun par une des treize premières lettres de l'alphabet, de A à M. Dix îlots sont longs de 162 mètres, larges de 89 mètres, (soit une superficie d'un hectare et demi environ) et regroupent sur six rangées et cinq colonnes un ensemble de trente baraques. Echappent à ce modèle les îlots B et D au sud (129 m x 89 m) et, pendant un temps, l'îlot M, au nord, ces trois îlots ne réunissant que 24 baraques chacun. L'explication

4. Rapport Plastereck, op. cit., p. 7.

5. Rapport Larribau, op. cit., p. 24-42.

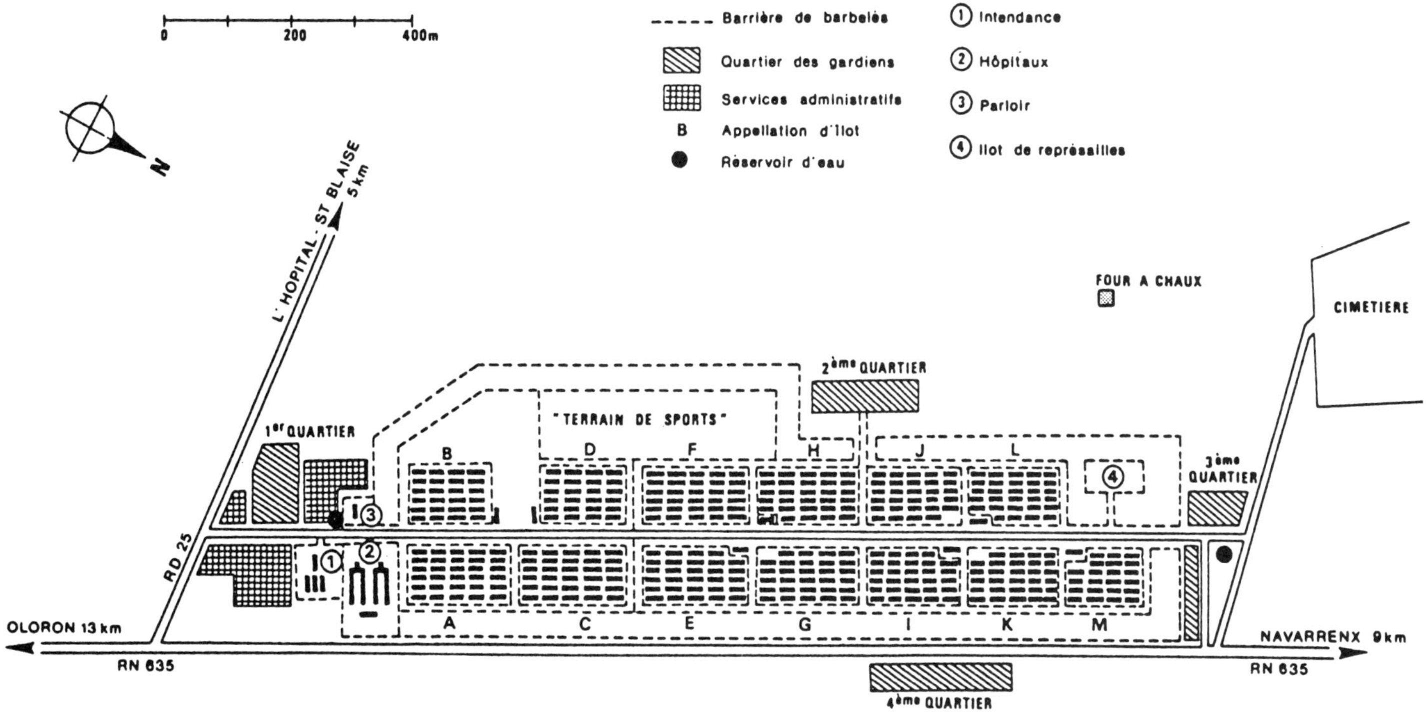

LE CAMP DE GURS EN 1939

de cette anomalie réside dans le fait qu'au moment où le camp fut construit, il fut décidé de consacrer les quatre premiers îlots (A, B, C et D) à l'hébergement des Basques espagnols et de ménager, au milieu de "leur" camp, un large espace découvert qui ferait office de *plaza mayor*.

Lorsque toutes les baraques sont bondées, la capacité d'accueil théorique de l'îlot varie de 1 440 pour les îlots B et D, à 1 740 réfugiés pour les autres. Ces chiffres maximum ne sont guère atteints qu'en mai 1939. La plupart du temps, les baraques ne contenant que 50 à 55 personnes - pour des raisons matérielles évidentes, comme, par exemple, le nécessaire dégagement des portes -, les îlots les plus vastes reçoivent 1 400 internés environ.

L'îlot est un véritable camp en miniature, qui dispose d'une large autonomie dans son fonctionnement comme dans son administration. Les différents services correspondent à tout ce dont un être humain peut avoir quotidiennement besoin, mais sont réduits à leur plus simple expression.

Un petit hangar, couvert de tôles de zinc, ouvert sur l'un des deux grands côtés, sert de cuisine. Les denrées, fournies chaque matin par le service des subsistances du camp, y sont entreposées, puis accommodées tant bien que mal. Pendant l'hiver 1940, plutôt mal que bien, car presque tout manque pour préparer des plats corrects. On trouve bien deux cuisinières et des grosses marmites "*Rosière*", d'une capacité moyenne de 150 litres, mais les louches, les plats, ou même les petits ustensiles indispensables, tels qu'une hachette pour couper le bois de chauffage, font complètement défaut. Les internés doivent se procurer tout ce petit matériel, soit qu'ils le reçoivent en don de diverses associations philanthropiques, soit qu'ils l'achètent. Lorsque les repas n'y sont pas préparés, la cuisine sert de cantine à l'îlot, à moins qu'un baraquement spécial ne remplisse cette fonction.

Une seconde baraque est baptisée infirmerie de l'îlot. Elle est "*droite*", comme les cantonnements du service de garde, et bénéficie d'une isolation thermique satisfaisante. Elle peut accueillir une trentaine de malades. Cependant, là encore, le matériel est des plus réduits : quelques châlits avec paillasse, parfois quelques médicaments de première urgence. En avril 1939, puis en novembre 1940, rien.

> *"Aucun lit, aucun instrument médical, aucun ustensile permettant l'entretien de la pièce, aucun médicament ne s'y trouvait à notre arrivée [fin octobre 1940]. Dans les îlots de femmes, on utilisait les médicaments personnels que l'on avait apportés avec soi. C'est à l'activité inépuisable des médecins juifs que l'on dut, malgré les difficultés les plus variées, l'arrivée de tout le nécessaire"* [6].

6. Eugen Neter, "Erinnerungen...", op. cit., décembre 1961, p. 16. Eugen Neter fut un des médecins attachés à l'hôpital central du camp, d'octobre 1940 à avril 1943.

Lavabo et baraque en 1939
(Dessin au crayon de Nicomedes Gomez)

Les sanitaires, à la fois rudimentaires et ingénieusement construits, se présentent sous la forme d'une longue auge de bois, couverte de tôles de zinc. Une vingtaine de bacs individuels y sont aménagés, alimentés par une canalisation fixée sur la partie supérieure de l'ouvrage. Cette canalisation est percée de trous, appelés *"robinets"*. L'écoulement est interrompu en plaçant sur l'orifice une cheville de bois qui tient lieu de bonde. Les parois de chaque bac peuvent être utilisées comme planche à laver. L'eau froide est disponible, à heures fixes, généralement de 7 heures à 11 heures et de 14 heures à 17 heures. Les eaux usées s'écoulent par un conduit ouvert au fond de chacun des bassins et se déversent dans une cuvette, creusée sous toute la longueur du lavabo et raccordée théoriquement aux "égouts" du camp. En fait, les abords immédiats sont en permanence humides et bourbeux.

Au fond de l'îlot, contre la clôture de barbelés, se trouvent deux séries de latrines, percées de dix trous chacune, correspondant à dix cabines. Celles-ci, couvertes, sont cloisonnées à mi-hauteur, du moins tant qu'on n'a pas pillé le bois des murs de séparation pour chauffer une baraque. La position surélevée de l'édicule, à 1,10 mètre au-dessus du sol, et sa situation ouverte à tous les vents et à tous les regards, est à l'origine des nombreux surnoms dont il est habituellement gratifié : *"la citadelle"*, *"l'estrade"*, *"le belvédère"*. Les dix tinettes, chargées sur un petit train, sont chaque jour déversées dans les tranchées d'épandage creusées à l'ouest du camp. Ce petit train, poussé à la main ou tiré par une bête de somme, devint vite populaire et fut affublé de surnoms évocateurs.

Immédiatement à la sortie de l'îlot, une baraque est aménagée pour recevoir les douches chaudes. Son existence même apparaît comme l'élément le plus positif des installations du camp. La saleté régnant dans les locaux, la promiscuité, principale cause de la propagation des parasites, et le froid, qui incite les internés à rester habillés pendant la nuit, posent des problèmes d'hygiène considérables que les douches ont partiellement résolus. Cette installation peut être théoriquement utilisée une fois par mois au printemps 1939, époque où les possibilités d'accueil du camp sont exploitées à plein, tous les quinze jours ensuite, puis toutes les semaines à partir de l'été 1941.

Ainsi chaque Gursien peut trouver sur place l'essentiel de ce qui est nécessaire à son entretien et à la satisfaction de ses besoins vitaux. Pourtant, les internés ont, le plus souvent, vécu leur séjour dans l'îlot comme un véritable cauchemar. En dehors des préoccupations touchant à la discipline, l'alimentation ou l'hygiène, deux obsessions les assaillent.

D'abord la double rangée de barbelés. La première, haute d'un mètre et demi environ, large de deux mètres (sauf du côté de l'allée centrale, où la largeur est très réduite), ceinture entièrement l'îlot. Par beau temps, les réfugiés y font sécher leur linge, que le vent déchire sur les pointes de fils de fer. Le réseau est seulement percé d'une porte donnant sur la route centrale du camp ; au-dessus de l'entrée est accroché un panneau de bois, sur lequel est peinte la lettre alphabétique utilisée pour dénommer l'îlot. Ce dernier est donc un lieu clos à l'intérieur du camp. La deuxième ligne, plus large (4 mètres), fait le tour du *"centre d'accueil"*. L'espace compris entre les deux enceintes correspond au chemin de ronde des sentinelles et des patrouilles. Cette double clôture de barbelés ferme assez efficacement le camp et oblige chacun à vivre, parfois pendant plusieurs mois, avec le même horizon et la lancinante impression d'un ghetto absolu. Cet inconvénient majeur, qui fait l'objet de violentes vitupérations, est partiellement levé par le chef de camp, à certaines périodes : pendant l'été 1939 ou à partir de 1941. Les internés, à heures fixes, ont alors accès à l'allée centrale, et peuvent retrouver des parents ou des amis logés dans un autre îlot.

Mais surtout la boue, le véritable marécage que devient Gurs par temps de pluie, c'est-à-dire pendant les trois quarts de l'année. Tous les témoignages, et ils sont nombreux, concordent à ce sujet. En décembre 1940, un garde mobile en service au camp écrit à un des ses amis :

> *"Tu as vu Le Vernet, mais Gurs est mille fois plus miteux. C'est un bourbier de 2 km² où pataugent 12 000 hommes, femmes, et aussi des enfants. C'est un spectacle pitoyable que ces milliers de femmes et d'enfants qui, derrière les barbelés, se traînent dans la boue, parfois jusqu'aux chevilles. Le cœur saigne devant ces enfants, victimes innocentes, que*

notre méchanceté entre semblables a jetés dans cette géhenne" [7].

Siegbert Plastereck déclare que *"les scènes les plus pénibles et les plus comiques à la fois se produisaient jour et nuit, quand les gens s'enlisaient"* [8], et Eugen Neter note encore :

> *"Le chemin vers "l'estrade", sans chemin d'ailleurs, était un véritable calvaire. Dès que l'on quittait la baraque, on s'enfonçait jusqu'aux chevilles dans un sol spongieux et, dans certains cas, plus profondément encore. Il m'est souvent arrivé d'aider un pauvre homme, en le tirant de ce cloaque, d'où il aurait été incapable de sortir seul. (...) Lorsqu'on pénétrait dans l'îlot, le combat commençait. Ce combat était d'autant plus inégal que nos chaussures de ville n'étaient pas de taille à lutter contre un sol aussi sauvage. La boue pénétrait partout et laissait le pied complètement trempé"* [9].

Pour remédier à cette situation, de nombreux efforts, aussi minutieux que vains, sont déployés. Des ponts de planches sont jetés par les internés entre la sortie des baraques et l'édicule aux tinettes[10], mais ces chemins de fortune, faits de caillebotis, de boîtes de conserves ou de galets du Gave, s'envasent au bout de quelques jours, et l'opération doit être renouvelée sans cesse. La seule solution consiste à drainer l'ensemble du camp et à curer les fossés avant chaque hiver. La fondation Rockefeller, pendant l'hiver 1940, propose même les services d'un ingénieur afin d'assainir le sol, avec l'aide d'équipes de travailleurs spécialement constituées parmi les internés. Mais *"cette offre n'a jamais été prise en considération"*[11].

Pendant l'été 1941, les services des Ponts et chaussées et la compagnie de travailleurs du camp restaurent le réseau d'"égouts". Par la suite, la relative clémence des hivers et l'effectif restreint interné à Gurs permettent de conserver aux îlots un minimum de praticabilité. Mais la question ne sera jamais vraiment réglée.

7. Lettre datée du 20 décembre 1940, interceptée par la censure à Perpignan, où résidait le destinataire, et reproduite dans la correspondance n° 1207/PG adressée le 23 décembre par le président du Contrôle postal au préfet des Basses-Pyrénées. (Arch. dép. Pyr. Atl., 500/12).

8. Rapport Plastereck, op. cit., p. 9

9. Eugen Neter, "Erinnerungen...", op. cit., décembre 1961, p. 51.
Hanna Schramm, *Vivre à Gurs, un camp de concentration français, 1940-1941,* François Maspéro, Coll. Actes et mémoires du peuple, Paris, 1979, p. 95, précise en outre : *"Celles qui n'avaient pas de bottes à revers ne pouvaient se risquer dehors. Par de telles journées, les enfants et les vieilles femmes étaient cloîtrées dans les baraques à l'air empuanti, et dans une obscurité permanente, car il faisait trop froid pour laisser les lucarnes ouvertes. On ne vivait pas, on végétait."*

10. Louis Lecoin, *De prison en prison,* édité par l'auteur, Antony, 1946, p. 201.

11. Joseph Weill, *Contribution à l'histoire des camps d'internement...,* op. cit., p. 32.

Toujours est-il que tous ceux qui ont connu Gurs pendant les deux premiers hivers, d'ailleurs glaciaux, de 1939 et 1940, puis à nouveau, pendant l'hiver 1942, affirment que l'îlot n'était qu'un immense bourbier. Comme la nourriture pauvre provoquait, chez les personnes les plus fragiles, et particulièrement chez les personnes âgées, un état dysentérique permanent qui les obligeait à de fréquents passages sur *"la citadelle"*, on comprend que les problèmes posés par l'état du sol soient parfois apparus insurmontables.

Les installations centrales

L'allée centrale, de direction sud-est nord-ouest, constitue l'artère principale du camp[12]. Autour d'elle s'articulent les installations : de part et d'autre, les îlots ; tout autour, les cantonnements des gardiens ; au sud-est, le quartier administratif et sanitaire.

Construite pour l'occasion, la route du camp est bitumée sur toute sa longueur (1 700 m) et encadrée par deux fossés de drainage. Parfaitement rectiligne et parallèle à la nationale 636, elle passe, au niveau des îlots K et L, dans une dépression tellement marécageuse qu'un pont sur pilots a dû être aménagé sur 95 mètres. Son platelage est soutenu par 27 travées de bois renforcées par un réseau de rails provenant de la voie désaffectée Oloron-Sauveterre.

La chaussée de la voie principale, large de six mètres, restera en bon état jusqu'à la dissolution du camp ; il est vrai qu'on y circule davantage à bicyclette qu'en voiture ou en camion.

D'autres chemins en macadam bitumé donnent accès à l'hôpital, aux garages et au deuxième quartier des gardiens. Au total, environ deux kilomètres de routes carrossables. Partout ailleurs, les chemins disparaissent avec la pluie.

Le long de l'allée centrale, devant la porte de l'îlot, est posté un gardien, abrité dans une petite guérite. Jusqu'à l'été 1939, puis pendant la *"drôle de guerre"* et au début de l'époque vichyssoise, il contrôle les entrées et sorties, l'accès à la route du camp demeurant, de façon ordinaire, refusé aux internés. En dehors de ces périodes, le passage est libre à certaines heures de la journée. L'artère médiane connaît alors une grande animation.

Au niveau de l'extrémité sud des îlots A et B, se dresse une barrière amovible, baptisée *"ligne de démarcation"* après l'armistice. C'est la limite rigide séparant le monde clos des Gursiens du monde des services français.

Ces services sont regroupés dans le *"premier quartier"*, de part et d'autre de la route principale. Leur distribution sur le terrain a

12. Rapport Larribau, op. cit., p. 16 à 20.

été modifiée plusieurs fois pendant la guerre. En 1939, ils occupent, au nord de la route de Mauléon, un espace réduit qu'ils partagent avec la première compagnie chargée de contrôler l'entrée du camp. Sur cette surface restreinte, sont rassemblés l'hôpital, les bâtiments d'intendance, les garages et les baraques administratives.

L'hôpital du camp n'est achevé qu'au début du mois de juin 1939[13]. Jusqu'à cette date, les réfugiés malades ou légèrement blessés sont soignés dans les infirmeries d'îlots et les cas graves conduits vers les établissements de Pau et Orthez. Le *"quartier sanitaire"*, fermé par un réseau de barbelés, se compose de quatre *"pavillons"* de bois. Deux bâtiments constituent l'hôpital proprement dit. Ils sont bien isolés thermiquement par une toiture de tôles ondulées et par une double cloison de voliges recouverte d'un carton spécial, bitumé à l'intérieur, habillé de feuilles d'aluminium à l'extérieur. Brillant sous le soleil, ils intriguent les visiteurs et leur aspect inhabituel éveille fréquemment quelque inquiétude auprès des Gursiens qui y sont admis. A l'intérieur, quatre grandes salles, vastes et claires, offrent aux malades deux cents vrais lits. Deux chambres permettent l'isolement des contagieux. Le matériel est, en théorie, suffisant pour des soins médicaux généraux et pour les interventions chirurgicales simples.

L'hôpital central du camp (juillet 1939)

L'efficacité de l'ensemble ne doit cependant pas être surestimée. S'il est vrai que l'hôpital du camp a permis de décongestionner, pendant l'été 1939, les établissements sanitaires de la région, il n'a, en revanche, jamais présenté des garanties comparables. Plusieurs faits permettent d'en mesurer les limites. D'abord, les transferts des malades gravement atteints vers les centres civils du département n'ont jamais cessé. Ensuite, une annexe de l'hôpital de Gurs, comportant soixante-dix lits en chambres de quatre, a dû être construite à Pau, dans le groupe Laherrère, spécialement destinée aux internés contagieux[14]. Enfin, le matériel mis à la disposition des médecins du

13. *L'Indépendant des Basses-Pyrénées*, 8 juin 1939, p. 4. Présentation détaillée des installations (4 photos).

14. *Le Patriote des Pyrénées*, 13 juin 1939, p. 3 (une photo).

camp, s'est révélé, à certaines époques, des plus réduits. Ainsi, pendant l'hiver et le printemps 1941, l'absence presque totale de fournitures est ressentie douloureusement par les médecins :

> *"Nous aurions pu arracher beaucoup de malades à la mort par des mesures prophylactiques, dans un camp mieux aménagé, et avec des appareils d'analyse disponibles. Mais, lorsque nous arrivâmes, nous ne trouvâmes aucun instrument. On nous promit beaucoup, on réalisa peu. Comme nous fûmes heureux lorsque, à la fin du mois de novembre [1940], une première moisson de médicaments arriva de Brive ! Plus tard, la Croix-Rouge hollandaise, l'Organisation Juive Américaine et de nombreux particuliers, nous envoyèrent de précieuses livraisons"*[15].

A côté de l'hôpital est installé le service des *"subsistances"*. L'intendance du camp dispose d'une dizaine de baraques ou hangars, protégés par une double ligne de barbelés. Dans les premières logent le gestionnaire et son équipe, et sont groupés les bureaux. Les secondes sont affectées au stockage et à la conservation des denrées. Bien qu'il s'agisse de baraques *"droites"*, stables et solides, ces dernières n'ont jamais correctement rempli leur fonction.

Deux solutions étaient envisageables pour la conservation des denrées : soit la construction d'une chambre froide, comme au Vernet, à Rivesaltes ou au Récébédou, soit le maintien à basse température des produits à préserver par un système de pains de glace périodiquement renouvelés. C'est la seconde, la moins efficace, qui est adoptée à Gurs pour des raisons évidentes d'économie. Par la suite, l'aménagement d'une pièce froide fut plusieurs fois envisagé, mais les projets ne furent jamais réalisés. Ainsi, à aucun moment de l'histoire du camp, les denrées périssables n'ont pu être stockées dans des conditions permettant de garantir leur consommation. Les critiques formulées périodiquement par les internés sur la qualité des produits fournis n'apparaissent donc pas, de ce seul point de vue, sans fondement.

Mieux, il n'existe pas à Gurs, comme le signale en 1942 l'inspecteur général des camps, le préfet Jean-Faure, de baraque permettant d'*"éviter que les légumes, dont les stocks sont parfois importants eu égard au nombre d'internés, ne demeurent à l'air libre et ne soient rapidement endommagés"*[16]. Même lorsqu'une telle baraque sera finalement aménagée, en août 1942, le problème de la conservation ne sera pas réglé. Le stockage, en effet, de dizaines de

15. Max Ludwig, *Das Tagebuch des Hans O,* Lambert Schneider, Heidelberg, 1965, p. 17. Ce témoignage émane du médecin allemand responsable d'un des deux *"pavillons"* de l'hôpital.

16. Rapport adressé le 17 août 1942 par l'inspecteur général des camps au ministre de l'Intérieur (Arch. dép. Pyr. Atl., M. provisoire, 500/15). A la suite de ce rapport, deux baraques *"droites"*, l'une couverte de carton bitumé doublé de feuilles d'aluminium, l'autre couverte de tôles ondulées, servent de silo au camp.

tonnes de légumes, parmi lesquels des choux, des tomates, des courgettes, entassés les uns sur les autres pendant plusieurs jours dans un silo de fortune, refroidis superficiellement, n'assure aucune garantie à la consommation. Si l'on ajoute que, dès les premiers mois, des colonies de rats avaient envahi le camp, comment ne pas prêter foi aux descriptions alarmantes des internés sur la qualité des denrées alimentaires (voir le chapitre 10) ?

A l'entrée du camp, une fois passé le poste de garde, on parvient au niveau de deux grands hangars d'aérodrome, appelés *"Bessonneaux"*, couverts de tôles ondulées. Ils servent de garages et d'ateliers de réparation aux véhicules automobiles. Plus loin, se trouvent, groupées à l'ouest de l'allée centrale, plusieurs baraques *"droites"* affectées au secrétariat général, aux services du personnel, des effectifs, des P.T.T. et de la censure, des Ponts et chaussées, du greffe et, près de l'îlot B, du parloir. C'est également de ce côté qu'est installé le service de lutte contre l'incendie, branché sur le réservoir d'équilibre. A l'est de la voie principale, en 1939, se dressent, réunies autour du magasin d'armes, les baraques qui servent d'appartements aux officiers et aux gardiens de la première compagnie.

Le "terrain de sports" du camp (juillet 1939)

Autour du camp, à l'extérieur des îlots, sont disposées, en 1939, diverses installations. Les unes, destinées aux hébergés, se dressent en deçà des barbelés : *"terrain de sports"* et îlots de répression. Les autres, pour les gardiens, s'élèvent au-delà.

Au sud des îlots D et F s'étend le *"terrain de sports"*. L'aire de jeu, débroussaillée, nivelée grossièrement, débarrassée de ses plus gros cailloux et nettoyée de ses épaisses racines de bruyère par les premiers Gursiens, n'a d'autre pelouse que la végétation naturelle de la lande. Elle devient impraticable après chaque averse. Elle est équipée, à l'exclusion de tout autre matériel, de poteaux de but qui permettent au moins d'organiser des rencontres de football. Elle n'est véritablement utilisée que pendant l'été 1939. Par la suite, l'alimentation indigente du camp et le climat psychologique né de la guerre interdisent à Gurs la pratique de tout sport. En 1941, le *"terrain de sports"* deviendra le *"jardin potager"* du camp.

A l'autre extrémité de l'allée centrale, en face de l'îlot M, se trouvent *"les représailles"*. Une simple baraque, ouverte sur un côté, est dressée au centre d'un réseau de barbelés particulièrement dense. L'isolement y est complet et le confort réduit à deux couvertures. Etre envoyé pour une ou deux semaines dans ce que les Espagnols surnomment *"l'hippodrome"* ou le *"quadrilatère"* constitue une épreuve redoutée. Pourtant l'îlot est occupé en permanence. En mars 1941, une internée d'origine allemande, exaspérée, met le feu à l'abri précaire. L'îlot de répression est transféré dans le premier quartier, en face de l'hôpital. Il est alors composé de deux baraques, soigneusement clôturées et surveillées. Les internés punis, s'ils y sont mieux logés, doivent en revanche effectuer diverses corvées, comme le triage du charbon de bois destiné aux gazogènes, sous la surveillance d'un gardien. En 1945, *"les représailles"* déménagent à nouveau : elles sont tranférées à l'îlot E, en face des quelques îlots encore occupés par les détenus.

Ainsi, il a toujours existé à Gurs un *"mitard"* (et même, en 1940, deux, les *"politiques"* ayant le leur, distinct du *"quadrilatère"*)[17]. Y sont envoyés les *"fortes têtes"*, les évadés malchanceux et ceux qui ne respectent pas le règlement intérieur. Le motif d'internement le plus fréquent est *"la dégradation du matériel de l'Etat"* (découpage des couvertures, détérioration de la clôture, vol de bois, de pointes ou de médicaments...).

Les quartiers des gardiens sont aménagés aux abords du camp, au-delà des barbelés. Outre la première compagnie, cantonnée à côté de l'entrée principale, les logements sont disposés dans les parages immédiats du camp : derrière le *"terrain de sports"* (deuxième quartier), près de l'entrée nord (troisième quartier) et de l'autre côté de la route nationale (quatrième quartier).

Les baraques de gardes sont *"droites"*, couvertes de tôles ondulées et construites en doubles cloisons de voliges. Elles sont plus vastes et plus claires que les logements des internés. Equipées en électricité, elles ne bénéficient, à l'origine, ni de l'eau courante, ni du chauffage. Du moins, sont-elles sommairement meublées : des châlits, des bancs, une table offrent un début de confort.

Au printemps 1941, ces baraques, que deux hivers rigoureux ont beaucoup détériorées, se révèlent trop délabrées. Les gardiens s'en plaignent impatiemment, d'autant que la plupart d'entre eux sont

17. Dans l'îlot B, c'était la baraque 20, affirme Léon Moussinac, *Le Radeau de la Méduse, Journal d'un prisonnier politique, 1940-1941*, Ed. Hier et Aujourd'hui, Paris, 1945, p. 162. Dans l'îlot D, la "prison de la prison" était la baraque 18, comme en témoigne Gaston Péan dans Moine (André), *La déportation et la Résistance en Afrique du Nord*, 1939-1944, Editions sociales, Paris, 1972, p. 46.

mariés et pères de famille et que ni leurs femmes ni leurs enfants ne peuvent y être logés (les cantonnements, conçus pour la troupe, sont destinés uniquement aux hommes). Le responsable du service de surveillance dénonce, le 12 avril 1941, une telle situation :

> *"les conditions de vie des gardiens sont à Gurs tout à fait précaires. (...) L'installation est des plus rudimentaires : pas d'étagères, pas de penderies, pas assez de tables ou de bancs. Les gardiens passent leur temps assis sur leur lit, ou couchés dans une baraque mal éclairée. (...) Certains hommes, arrivés au camp depuis près d'un mois, ne disposent pas encore d'un sac de couchage !"*[18].

Devant la grogne des gardiens, le chef de camp décide, en 1942, la construction du cinquième quartier, de l'autre côté de la route de Mauléon, les *"vieilles"* baraques n'étant plus utilisées que pendant la journée, pour les besoins du service. Le nouveau quartier des gardiens, ouvert aux familles, offre aux intéressés un confort insoupçonné jusqu'alors : baraques vastes et claires, montées sur pilots, avec chambres, salon et cuisine aménagés. Les familles y sont accueillies dans des conditions de logement correctes.

Ainsi, les installations des gardiens, celles-là même qui, en 1939, étaient reconnues comme mieux conçues, plus solides, mieux protégées du froid et de la pluie, bref, de meilleure qualité que celles des internés, ont été désaffectées plusieurs années avant elles, en raison de leur mauvais état. Le détail révèle, par comparaison, le délabrement des abris des internés. A partir de 1942, le terme de ruine n'est pas trop fort pour désigner les baraques gursiennes.

L'entretien des installations

Tenter de maintenir en état pendant six ans des installations qui, à l'origine, étaient prévues pour durer quelques mois apparaît comme une gageure de mauvais goût. Pendant six ans, des efforts considérables ont été dispensés ; en regard, des résultats dérisoires ont été obtenus.

Les services des Ponts et chaussées sont, de 1939 à 1945, responsables de l'entretien du camp. Avant la mobilisation, ils sont aidés par plusieurs compagnies du Génie ; mais à cette époque, les installations sont encore neuves et les baraques en bon état. Après le premier hiver, en revanche, des avaries apparaissent, toujours les mêmes, et leur nombre ne fait que croître avec le temps : panneaux de bois pourris, murs défoncés, planchers éventrés, couverture de carton bitumé arrachée par le vent, etc. Un travail intensif et quotidien est désormais indispensable.

18. Rapport adressé le 12 avril 1941 par le responsable du service de surveillance au chef de camp (Arch. dép. Pyr. Atl., M. provisoire, 500/20).

Aussi l'administration départementale des Ponts et chaussées délègue-t-elle en permanence, dès l'hiver 1939, un ingénieur T.P.E. à Gurs. Ce technicien qui ne peut disposer, du fait de la mobilisation générale, du concours de ses employés habituels, a la haute main sur une équipe d'ouvriers recrutés dans les îlots, la 182e compagnie de travailleurs espagnols (C.T.E.) (devenue 182e groupe de travailleurs étrangers après l'armistice).

Ainsi, ce sont les internés eux-mêmes qui ont entretenu le camp jusqu'à sa première dissolution, en novembre 1943.

Les 200 membres de la compagnie (ou du groupe) de travailleurs assurent tous les travaux : restauration des baraques, curage des fossés, régalage du terrain, pose des barbelés, empierrage des sentiers, incinération des déchets. Le fonctionnement de plusieurs services leur incombe totalement : conduite et réparation des véhicules automobiles, surveillance de la station de pompage de Dognen, maintien en état de marche du service de lutte contre l'incendie, fabrication des cercueils et nettoyage du cimetière. En contrepartie, les ouvriers de la C.T.E. bénéficient d'avantages appréciables : ils sont logés dans un îlot spécial (îlot F jusqu'à l'automne 1940, îlot A ensuite), reçoivent des compléments de nourriture et touchent une prime de rendement. Sans eux, le camp ne saurait fonctionner normalement.

A certaines périodes, la tâche est tellement abondante que le groupe de travailleurs du camp est incapable, à lui seul, de l'accomplir. Il faut alors soit en augmenter les effectifs (300 membres à partir de 1941), soit faire appel à d'autres groupes comme le 518e, stationné à Buzy, près d'Oloron, ou le 526e d'Izeste-Louvie-Juzon. Mais un tel concours est exceptionnel et momentané. Le centre doit, en temps normal, se suffire à lui-même.

C'est pourquoi, au printemps 1941, est organisée, à côté du 182e G.T.E., une *"compagnie de travailleurs hébergés"* (C.T.H.), composée d'une centaine d'internés, d'origine allemande pour l'essentiel. Sa tâche est d'assurer, sous le contrôle du G.T.E., les principales corvées : les postes de plantons, le transport et la vidange des tinettes, la mise en culture de plusieurs hectares de friches à l'intérieur du camp, la coupe du bois de chauffage, le ramassage des fougères, etc. En compensation, les ouvriers de la C.T.H. bénéficient de surplus alimentaires et de conditions d'hébergement améliorées.

Le 28 juillet 1942, le 182e G.T.E. est dissous à la suite de plusieurs affaires de marché noir dans lesquelles il se trouve impliqué. Le motif invoqué est l'indiscipline des travailleurs *"depuis que le groupe d'Espagnols qui en assurait l'encadrement a été déplacé. Un nouvel encadrement aryen est à souhaiter"*[19]. La C.T.H.

19. Rapport n° 1668 adressé le 26 février 1942 par le commissaire principal, chef de service du préfet des Basses-Pyrénées, au chef de service des Renseignements Généraux de Toulouse, (Arch. dép. Pyr. Atl., M. provisoire, 500/14).

demeure donc seule à Gurs pour effectuer tous les travaux. Elle s'acquitte assez mal de sa besogne car les ouvriers qui la composent constituent *"une main-d'œuvre de mauvaise qualité"*[20]. En effet, *"l'absence d'hébergés aptes physiquement nous pose de gros problèmes : l'entretien du camp et les corvées sont mal assurés actuellement, du fait du grand nombre de femmes et de l'âge avancé des internés"*[20].En outre, les multiples départs, qu'il s'agisse des transferts, des mutations ou des *"convois pour une destination inconnue"*, désorganisent sans cesse la C.T.H., et les remplaçants, choisis parmi ceux qui restent, sont moins efficaces, plus âgés et de santé plus fragile que leurs prédécesseurs qui, déjà, ne donnaient guère satisfaction.

Quelle que soit la qualité des services rendus, quel que soit le rendement de cette main-d'œuvre d'occasion, un fait demeure : ce sont les internés qui ont accompli le travail d'entretien.

Les *"baraques de miliciens"* sont l'objet d'innombrables réfections. Une saison après leur construction, la majorité d'entre elles est déjà en piteux état : le bois a noirci, les ossatures sont abîmées, certaines toitures déchirées. Il faut pourtant attendre l'été 1941 pour qu'une première campagne de restauration systématique soit lancée. De nouvelles fermes sont alors fixées ; toitures et *"bas-flancs"* sont renforcés et enduits d'une couche de carbonyle afin de les préserver du pourrissement ; les lucarnes sont dotées de *"vitrex"*, matière plastique grossièrement transparente qui offre du moins l'avantage de laisser pénétrer la lumière dans les chambrées. L'été suivant, des carreaux de vitre sont posés sur quelques lucarnes, mais l'opération ne sera pas terminée, dans l'ensemble des îlots encore occupés, avant l'automne 1943.

Ces remèdes ne sont en fait que des expédients, et les locaux continuent à se dégrader, à tel point que l'inspecteur général des camps lui-même note : *"on ne pourra jamais empêcher que des baraques de bois, vétustes et branlantes, noircies par les intempéries, ne présentent un aspect lamentable"*[21].

En novembre 1942, pourtant, la fermeture du camp de Rivesaltes offre à Gurs l'occasion de connaître une nouvelle jeunesse. A partir du 15 décembre, les Ponts et chaussées reçoivent en effet par dizaines de tonnes les tôles ondulées qui couvraient jusqu'alors les logements de Rivesaltes. Un toit imperméable est donc placé sur une centaine de baraques, permettant de restaurer une partie de l'îlot A, occupé par les enfants depuis la dissolution du 182e G.T.E., et l'ensemble des îlots D,F,H, et J. Ces transformations ont non seu-

20. Rapport adressé le 18 juin 1946 par l'ingénieur d'arrondissement des Ponts et chaussées au préfet (Arch. dép. Pyr. Atl., liasse non cotée 256).

21. Rapport du préfet A. Jean-Faure, inspecteur général des camps et des centres d'internement du territoire, adressé le 17 août 1942 au ministre secrétaire d'Etat à l'Intérieur (Arch. dép. Pyr. Atl., M. provisoire, 500/15).

lement apporté aux internés un confort jusque là inconnu, mais ont surtout prolongé l'existence du camp de plusieurs années : à la Libération, seuls les quatre *"îlots tôlés"* sont encore occupés.

L'équipement des îlots connaît parallèlement plusieurs modifications.

En mai 1940, le camp, jusque là exclusivement destiné aux réfugiés de l'armée républicaine espagnole, c'est-à-dire à des hommes d'âge mûr, reçoit près de dix mille femmes. Rien n'est alors prévu pour prévenir les besoins spécifiques d'une population féminine. En quelques semaines, une dizaine de lavabos fermés est aménagée à la hâte dans deux des cinq îlots de femmes (L et K). Dans les trois autres (I, J et M) les femmes n'ont d'autre choix que d'utiliser les vieux lavabos en plein air.

En juin 1940, trois baraques *"droites"*, claires et bien protégées du froid par un revêtement de carton bitumé et de feuilles d'aluminium, sont érigées à côté du troisième quartier. Elles sont baptisées *"hôpital des femmes"*[22]. Une centaine de malades peuvent y être soignées dans des conditions équivalentes à celles qui sont offertes aux hommes, dans l'hôpital central, à l'autre extrémité du camp. Un an après, l'infrastructure médicale de Gurs ayant été à nouveau modifiée, les trois *"pavillons des femmes"* sont transformés en maternité, avec salle d'accouchement, pouponnière et logements pour les jeunes mères.

Pendant l'hiver 1940, des œuvres philanthropiques obtiennent la permission d'installer à Gurs, à l'intérieur même du camp, une antenne. Le *Secours protestant,* puis le *Secours suisse,* les Quakers américains et plusieurs autres associations s'établissent dans les baraques du troisième quartier, à côté de l'*"hôpital des femmes"*[23]. Elles joueront, en 1941 et 1942, un rôle déterminant dans la survie des internés en palliant partiellement les déficiences de l'alimentation du camp.

Au printemps 1941, plusieurs autres services sont aménagés dans les baraques du premier quartier : la chapelle, les deux salles de classes primaires destinées aux enfants du personnel, les P.T.T., le bureau et les ateliers des Ponts et Chaussées, la censure, le greffe, la gestion et la police nationale. Plus tard, l'Union Générale des Israélites de France (UGIF) équipe plusieurs ateliers, de couture, cordonnerie et saboterie, afin d'occuper les internés intéressés.

22. Rapport n° 81/D adressé le 29 mars 1941 par le chef de camp au directeur général de la sûreté nationale, 2e bureau (Arch. dép. Pyr. Atl., M provisoire, 500/13)

23. Rapport n° 441/D adressé le 4 juillet 1941 par le chef de camp au préfet des Basses-Pyrénées (Arch. dép. Pyr. Atl., M. provisoire, 500/12).

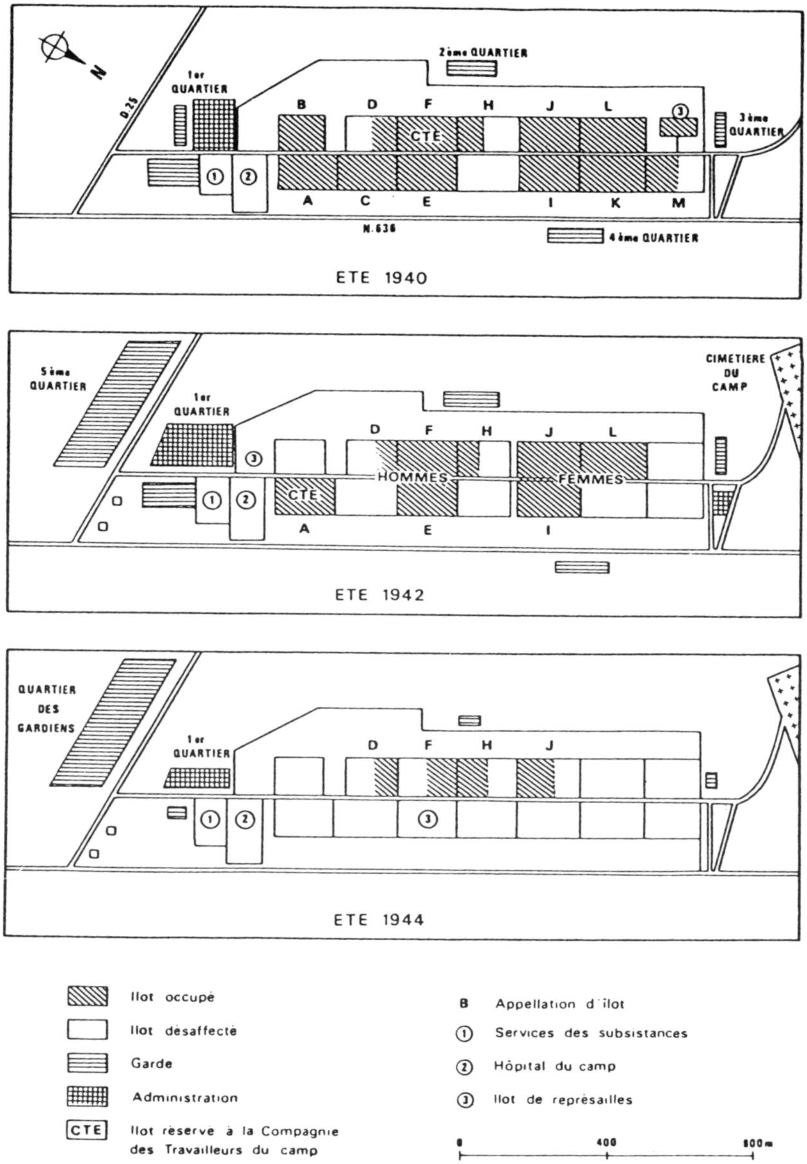

Les transformations du camp de Gurs

CHAPITRE TROISIEME

L'ADMINISTRATION ET LA GARDE DU CAMP

Du premier au dernier jour de son histoire, le camp de Gurs est dirigé, administré et entretenu par des services français. Les neuf chefs de camp, les gestionnaires, les médecins-chefs, les infirmières, les responsables de la garde, du secrétariat général, des différents bureaux, et les gardiens sont des Français. Même pendant les plus durs moments de l'occupation nazie, après la suppression de la ligne de démarcation, le chef de camp ne reçoit les consignes que du préfet des Basses-Pyrénées. Mieux, les officiers allemands n'ont fait, en quatre ans, que quatre passages au camp : une commission d'inspection le 26 juin 1940[1], la commission Kundt le 21 août 1940[2], le capitaine Danneker le 18 juillet 1942[3] et les troupes nazies en retraite le 27 juin 1944[4]. Encore ne s'agit-il là que de brèves visites, au cours desquelles les occupants ne cherchent jamais à imposer par la force une quelconque limitation aux pouvoirs dévolus à l'administration française.

1. Rapport adressé le 29 juin 1940 par le chef de camp au préfet des Basses-Pyrénées (Arch. dép. Pyr. Atl., 1 M 573).
2. Rapport de la commission Kundt sur les camps situés en zone non occupée, publié dans *Vivre à Gurs*, op. cit., p. 319-323.
3. Rapport secret n° 1298/D envoyé le 18 juillet 1942 par le chef de camp au préfet des Basses-Pyrénées (Arch. dép. Pyr. Atl., M. provisoire, 500/15).
4. Rapport n° 162/D adressé le 27 juin 1944 par le chef de camp au préfet des Basses-Pyrénées (Arch. dép. Pyr. Atl., M. provisoire, 500/9). Sur les événements du 27 juin, voir p. 68.

Gurs est à ce titre exemplaire. C'est un camp français. L'entière responsabilité de sa gestion relève des seuls Français, de même que les textes juridiques définissant le statut des internés et les modes de fonctionnement du centre sont d'origine purement française.

Bases juridiques de l'internement : l'arsenal législatif

Au moment de sa création, le camp est dénommé *"centre d'accueil des réfugiés espagnols de Gurs"*. C'est sous ce terme, légèrement modifié parfois (*"camp d'accueil de Gurs-Préchacq"*, *"camp de réfugiés de Gurs"*), qu'il apparaît dans les documents d'origine ministérielle, préfectorale ou proprement gursienne, jusqu'à l'automne 1940[5].

Pendant cette première période, le camp est dirigé et gardé par les seuls militaires. Le chef de camp, officier supérieur de cavalerie, est placé sous l'autorité administrative du préfet des Basses-Pyrénées, et sous les ordres du général commandant la 18e région (Bordeaux). La tâche de l'armée consiste à fournir le personnel d'encadrement, celle du préfet, conformément au décret-loi du 12 novembre 1938[6], à assurer l'entretien et le ravitaillement. La

DÉCRETS, ARRÊTÉS & CIRCULAIRES

PRÉSIDENCE DU CONSEIL

Décret relatif aux mesures à prendre à l'égard des individus dangereux pour la défense nationale ou la sécurité publique.

Le Président de la République française,

Sur le rapport du président du conseil, ministre de la défense nationale et de la guerre et des affaires étrangères, du garde des sceaux, ministre de la justice, et du ministre de l'intérieur,

Vu la loi du 19 mars 1939 tendant à accorder des pouvoirs spéciaux au Gouvernement;

Le conseil des ministres entendu,

Décrète:

Art. 1er. — Dans les cas prévus à l'article 1er de la loi du 11 juillet 1938, lorsque l'état de siège a été déclaré, les individus dangereux pour la défense nationale ou pour la sécurité publique peuvent, sur décision du préfet, être éloignés par l'autorité militaire des lieux où ils résident, et, en cas de nécessité, être astreints à résider dans un centre désigné par décision du ministre de la défense nationale et de la guerre et du ministre de l'intérieur.

Art. 2. — Les mesures prévues à l'article 1er peuvent être rapportées à tout moment et ne peuvent être prolongées après la levée de l'état de siège sur le département où l'intéressé avait sa résidence.

Art. 3. — Les individus soumis aux dispositions du présent décret peuvent être requis en vue d'accomplir tous travaux intéressant la défense nationale.

Ils sont, en ce cas, incorporés dans des formations spéciales constituées conformément à l'article 40 de la loi du 13 juillet 1927.

Art. 4. — Tout individu qui, sans autorisation, se rendra dans les lieux dont il a été éloigné en application de l'article 1er, et tout individu astreint à résider dans un des centres prévus à l'article 2 qui le quittera sans autorisation, sera puni d'un emprisonnement de un à cinq ans.

Tout individu qui, requis dans les conditions de l'article 3, refusera d'accomplir le travail prescrit, sera puni des peines prévues à l'article 31 de la loi du 11 juillet 1938, modifiée par le décret du 1er septembre 1939.

Art. 5. — Le président du conseil, ministre de la défense nationale et de la guerre et des affaires étrangères, le garde des sceaux, ministre de la justice, et le ministre de l'intérieur sont chargés de l'exécution du présent décret, qui sera soumis à la ratification des Chambres, conformément à la loi du 19 mars 1939.

Fait à Paris, le 18 novembre 1939.

ALBERT LEBRUN.

Par le Président de la République:

Le président du conseil, ministre de la défense nationale et de la guerre et des affaires étrangères,

ÉDOUARD DALADIER.

Le garde des sceaux, ministre de la justice,

GEORGES BONNET.

Le ministre de l'intérieur,

ALBERT SARRAUT.

Fac-similé du décret Daladier

5. Deux études exposent l'ensemble des textes et décrets consacrés aux camps du midi de la France. Il s'agit des dix chapitres rédigés par B. Vormeier dans *Vivre à Gurs*, op. cit., p. 179-283, et de la thèse de J.-C. Bonnet, *Les pouvoirs publics français et l'immigration dans l'entre-deux-guerres,* Université de Lyon II, 1976.

6. Publié au *Journal officiel* le 13 novembre 1938, p. 12 923, titre IV.

déclaration de guerre et la mobilisation ne modifient pas cette situation car les dispositions prises le 5 septembre 1939 de conduire *"immédiatement et sans délai dans un centre de rassemblement"* [7] les *"nationaux du Reich"* [7] - c'est-à-dire les ressortissants de l'Empire allemand vivant en France - ne concernent pas Gurs, où demeurent internés les combattants de l'armée républicaine espagnole.

En mai 1940, deux nouvelles catégories de réfugiés sont envoyées à Gurs : les immigrés et les *"politiques"*. Toutes deux sont enfermées en vertu du décret du 18 novembre 1939, dit *"décret Daladier"*, d'après lequel les *"individus dangereux pour la défense nationale et la sécurité publique peuvent, sur décision du préfet, être éloignés par l'autorité militaire des lieux où ils résident et être astreints à résider dans un centre"* (article premier)[8]. Autant dire que ce texte permet au préfet d'interner à peu près qui il veut, tant les termes utilisés lui laissent toute liberté d'action.

En outre, les hauts fonctionnaires du gouvernement Reynaud, puis ceux de l'époque de Vichy, appliquent largement deux autres textes législatifs pour mener à bien leur politique répressive. Contre les communistes français et ceux qui leur sont assimilés (syndicalistes, anarchistes, distributeurs de tracts...), ils utilisent le décret du 26 septembre 1939[9], portant dissolution des organisations communistes. Contre les immigrés, ils dressent le décret du 15 mai 1940, modifiant celui du 14 mai 1939, sur les conditions d'entrée et de séjour des étrangers en France[10]. D'après ce texte à effet rétroactif, tout étranger ayant franchi la frontière hors de certains points de passage, ou dont les titres de séjour sont périmés, *"tombe sous le coup des peines prévues par le décret-loi du 2 mai 1938"* (article 2), c'est-à-dire, est passible d'un emprisonnement d'une durée de un mois à un an. A ce double titre, sont alors internés à Gurs près de dix mille ressortissants du *grand Reich,* plusieurs centaines de communistes et antifascistes français, et même quelques dizaines de réfugiés basques espagnols.

L'armistice du 22 juin 1940 engendre rapidement un nouveau système. L'armée française doit, en effet, être démobilisée et désarmée, sauf les troupes *"nécessaires au maintien de l'ordre intérieur"* (article 9 du texte français).

A Gurs, la troupe est remplacée par la garde mobile et la gendarmerie départementale. Le camp lui-même change de nature : il reçoit, le 20 octobre, le titre de *"camp à caractère semi-*

7. *Le Populaire,* 7 septembre 1939. Ces dispositions du ministre de la Défense nationale et de la Guerre ne concernent que les hommes âgés de 17 à 50 ans.

8. Publié au *Journal officiel* le 19 novembre 1939, p. 13 223.

9. Publié au *Journal officiel* le 27 septembre 1939, p. 11 770.

10. Publié au *Journal officiel* le 19 mai 1940, p. 3 709.

répressif"[11]. Les réfugiés *"allemands, autrichiens, et les ex-miliciens espagnols que l'Etat-Major n'a pas cru pouvoir, en raison de leurs opinions extrémistes, incorporer dans les compagnies de travailleurs étrangers"*[11], doivent y être conduits, car ces *"indésirables", "dangereux pour la défense nationale et la sécurité publique"*[11], sont à surveiller étroitement. Ainsi, au moment même où est publié le statut des Juifs par Vichy, Gurs est appelé à changer d'affectation en devenant un centre d'internement plus sévère que par le passé.

En fait, la décision du 20 octobre ne sera jamais appliquée. Moins d'une semaine après, le 26 octobre, l'arrivée de plusieurs milliers d'Allemands bouscule les prévisions du ministre de l'Intérieur. Les uns, 6 538 civils viennent d'être explulsés du pays de Bade ; conduits à la frontière française ils sont finalement enfermés dans le camp béarnais. Les autres, 3 870 hommes, anciens immigrés, proviennent du camp de Saint-Cyprien. Tous sont considérés, au regard de la loi, comme des *"étrangers en surnombre dans l'économie française"*[12]. Il s'agit, pour l'essentiel, de Juifs, parmi lesquels on compte beaucoup de femmes, d'enfants et de vieillards. De l'aveu même d'un officier chargé d'inspecter le camp[13], ils ne sont pas dangereux et n'ont rien à faire dans un *"centre semi-répressif"*. Comme,vers cette même époque, est promulgué le décret - loi du 17 novembre 1940[14], stipulant que *"le ministre de l'Intérieur assurera, à dater du premier novembre 1940, la surveillance des camps (...) pour la garde des Français et des étrangers groupés par mesure administrative"*, un nouveau système est élaboré. Dans un premier temps, le personnel d'encadrement est renouvelé : les militaires sont remplacés par des civils. Le 1er janvier 1941, l'opération est achevée et le camp est placé sous l'autorité unique du préfet du nouveau département (Basses-Pyrénées et Landes non-occupées) et de son subordonné à Gurs, le *"directeur-chef de camp"*. Dans un second temps, la dénomination officielle du camp est modifiée : Gurs reçoit

11. Circulaire adressée le 21 octobre 1940 par le ministre de l'Intérieur, Direction générale de la Police du Territoire et des Etrangers, 7e bureau, au préfet des Basses-Pyrénées (Arch. dép. Pyr. Atl., M provisoire, 500/6). Cette circulaire de Vichy fixe de façon précise la discipline dans les camps d'étrangers du Vernet (*"centre à caractère répressif"*), Gurs (*"semi-répressif"*), Argelès, Bram et Saint-Cyprien (*"camps d'hébergement"*) et Les Milles (*"camp où seront envoyés les étrangers indésirables en instance de départ"*).

12. Loi du 27 septembre 1940, publiée au *Journal officiel* le 8 octobre 1940, p. 5 234. Ces nouveaux arrivants sont l'objet d'une étude particulière dans le chapitre VI.

13. Dans son rapport d'inspection n° 352/2 du 9 novembre 1940, le colonel commandant la légion de GRM sud écrit au général commandant la 17e D.M. de Toulouse que *"les internés ne paraissent pas animés du désir de s'évader ou de se livrer à des manifestations"* (Arch. dép. Pyr. Atl., 1 J 291-2).

14. Publié au *Journal officiel* le 21 novembre 1940, p. 5 756.

le titre, comme Argelès ou Rivesaltes, de *"centre d'hébergement"*[15].

Pendant toute la durée du gouvernement de Vichy, les internements sont prononcés, outre la plupart des textes déjà cités, en vertu de deux nouveaux décrets-lois. L'un, de caractère purement antisémite, stipule que *"les ressortissants étrangers de race juive pourront, à dater de la promulgation de la présente loi, être internés dans des camps spéciaux par décision du préfet du département de leur résidence"*[16]. L'autre, économique, a pour but de neutraliser momentanément *"les individus dont les manœuvres sont de nature à compromettre le ravitaillement du pays"*[17]. En fait, Gurs est devenu un camp destiné presque exclusivement à la mise à l'écart des Juifs étrangers.

Après la Libération, entre en vigueur l'arrêté du 14 mars 1944, réglementant les *"centres de séjour surveillés"*[18], dans lesquels doivent être conduits les *"collaborateurs"* vichyssois. Gurs, malgré le piteux état de ses installations, est du nombre. Le camp, qui *"dépend directement du préfet"*, n'est plus sous l'autorité d'un chef de camp, mais d'un *"directeur"*[18]. Il faut bien constater que ces modifications de vocabulaire ne changent pas grand chose dans l'immédiat : le personnel, dans l'ensemble, reste en place et on doit attendre la fin du mois d'octobre pour voir enfin arriver les *"collaborateurs"*, qualifiés à leur tour de *"dangereux pour la défense nationale ou la sécurité publique"*[18]. L'ordonnance du 4 octobre 1944 précise qu'ils *"pourront, sur décision prise par arrêté préfectoral, être internés administrativement"* (article premier)[19].

Cette analyse succincte des conditions juridiques de l'internement à Gurs débouche en définitive sur une double constatation. D'abord, la vanité de la terminologie employée par les divers régimes pour désigner le camp de Gurs ; *"centre d'accueil"*, *"centre semi-répressif"*, *"centre d'hébergement"* ou *"centre de séjour surveillé"*, la réalité est rigoureusement la même, sordide, misérable, et n'a pas grand chose à voir avec la signification courante des mots utilisés. Ensuite et surtout, la profonde continuité entre la politique menée

15. Circulaire adressée le 17 janvier 1941 par le ministère de l'Intérieur, Direction de la Police du Territoire et des Etrangers, 7e bureau, au préfet des Basses-Pyrénées (Arch. dép. Pyr. Atl., liasse n. cotée, 256).

16. Décret-loi du 4 octobre 1940, publié au *Journal officiel* le 18 octobre 1940, p. 5 323. (L'article premier est reproduit ici). A la suite de la loi du 29 mars 1941, les préfets dépendent désormais, en ce qui concerne la politique à mener à l'égard des Juifs, du commissaire général aux questions juives, chargé d'orchestrer la répression antisémite.

17. Décret n° 4 757 du 10 novembre 1941, publié au *Journal officiel* le 30 novembre 1941, p. 5 166.

18. Publié au *Journal officiel* le 26 août 1944, p. 751 et 752.

19. Publié au *Journal officiel* le 5 octobre 1944, p. 877-878.

par la IIIe République finissante et le régime de Vichy. Avant l'armistice, le législateur fait preuve de méfiance, jusqu'à remettre en cause les principes mêmes du droit d'asile. Après l'armistice, une de ses principales préoccupations est de maintenir à l'écart tous ceux qui, en raison de leur origine, leur race ou leurs idées, ne sauraient être considérés comme les acteurs de la *"Révolution nationale"* prêchée par le chef de l'Etat.

En quelques années, à force de précautions, de soupçons et de suspicion, la loi française a doucement glissé de la xénophobie latente au racisme ouvertement déclaré.

L'administration du camp

Il ne saurait être question d'entrer ici dans le détail des méandres de l'organisation administrative du camp. Les services de direction et de gestion ne sont pas, en effet, différents de ce qu'ils sont habituellement dans tout organisme à vocation militaire ou carcérale. Notons seulement que leur complexité a souvent surpris et désarçonné les internés, peu au fait des lourdeurs de la bureaucratie française.

Jusqu'au 26 novembre 1940, le chef de camp est un officier supérieur : le commandant Terneau, du 31 mars au 31 mai 1939, le commandant Davergne ensuite. Tous deux sont, à l'origine, chefs d'escadrons de la garde mobile. Le premier, avant d'être nommé à Gurs, dirigeait le camp de Cerbère (Pyrénées-Orientales). Ses services durent être appréciés de l'administration puisqu'il fut promu lieutenant-colonel immédiatement après son passage à la tête du camp béarnais. Le second, qui demeura en fonction près d'un an et demi, fait l'objet de jugements différents, sinon opposés. La plupart des anciens Gursiens le taxent d'étroitesse d'esprit et de manque d'initiative ; d'autres, comme Louis Lecoin en particulier et les *"politiques"* en général, affirment qu'il abusait de son autorité au point de maintenir arbitrairement à Gurs des personnes qui auraient dû être libérées[20]. Hanna Schramm, au contraire, le présente comme un homme libéral, poli et patient, et même ferme dans ses convictions, y compris face à l'occupant[21].

20. Louis Lecoin, *De prison en prison,* édité par l'auteur, Antony, 1946, p. 197-198. L'auteur raconte comment le commandant du camp a décidé, de son propre chef, de le réinterner, le 9 octobre 1940, bien que sa libération ait été officiellement prononcée et annoncée dans les journaux. Témoignage confirmé par Gaston Péan dans Moine (André), *Déportation et résistance en Afrique du Nord,* op. cit., p. 46.

21. Hanna Schramm affirme que, lors de l'arrivée des troupes allemandes à Bordeaux, le *"colonel Davergne (...) avait trouvé des moyens non-officiels pour faire passer ces hommes en danger* [les détenus politiques] *dans la partie de l'Afrique du Nord qui se trouvait sous contrôle français, afin de les protéger des Allemands" (Vivre à Gurs,* op. cit., p. 39). Sa version des faits est assez étonnante, car ce que l'auteur présente comme une mise à l'abri, n'est, en fait, qu'une déportation vers les camps répressifs de Djelfa, Bossuet, Djenien Bou Rezg et Bou Dénib.

En novembre 1940, une nouvelle équipe, composée de civils, dirige et encadre le camp. Elle est d'abord conduite par un commissaire divisionnaire de police, M.E., d'origine alsacienne, récemment chassé de chez lui par l'occupant. Il n'a fait l'objet, auparavant, d'aucune formation spéciale, pas plus que ses successeurs d'ailleurs. Il est remplacé, le premier janvier 1941, par le commissaire principal G.K., secondé par un gestionnaire de poids, R.G. L'inexpérience des nouveaux administrateurs, cumulée avec la dégradation des conditions d'hébergement, et avec l'âge souvent avancé des internés expulsés du pays de Bade, explique, pour une bonne part, la forte mortalité enregistrée à Gurs pendant l'hiver 1940.

Au cours de l'été 1942, au moment où partent les premiers convois de déportés vers la zone occupée, R.G., présenté jusqu'alors comme un fonctionnaire énergique et compétent dans les rapports d'inspection[22], mais particulièrement détesté des internés pour son intransigeance et son absence totale de sensibilité[23], est promu à la tête du camp. En bons termes avec le préfet, il dispose d'un pouvoir étendu, à la fois administratif et policier, comme chef de camp, et économique, comme régisseur d'avances. Le coup de main du 25 septembre 1943, au cours duquel les maquis de Mauléon et Tardets s'emparent de presque toutes les armes entreposées dans l'armurerie du camp, provoque sa chute et son remplacement par une nouvelle équipe. R.G. demeure cependant, pour la plupart des témoins de cette période, le modèle-même des chefs de camp de l'époque de Vichy : intelligent et compétent, mais brutal, inflexible, infatué et inaccessible à la compassion[24].

D'autres chefs de camp lui succèdent, cantonnés dans des tâches purement administratives ; leur pouvoir est réduit, à la mesure du *"centre de séjour surveillé"* qui ne peut accueillir que des effectifs limités.

La compétence du chef de camp varie avec l'époque pendant laquelle cette charge est exercée et avec la personnalité du fonctionnaire choisi. Ainsi, à l'époque de Vichy, les responsables de Gurs

22. Le rapport 1115/P Cab., rédigé le 30 mars 1942 par l'intendant de police régional de Toulouse, est très critique à l'égard de tout le personnel, à commencer par G.K. *"Ce personnel manque d'envergure ; il est surtout préoccupé de son bien-être personnel et laisse aller les choses au fil des jours (...). Il y a une exception, le secrétaire-gestionnaire R.G."*, homme *"énergique et propre"* (Arch. dép. Pyr. Atl. M. provisoire, 500/6).

23. Certains témoignages publiés accumulent les accusations à l'encontre de R.G. Ainsi Jeanne Merle d'Aubigné dans *Les Clandestins de Dieu,* CIMADE, Fayard, Paris, 1968, p. 67-68 et p. 79-81, ou Hedwige Kämpfer dans *Vivre à Gurs,* op. cit., p. 156, Rolly Weil, p. 164 et Franz Soël, p. 172-173.

24. Nommé chef de camp le 1er septembre 1942, R.G. est révoqué, ainsi que le gestionnaire et les responsables du gardiennage, le 2 octobre 1943, par arrêté ministériel (Arch. dép. Pyr. Atl., M provisoire, 500/16). Déféré au Parquet, condamné pour faute administrative et emprisonné, il ne sera guère inquiété après la Libération. Il finira paisiblement sa vie dans un petit village, proche d'Oloron, dont il deviendra maire.

disposent d'une marge de manœuvre plus large que leurs prédécesseurs ou leurs successeurs, étroitement surveillés par les autorités de tutelle.

Le chef de camp joue un double rôle. D'un côté, il sert d'agent de transmission, répercutant à Gurs les directives de la préfecture, et adressant à Pau les demandes de visas, de congés, de transferts, d'affectations ou de libérations, faites par les internés. D'un autre côté, il dispose d'un pouvoir réel sur l'administration et la garde du camp. Il centralise et coordonne les services, à commencer par le service de surveillance, a la haute main sur l'ensemble des secrétariats, l'intendance et la censure, donne son avis dans toutes les demandes transmises à la préfecture, décide de l'emploi du temps et des occupations des internés, peut interdire l'accès aux îlots à toute personne ou tout organisme non mandaté, prononce certaines peines disciplinaires mineures (suppressions de visites, de correspondance, de journaux et brochures, de petit déjeuner ; incarcération *"aux représailles"*), attribue les permissions de courte durée, et fixe les corrections qui lui semblent indispensables à la bonne marche du camp. En 1942 et 1943, il fait dresser les listes d'internés à déporter *"pour une destination inconnue"*[25]. Seul habilité à interpréter le règlement, il jouit, dans la pratique quotidienne, d'un pouvoir d'autant plus important que les Gursiens savent rarement quelles en sont les limites précises.

Fin 1944, les chefs de camp en service à l'époque de Vichy ont été recherchés et, pour certains, traduits devant les tribunaux. Jouant sur l'ambiguïté de leurs fonctions, ils expliquèrent qu'ils étaient davantage des fonctionnaires aux ordres du préfet que des cadres administratifs disposant d'une réelle autorité. Ils furent, à ce titre, soit acquittés, soit condamnés à une simple assignation à résidence hors du département.

Les autres services administratifs, installés en permanence à Gurs, sont au nombre de trois : la gestion, la Sûreté nationale et le service de santé.

La gestion, dirigée par un ou plusieurs fonctionnaires, regroupe la comptabilité, les effectifs, la caisse des dépôts, où sont obligatoirement versés les mandats destinés aux internés[26], le greffe, où sont entreposés, entre autres choses, les objets des Gursiens décé-

25. Mention utilisée dans les fiches individuelles pour qualifier les déportations à Drancy. Il est à noter que le chef de camp s'est toujours défendu, auprès de ses collaborateurs, d'être l'auteur de ces listes. Sa correspondance avec le préfet (lettre du 15 avril 1943, Arch. dép. Pyr. Atl. liasse non cotée 265) prouve le contraire.

26. L'organisation de cette caisse est définie le 17 janvier 1941 par le règlement du camp arrêté par circulaire ministérielle (*"Instructions concernant la discipline à observer dans le camp de Gurs"*) : voir note 15. Il est interdit aux internés de retirer plus de 400 F par mois sur leur propre compte, tenu par le gestionnaire.

dés au camp[27], les services du matériel, des transports, du jardinage et, surtout, *"les subsistances"*. Ces dernières, dotées d'un personnel nombreux mais d'installations sommaires, ont connu plusieurs modes d'organisation, selon qu'elles étaient ravitaillées par l'Intendance de la 18e région (1939), par une restauratrice d'Oloron (1940)[28], par le service départemental du Ravitaillement (1941 et 1942), par l'O.C.A.D.O. (1942-1944)[29], par des marchés de gré à gré passés avec des commerçants des environs (1939-1945), ou par les soins des équipes chargées du jardinage à l'intérieur même du camp (1942-1945). Le rôle du gestionnaire consiste à calculer les rations, commander les marchandises, trouver les fournisseurs, vérifier les envois, stocker et conserver les denrées,puis distribuer les vivres et combustibles aux *"intendants d'îlots"*. En outre, il contrôle les cantines. Ses fonctions sont donc essentielles dans la vie quotidienne des Gursiens, d'autant que la nourriture est ressentie par tous comme la question fondamentale.

La Sûreté nationale, en rapports directs avec les internés, s'installe au premier quartier à l'automne 1940. Elle rassemble alors de nombreux fonctionnaires portant le titre d'*"inspecteur"* ou d'*"inspecteur-secrétaire"* : une cinquantaine en 1940-41, une trentaine ensuite. Elle est chargée de deux tâches précises : d'une part instruire les enquêtes portant sur les affaires de vol, trafic de correspondance ou marché noir ; d'autre part, établir les dossiers nécessaires aux transferts, aux affectations dans un groupe de travailleurs étrangers et aux libérations. Il arrive en outre, pendant certaines périodes, comme au début de l'année 1941, que le chef de camp confie aux inspecteurs la censure du courrier et des colis postaux[30]. Ce personnel civil, entre les mains duquel les Gursiens mettent parfois tous leurs espoirs, est redouté. S. Plastereck note à son sujet :

> *"Les excès, disons même les brutalités à l'égard des internés qui eurent lieu parfois, furent toujours commis par ce service"*[31].

27. Ces objets sont ensuite déposés au bureau de l'enregistrement d'Oloron et vendus à l'encan sur la place publique.

28. M.B., hôtelière d'Oloron, fournit pendant plus d'un an les "repas" au camp, c'est-à-dire l'essentiel des denrées consommées (soupes, légumes, charcuterie, poissons...).

29. Organe Central d'Achats des Denrées et de l'Ordinaire. Son siège départemental se trouve à Bizanos, dans la banlieue de Pau. Il est placé sous l'autorité de l'intendant directeur général de Toulouse (circulaire n° 1987, CD/RI, envoyée au préfet des Basses-Pyrénées le 26 octobre 1942 par le secrétariat à l'Agriculture, Arch. dép. Pyr. Atl., liasse non cotée 256).

30. Le rapport adressé le 19 janvier 1941 par le chef de service du bureau de la censure du camp au chef de camp, illustre l'organisation de ce service. Cinq équipes en assurent la marche : trois d'entre elles sont chargées de la lecture du courrier-départ (lettres, journaux, télégrammes), soit 8 000 pièces quotidiennes environ ; une quatrième censure le courrier-arrivée ; une cinquième vérifie le contenu des colis postaux.

31. Rapport Plastereck, op. cit., p. 12.

Le service de santé est dirigé par un médecin-chef, responsable des deux cents lits de l'hôpital central, de la pharmacie, du cabinet dentaire, de la maternité, de la pouponnière et des infirmeries d'îlots. Nommé par le ministère de l'Intérieur, ce médecin est un fonctionnaire ; son salaire, fixé par décret[32]. est nettement inférieur aux rémunérations qu'il pourrait toucher en exerçant libéralement sa profession ; peut-être faut-il voir là l'origine de certaines légèretés dont se sont plaints les internés. Quant au service de santé lui-même, s'il a connu, en six années, plusieurs modes d'organisation, il n'aurait jamais pu fonctionner sans le concours des internés bénévoles ; par exemple, le 27 octobre 1941, travaillent au camp trois médecins français et douze médecins gursiens, vingt-deux infirmières françaises et trente infirmières gursiennes, deux préparateurs en pharmacie gursiens et quatre dentistes gursiens[33].

Deux administrations autonomes, enfin, siègent au camp : les Ponts et chaussées et les P.T.T. Elles sont placées sous l'autorité de fonctionnaires détachés à demeure à Gurs.

L'ingénieur des Ponts et chaussées, responsable de l'entretien des installations, dépend directement de l'ingénieur d'arrondissement d'Oloron, ce qui n'est pas sans poser quelques problèmes, pour peu que le chef de camp soit autoritaire. Il dispose d'une main-d'œuvre importante, groupée en compagnies de travailleurs (C.T.E. et C.T.H.) : près de 800 Gursiens en 1939, 200 environ à l'époque de Vichy, quelques dizaines de détenus après la Libération.

Le bureau de poste du camp est une annexe de la recette de Navarrenx. Il est administré par deux à quatre commis aidés d'un groupe d'internés. Il fonctionne dans une baraque du premier quartier, munie d'une installation postale et télégraphique complète. Les Gursiens se sont étonnés parfois de la lenteur du trafic postal. De fait, les retards peuvent atteindre plusieurs semaines. Ils s'expliquent d'abord par la lourdeur de la censure[34], mais aussi par le volume du trafic postal entre 1939 et 1943 : de 5 000 à 8 000 lettres ou colis quotidiens. Gurs est alors le troisième centre du département, immédiatement après Pau et Bayonne. Considérant que cette situation était source de désordres, le préfet décida même de limi-

32. Circulaire du 3 avril 1941, publiée au *Journal officiel* le 5 avril 1941, p. 1 466. Ce salaire, fixé à 2 500 F par mois, peut atteindre 3 500 F.

33. Rapport n° 722/D adressé le 27 octobre 1941 par le chef de camp au préfet des Basses-Pyrénées (Arch. dép. Pyr. Atl., M provisoire, 500/6).

34. Le règlement intérieur du camp rappelle que *"le courrier-départ doit être déposé ouvert dans les boîtes à lettres. Lorsque le chef du camp estime que la correspondance ne doit pas être transmise, il est autorisé à la retenir (...). Toute communication téléphonique est formellement interdite aux internés"* (circulaire adressée le 17 janvier 1941 par le directeur de la Police du Territoire et des Etrangers au préfet des Basses-Pyrénées : voir note 15).

ter, directement ou indirectement[35], le courrier-départ.

Ces nombreux services jouent un rôle essentiel mais lointain dans la vie quotidienne des internés. Pour le Gursien, l'administration française, c'est d'abord le service de garde.

La surveillance et la garde du camp

Avant la déclaration de guerre, la garde du camp est assurée par trois formations militaires, les gardes républicains mobiles, les gendarmes départementaux et la troupe, qui se côtoient et se relaient en permanence. Les gardes mobiles, qui, les premiers, entrent au camp avant même l'arrivée des internés, proviennent d'escadrons stationnés aux quatre coins du pays, en Bretagne (Vitré, Saint-Brieuc), en Normandie (Saint-Lô, Lisieux), en Lorraine (Baccarat, Rambervilliers), etc. Les gendarmes départementaux (*"les bleus"*, par opposition aux *"noirs"* de la gendarmerie nationale) siègent de façon permanente au camp. La troupe, encadrée par les précédents, est composée, pour l'essentiel, de compagnies de réservistes issues des régiments du Sud-Ouest comme le 18e (Pau), le 49e (Bayonne)

Internés et gardien, pendant l'été 1939
Vue prise de l'allée centrale

35. Directement, en demandant au chef de camp de *"prendre toutes dispositions afin que seules soient transmises les communications télégraphiques dont les auteurs méritent un intérêt particulier"* (lettre confidentielle adressée le 2 décembre 1940 par le préfet au chef de camp, Arch. dép. Pyr. Atl., M provisoire, 500/13). Indirectement, en imposant aux internés l'usage de cartes postales en partie pré-rédigées, dites *"cartes de correspondance"*, à partir d'octobre 1940.

ou le 57e (Bordeaux)[36]. Ensemble, gardes mobiles, gendarmes et réservistes forment une équipe dont l'effectif dépasse constamment quatre cents personnes. Ils sont cantonnés dans l'un des quatre quartiers entourant le camp.

Ce système de garde est, dans l'ensemble, conservé pendant les huit mois de la *"drôle de guerre"* (septembre 1939 - mai 1940), à cette nuance près que les séjours des gardes mobiles sont brefs et correspondent à des opérations de police précises.

Après l'armistice (22 juin 1940), les troupes françaises étant démobilisées et désarmées, les gendarmes et les gardes mobiles de la légion du Sud demeurent seuls au camp. Leurs effectifs varient avec le nombre des Gursiens ; ils baissent pendant l'été 1940, puis retrouvent à la fin du mois d'octobre, au moment de l'arrivée des Badois, le niveau qu'ils atteignaient un an auparavant : un peu plus de trois cents hommes (voir le tableau I, p. 70).

La relève des militaires par les civils, échelonnée sur les deux derniers mois de l'année 1940, bouleverse le dispositif de surveillance : gendarmes et gardes mobiles retournent dans leurs casernes, laissant la place à des gardiens, spécialement recrutés. Ceux-ci ne présentent à l'origine aucune compétence particulière. En 1940, pour être gardien à Gurs, il suffit pratiquement d'en faire la demande[37]. Aussitôt nommés, les nouveaux promus rejoignent leur poste sans avoir suivi le moindre stage préparatoire. Ils sont encadrés par des *"brigadiers"* et des *"brigadiers-chefs"* qui, dans la plupart des cas, sont d'anciens sous-officiers réduits au chômage par la démobilisation.

En règle générale, le personnel est originaire de la région ; certains rentrent même chaque soir chez eux, au village ou à la ferme. Le détail est d'importance, car il révèle une des sources fondamentales du marché noir. Les gardiens ont d'ailleurs une mauvaise image de marque. Périodiquement, certains d'entre eux sont accusés de profiter de leur emploi et de leurs facilités de rencontre avec les internés pour augmenter leurs revenus. Chaque mois, et parfois même plusieurs fois par mois, leurs activités émaillent les colonnes des comptes rendus d'audience des tribunaux correctionnels de Pau et d'Oloron[38]. Le service des camps en a conscience qui, à la suite d'une inspection, recommande au chef de camp de reprendre en main son personnel :

36. Yves Barjaud, "Pour un quarantième anniversaire. Les chasseurs pyrénéens et la défense des Pyrénées (1939-1940)" dans *Les cahiers de l'Université de Pau et des pays de l'Adour*, 1981. L'auteur de l'article présente un état exhaustif des formations ayant assuré la garde du camp.

37. Après une enquête superficielle sur la moralité des postulants (Arch. dép. Pyr. Atl. 500/17 à 500/21), le préfet transmet au ministère de l'Intérieur, service des camps, 2e bureau, les dossiers retenus. De Vichy arrivent ensuite les arrêtés ministériels portant nomination des candidats proposés.

38. Il faudrait citer la plupart des numéros paraissant le jeudi de *L'Indépendant des Basses-Pyrénées* ou du *Patriote des Pyrénées*, de 1941 à 1943.

> *"Au début de la mise en place du personnel des camps, le recrutement s'est avéré nettement mauvais, après des enquêtes souvent incomplètes ou manquant de bases certaines. Certains agents étaient loin de présenter les garanties indispensables, au double point de vue moral et national (...) Ce personnel était disparate et peut-être trop enclin à se laisser entraîner vers les solutions de paresse et de facilité"*[39].

Le chef de camp reconnaît lui-même, au sujet de son personnel de garde, que *"c'est moins du nombre que de la qualité qu'il y a lieu de se préoccuper"*[40]. Les licenciements et les mesures disciplinaires, puis, à partir de 1942, les cours d'instruction professionnelle et d'enseignement général, apportent une nette amélioration, mais la réputation des gardiens auprès des populations locales ne sera jamais bonne.

Il est vrai que les avantages offerts aux gardiens ne les incitent guère à faire du zèle : ils sont logés dans des conditions précaires, quoique très supérieures, à tous points de vue, à celles que connaissent les internés. De plus, le chef de camp est bien obligé de constater que *"le traitement touché par un gardien ou un inspecteur marié et père d'un enfant (1 251 F par mois) est inférieur au secours qui lui serait alloué comme réfugié (1 307 F par mois)"*[41].

Du 1er janvier 1941 au 1er novembre 1943, 853 gardiens se sont succédés à Gurs, c'est-à-dire environ trois fois le nombre nécessaire à la surveillance du camp[42]. Un tel mouvement confirme que la fonction, outre qu'elle ne bénéficiait ni de l'estime générale ni du soutien du chef de camp, manquait de prestige aux yeux mêmes des intéressés.

Après le débarquement en Normandie, et surtout pendant les mois de juillet et août 1944, une crise secoue le personnel de Gurs. Déjà, au cours de l'attaque du camp par les maquis locaux, le 25 septembre 1943, il avait fait preuve d'une inquiétante passivité : il n'avait pas bougé, rien vu, rien entendu, alors que la baraque-armurerie

39. Rapport n° 163 Pol 2/S.C. adressé le 20 mars 1941 par la Direction générale de la Sûreté nationale, service des camps, 2e bureau, au chef de camp (Arch. dép. Pyr., M provisoire, 500/19).

40. Rapport mensuel adressé le 30 novembre 1941 par le chef de camp au préfet des Basses-Pyrénées (Arch. dép. Pyr. Atl., M provisoire, 500/6).

41. Rapport adressé le 12 avril 1941 par le chef de camp au préfet des Basses-Pyrénées (Arch. dép. Pyr. Atl., M provisoire, 500/20). Le rapport reconnaît en outre que *"les conditions de vie sont tout à fait précaires, les rations alimentaires ne sont pas suffisantes. L'installation est des plus rudimentaires : pas d'étagère ou de penderie, pas de table ni de banc. Les gardiens passent leur temps libre assis sur leur lit ou couchés dans une baraque mal éclairée. (...) Les hommes, arrivés au camp depuis près d'un mois, ne disposent pas encore d'un sac de couchage. (...) La modicité des traitements perçus a poussé certains à se livrer au marché noir avec les internés"*.

42. Rapport n° 2767/Pol. Camp. adressé le 29 septembre 1943 par l'inspecteur général adjoint des camps au préfet des Basses-Pyrénées (Arch. dép. Atl., M provisoire, 500/16).

n'était éloignée que d'une dizaine de mètres du poste de garde[43]. Dès lors que la situation devient favorable aux Alliés, le personnel français manifeste une inertie plus grande encore. Le 14 juin, le chef de camp note que *"l'état d'esprit du personnel de surveillance a beaucoup évolué. La grande majorité semble de moins en moins disposée à se compromettre, aux heures décisives actuelles"*[44]. Le 27 juin, lorsque des troupes allemandes, revenant d'une expédition contre le maquis de Mauléon, près de L'Hôpital-St-Blaise, traversent le camp par l'allée centrale, c'est la panique. *"Craignant un sort analogue à celui qui a été réservé au personnel du camp du Vernet, la plupart des gradés et des gardiens ont quitté leurs fonctions"*[45], pour aller se cacher dans les bois environnants. Aussi, n'est-il pas surprenant que, le 11 août, lorsque

> *"un certain nombre de membres des FFI, armés de mortiers, de mitraillettes et de fusils, venus en camion et en voiture de tourisme, se sont présentés au camp, ils ont réquisitionné et emporté [suit une longue liste, où il est question de camions, voitures, uniformes, habits, ceinturons, ustensiles de cuisine, vivres, médicaments et matériels divers]. Le chef de ce groupement a fait ensuite verser le traitement du mois d'août aux agents auxiliaires et aux gardiens qui se sont joints aux FFI, après avoir emporté leurs armes avec eux, et dont vous voudrez bien trouver la liste ci-après [suit une liste de vingt-deux noms]"*[46].

Ainsi, une bonne partie des gardiens du camp prend le maquis *in extremis*, venant alimenter le groupe (assez fourni en Béarn) des "résistants de la douzième heure". Plus tard, ils ne seront pas les derniers à se faire entendre.

Le 30 août, la plupart des *"gardiens FFI"* réintègrent le camp, amenant avec eux 310 prisonniers de guerre allemands, qu'ils conduisent dans les îlots F et H.

43. Au cours de la nuit, un groupe d'une dizaine de résistants appartenant aux maquis de Mauléon et de l'Hôpital Saint-Blaise pénètre dans le premier quartier, neutralise le service de garde et vole toutes les armes du camp, ou presque : 255 mousquetaires, 271 baïonnettes, 368 pistolets automatiques, 2 fusils mitrailleurs, 30 000 cartouches, 230 bretelles de fusil, 70 ceinturons, 4 tenues de gardiens, etc. Il repartent en camion sans que l'alerte soit donnée (rapport n° 749 adressé le 25 septembre 1943 par le chef de camp au commissaire principal chef des services départementaux des Renseignements généraux à Pau, Arch. dép. Pyr. Atl., M provisoire, 500/16).

44. Rapport n° 147/D adressé le 14 juin 1944 par le chef de camp au préfet des Basses-Pyrénées (Arch. dép. Pyr. Atl. M provisoire, 500/9).

45. Rapport n° 162/D adressé le 27 juin 1944 par le chef de camp au préfet des Basses-Pyrénées (Arch. dép. Pyr. Atl., M provisoire, 500/9). Quelques jours auparavant, des troupes allemandes étaient entrées dans le camp du Vernet afin de prendre possession des installations. Elles avaient déporté tous les internés puis, une fois le camp vidé, conduit dans les baraques le personnel et les gardiens français. Ils y restèrent emprisonnés jusqu'à la Libération.

46. Rapport n° 179/D adressé le 11 août 1944 par le chef de camp au préfet des Basses-Pyrénées (Arch. dép. Pyr. Atl., M provisoire, 500/16).

Le camp connaît alors, et pendant plusieurs mois, une situation des plus confuses. En droit, il est placé sous l'autorité du commissaire à l'Intérieur. En fait, il est toujours dirigé par le même chef de camp, le commissaire principal A[47], qui ne commande plus qu'une poignée de gardiens, et qui doit partager son autorité avec le lieutenant B., lui-même ancien gardien, devenu chef des F.F.I. de Gurs, et qui, à ce titre, revendique la direction du camp tout entier. L'imbroglio demeure pendant plusieurs mois : deux camps, jumeaux et rivaux, fonctionnent conjointement à Gurs. L'un, gardé par des civils, anciens fonctionnaires de Vichy, s'étend dans toute la partie sud et assure l'internement d'anciens partisans du régime de Vichy. L'autre, gardé par les *"militaires F.F.I."*, qui ne sont en fait que d'anciens gardiens civils passés tardivement au maquis, s'est attribué tous les îlots restants dans lesquels il maintient internés 310 prisonniers de guerre. Il faut attendre le 15 janvier 1945 pour que le conflit soit enfin réglé en faveur des *"civils"*. Un délai qui en dit long sur les difficultés rencontrées par les émissaires du Gouvernement provisoire pour imposer leur autorité sur le terrain, aux anciens maquis. Le ministère de l'Intérieur précise alors que *"le camp doit être laissé dans son intégralité à la disposition exclusive de ses services, chargés d'y astreindre à résidence les internés politiques* "et que" *le commandant de la subdivision militaire de Pau doit prendre les mesures nécessaires pour faire évacuer les prisonniers de guerre sur une autre destination"*[48]. Dès lors, tout rentre progressivement dans l'ordre : les prisonniers de guerre quittent Gurs, lentement d'ailleurs, car les derniers sont transférés au Polo-de-Beyris, dans les faubourgs de Bayonne, seulement le 20 avril 1945[49] ; les gardiens civils absorbent progressivement les gardiens *"militaires"*, et le camp retrouve son unité.

Il n'en reste pas moins qu'après la Libération, le personnel de garde est sensiblement resté ce qu'il était avant. Les hommes sont souvent les mêmes ; ils sont périodiquement accusés des mêmes excès et des mêmes trafics ; ils touchent toujours un traitement très modeste (3 183 F par mois, au début de l'année 1945) ; leur réputation ne s'est guère améliorée et le préfet reconnaît que *"le personnel de garde est insuffisant et certains éléments sont douteux"*[50].

47. Il ne sera muté que le 20 décembre 1944, par arrêté ministériel (Arch. dép. Pyr. Atl., M provisoire, 500/40).

48. Rapport adressé le 15 janvier 1945 par l'intendant militaire du préfet des Basses-Pyrénées au chef de camp (Arch. dép. Pyr. Atl., M provisoire, 500/49).

49. Rapport CD 4111 RT/JD adressé le 20 avril 1945 par le préfet des Basses-Pyrénées au ministère de l'Intérieur, Inspection générale des camps (Arch. dép. Pyr. Atl., M provisoire, 500/55). A partir de cette date, le camp bayonnais est exclusivement réservé aux prisonniers de guerre allemands.

50. Rapport CD 4842 RT/JD adressé le 17 mai 1945 par le préfet des Basses-Pyrénées au ministère de l'Intérieur, Inspection générale des camps (Arch. dép. Pyr. Atl., M provisoire, 500/48)

Tableau n° 1 - Effectifs du personnel[1]

Dates	Effectifs du personnel							Effectifs
	Administr.[3]	Santé[4]	Proportion[2]	Garde[5]	Proportion[2]	Total	Proportion[2]	Internés
1 juin 1939	15	16	*1 p. 1 158*	380	*1 p. 49*	411	*1 p. 45*	18 535
1 déc. 1939	38	12	*1 p. 674*	265	*1 p. 31*	315	*1 p. 26*	8 088
1 juin 1940	42	6	*1 p. 1 846*	257	*1 p. 43*	305	*1 p. 36*	11 078
1 déc. 1940	30	4	*1 p. 3 039*	289	*1 p. 42*	323	*1 p. 38*	12 157
1 juin 1941	72	22	*1 p. 292*	273	*1 p. 24*	367	*1 p. 18*	6 435
1 déc. 1941	61	24	*1 p. 183*	250	*1 p. 18*	335	*1 p. 13*	4 385
1 juin 1942	60	26	*1 p. 116*	235	*1 p. 13*	321	*1 p. 9*	3 027
1 déc. 1942	67	26	*1 p. 91*	240	*1 p. 10*	333	*1 p. 7*	2 375
1 juin 1943	69	24	*1 p. 49*	224	*1 p. 5*	317	*1 p. 4*	1 170
1 déc. 1943	37	4	—	88	—	129	—	—
1 juin 1944	61	13	—	62	—	136	—	50
1 déc. 1944	45	9	*1 p. 70*	121	*1 p. 5*	175	*1 p. 1*	190
1 juin 1945	44	10	*1 p. 70*	130	*1 p. 5*	184	*1 p. 4*	702
1 déc. 1945	57	5	*1 p. 62*	158	*1 p. 2*	220	*1 p. 1*	311

1. Ces statistiques proviennent de huit dossiers conservés aux Arch. dép. Pyr. Atl. : 1 M 543 545 et 573 (du 1 juin 1939 au 1 juin 1940) ; 1 J 291-2 (1 décembre 1940) ; M provisoire 500/15, 500/19 et 500/22 (du 1 juin 1941 au 1 décembre 1944) ; M provisoire 500/48 (1945).
2. Rapport à l'effectif interné (chiffre arrondi).
3. Administration : chef de camp, adjoint, gestionnaire, inspecteurs, inspecteurs-secrétaires, secrétaires, agents spéciaux, officier des Renseignements généraux et (éventuellement) instituteurs.
4. Service de santé : médecin-chef, adjoints, infirmière-chef, infirmières-majors et infirmières.
5. Service de garde : officiers, gradés et hommes de troupe (1 juin1939) ; officiers gradés et gardes (du 1 décembre 1939 au 1 décembre 1940) ; puis brigadiers-chefs, brigadiers, gardiens, premières surveillantes, surveillantes et dames fouilleuses (du 1 juin 1941 au 1 décembre 1945).

En six ans, plusieurs milliers de Français ont assuré le fonctionnement du camp. Le tableau I en résume les effectifs, l'ensemble du personnel étant regroupé en trois rubriques, administration, services de santé et garde.

Tant que Gurs est administré par les militaires (en 1939 et 1940), les possibilités d'accueil du camp sont exploitées à plein et les effectifs de l'encadrement français sont, en proportion, réduits. En particulier, les services de santé sont, du point de vue numérique, très insuffisants. Pourtant le fonctionnement du camp est satisfaisant et peu de critiques s'élèvent des îlots à l'encontre de l'incompétence des services français. C'est que les installations sont en bon état, les internés vigoureux, dans la force de l'âge et souvent disciplinés, les malades correctement soignés à l'extérieur du camp ou à l'hôpital central et le personnel français fermement contrôlé par ses responsables.

Tout bascule dans les trois derniers mois de 1940. Certes, le personnel militaire est alors encore en service, mais sa relève par les civils est en cours. Ces derniers, inexpérimentés, voire incompétents, sont immédiatement assaillis par une multitude de difficultés jusqu'alors insoupçonnées : le ravitaillement entièrement à organiser, le contrôle médical à repenser, les gardiens à former, l'arrivée d'un flot d'internés âgés, épuisés, et complètement étrangers à la psychologie de la vie de camp, les baraques à restaurer, et tout cela en même temps, pendant l'hiver le plus froid de la guerre. Les conséquences ne font pas attendre : 596 morts en trois mois, de novembre 1940 à janvier 1941.

La situation s'améliore pendant les trois années suivantes, même si les conditions de vie paraissent insupportables à la plupart des Gursiens. Le personnel médical est renforcé par une quinzaine d'infirmières, auxquelles sont assignées des fonctions précises, telles que la responsabilité d'un îlot ou d'un service. Le rapport de l'effectif interné au personnel soignant n'a, dès lors, plus rien de comparable avec ce qu'il était auparavant : non seulement il présente, dans l'ensemble, un niveau élevé, mais surtout, il ne cesse d'augmenter, pour atteindre, en juin 1943, 1 pour 49. Dans de telles conditions, il n'est pas étonnant que la courbe de la mortalité gursienne enregistre une baisse régulière, jusqu'aux taux très réduits postérieurs au printemps 1942.

Après la Libération, les effectifs du personnel d'encadrement n'appellent aucune remarque particulière. D'ailleurs, aucun décès et un nombre infime d'évasions sont alors enregistrés.

En définitive, l'étude qualitative et quantitative du personnel français fait ressortir, particulièrement au début de la période de Vichy, de graves insuffisances. De ce seul point de vue, la responsabilité des autorités administratives du camp est fortement engagée. Or l'attitude des services français est souvent apparue plus soucieuse de formalisme bureaucratique que résolue à résoudre les problèmes qui se posaient quotidiennement sur le terrain[51].

51. Le préfet a toujours eu la haute main sur le camp, à l'époque de Vichy plus qu'à tout autre moment. Joseph Weill note, parlant de la période 1940-1943 : "*dans le dossier du préfet des Basses-Pyrénées, responsable pendant toute la durée de son fonctionnement du camp tristement célèbre de Gurs, on n'a pas trouvé une seule note, une seule requête, une seule disposition rédigée ou prise pour améliorer tant soit peu l'existence tragique des internés*" (*Contribution à l'histoire des camps d'internement*..., op. cit., p. 22). Le dépouillement des archives paloises confirme cette constatation.

DEUXIEME PARTIE

LES INTERNÉS

CHAPITRE QUATRIEME

AVRIL-AOUT 1939 : LES REFUGIES VENANT D'ESPAGNE

Le mercredi 5 avril 1939, arrivent au camp les premiers réfugiés, 980 Basques espagnols, conduits immédiatement à l'îlot A. Ils viennent de *"Guernicaberry"*, le *"village basque"*[1] du camp d'Argelès. Ils ont à leur tête Martin Soler-Zangito, ancien capitaine de l'Armée républicaine, devenu, après l'exode, le chef des 5 000 Basques internés à Argelès.

Ces premiers Gursiens ont d'abord été acheminés en train jusqu'en gare d'Oloron, puis convoyés à Gurs dans des camions de l'Armée républicaine. L'opération, qui a duré la matinée tout entière, sera renouvelée, dans les mêmes conditions, une douzaine de fois au cours du mois d'avril, au fur et à mesure de l'avancement des travaux.

Pour ces hommes qui, jusqu'alors, n'avaient connu, en fait de logement, que le sable des plages du Roussillon, sur lequel quelques planches et, plus souvent, quelques bâches, assuraient tant bien que mal un abri précaire, les baraques de Gurs, avec leur toit et leur plancher, constituent une heureuse surprise. Les désagréments, plus tard, ne manqueront pas, mais il convient de noter que l'impression laissée par les installations aux premiers arrivants n'est pas mauvaise, au contraire.

1. *Guernicaberry*, en réalité, ne rassemble qu'une dizaine de baraques construites par les internés avec les planches rejetées par la mer sur le rivage et avec les fournitures achetées par Telesforo de Monzon, ministre de l'Intérieur du gouvernement basque en exil.

Les 6, 7 et 8 avril, de nouveaux convois déversent dans les trois premiers îlots, proches de l'entrée principale, leur flot de réfugiés, 2 745 Espagnols, tous basques ou perçus comme tels (parmi eux, se sont glissés quelques Galiciens). Le camp lui-même, début avril, est loin d'être terminé. La route centrale n'est bitumée que sur 200 mètres ; le réservoir principal, ravitaillant en eau le *"centre d'accueil"*, ne comporte qu'un seul élément, branché en toute hâte le 4 avril ; les "égouts" ne sont qu'esquissés ; seuls les barbelés sont bien en place[2].

> *"Débarquant des camions, les ex-soldats espagnols se rangeaient et obéissaient avec une discipline suffisante. Ils occupaient les baraquements déjà prêts tandis qu'à perte de vue, des ouvriers jalonnaient le terrain, élevaient des fermes, clouaient les planches et le papier bitumé dans un grand fracas de scies et de marteaux"*[3].

Les observateurs, les journalistes en particulier, dont certains avaient multiplié les critiques au cours des jours précédents à l'encontre des *"guerilleros rouges"*, ne peuvent s'empêcher de remarquer que les réfugiés gursiens *"sont en état de déficience mentale"* et qu'*"ils ont besoin de repos"*[4]. Par ailleurs, force est de constater que *"les prisonniers sont calmes ; leur seule distraction consiste dans les allées et venues de curieux qui sillonnent la route"*[5]. Bref, les journaux locaux relatant les premières arrivées de réfugiés semblent découvrir qu'il ne s'agit pas des hordes de pillards si souvent décrites auparavant, mais simplement d'hommes épuisés et démoralisés. Très vite, il est vrai, la presse béarnaise reviendra à ses premières analyses et ne ménagera pas les *"miliciens espagnols"*.

A partir du 19 avril, arrivent les *"aviateurs"* ; le lendemain, les premiers volontaires des Brigades internationales ; le 23, les *"Espagnols"*, c'est-à-dire tous les réfugiés n'appartenant pas aux trois premiers groupes. Ils s'installent peu à peu dans les îlots, au fur et à mesure de leur mise en service.

Le 10 mai, le camp est entièrement occupé : 18 985 hommes y sont *"hébergés"* dans des conditions nettement améliorées par rapport à Argelès, mais dans une situation de fait très proche de l'emprisonnement.

Puis, pendant l'été, le camp ne désemplit pas.

2. Rapport Larribau, op. cit., p. 19, 28 et 31.

3. Article d'André Bach, dans *L'Indépendant des Basses-Pyrénées* du 9 avril 1939. Ce journaliste, qui sera par la suite déporté à Buchenwald a rédigé dans *La Petite Gironde* et *L'Indépendant* les reportages les plus précis et les plus humains sur le camp de Gurs.

4. *L'Indépendant des Basses-Pyrénées* du 6 avril, p. 3. De telles remarques, dans les colonnes d'un quotidien qui, jusqu'alors, contenait de violentes critiques à l'encontre des Républicains espagnols, laissent penser que l'état physique des premiers Gursiens devait être inquiétant.

5. *L'Echo d'Oloron* du 14 avril 1939, p. 1.

De Saint-Cyprien à Gurs
(linogravure de Grigore)

Basques, "aviateurs", "Internationaux" et "Espagnols"

Du 5 avril au 1er septembre 1939, 24 530 réfugiés environ sont internés à Gurs[6].

18° REGION
CAMP DE GURS
---oOo---
N° 962 /2G

Camp de Gurs, le 23 Août 1939.-

REFERENCE: Note de Service du Général MENARD, en date du 27 Avril 1939.-

SITUATION D'EFFECTIFS

à la date du 23 Août 1939

CATEGORIES	Basques	3.484
	Espagnols	3.675
	Internationaux	5.019
	Aviateurs	2.380
	Cie des Travailleurs	836
	Hôpital du Camp	173
	Total	15.565
INDISPONIBLES	Détachés malades dont il faut garder la place	420
		15.985

La contenance du Camp de Gurs étant de 19.000 places environ il en reste environ 3.000 places de disponibles.

MOUVEMENTS IMPORTANTS EFFECTUES DU 17 AU 23 AOUT 1939

DATES	ARRIVEES	DEPARTS
Le 17 Août	6 réfugiés venant de l'hôpital Pau	30 réf. pour des destinat. div.
Le 18 Août	12 réfugiés venant de div. endroits	70 " " " " "
Le 19 Août	6 " " " " "	70 " " " " "
Le 20 Août	3 " " " Hendaye	20 " " " " "
Le 21 Août	6 " " " div. endroits	51 " " " " "
Le 22 Août	19 " " " " "	51 " " " " "
Le 23 Août	7 " " " " "	75 " " " " "
Total	59	Total 337

Le Chef d'Escadron DAVERGNE,
Commandant le Camp,

[signature]

DESTINATAIRES

M. le Général Cdt. la 18° Région
M. le Préfet des Basses-Pyrénées
(2 exemplaires)
Archives.-

Fac-similé d'une statistique hebdomadaire des effectifs internés au camp de Gurs pendant l'été 1939

6. L'imprécision de ce chiffre s'explique par les lacunes de la documentation statistique. Celle-ci se compose d'une série (discontinue) d'états hebdomadaires où sont mentionnés les effectifs des quatre *"camps"*, celui de la compagnie de travail, celui des malades hospitalisés et les *"mouvements"* (entrées et sorties) enregistrés pendant la semaine.

Dès le 23 avril, c'est-à-dire moins de trois semaines après l'arrivée des premiers contingents de Basques, les onze îlots en service (les deux derniers, L et M, sont encore en construction) regroupent déjà 15 023 personnes[7]. Le 10 mai, le commandant du camp fait savoir au général commandant la 18e région (Bordeaux) qu'*"il n'y a plus, pour l'instant, de places disponibles"*[8]. En effet, le camp est bondé (18 985 hommes), chaque baraque abrite soixante réfugiés et les infirmeries d'îlots sont pleines. Le chiffre maximum fixé par le général Ménard est, à quelques unités près, atteint[9]. Il a suffi d'un mois pour que la troisième agglomération du département surgisse sur la lande de Gurs.

C'est en mai que les effectifs internés atteignent leur apogée. Fin juin, avec les rapatriements et les placements dans l'agriculture, ils retombent à 16 729. Ils remontent légèrement début juillet (17 617 hommes le 12 juillet) après un nouveau transfert en provenance de Saint-Cyprien et du Barcarès, et décroissent de façon régulière ensuite. Au moment de la déclaration de guerre, près de 15 000 hommes sont encore internés, au grand dam de certains Béarnais qui comprennent mal qu'un pays en guerre s'embarrasse de réfugiés.

Du point de vue administratif, les Gursiens sont répartis en quatre groupes. A côté de l'entrée principale, le *"camp basque"*, le premier occupé, englobe, pendant presque tout l'été 1939, les îlots A, B, C et D. Puis s'étend le *"camp espagnol"*, de part et d'autre de la route centrale (îlots E et F). Ensuite vient le *"camp international"* (îlots G, H, I et J) et, tout au fond, proche de la sortie sud, le *"camp des aviateurs"* (îlots K, L, et M). Chaque ensemble, fortement personnalisé, possède son administration propre, du cuisinier au *"chef de camp"*, en passant par les vaguemestres, les chefs de baraques et les chefs d'îlots.

Les Basques, ressortissants espagnols ayant relevé, en 1936 et 1937, du gouvernement autonome provisoire du Pays basque, qui étendait son autorité sur les 17 700 km² de la Biscaye (Bilbao), du Guipuzcoa (Saint-Sébastien), de l'Alava (Vitoria) et de la Navarre (Pampelune), forment le premier groupe. C'est pour eux, d'abord, que le camp a été ouvert, quoiqu'ils n'en occupent qu'une partie. Presque tous proviennent du camp d'Argelès où ils formaient une communauté déjà bien individualisée, avec son propre territoire (*"Guernicaberry"*) et sa propre administration interne, confiée aux émis-

7. Rapport Larribau, op. cit., p. 45.

8. Rapport n° 162/2G adressé le 10 mai 1939 par le commandant du camp au général commandant la 18ème région (Arch. dép. Pyr. Atl., 1 M 543).

9. Le 27 avril 1939, dans une lettre adressée aux généraux commandant les 16ème, 17ème et 18ème régions, le général Ménard fixait à 19 000 la capacité d'accueil du camp de Gurs, à 15 000 celle des camps de Septfonds (Tarn-et-Garonne) et du Vernet (Ariège) et à 25 000 celle du camp *"catalan"* d'Agde (Hérault) (Arch. dép. Pyr. Atl., 1 M 543).

saires du gouvernement basque en exil. Par l'intermédiaire de leur aumônier, Inaki de Aspiazu, ils sont en contact permanent avec Telesforo de Monzon, leur jeune ministre de l'Intérieur[10].

	1er mai	1er juin	1er juillet	1er août	1er sept.
Basques	4 603	4 639	3 836	3 704	3 430
"Aviateurs"	3 007	4 632	4 036	2 521	2 359
"Espagnols"	1 682	2 784	2 309	3 769	3 659
"Internationaux"	5 158	6 230	5 856	5 181	4 530
Compagnie de travail	250	250	550	793	836
Hospitalisés au camp	—	—	142	163	163
Total	14 700	18 535	16 729	16 131	14 977

Tableau n° 2 :
Variations de l'effectif interné du 1er mai au 1er septembre 1939

La population basque de Gurs est jeune, 26 ans en moyenne. Elle se compose en règle générale de soldats ayant combattu sur deux fronts, d'abord au pays, puis, à partir de 1938, en Catalogne. Elle tisse avec le monde extérieur un réseau complexe de relations qui lui permettra de sortir fréquemment par rapport aux autres catégories d'internés. Ces départs nombreux expliquent que l'îlot A soit évacué et, dès le mois de juillet, aménagé en atelier professionnel où les Gursiens postulant aux emplois offerts par les chefs d'entreprises de la région doivent faire la preuve de leur qualification.

Auprès des Béarnais, les Basques bénéficient d'une assez bonne image de marque, à la différence des autres internés. Au total, ils réunissent 6 555 individus.

Les *"aviateurs"*, c'est-à-dire des Espagnols incorporés, à quelque niveau que ce soit, dans la flotte aérienne de l'Armée républicaine, sont enfermés dans le *"camp du fond"* (îlots K, L et M). Les raisons de leur présence à Gurs résident dans le fait que, eux aussi, avaient constitué à Argelès et à Saint-Cyprien des groupes homogènes[11]. Ils rassemblent non seulement le personnel volant,

10. Témoignage de Telesforo de Monzon recueilli à Saint-Jean-de-Luz, le 28 février 1976. Monzon, le plus jeune des membres du gouvernement autonome de José Antonio Aguirre, était un des cinq ministres socio-chrétiens. Après la Seconde Guerre mondiale, il organise l'association *Anai-Artea*, à Saint-Jean-de-Luz, destinée à porter secours aux réfugiés politiques basques en France. Elu en 1978 aux *Cortes*, comme député du Guipuzcoa, il est mort en 1981.

11. Le 31 mars 1939, le général Ménard, dans le rapport n° 1181/DM/4 adressé à l'ingénieur-chef des Ponts et chaussées de l'arrondissement d'Oloron, prévoyait l'arrivée de 3 441 *"aviateurs"* provenant des camps d'Argelès (2 135), Saint-Cyprien (760), le Barcarès (367), Agde (139), Le Vernet (29), Montaulieu (4) et Septfonds (4). Ces chiffres devaient se révéler largement sous-estimés (Arch. dép. Pyr. Atl., 1 M 543).

des pilotes aux navigateurs en passant par les co-pilotes et les observateurs, mais surtout des techniciens du sol, monteurs, mécaniciens, machinistes et sans-filistes. Sans qu'il soit possible de préciser la proportion des uns par rapport aux autres, il semble bien que les seconds aient toujours été plus nombreux.

Aù cours du mois de juillet, leurs effectifs s'effrondrent au point que le *"camp des aviateurs"* est réduit en août à deux îlots (L et M). C'est que leur niveau de qualification professionnelle ne laisse pas indifférent le patronat oloronais et qu'ils trouvent, plus fréquemment que les Basques, la possibilité d'être intégrés dans les circuits économiques de la région. Au total, 5 397 hommes relèvent de ce groupe.

Les volontaires des Brigades internationales, arrivés pour les premiers le 20 avril, forment une population particulière aux yeux mêmes des autres Gursiens. Jusqu'à leur départ définitif du camp, en mai 1940, ils constituent le groupe le plus nombreux : 6 342 hommes le 24 mai 1939, 4 530 au moment de la déclaration de guerre et près de 4000 pendant toute la *"drôle de guerre"*. En tout, 6 808 *"Internationaux"* sont passés par Gurs. Ils sont internés au milieu du camp, dans les îlots G, H, I et J. Leur discipline, leur prestige, leur énergie d'apparence inébranlable et la qualité de certains d'entre eux en font les grands animateurs du *"centre d'accueil"*.

Les *"Espagnols"* désignent les internés n'appartenant ni au groupe basque, ni au personnel de l'aviation républicaine, ni même à la population d'origine catalane, qui demeure alors concentrée dans les camps du Roussillon ou dans le *"centre d'accueil"* d'Agde. Autant dire que cette catégorie de Gursiens présente des contours moins précis que les précédentes.

Son origine géographique n'est pas établie de façon certaine car les rapports rédigés à leur sujet par les services administratifs sont laconiques : seul le terme générique d'*"Espagnols"* est utilisé. Il sem-

Vue aérienne du camp pendant l'été 1939

ble néanmoins, si l'on se fonde sur les témoignages oraux, qu'il s'agisse en priorité d'Aragonais, c'est-à-dire de combattants républicains provenant d'une province qui vient d'être écrasée par la guerre civile, mais avec laquelle le Béarn a toujours entretenu de fréquentes relations.

A l'origine, le *"camp des tout-venants"* correspond à la plus petite des divisions gursiennes : les îlots E et F. Il sert surtout, aux yeux des services français, à occuper les places laissées vacantes par les Basques, les *"aviateurs"* et les *"Internationaux"*. Mais au cours de l'été, avec l'internement constamment renouvelé de suspects arrêtés sur les routes du Sud-Ouest, avec les transferts des camps de Saint-Cyprien et du Barcarès (Pyrénées-Orientales) ou du refuge d'Ancenis (Loire-Atlantique), son effectif ne cesse de gonfler et sa composition de se diversifier. Peu à peu, il annexe certains îlots réservés à l'origine aux Basques (îlot C) et aux *"aviateurs"* (îlot K), dont la population connaît, au même moment, une baisse régulière.

A la veille de la guerre, ceux qui n'avaient été au départ qu'annexés au camp pour en utiliser à plein la capacité d'accueil, constituent désormais, avec 3 659 hommes, la deuxième population du centre : seuls les *"Internationaux"* sont alors en nombre supérieur. Et déjà se profile la tendance qui conduira, dans le courant de la *"drôle de guerre"*, le *"groupe espagnol"* à absorber, du point de vue administratif, les *"aviateurs"* et les Basques. Au total, les *"Espagnols"* rassemblent 5 760 hommes.

En résumé, c'est au lendemain de l'aménagement de la lande de Gurs, et particulièrement en mai 1939, que les contingents de réfugiés les plus nombreux séjournent dans les baraques. La densité d'occupation du camp est alors exceptionnelle : 23 863 personnes au km². Elle diminue par la suite, tout en conservant un niveau très élevé : 21 137 hommes au km² en juin, 22 132 en juillet, 19 942 en août.

Chacun des quatre *"camps"* conserve sa spécificité pendant l'été mais, à l'approche de la guerre, la spécialisation des îlots se justifie de moins en moins. Tous les Gursiens sont logés à la même enseigne, celle d'un *"centre d'accueil"* bondé, inconfortable et soigneusement gardé.

Les activités dans le camp

Par rapport aux camps du Roussillon, Gurs, avec ses installations, offre un aménagement que les réfugiés n'avaient encore jamais connu dans aucun *"centre d'accueil"* de la côte méditerranéenne.

A Argelès, on couchait sur la plage, à la belle étoile, allongé sur le sable. On se réveillait le matin, perclus de froid, à moitié enseveli sous la poussière, les papiers et les déchets que la tramontane avait accumulés sur les corps endormis. L'hygiène était presque inexistante, au milieu des poux, des puces, des rats, des épidémies de gale. La nourriture, misérable et uniforme, multipliait les cas de colite et d'entérite que les médecins, sans instruments, sans médicaments, ne pouvaient soigner. On enterrait les morts dans les vignes proches des plages, lorsque les habitants des villages voisins refusaient d'ouvrir leurs cimetières. La misère était totale. Tout était à faire : construire des abris, réconforter les malades, améliorer le ravitaillement, séparer les lieux d'aisance des zones de "résidence", se regrouper, tenter de s'organiser.

Après les plages du Roussillon, Gurs apparaît comme un autre monde, sinon plus humain, du moins plus hospitalier. On dort dans les baraques, couvertes d'un toit, sur un vrai plancher ; on peut se réunir dans les îlots. Il y a même des *"infirmeries"*. En mai, on n'y trouve pas plus de matériel qu'à Argelès : ni appareil médical, ni médicaments, ni même châlits. Mais au moins ont-elles le mérite d'exister et elles pourront être aménagées par le suite. L'eau coule aux *"lavabos"*, lentement il est vrai, et à heures fixes, mais on peut au moins se laver et nettoyer ses effets. Les tinettes sont répugnantes, mais c'est toujours mieux que le sable. Bref, les réfugiés constatent dès leur arrivée que le camp béarnais fournit, à la différence des précédents, l'essentiel de ce dont on peut avoir besoin pour survivre : un toit, de l'eau, des possibilités d'hygiène, une organisation sociale, l'espoir de voir enfin sa situation s'améliorer.

Gurs n'est pas pour autant un lieu de séjour confortable, où l'on profitera avec douceur des facilités offertes par l'hébergement à la belle saison. La place manque, les installations sont sommaires. Il faut définir des principes de vie en commun, créer un esprit d'entraide, organiser une communauté qui ne cherche pas seulement à survivre, mais à exploiter d'une façon positive cette nouvelle épreuve. Puisque le séjour au camp est inévitable, puisque les problèmes vitaux y sont, pour l'essentiel, réglés, pourquoi ne pas tirer profit d'une situation exceptionnelle et entreprendre des activités originales ?

Organiser la société gursienne

Il convient d'abord de créer les structures qui assureront à chacun un minimum de garanties. Une organisation sociale adaptée aux circonstances se met peu à peu en place.

> *"On ne faisait plus aucune différence entre les officiers et les autres. Nous habitions ensemble sous le même toit. Il n'y avait pas de baraque spéciale pour les gradés. Tous les responsables de la baraque étaient directement élus par leurs compagnons de chambrée"*[12].

12. Eugeniusz Dworkin, *Od Manzaneres do Oki, Wsponienia Dombrowszczaka*, Ksieski i Wiedza, Varsovie, 1974, p. 18.

L'équipe de direction rassemble, autour du *"chef de baraque"* élu par ses camarades, un adjoint, chargé plus spécialement des questions administratives (dresser les diverses listes, par âges, par catégories socio-professionnelles ; comptabiliser le matériel,...), un vaguemestre et parfois, un infirmier. Plusieurs fois par mois, les chefs de baraques se réunissent autour du *"chef d'îlot"* qu'ils ont eux-mêmes élu. Ensemble, ils analysent les problèmes particuliers à leur chambrée et tentent d'y apporter une réponse globale.

Les services de l'îlot jouent un rôle déterminant dans la vie de chacun des *"hébergés"*. Les *"cuisiniers"* s'occupent de tout ce qui concerne l'alimentation : chaque matin, ils vont *"toucher"* les denrées de la journée, les préparent dans la *"cuisine"* de l'îlot, puis les partagent équitablement, au prorata des baraques. Les infirmiers et les médecins, ou ceux qui en font office, ont la responsabilité non seulement de la baraque-infirmerie et des patients qui y sont soignés, mais aussi de l'état sanitaire de l'îlot tout entier. Le vaguemestre est l'une des rares personnes à pouvoir franchir la clôture de barbelés pour aller chaque jour recevoir, au bureau de poste du camp, les lettres et les journaux destinés aux internés de son îlot. Progressivement, d'autres *"cadres"* administratifs apparaissent, au gré des besoins et des initiatives : le *"gestionnaire d'îlot"*, chargé de coordonner l'action des cuisiniers ; le *"cantinier"*, lorsqu'il est possible d'aménager un local dans lequel quelques menus produits sont mis en vente ; le gérant de la *"baraque de la culture"*, quand les départs ont libéré suffisamment de place pour qu'une chambrée entière soit consacrée aux cours de langue ou de culture générale, aux conférences et aux réunions.

Au sommet de la hiérarchie se trouvent les quatre *"chefs de camps"*, élus par les chefs d'îlots, ou bien, dans la section occupée par les *"Internationaux"*, par les responsables de groupes. L'intérêt de la fonction de *"chef de camp"* réside dans les rapports fréquents que le titulaire peut entretenir avec le commandant du centre. Chaque semaine, en effet, est organisée une réunion de synthèse qui rassemble, autour des responsables français de l'encadrement, les quatre délégués des *"hébergés"*. C'est l'occasion de faire le point, d'établir un début de discussion et de diffuser dans les îlots les offres d'embauche faites par les industriels ou les agriculteurs du département.

Ainsi tous les responsables internés sont choisis, directement ou indirectement, par leurs compagnons. Cette pratique confère à chacune des quatre divisions du *"centre d'accueil"* une autonomie qui confine à la cogestion. Elle résulte à la fois d'un choix délibéré des services français et des nécessités imposées par les circonstances. Les termes du choix sont simples : concéder aux réfugiés quelques pouvoirs, à l'intérieur de certaines limites administratives précises ou bien imposer autoritairement certains hommes et risquer de n'être pas obéi, les Gursiens installant eux-mêmes leur propre réseau parallèle. La première solution, qui comporte d'autant moins de risques qu'elle a déjà été éprouvée sur les plages du Roussillon (et sera reprise dans la plupart des camps que l'Europe devait connaître par la suite), offre en outre l'avantage de prouver la libéralité du système. Mais, en fait, à l'intérieur des îlots, l'administration française disposait-elle des moyens de se comporter autrement ?

Tenter d'améliorer les conditions d'hébergement.

Mille problèmes matériels, graves ou bénins, mais toujours urgents, se posent immédiatement. Il faut d'abord tenter d'aménager l'intérieur des baraques. Car, à l'origine, les pièces sont absolument vides : ni paillasse, ni matelas, ni châlit, ni poêle, ni étagère, ni meuble. Seuls les chevrons des fermes rythment l'espace et délimitent les soixante places disponibles. Tout reste à faire.

Internés basques aux "lavabos" (été 1939)

Avec les pointes que l'on a enlevées aux barbelés de la clôture, on peut fabriquer des clous. Parfois même, il suffit de s'adresser aux ouvriers des Ponts et chaussées ou aux camarades de la compagnie de travail du camp pour s'en procurer. Avec les caisses récupérées aux *"subsistances"*, avec le bois trouvé ça et là dans les îlots, sur les cloisons des tinettes ou ailleurs, on confectionne des planches qui serviront à monter des étagères, ou même des garde-manger, encastrés aux angles de la pièce.

Les plus ingénieux arrivent même à fabriquer de rudimentaires châlits. Les *"Internationaux"* utilisent pour cela les piquets de la clôture de barbelés qu'ils vont déraciner pendant la nuit. Les Basques prennent plutôt le fil de fer lui-même qui, une fois les pointes enlevées, est tendu entre les bas-flancs et le centre de la baraque, puis tressé, composant un véritable sommier métallique. Bien sûr, le lendemain, la chambrée, parfois l'îlot tout entier, est puni, généralement privé du café du matin, jusqu'à ce que les auteurs des délits se fassent connaître. Ces punitions collectives, qui durent parfois une semaine, sont fréquentes[13].

Au cours de la première semaine de mai, de la paille, puis des paillasses sont livrées aux réfugiés par l'intendance militaire de Pau. Début juin, une couverture militaire est fournie à chaque Gursien. Pour les uns, c'est l'occasion de dormir enfin dans un confort inconnu depuis plusieurs mois. Pour les autres, les tailleurs, les couturiers, les retoucheurs, les costumiers, c'est une aubaine : ils peuvent utiliser ce matériel pour confectionner toutes sortes d'habits dont le manque se fait cruellement ressentir. Car, depuis l'exode de février, les réfugiés portent toujours les mêmes vêtements. Les chaussures sont éculées, certains habits ne sont plus que loques : lorsqu'ils ne sont pas élimés par un trop long usage, le vent les a déchirés sur les barbelés où on les avait laissé sécher. Bien sûr, quelques effets sont distribués par divers comités de solidarité, constitués en Béarn ou ailleurs, mais cette assistance, qui n'est pas organisée avant la fin du mois de juin, ne concerne que certaines catégories de réfugiés[14]. La plupart du temps, la pénurie est telle que tout est bon pour fabriquer des habits et en particulier du linge de corps, plus difficile à repérer.

Des sortes de sabots grossiers sont également façonnés avec un morceau de bois (la semelle), quelques bouts de ficelle et une boîte de conserves (l'empeigne). Ils permettent de circuler dans la boue les jours de pluie ; on les laisse devant la porte, avant d'entrer dans la baraque, afin de ne pas en salir le plancher.

Bref, des solutions sont trouvées, témoignant d'un grand esprit inventif. Encore faut-il remarquer que de telles activités, que l'on observe dans chaque îlot, ne sont pas systématiques : la clémence de la saison et les secours reçus de l'extérieur ne confèrent pas au problème de l'habillement le caractère urgent qu'il présentera par la suite.

L'effort se manifeste aussi dans une autre direction, l'hygiène. Dès l'origine, la question s'est posée de façon aiguë. Elle ne devait jamais être entièrement résolue par la suite.

13. C'est ce qu'affirment tous les témoignages. Les punitions individuelles, c'est-à-dire l'envoi à l'îlot de représailles, sont prononcées pour *"dégradation du matériel appartenant à l'Etat"*. Mais, dans la plupart des cas, la solidarité unissant les membres d'une même chambrée est telle qu'il est impossible de trouver les responsables. Au bout de quelques jours, l'administration du camp classe l'affaire.

14. Le 28 juin, un représentant du gouvernement de l'Euskadi vient apporter au camp des vêtements destinés aux Basques. Le mois suivant, les *"Internationaux"* puis les *"aviateurs"* sont à leur tour ravitaillés par des comités de soutien tels que la Fédération nationale des chemins de fer (Arch. dép. Pyr. Atl., 3 Z 242 et 1 M 573).

Le 9 avril, quelques heures après l'ouverture des premiers îlots, le camp est déjà menacé d'être envahi par les poux[15]. Les puces, dont les véritables colonies avaient rendu célèbre le camp de Saint-Cyprien, s'installent dans les rainures du plancher des baraques. Ces parasites, qui régnaient en maître sur les plages du Roussillon, où rien n'était prévu pour les combattre, sont immédiatement transférés dans le camp béarnais, au fur et à mesure des arrivées. Mais, à Gurs, l'administration, comme les *"hébergés"*, s'appliquent à mettre un terme à cette calamité.

Ils y arrivent, après de nombreux efforts répétés inlassablement, vers le milieu de l'été. D'abord, les instances médicales obtiennent l'installation d'un service de désinfection à l'intérieur du premier quartier. Les vêtements y sont stérilisés, les pouilleux rasés et isolés. Ensuite, le plancher des baraques, nettoyé à l'eau de Javel, est astiqué avec application par les équipes de corvées. L'efficacité des moyens mis en œuvre et la vigilance des chefs de baraques parviennent à endiguer, puis à stopper complètement l'invasion, après trois mois de luttes.

Entre-temps, un nouveau fléau est apparu, les rats. Plaie durable celle-ci, puisqu'elle ne cessera qu'avec la dissolution du camp, près de six ans plus tard. Les rats, du genre surmulot, grands et ventrus, au poil noir et luisant, se nourrissent des détritus jetés hors des baraques, des fanes de légumes et des épluchures. Ils prospèrent autour des cuisines d'îlots et aux *"subsistances"*. Ils se cachent facilement dans les hautes herbes poussées autour des fossés de drainage, dans les friches, auprès des tranchées d'épandage, sous le plancher des baraques même. Périodiquement, de grandes chasses sont organisées par les chefs d'îlots, mais rien n'y fait. Les fossés sont curés, les herbes fauchées, les moindres recoins soigneusement inspectés, mais la calamité demeure.

> *"Les rats rendirent le camp de Gurs fameux. Il y eut une véritable invasion. Ils détériorèrent les habits et autres objets des réfugiés. Dans les baraques, certains d'entre nous mangeaient en une seule fois leur ration quotidienne de pain, pour ne pas la perdre pendant leur sommeil, y compris en le cachant sous leur bras. Une nuit, les rats attaquèrent deux réfugiés qui se trouvaient dans le quadrilatère* [îlot de représailles]. *Quand les soldats en faction accoururent à l'appel des deux punis, ils trouvèrent les deux hommes exténués, les mollets horiblement mordus"*[16].

15. *L'Indépendant des Basses-Pyrénées* du 9 avril 1939, p. 4. L'article se termine sur ces mots : *"en attendant, il va falloir, dans l'intérêt de la santé du camp, couper les cheveux à tout le monde"*.

16. Témoignage dactylographié de Julio Vicuna, publié dans le numéro spécial 1652 de *Libération*, 5 avril 1979, p. 3. L'anecdote sur l'attaque des baraques disciplinaires par les rats est confirmée, en des termes légèrement différents, par C. Martinez et J. Castejon. Cet incident s'est produit vers le milieu de l'été 1939.

La propreté des baraques dépend en priorité des possibilités de ravitaillement en eau. Mais la population est tellement dense à l'intérieur des îlots que l'eau fournie par les lavabos, à heures fixes[17], est loin de correspondre aux besoins. Dès le mois de mai, les *"Internationaux"* ont l'idée de creuser des puits sous le plancher de leur baraque. Ils dégagent un des panneaux et, par l'ouverture, déblaient la terre argileuse sur une profondeur de deux à trois mètres, jusqu'à ce que la nappe phréatique soit atteinte. Ils trouvent de l'eau. Le liquide recueilli est loin de présenter des garanties suffisantes à la consommation, sa couleur n'incite guère à y goûter, mais il peut être utilisé pour les gros travaux de nettoyage.

Une telle pratique, dont l'administration ne semble jamais avoir eu connaissance, est spécifique à l'été 1939. A aucun moment, par la suite, on n'en retrouvera la mention.

Parallèlement, surgissent toutes sortes de préoccupations d'une grande banalité : fumer, lire, bricoler, se promener, prendre des nouvelles d'un parent ou d'un ami interné dans un îlot voisin.

Le tabac éveille de nombreuses convoitises. Il est possible d'en acheter à l'intendance du camp, ou même auprès des non fumeurs de la compagnie de travail, mais seuls les plus fortunés en ont les moyens[18]. Pour les autres, l'immense majorité, il faut guetter l'occasion : attendre le mégot qu'un garde ou qu'un soldat jettera, se glisser sous les barbelés, courir le ramasser sur l'allée centrale ou de l'autre côté de la clôture de l'îlot, et revenir en toute hâte, avant que le gardien n'ait le temps d'accourir et de rudoyer l'intrépide fumeur.

Tout livre ou revue est une aubaine. Les réfugiés se les passent, les lisent et les relisent, même s'ils ne comprennent rien à la langue dans laquelle ils sont écrits. Les almanachs et les catalogues sont les plus recherchés, sans doute à cause des illustrations. Les journaux qui parviennent dans les îlots sont l'objet d'exégèses répétées, de lectures attentives. Les rares livres qui circulent (bien peu de réfugiés en ont emporté dans leur exode) traitent la plupart du temps de sujets politiques ou idéologiques. Ils servent de point de référence au cours des discussions, engendrent des débats passionnés, stimulent des controverses. Tous offrent le même avantage : ils donnent l'occasion de s'évader un instant des réalités gursiennes.

17. Théoriquement, les îlots sont ravitaillés en eau potable de 6 à 9 heures, de 11 à 14 heures et de 17 à 20 heures, par les six réservoirs du camp dont la capacité totale atteint 400 m³ (rapport adressé le 22 mai 1939 par l'ingénieur départemental des Ponts et chaussées au préfet des Basses-Pyrénées, Arch. dép. Pyr. Atl., 1 M 543). Pratiquement, les coupures sont fréquentes et durables.

18. L'approvisionnement du camp est assuré par l'intendance, qui passe les commandes aux dépôts de Gurs et de Geüs. Le personnel militaire et les membres de la compagnie de travail du camp reçoivent huit paquets par mois, soit 200 grammes de tabac (rapport adressé le 2 mai 1939 par le commandant du camp au préfet des Basses-Pyrénées, Arch. dép. Pyr. Atl., 1 M 543).

Par la suite, vers la fin de l'été, l'action des comités de soutien aux réfugiés permet de constituer des bibliothèques d'îlots, et même de fabriquer de petits journaux manuscrits, affichés dans les baraques. Mais de telles pratiques semblent limitées au seul *"camp international"*.

Les convocations au parloir, dont l'accès est réservé aux proches parents des internés, constituent des sortes d'événements. Au retour, l'heureux Gursien est pressé de questions sur sa famille et ses amis, mais surtout sur les nouvelles venant d'Espagne, sur les événements politiques extérieurs. Parfois il ramène un objet précieux, un couteau ou un outil, passé discrètement pendant la visite, de quoi bricoler, de quoi vaincre la monotonie quotidienne.

Internés basques derrière les barbelés séparant leur îlot de l'allée centrale (été 1939)

Cette "sortie" enviée se passe pourtant dans des conditions pénibles, que *L'Humanité* du 23 juin 1939 décrit ainsi :

> *"Ah ! ce parloir ! D'un côté les visiteurs, de l'autre les prisonniers, séparés les uns des autres par une balustrade. (...) Pour parler à leur fils, à leur mari, à leur frère, les visiteurs doivent souvent hurler par-dessus quatre rangs d'autres visiteurs pour se faire entendre de ceux à qui ils apportent un peu de réconfort. Tout cela parce que les visiteurs ne sont admis que deux heures par jour".*

Une des grandes préoccupations des réfugiés est de pouvoir sortir du cadre exigu de leur îlot. Après des semaines de palabres, les délégués des internés obtiennent de l'administration du camp, le 12 juin, que des promenades soient autorisées sur l'allée centrale[19]. Ces sorties bihebdomadaires, de deux heures chacune, sont accueillies avec enthousiasme. C'est l'occasion non seulement de rencontrer des parents, mais surtout de quitter un moment l'horizon étriqué de ses activités quotidiennes.

Quelques activités originales.

Il ne saurait être question d'exposer ici l'ensemble des activités de cet été 1939. Leur nombre et leur variété rendrait l'entreprise longue et fastidieuse. Pour simplifier, quatre domaines seulement sont abordés, dont la place est essentielle dans la vie quotidienne des Gursiens : les travaux manuels ou artistiques, la vie intellectuelle, le sport et la musique. Les autres sont délibérément écartés, soit qu'ils fassent l'objet, dans les pages suivantes, d'études particulières (c'est le cas de l'alimentation et de la vie médicale[20]), soit qu'il n'aient pas joué un grand rôle dans les préoccupations des internés (c'est surtout le cas des questions religieuses[21]).

Les travaux artisanaux sont, à coup sûr, ceux qui ont mobilisé à Gurs le plus de candidats. Toutes sortes d'objets sont, à tout instant, fabriqués. Les uns dans un but utilitaire : des carafes ou des gobelets, façonnés dans des boîtes de conserves, puis décorés de motifs géométriques ou travaillés en repoussé ; des assiettes et des tasses pétries dans l'argile du sol, modelées à la main, et même cuites dans des fours à céramique confectionnés pour la circonstance ; des sandales, des spartiates à semelle de bois et des *"chaussures de sortie"* pour les jours de pluie ; des pipes creusées dans des racines de bruyère ; des cannes, des béquilles, des manches d'outils, des cuillers de bois, des spatules... Les autres, dans un but purement décoratif : des bagues, creusées dans des pièces de 2 francs, martelées entre deux galets jusqu'à ressembler à s'y méprendre à des anneaux "d'argent" ; des figurines sculptées dans le bois à l'aide d'un couteau ou d'une pointe ; des pièces de jeu d'échecs, excavées dans un os ; de faux timbres, de minuscules jeux de cartes, des paires de dés, des pendentifs, des breloques...

19. Le rapport n° 1331 S/A, adressé le 12 juin 1939 par le général commandant la 18e région au commandant du camp, en précise les modalités : *"la sortie sera répartie en trois fractions, chacune d'elles correspondant à une catégorie de miliciens : Basques, "aviateurs"* et *"Internationaux"*. Les tout-venants seront rattachés à l'un des trois groupes (...). Les promenades seront organisées par groupes successifs" (Arch. dép. Pyr. Atl. 1 M 543).

20. Ils sont étudiés dans les chapitres X et XI.

21. La religion semble être une préoccupation notable dans le seul *"camp basque"*. Une chapelle, aménagée dans l'îlot B, est ouverte le dimanche à tous les Gursiens. Le père Inaki de Azpiazu y célèbre la messe, à moins que l'autel ne soit dressé sur la *"place"* aménagée entre les îlots B et D. Les Basques sont nombreux à venir, mais la majorité profite de l'office pour se retrouver, discuter, et parfois même tenir des réunions.

Cette production stupéfie les services administratifs du camp, à tel point que le commandant accepte qu'une exposition soit organisée dans le *"camp international"*, où réside l'immense majorité des artistes d'occasion. Mieux, le général Ménard lui-même, après avoir contemplé ces objets, décide de rendre l'exposition itinérante, afin de la diffuser largement. Il la fait transférer à Bayonne, à Bordeaux, puis finalement à Paris[22]. Les joyaux en sont, outre les maquettes d'avion, dont certaines ont une dizaine de centimètres d'envergure, les ateliers artisanaux en miniature : fonderies, tours de potier, centrales électriques, puits de pétrole...[23].

Un compte rendu enthousiaste est rédigé dans *Le Volontaire de la Liberté* par le colonel Dumont, qui fut lui-même un chef *"international"* :

> *"Il faut voir l'exposition des travaux d'art faite avec les moyens du camp, par les volontaires appartenant à toutes les nationalités. La grande baraque est pleine, plafond, par terre et côtés, des objets les plus extraordinaires. Jeux d'échecs merveilleux, faits avec les os de la cuisine (...), une machine et son tender, marchant à la vapeur, comme le rouleau compresseur, à côté ; le monte-charge d'un puits de pétrole roumain est actionné par des piles sèches ; une ferme, avec tous ses corps de bâtiment, ses chariots rangés dans la cour, semble attendre la reprise du travail (...). Voici trois têtes sculptées en plein bois. Une expression étrange et forte s'en dégage. C'est toute la vie au camp qu'elles expriment : tristesse, rage, résolution implacable"*[24].

La production artisanale confine, dans la plupart des cas, à la création artistique.

Cette dernière connaît à Gurs un prodigieux développement. Le nombre des peintres et des dessinateurs est décuplé par rapport à la normale. En majorité, il ne s'agit que d'artistes d'occasion dont les œuvres sont médiocres. Mais il y a aussi d'authentiques talents. Ainsi, le graveur roumain Grigore, qui deviendra après la guerre président de l'Union des artistes de son pays, les peintres Nicomedes Gomez, Blasco Mentor, etc...[25].

22. Lettre adressée le 4 août 1939 par le général Ménard au colonel Dumont, rédacteur de l'article dont un extrait est cité plus loin, (Arch. dép. Pyr. Atl. 1 M 543).

23. Plusieurs de ces objets ont été rassemblés, à l'occasion du quarantième anniversaire de la création du camp, et exposés à Oloron, en avril 1979.

24. *Le Volontaire de la Liberté,* n° 44, août 1939, p. 4. Jules Dumont, un des premiers français à s'engager dans les troupes *"internationales"*, fut le chef du bataillon *"Commune de Paris"* puis, en 1937, le commandant de la 14e Brigade *"La Marseillaise"*. Entré dans la Résistance dès 1940, il sera arrêté et fusillé par les Allemands en 1943.

25. Voir le dessin de N. Gomez (p. 41), la linogravure de Grigore (p. 77) et les monuments des brigades Garibaldi et Dombrowski (p. 92 et 93).

Le monument italien : le cippe de Garibaldi

Mais le plus spectaculaire n'est pas là. Dans tous les îlots surgissent, au cours de l'été, des monuments d'argile, sculptés dans la glaise du camp. Les groupes internationaux, en particulier, rivalisent d'adresse, au point que les îlots de leur *"camp"* foisonnent de sculptures commémoratives. Les Allemands élèvent un cénotaphe dédié à Hans Beimler, ancien député communiste, évadé de Dachau en 1935, fondateur de la milice (et plus tard de la brigade) Thaelmann, tué à Madrid en novembre 1936. Les Hongrois, à Lukacs, l'écrivain Maté Zalka. Les Polonais érigent une stèle en l'honneur de la brigade Dombrowski qui s'illustra à Brunete. Les Italiens de la brigade Garibaldi construisent un cippe, surmonté de l'effigie de leur héros éponyme. Les survivants de la compagnie tchécoslovaque Klement Gottwald, mais aussi les Autrichiens, les Bulgares, les Roumains dressent leurs propres monuments à la mémoire de leurs héros.

> *"L'argile ! L'argile mélangée à la paille ! Combien d'artistes a-t-elle engendrés ! Chaque jour apparaissaient de nouvelles statues, des figurines comme des œuvres monumentales. Chaque groupe national entrait en compétition, voulant avoir l'ensemble le plus beau, ou le plus original. Les*

motifs adoptés célébraient la révolution, rappelaient les durs combats d'Espagne. Par exemple, à l'entrée de notre îlot [polonais] *s'élevait "La dernière grenade d'un Dombrowskien", monument qui était considéré comme un des plus beaux du camp. Plus loin, on pouvait voir "le cénotaphe d'Antoine Kochanka"*[26].

Dans les autres *"camps"*, la même fièvre créatrice agite les sculpteurs d'occasion. *"La ultima bomba"* est dédiée aux victimes de Guernica et de Durango. *"La Espana agonisando"* rappelle les souffrances endurées, pendant trois ans, par les Républicains. Le buste de Buenaventura Durruti, un des plus populaires chefs anarchistes, tombé le 20 novembre 1936 à Madrid, celui d'Antonio Machado, mort en février 1939 à Collioure, et bien d'autres encore, se dressent aux

Le monument polonais : "la dernière grenade du Dombrowskien" (été 1939)

26. Eugeniusz Dworkin, *Od Manzaneres do Oki,* op. cit., p. 19. Le terme de *"Dombrowskien"* désigne tout volontaire polonais engagé dans la Brigade Dombrowski. Cette formation militaire tire son nom de Jaroslaw Dombrowski (1838-1871), révolutionnaire polonais qui, après avoir participé à l'insurrection de son pays en 1863, se fixa à Paris. Nommé membre du comité central de la Commune, puis commandant de la place de Paris contre les Versaillais, il fut tué sur les barricades.

détours des baraques. Bref, une véritable floraison de statues, de bas-reliefs, de rondes-bosses, exécutés à la main, sans le moindre matériel de sculpture, jaillit aux quatre coins du camp, rappelant les luttes et les douleurs de la veille. A l'heure actuelle, il ne reste plus rien de ces monuments. Seules quelques photos témoignent encore de ces étonnantes réalisations que les premières pluies de l'automne 1939 devaient ruiner.

En même temps, les activités intellectuelles se multiplient. Il est souvent difficile de les dissocier des activités proprement politiques car elles sont prises en charge par les mêmes hommes, les responsables de l'îlot, et sont fondées sur l'étude de documents souvent politiques tels que des brochures ou des tracts. Sans doute, des comportements différents séparent-ils dans ce domaine les quatre *"camps"*. Les *"Internationaux"* sont, en règle générale, plus sensibilisés que les autres catégories de Gursiens ; mieux disciplinés, ils fréquentent plus assidûment les cours, assistent plus volontiers aux conférences. Mais ces différences ne doivent pas être surestimées, d'autant que la vie intellectuelle est placée sous la haute main du comité général du parti communiste de Gurs. Ce comité, dirigé par le Paraguayen Païva, rassemble des délégués élus de chacun des îlots. Il se réunit régulièrement, coordonne la plupart des initiatives, organise les occupations quotidiennes. Ainsi toute idée, toute pratique développée avec succès dans tel coin du camp est non seulement immédiatement connue, mais peut être aussitôt généralisée.

Un des monuments espagnols : "Espana agonisando"
(été 1939)

La première des préoccupations politico-intellectuelles est l'information. L'analyse des journaux saisis au camp par la censure montre que la presse circulant dans les îlots est presque exclusivement communiste : en mai et juin, chaque jour sont interceptés une douzaine de numéros de *L'Humanité* , plusieurs exemplaires de *Voz de Espana, Voz de Madrid, Arbeiter Zeitung, la Pravda*...[27]. Les meilleurs articles sont découpés et affichés à la porte de certaines baraques qui disposent ainsi de véritables journaux muraux. Le comité général communiste possède même son propre quotidien, *L'Information du Camp,* qui centralise toutes les nouvelles reçues. Habituellement, ce journal qui se présente parfois sous la forme d'une feuille polycopiée[28], n'est qu'un vaste tableau d'affichage, érigé à proximité des lavabos de l'îlot H, où les textes manuscrits voisinent avec les coupures de presse.

Les *"baraques de la culture"* sont aménagées dans chacun des quatre *"camps"* au cours du mois de juillet, au moment où certains îlots commencent à se vider. Elles connaissent immédiatement un vif succès. Elles sont le siège de cours, de conférences, voire de spectacles, à peu près quotidiens.

Un cours entre les baraques (été 1939)

27. Les rapports de censure adressés par le commandant du camp au préfet des Basses-Pyrénées (série discontinue) sont groupés aux Arch. dép. Pyr. Atl. dans la liasse 1 M 543.
A titre d'exemple, le 9 mai, ont été saisis 5 exemplaires de *l'Humanité,* 4 de *Voz de Espana,* 1 du *Correro Espanol,* 1 de *Voz de Madrid.* Le 12 mai, 14 *Humanité,* 2 *Libertad,* 2 *Voz de Espana.* Le 25 mai, 15 *Humanité,* 8 *Arbeiter Zeitung,* 4 *Justicia,* 4 *Voz de Espana,* 2 *Nazional Zeitung,* 1 *Espana.* Le 6 juin, 25 *Humanité,* 16 *Nazional Zeitung,* 15 *Pravda,* 10 *Dernières nouvelles* (russes), 1 *Libertad,* 1 *Helado de Aragon*...

28. Eugeniusz Dworkin, *Od Manzaneres...,* op. cit., p. 20.

Parfois, lorsque le temps le permet, les exposés ont lieu en plein air. Des séances de toutes natures sont organisées, généralement le matin et chacun est instamment invité à profiter de l'occasion pour enrichir son bagage culturel, technique ou idéologique. Les Gursiens en sont fiers, allant même jusqu'à célébrer *"l'université populaire"* de tel ou tel îlot. Le terme est excessif mais il est certain que les internés ont profité de la chance de réunir en un lieu clos un éventail de professions très diverses pour échanger leurs connaissances et s'informer mutuellement.

> *"On discute du fascisme italien, des problèmes géopolitiques en Méditerranée, de la question juive, de la paysannerie allemande, de l'histoire de la Tchécoslovaquie (...), de la conférence de Berne, de la question des syndicats, de la question agraire, des rapports avec les masses catholiques, de la jeunesse..."*[29].

Les cours portent en priorité sur l'apprentissage des langues vivantes, à commencer par le français, l'espagnol et l'allemand. Mais l'histoire, la géographie, le calcul appliqué, les mathématiques et la mécanique sont aussi enseignés. Les maîtres proviennent de tous les horizons : *"des médecins, dont plusieurs spécialistes, des professeurs, des instituteurs, des avocats, des ingénieurs, des techniciens, des peintres, des sculpteurs, des ouvriers spécialisés, des paysans"*[30].

Quant aux préoccupations purement politiques, elles dépassent le cadre des cours de formation idéologique ou celui de la rédaction de journaux muraux. A plusieurs occasions, elles apparaissent au grand jour. Le 14 avril, lorsque les Basques font savoir au préfet qu'ils sont *"prêts à se mettre, en cas de guerre, à la disposition du gouvernement français"*[31]. Le 9 mai, lorsque le groupe des volontaires allemands fait connaître son *"émotion profonde et son indignation douloureuse après avoir pris connaissance du discours prononcé le 28 avril par Adolf Hitler"* et affirme qu' *"en cas de guerre hitlérienne contre la civilisation occidentale, notre place est aux côtés*

29. Jean-Philippe Mathieu (*Les barbelés de l'exil*, op. cit., p. 252-255) décrit de façon minutieuse le fonctionnement des *"baraques de la culture"* organisées par les *"Internationaux"* d'origine allemande.

30. *"Appel pour l'aide aux réfugiés du camp de Gurs"* publié le 18 juillet 1939 dans *Le Patriote des Pyrénées*, p. 3, le 19 dans *La Petite Gironde*,p. 5, le 20 dans *L'Indépendant des Basses-Pyrénées*, p. 3. Ce texte rédigé à l'initiative d'Honoré Baradat, futur secrétaire du C.D.L. des Basses-Pyrénées, réunit une quinzaine de signatures de médecins, de professeurs, d'instituteurs et d'hommes politiques, parmi lesquels M. Verdenal, maire de Pau.

31. Rapport adressé le 14 avril 1939 par le préfet des Basses-Pyrénées au président du Conseil (Arch. dép. Pyr. Atl., 1 M 572).

de la République française"[32]. A la fin du mois de juin, lorsque plusieurs groupes de réfugiés font parvenir au ministre de la Marine des télégrammes de sympathie, à la suite de la catastrophe du *Phénix*, qui avait coûté la vie à soixante-et-onze marins français[33]. Le 17 juillet, lorsque l'anniversaire de la bataille de Grunwald (au cours de laquelle Polonais et Lithuaniens avaient vaincu et repoussé les chevaliers Teutoniques en 1410) est l'occasion d'une manifestation de tous les Gursiens à l'encontre de la politique expansionniste d'Hitler[34]. Le 26 août, lorsque le lieutenant-colonel Antonio Urzaiz-Guzman propose, au nom de son "*camp*", de mettre le groupe des "*aviateurs*" à l'entière disposition du gouvernement français"[35].

Habituellement, l'activité politique des Gursiens reste inconnue des services français, qui la regardent d'un mauvais œil lorsqu'ils l'entrevoient. Aujourd'hui encore, nous sommes mal renseignés sur ces réunions à caractère politique ou idéologique. On sait seulement qu'elles sont fréquentes, animées, et que leur succès ne s'est jamais démenti. Il est certain qu'elles étaient préparées par les dizaines de cellules communistes du camp et coordonnées par le comité général. Au moment du pacte germano-soviétique, elles mettent les îlots en ébullition et se terminent parfois en batailles rangées.

Ces réactions attestent l'intérêt manifesté par les Gursiens pour tout ce qui peut contribuer au soutien de la "*démocratie*". Bien sûr, la notion de démocratie n'a pas la même signification pour les uns et pour les autres, le modèle soviétique étant plus volontiers salué que le modèle français. Mais la préoccupation demeure, constante, inextinguible, source d'innombrables discours et d'incessantes réunions.

A la différence des précédentes, les activités sportives sont stimulées par l'administration française qui y voit une occupation saine et sans danger, puisqu'elle ne risque pas d'être récupérée à des fins

32. Lettre adressée le 9 mai 1939 par le groupe allemand à "*M. le commandant du camp de concentration de Gurs*" (Arch. dép. Pyr. Atl., 1 M 543). Le 28 avril, Hitler avait violemment critiqué les faiblesses du système démocratique, tel qu'il existait en France et en Angleterre.

33. Lettre de remerciements adressée le 30 juin 1939 par le président du Conseil et le ministre de la Marine "*aux volontaires de l'Espagne républicaine, aux Basques, aux Internationaux autrichiens, cubains, allemands et polonais*" (Arch. dép. Pyr. Atl., 1 M 573). Le sous-marin *Phénix* avait coulé le 15 juin 1939 dans la baie de Cam-Ranh, au large de la côte annamite, entraînant dans la mort l'équipage tout entier.

34. Eugeniusz Dworkin, *Od Manzaneres*..., op. cit., p. 20. D'après l'auteur, il semble que cette manifestation ait été autorisée par les services du camp.

35. Rapport adressé le 26 août 1939 par le préfet des Basses-Pyrénées au ministre de l'Intérieur (Arch. dép. Pyr. Atl., 1 M 573). Cette proposition n'eut aucune suite. Mieux, les "*aviateurs*" de Gurs affirment qu'il leur fut répondu par le commandant du camp que l'"*on n'avait pas besoin de rouges dans l'armée française*".

politiques. Dès le 16 mai, le général Ménard ordonne au commandant du camp de les organiser et, tout d'abord, d'aménager le *"terrain de sports"*[36].

Au moment de la construction du camp, il avait en effet été prévu de réserver un large espace, situé au sud des îlots D et F, à l'aire de jeu. Mais le terrain n'est alors qu'une lande marécageuse et broussailleuse, parsemée de bouquets de ronces, d'ajoncs et de bruyères. La première tâche consiste donc à défricher, déraciner les souches, drainer les zones bourbeuses, colmater et niveler le sol. Le résultat, obtenu par le travail des seuls réfugiés, est satisfaisant. Le *"stade du camp"* rassemble non seulement un *"terrain de football"* jouable, bien qu'il n'y ait jamais eu la moindre pelouse, mais aussi une *"piste de course à pied"*, aménagée à l'extérieur des limites de l'aire de jeu, et divers espaces où l'on peut pratiquer le volley-ball et le hand-ball. Ballons et filets sont fournis par les services français.

Pendant l'été, les installations sont ouvertes, le matin au troupes de gardes, l'après-midi aux groupes de réfugiés, dont le tour revient approximativement deux fois par semaine. Du moins lorsque le temps le permet car, après chaque averse, le *"terrain de sports"* n'est qu'un vaste bourbier. Le samedi ou le dimanche, sont organisées de grandes rencontres de football opposant les *"camps"* entre eux. La plupart du temps, elles sont remportées par le groupe espagnol qui dispose dans ses rangs de joueurs d'exception tels que Francisco Mateo ou Salvador Artigas[37]. Les équipes gursiennes sont réputées dans la région puisque plusieurs clubs béarnais proposent d'organiser avec elles des tournois amicaux (ce dont le préfet ne veut pas entendre parler).

Les activités sportives se déroulent également à l'intérieur des îlots : parties de quilles, de palet, de bota-lucia, séances de gymnastique, courses de relais etc. Il semble qu'elles occupent une place importante dans les îlots basques, à la différence du *"camp international"*, où les travaux manuels et les cours éducatifs sont plus fréquents et suivis plus assidûment.

36. Lettre adressée le 16 mai 1939 par le général Ménard, chargé de mission, responsable de la coordination des mesures pour l'accueil des réfugiés espagnols, au commandant du camp (Arch. dép. Pyr. Atl., 1 M 543).

37. Ces deux joueurs, plusieurs fois sélectionnés auparavant dans l'équipe nationale d'Espagne, sont l'objet de nombreuses invitations de la part des clubs du Sud-Ouest. Une lettre, adressée le 4 août 1939 par le ministre de l'Intérieur au préfet des Basses-Pyrénées, les autorise à participer à un match amical organisé à Bordeaux (Arch. dép. Pyr. Atl., 1 M 573). Bordeaux tiendra d'ailleurs une grande place dans la vie professionnelle des deux joueurs, puisque Mateo jouera pendant plusieurs saisons, après la guerre, dans l'équipe des Girondins, et qu'Artigas sera l'entraîneur-manager du club de 1960 à 1969.

Ce rapide tour d'horizon serait incomplet si l'on ne mentionnait pas la place occupée par la musique dans la vie des Gursiens.

> *"La musique nous a beaucoup soutenus pendant notre séjour à Gurs. De l'extérieur, les gens qui circulaient sur la route nationale longeant le camp, pensaient que nous jouions pour notre plaisir, pour nous détendre. Ils ne comprenaient pas que la musique nous a aidés à surmonter les épreuves, nous a soutenus, nous a donné en partie ce que l'internement nous interdisait, l'espoir en quelque chose de beau"* [38].

C'est dans cet esprit qu'il faut situer la formation des trois orchestres du camp. Chacun des exécutants qui les composent joue sur son propre instrument, jalousement amené jusqu'à Gurs, après les péripéties de l'exode et du séjour dans les camps du Roussillon.

L'orchestre basque, dirigé par Regino Zorozabal, ex-directeur de l'Orphéon municipal de Madrid, regroupe une douzaine de membres possédant des guitares, des mandolines, des trompettes, un saxophone et une clarinette. L'orchestre international, sous la direction de Ebrhard Schmidt, du Philharmonique de Berlin, rassemble une quinzaine d'instrumentistes : violonistes, guitaristes, accordéonistes, clarinettistes, flûtistes... Il bénéficie en outre de la présence de plusieurs chanteurs d'opéra, parmi lesquels le ténor Cofoni, du Grand

L'orchestre basque (été 1939)

38. Témoignage de Julian Casteron, publié dans le numéro spécial de *Libération* à l'occasion du quarantième anniversaire de la création du camp, op. cit., p. 3.

Théâtre de Rome, et le baryton Winterstein[39]. L'orchestre de la compagnie de travail, enfin, est assez mal connu. On sait cependant qu'après la déclaration de guerre, il absorbe progressivement la plupart des membres de l'orchestre basque et qu'il deviendra, à l'époque de la *"drôle de guerre"*, l'unique groupe musical du camp.

Comme les équipes de football, ces orchestres de fortune acquièrent en quelques semaines une grande notoriété à travers le Béarn. Certaines associations, la chorale oloronaise par exemple, tentent d'obtenir leur concours, afin d'animer les fêtes du 14 juillet. Le préfet refuse, comme pour les équipes de football, arguant du *"précédent qui serait créé, dont certains groupements politiques ne manqueraient pas de tirer parti"*[40]. Le camp ne saurait être autre chose, dans l'esprit des responsables préfectoraux, qu'un lieu clos coupé du monde environnant.

Serenade in Konzentrationslager von Gurs
(été 1939)

39. Rapport n° 708/2 G adressé le 19 juillet 1939 par le commandant du camp au général commandant la 18ème région (Arch. dép. Pyr. Atl., 3 Z 242). Ce long rapport présente un compte rendu précis des manifestations organisées au camp à l'occasion du 14 juillet 1939.

40. Lettre adressée le 26 juillet 1939 par le préfet des Basses-Pyrénées au sous-préfet d'Oloron, qui lui avait transmis la demande rédigée par le responsable de la chorale oloronaise (Arch. dép. Pyr. Atl. 1 M 573).

Les manifestations organisées dans le *"centre d'accueil"* à l'occasion du 150e anniversaire de la prise de la Bastille constituent à la fois l'apogée et le résumé des principales activités du camp. Rien n'y manque : ni l'exposition artisanale, visitée par les autorités préfectorales et militaires, ni les préoccupations politiques des Gursiens, exposées dans les discours des "chefs de camps", ni les représentations sportives, théâtrales ou musicales. Le rapport rédigé à cette occasion par le commandant du camp en trace le compte rendu suivant :

> *"Trois manifestations distinctes célébrèrent le 150e anniversaire :*
> *1) A 8 heures, le salut aux couleurs. Un peloton de G.R.M. à pied, deux compagnies d'infanterie, deux pelotons du 2e Hussard à pied, un peloton de G.R.M. à cheval rendent les honneurs au drapeau français. 20 réfugiés basques, 20 réfugiés espagnols, 20 réfugiés espagnols aviateurs, 20 réfugiés internationaux et 20 réfugiés appartenant à la compagnie de travail du camp assistent à la cérémonie. (...)*
> *2) De 9 heures à 11 heures 30, au stade du camp, une réunion sportive présentant un défilé de 800 gymnastes internationaux, dont 150 porteurs de petits drapeaux français (...), des mouvements d'ensemble exécutés par les mêmes, des pyramides humaines exécutées par les groupes polonais et tchécoslovaques des Internationaux, un match de football opposant une sélection espagnole à une sélection des Internationaux (perdu par ces derniers 1 à 4).*
> *3) De 16 heures à 20 heures, au théâtre en plein air du camp* [c'est-à-dire au "terrain de sports"], *un après-midi artistique coupé par deux discours. Il commença et se termina par la Marseillaise, jouée par l'orchestre et reprise par les 17 000 réfugiés présents, debout et tête nue. (...)"*[39].

Pendant l'après-midi se succèdent, sur une estrade montée pour la circonstance, les orchestres, les chœurs (basque, allemand, autrichien, apatride, tchécoslovaque, italien et espagnol)[41] et les orateurs. Les discours sont prononcés par Julian Ramirez, au nom des réfugiés espagnols, et *"Gay"*, commandant du *"camp international"*. Le premier rappelle :

> *"Nous aussi, les Espagnols, nous avons payé un lourd tribut de douleur et de sang à la cause de la liberté, de l'égalité et de la fraternité. Nous aussi, nous avons lutté de toutes nos forces pour la liberté de notre pays. (...) La fête de la France, c'est aussi notre fête, la fête de tous les hommes qui ont lutté et luttent encore pour la liberté. (...)"*[39].

41. Le ténor Cofoni chante des airs de la *Tosca* de Puccini, de *Werther* de Massenet ; l'orchestre international joue l'ouverture du *Barbier de Séville* de Rossini, des valses de Strauss ; des groupes basques exécutent la *"danse du drapeau"*, la *"danse de la mort"* ; les Espagnols entonnent *"le Siège de Bilbao"* et *"Monsieur le Pain-Pain-Pain"* ; les Italiens des morceaux *d'Aïda* de Verdi ; les Tchécoslovaques, *"Debout, oh mon peuple"* ; les apatrides, *"les Bateliers de la Volga"*...

Le second adresse son discours *"au peuple français"* :

> *"Nous, les ex-combattants internationaux, venus de 53 pays, après avoir lutté aux côtés du peuple espagnol pour son indépendance et sa liberté, nous nous solidarisons avec ce magnifique peuple français pour commémorer le 14 juillet. En cette heure grave pour la liberté et l'indépendance des nations, nous adressons au monde entier nos vœux les plus ardents de Paix et de Progrès. (...)"*[39].

Ces deux discours sont, d'après le compte rendu qu'en dresse le commandant du camp, révélateurs de l'état d'esprit des internés, par leurs affirmations et leurs omissions. Pas une seule fois ne sont cités les autorités préfectorales et les services du camp. Seuls les termes de *"démocratie"*, de *"nation"*, de *"peuple"*, sont prononcés pour évoquer le pays d'accueil. A aucun moment n'est mentionnée une quelconque référence à l'action du gouvernement Daladier. Il n'est question que de la Révolution française et des luttes menées par les travailleurs depuis 150 ans. En revanche, aucune récrimination ne perle à l'encontre de la politique française dans les allocutions, dont une brève analyse avait été auparavant adressée au secrétariat du camp. En particulier, à aucun moment n'est évoquée la non-intervention française pendant la guerre civile, alors que cette affaire est commentée habituellement dans les îlots comme une trahison à la cause de la Liberté. Le chef du camp s'en félicite : *"la journée s'est achevée sans heurt ni fausses notes"*[39].

Si on les compare à la gravité des problèmes européens en cet été 1939, les activités auxquelles s'adonnent les Gursiens peuvent paraître dérisoires. Eux qui ont lutté pendant de longues années pour le triomphe de la liberté et de la démocratie, en sont réduits à tenter d'améliorer par des expédients les conditions de séjour misérables d'un camp situé aux confins du territoire français, au moment même où l'Espagne est étouffée par la répression, où l'Europe sombre progressivement dans la guerre. Comment ne pas être frappé par le décalage séparant les ambitions passées ou présentes des réfugiés et les réalités de leur internement ?

Pourtant, leurs activités, aussi limitées soient-elles, ont quelque chose d'exemplaire. Elles démontrent une énergie et une solidarité qui caractériseront l'action de la plupart des Gursiens au cours des années suivantes.

Un groupe particulier : les "Internationaux".

Les hommes venus des cinq parties du monde pour combattre aux côtés des Républicains espagnols, entrent à Gurs à partir du 20 avril 1939. Pour l'essentiel, ils proviennent d'Argelès où ils avaient conservé leurs structures militaires et leur organisation en groupes, sections et compagnies.

Ils constituent l'ensemble le plus original de la population internée. Le mieux connu aussi, car plusieurs études leur ont été consacrées ; l'administration du camp, qui les considère comme des hommes dangereux, les surveille de près et les évoque fréquemment dans ses rapports ; et eux-mêmes ont souvent publié, par la suite, des mémoires dans lesquelles "l'étape gursienne" est largement mentionnée.

Origine géographique

Dans le discours prononcé le 14 juillet au camp, *"Gay"*, chef du *"camp"* international, affirmait que les hommes au nom desquels il parlait, représentaient *"cinquante-trois pays"*[39]. L'analyse des archives gursiennes en révèle davantage encore : soixante[42].

Transférés à Gurs en avril et mai 1939 des camps d'Argelès et de Saint-Cyprien, les 6 808 volontaires sont internés dans les îlots G, H, I et J. Ils forment, jusqu'à leur départ, le groupe le plus nombreux du camp (voir le tableau n° 2, page 80).

Pendant la guerre civile, trente-cinq mille *"Internationaux"* avaient lutté aux côtés de l'Armée républicaine. Cinq mille environ étaient tombés au cours des combats et près de douze mille Français, Belges, Anglais, Américains, Suisses, Suédois et Danois avaient rejoint, en novembre 1938, leur pays d'origine. Les *"Internationaux"* de Gurs ne constituent donc même pas la moitié de tous les autres. On s'en est parfois étonné, puisque le *"centre d'accueil"* béarnais est censé avoir rassemblé tous les réfugiés brigadistes. La raison de cette absence partielle tient au fait que, après la dissolution officielle des Brigades, nombre d'*"Internationaux"* avaient continué la lutte sur le front madrilène, ou bien avaient trouvé refuge dans un pays démocratique. Les Gursiens ne correspondent donc qu'à ceux qui avaient été pris dans l'exode de janvier-février 1939 et rassemblés dans les camps du Roussillon.

Il s'agit presque exclusivement de ressortissants de pays à régime totalitaire, dans lesquels ils ne peuvent pas retourner, sous peine d'être immédiatement pourchassés et emprisonnés. Leur origine est

42. L'étude statistique qui suit est fondée sur un document émanant du bureau des effectifs du camp (non daté) indiquant les effectifs par nationalités, le 10 mai, le 28 mai et le 10 juin 1939 (Arch. dép. Pyr. Atl.,1 M 573). Un résumé en est présenté dans le tableau n° 3.

Nationalités		10 mai	10 juin
EUROPE	Polonais	904	950
	Italiens	902	872
	Allemands	648	735
	Tchécoslovaques	558	600
	Autrichiens	457	483
	Yougoslaves	339	372
	Portugais	349	332
	Hongrois	213	163
	Roumains	170	160
	Bulgares	138	141
	Baltes[1]	101	90
	Français	55	42
	Grecs	29	25
	Suisses	17	25
	"Apatrides"[2]	140	584
	Divers	10	15
	Total	5 030	5 589
AMERIQUE	Argentins	174	102
	Cubains	73	81
	Brésiliens	27	34
	Mexicains	26	30
	Uruguayens	19	22
	Chiliens	13	17
	Canadiens et USA	-	2
	Divers Am. latine	24	22
AFRIQUE	Colonies françaises	71	61
	Colonies espagnoles	19	17
	Divers	1	1
ASIE	Arméniens	15	14
	Divers	7	6
OCEANIE	Australiens et Philippins	1	3
	Total	5 501	6 011

1. Estoniens, Lettons et Lituaniens
2. Juifs déchus de leur nationalité allemande, autrichienne ou tchèque.

Tableau n° 3 - Origine des Internationaux internés au printemps 1939

résumée dans le tableau n° 3 qui donne une idée précise du "poids" relatif de chaque nationalité.

Les neuf-dixièmes des *"Internationaux"* de Gurs sont des Européens, les groupes les plus nombreux appartenant soit à des états où la dictature s'est installée depuis de longues années (dès 1922 en Italie, dès 1926 en Pologne), soit à des nations étouffées par le nazisme (Allemagne, Tchécoslovaquie et Autriche). Il existe donc un lien direct entre leur présence en Espagne, puis à Gurs, et la nature antidémocratique des gouvernements de leur pays. Cette remarque n'est pas seulement justifiée pour les cinq états déjà cités, mais aussi pour ceux qui sont représentés par un groupe rassemblant plus de cent individus : la Yougoslavie, opprimée par le régent Paul, la Hongrie par les *"croix fléchées"* de Horthy, le Portugal par Salazar, la Roumanie par le roi Carol.

L'importance des principaux groupes ethniques ne doit rien au hasard. Les Polonais et les Italiens avaient été, avec les Français, les premiers à être invités, dès 1936, à rejoindre les rangs des Brigades à l'appel de Stephan Wiszniewski, Luigi Longo et Pierre Rebière. Par la suite, les premières organisations *"internationales"*, milices, centuries et bataillons, qui devaient, au cours de la guerre, devenir les brigades Dombrowski, Garibaldi, Thaelmann, Gottwald, étaient surtout composées de Polonais, d'Italiens, d'Allemands, de Tchécoslovaques. Quant aux apatrides (Allemands, Autrichiens, Sudètes et Tchèques déchus de leur nationalité pour motif racial), si leur nombre n'est pas très élevé, il faut surtout retenir leur présence à Gurs dès le début de l'histoire du camp.

Les "Internationaux" tchèques dans leur baraque (été 1939)

Les *Internationaux"* originaires de pays situés en dehors du cadre européen proviennent de tous les coins du monde, mais d'abord d'Amérique latine de langue espagnole. La forte proportion des Argentins, pays soumis à de multiples crises de régime à la veille de la guerre, s'explique surtout par la vivacité des traditions d'émigration des prolétaires ou des petits paysans espagnols vers cette contrée. Les combattants venus des colonies, enfin, sont issus, dans leur majorité, des Maroc espagnol et français.

Les structures sociales, démographiques et professionnelles des groupes internationaux demeurent encore obscures, faute d'informations. Une étude minutieuse, pays par pays, reste à faire sur le sujet.

Beaucoup de volontaires internés à Gurs devaient, dans les années suivantes, devenir célèbres[43]. Citons parmi eux, les Polonais Walter Swierzcewski, un des premiers organisateurs des Brigades, Winkler et Kutin, futurs membres du Conseil municipal de Varsovie pendant la guerre[44]. Les Tchèques Oswald Zavodsky, futur ministre de la Sécurité d'Etat ; Josef Pavel, futur vice-ministre de l'Intérieur ; Laco Holdos, déporté à Buchenwald, futur vice-président du Conseil ; Léopold Hoffmann, futur chef des services de sécurité du président Gottwald ; mais aussi de nombreux futurs résistants en France, Samec, Knezl, Neuer, Grünbaum, Hromadko, Nevkasil. Ickovic. Les Yougoslaves Illitch, chef du *"camp international"*, général, futur ambassadeur à Paris ; Daptchevitch, futur chef d'état-major ; Goschnak, futur ministre de la Défense nationale[45]. Les Hongrois Laszlo Rajk, futur ministre des Affaires étrangères, condamné en 1949 au procès de Budapest ; Baneth. Les Roumains Mihaïl Florescu, futur ministre de la Science et de la Technique, et Hans Serelman, professeur de médecine, tué à Eysus (Pyrénées-Atlantiques) le 16 juin 1944[46]. L'Albanais Mehmet Chehu, futur

43. La plupart des personnalités citées, à commencer par celles qui sont d'origine tchécoslovaque, nous ont été indiquées par Artur London, lui-même ancien *"brigadiste"*. On les rencontre dans l'*Aveu* Gallimard, Paris, 1968, sous le terme d'*"anciens d'Espagne"*.

44. Olga Wormser-Migot, *Quant les Alliés ouvrirent les portes,* Robert Laffont, Paris, 1965, p. 129.

45. Deux ouvrages traitent des Internationaux gursiens d'origine yougoslave, appelés chez eux *"les Espagnols"* :
- Emile Guikovaty, *Tito,* Hachette, 1979, chapitre 19, p. 182-186. Contrairement à une légende tenace en Béarn, Tito lui-même n'a jamais été interné à Gurs, ni même au Vernet.
- Pisu Ucesnici, Spanija, 1936-1939, *Zbornik secanja Jugoslovenskih Dobrovoljaca Spankom raku,* Vojnoizdavacki Zavod, tome IV, Belegrade, 1971, p. 171-552. Onze témoignages touchant Gurs sont rassemblés par l'auteur. Celui-ci affirme en outre que les *"Espagnols"* ont été pendant toute la guerre les grands animateurs des maquis yougoslaves et qu'ils ont ensuite presque tous fait carrière dans l'armée.

46. Hans Serelman, dit *"Victor"*, est devenu un des héros de la Résistance en Béarn. Ses activités contre les nazis, ses blessures, sa mort sont exposés dans un long article paru le 20 septembre 1979 dans *La République des Pyrénées,* p. 3 et dans le numéro spécial de *Libération* publié le 5 avril 1979, op. cit. p. 3.

premier ministre. Le Paraguayen Païva, un des fondateurs du parti communiste de son pays. Les Italiens Giuliano Pasetta, adjoint de Longo ; Rico et Edo d'Onofrio. Au moins quatre des 23 résistants immigrés fusillés au Mont-Valérien le 21 février 1944 (cf. *"l'affiche rouge"*) : le Roumain Joseph Boczov, les Polonais Szlama Grzywacz, Stanislas Kubacki et Michel Martiniak[47].

Cette liste, malgré ses inévitables lacunes, souligne la place éminente occupée par les Gursiens dans la vie politique de leur pays au lendemain de la guerre. Gurs, à l'évidence, a constitué une étape importante dans la formation du personnel dirigeant de l'Europe de l'Est de l'immédiate après-guerre.

Le groupe de langue allemande

Ce groupe, qui rassemble dans l'îlot I les *"Internationaux"* allemands et autrichiens, est bien connu depuis que deux articles, reposant sur le dépouillement des documents conservés aux Archives de Bonn et de Berlin, lui ont été consacrés.[48].

Il réunit 1200 personnes environ en mai et près d'un millier en octobre. Il est subdivisé en compagnies, échelons intermédiaires entre l'îlot et la baraque. Cette structure, directement héritée du système hiérarchique mis en place au sein des Brigades pendant la guerre civile, est spécifique aux groupes internationaux.

Les sept compagnies du groupe forment deux *"sous-camps"*, l'un allemand (quatre compagnies), l'autre autrichien (trois compagnies), dirigées par leurs propres administrations, indépendantes de celle de l'îlot. Pourtant, dans le détail, la distribution des membres du groupe allemand ne répond pas entièrement à ce schéma. En effet, à côté des sept compagnies déjà citées, existe *"la 9ème compagnie des antifascistes indépendants"*, composée de 170 hommes environ, dont la majorité est d'origine allemande. Elle réunit les *"Internationaux"* qui refusent de reconnaître la direction de leur *"sous-camp"*. La rupture entre les deux groupes est d'origine essentiellement politique : la 9ème compagnie, qui récuse l'administration communiste des îlots et des *"sous-camps"*, critique le mode d'élection des responsables et affiche un indépendance d'esprit inacceptable pour les autres communistes orthodoxes.

47. La liste et la bibliographie des 23 sont présentées dans *La lutte des Juifs en France à l'époque de l'Occupation*, C.D.J.C., Paris, 1975, p. 233-235, document n° 163. Le cas de Joseph Boczov (Joseph Ferenz Wolf), un des chefs du groupe, est présenté par Lucien Steinberg, *La révolte des Justes - Les Juifs contre Hitler*, Fayard, Paris, 1970, p. 159.

48. Il s'agit des articles rédigés par Barbara Vormeier, *"Les internés allemands et autrichiens en 1939-1940"* et Jean-Philippe Mathieu, *"Les communistes allemands et leur organisation (avril-août 1939)"* publiés dans *Les Barbelés de l'exil*, op. cit., p. 221-257.

Les sept compagnies composant le groupe allemand réunissent environ 700 hommes. Elles sont partagées en tendances politiques[49] qui s'affrontent régulièrement, sans pour autant provoquer de dissidence. D'une part, les communistes, militants du K.D.P. largement majoritaire, groupés autour d'Hugo Wittmann, responsable du *"sous-camp"* ; parmi eux se trouvent Ivo Veivoda, futur ambassadeur de la R.D.A. à Paris, et Friedmann, futur ministre du commerce de la R.D.A. D'autre part, les socio-démocrates du S.P.D., rassemblés autour d'Ernst Braun, partisan du front uni de toutes les forces démocratiques pour lutter contre le nazisme. Enfin, divers *"indépendants"* qui, tout en acceptant l'autorité des responsables élus, n'adhèrent à aucune des fractions précédentes. Entre ces tendances, les débats idéologiques sont fréquents et passionnés, ce qui, là encore, distingue les *"Internationaux"* des autres réfugiés[50].

Les volontaires du groupe, minutieusement décrits par Jean-Philippe Mathieu, présentent les caractéristiques suivantes :

> *"D'une part, la forte proportion de prolétaires ; d'autre part, la haute qualification moyenne du groupe ouvrier (les ouvriers qualifiés constituent une large majorité). (...).*
>
> *Il y a, dans le groupe, 251 hommes mariés, dont 60 % d'entre eux ont des enfants, et 369 célibataires. Sur ces 610 hommes, 160 ont déjà passé des mois ou des années dans les camps de concentration nazis. (...) Le nombre d'hommes entre 25 et 40 ans est considérable : 436 sur 610. (...)*
>
> *Plus de la moitié d'entre eux sont membres du parti communiste, 101 du parti social-démocrate, 4 du S.A.P. et 14 sont anarchistes. (...)*
>
> *L'organisation du parti communiste est fondée sur la baraque : une cellule par baraque. Les directions de cellule élisent une direction de compagnie ; les quatre directions*

49. A la veille de la Seconde Guerre mondiale, la gauche allemande est divisée en plusieurs partis, dont les principaux sont :
- le parti communiste allemand (K.P.D.) dirigé par W. Pieck et F. Dalhem. Plusieurs groupes s'en sont séparés, parmi lesquels le parti communiste d'opposition (K.P.O.) et la tendance Willy Münzenberg, ancien leader du groupe.
- le parti social-démocrate (S.P.D.), réfugié à Prague puis à Paris, dirigé par Albert Grzesinski et Rudolf Hilferding. La SOPADE conteste l'autorité de la direction du parti et réunit les socio-démocrates d'opposition.
- le parti socialiste ouvrier (S.A.P.), issu du S.P.D., dirigé par Theodor Liebknecht et Ledebour.

50. Dans le rapport n° 675 adressé le 1er juin 1939 par l'inspecteur de la police spéciale au commissaire spécial des R.G. de Pau (Arch. dép. Pyr. Atl., 3 Z 241), on peut lire : *"A l'îlot H sont regroupés les Allemands des Sudètes. Le secrétaire du parti communiste du groupe est le commandant Rach. Il existe une cellule dans les baraques 1, 2 et 8. (...) A l'îlot G, une organisation de Jeunesses communistes est en formation, dont le chef est Geniek Herzberg. Tous les jours, vers 20 heures, ont lieu des heures politiques traitant exclusivement des doctrines bolchévistes. Tous les dimanches, a lieu une discussion politique qui est toujours dirigée contre notre gouvernement. Le conférencier est le Dr Krüger. Tous les communistes notoires assistent à ces réunions".*

de compagnie dépendent du comité de parti pour l'ensemble du camp, élu de la même façon. Il y a en tout quinze cellules. (...)

La principale organisation de masse du parti au camp est la "communauté de travail" (...) qui a créé une sorte d'université populaire où l'on rassemble tous ceux qui ont les capacités et avec l'aide desquels on fait une ou deux conférences par semaine dans chaque baraque. (...) Le quotidien du camp est édité par la direction élue du groupe. Il comprend, sur trois ou quatre pages-machine, une partie générale, avec un éditorial sur les principaux événements politiques, et une partie sur la vie du camp"[51].

Face à cette organisation rigoureuse, les 170 hommes composant la 9ème compagnie constituent un ensemble hétéroclite. Les deux tiers d'entre eux étant d'origine allemande, ils sont dirigés par Walter Fischer et Werner Schmidt. Ce dernier est d'ailleurs présenté par le groupe allemand comme un agent de la Gestapo à Lübeck. Autant dire que les deux fractions s'opposent violemment, sur toutes sortes de sujets, à commencer par la question des rapatriements. En effet, si les deux directions affichent une totale convergence de vues en condamnant formellement tout retour en Allemagne, on observe des manquements à cette règle plus fréquents dans la 9ème compagnie que dans le *"sous-camp"* allemand : à la mi-juillet, 35 rapatriements ont été enregistrés, dont vingt émanaient de la compagnie *"dissidente"*, soit une proportion cinq fois plus élevée que dans le groupe à direction communiste.

Les structure démographiques et socio-professionnelles des membres de la 9ème compagnie ne sont pas connues. En revanche, leurs positions politiques sont les suivantes :

"C.N.T. et F.A.I. : environ 15 %. S.P.D. et S.P.O. : environ 15 %. Kommunistische Arbeiterunion : environ 6 %. S.A.P. : environ 2 %. 10 % à peu près n'étaient pas organisés politiquement et 52 % environ appartenaient au parti communiste et à des organisations communistes non précisées"[52].

En majorité, il s'agit donc de communistes marginaux qui se déclarent explicitement partisans de la tendance Münzenberg, leader du K.D.P. qui s'était séparé du parti en 1938. La 9ème compa-

51. Jean-Philippe Mathieu, *Les Barbelés de l'exil,* op. cit., p. 246-253. L'auteur fonde son étude sur un rapport d'activités des communistes allemands de Gurs au Comité central du K.P.D. Voir aussi le témoignage de Willy Höhne, *Vivre à Gurs*, op. cit., p. 262.

52. Barbara Vormeier, *Les Barbelés de l'exil,* op. cit., p. 231. Pour les partis de la gauche allemande, voir la note 49. Les autres organisations citées sont les anarchistes de la *Confederation Nacional de Trabajo* (C.N.T.) et la *Federacion Anarquista Iberica* (F.A.I.). Il est probable que les 10 % d'inorganisés appartiennent à des groupes du même genre.

gnie apparaît donc d'abord comme la structure d'accueil de ceux qui refusent l'autorité des groupes organisés, à commencer par celle du parti communiste. C'est pourquoi elle est l'objet de violentes et continuelles attaques de la part du reste du groupe allemand.

Le conflit, déclaré ouvertement dès l'entrée au camp, culmine au moment de la signature du pacte de non-agression germano-soviétique. Il est vrai que le camp tout entier est alors frappé de stupeur.

Les communistes polonais, qui savent bien que cet accord laisse les mains libres à Hitler pour envahir leur pays, ne comprennent plus :

> *"La nouvelle du pacte nous a complètement pris au dépourvu. Il existait bien les preuves les plus variées de ce qui venait d'arriver : la nouvelle était vraie. Nous avons essayé de comprendre l'attitude de l'URSS. Mais, même* L'Humanité *ne nous expliquait rien. Au bout de quelques jours cependant, fut publié un long article intitulé "Staline avait raison". On y expliquait que Staline avait tiré les marrons du feu à la place des autres* [les Français et les Anglais]. *Ensuite, nous avons appris que les dirigeants polonais avaient refusé de signer avec l'URSS un accord anti-hitlérien : la clique dirigeante bourgeoise de la Pologne ne voulait en aucune façon s'allier à l'URSS !"*[53].

Le groupe communiste allemand se trouve dans une position tout aussi inconfortable. Stupéfait au début, il développe par la suite des arguments analogues, sans pour autant condamner le pacte.

Quant au *"sous-camp"* austro-allemand, il éclate alors. Le 2 septembre, une lettre est publiée dans *Le Populaire*, signée des *"socialistes allemands et autrichiens du camp d'accueil de Gurs"*. Elle consomme la rupture entre les communistes et les signataires du document, qui se réclament du S.P.D. On peut y lire :

> *"La situation politique européenne nous oblige, nous, démocrates et socialistes convaincus, à déclarer que nous détestons profondément ce pacte qui est une trahison à la cause de la démocratie et de la paix".*

En revanche, aucun document portant une condamnation formelle de l'accord de non-agression, aucun texte rédigé en ce sens par le groupe allemand communiste de Gurs n'existe. S'ils n'ont pas forcément approuvé le pacte, ils ne l'ont pas repoussé, pas plus que les communistes polonais ou français. En un premier temps, la surprise passée, ils ont surtout cherché à le justifier, soit en expliquant que Staline n'aurait jamais signé avec Hitler si les Français et les Anglais avaient pris la négociation au sérieux, soit que ce pacte sauverait la paix. En un deuxième temps, il est probable qu'ils ont opté

53. Eugeniusz Dworkin, *Od Manzaneres...*, op. cit., p. 22

pour une approbation tacite comme le prônent, au début de la guerre, le *Deutsche Volkszeitung* et le Comité central du K.P.D.[54]. Toujours est-il que, désormais, le groupe de langue allemande, qui avait prouvé en Espagne son antifascisme militant, qui avait dû fuir les proscriptions des organisations nazies, se retrouve *"réputé ennemi"*, conformément à l'article 2 du décret du 1er septembre 1939.

Des désaccords aussi violents semblent pourtant ne pas avoir dépassé le cadre de l'îlot. Les rapports du commandant et des services de police n'y font pas la moindre allusion. Probablement l'autorité française ne les a-t-elle jamais soupçonnés puisque, n'étant en relation qu'avec un petit nombre de responsables élus, elle ne pouvait avoir connaissance des opinions différentes de celles qui lui étaient présentées.

En définitive, les *"Internationaux"* de Gurs, ressortissants, à de rares exceptions près, de tous les états totalitaires d'Europe, ont vécu dans le camp béarnais un moment déterminant de leur vie : la période de transition entre les luttes espagnoles et les combats de la Seconde Guerre mondiale. Pour eux, ces conflits sont exactement de même nature : l'ennemi reste le même, utilise les mêmes armes, au nom de la même idéologie. Pour eux, la guerre d'Espagne n'est pas la répétition générale précédant la Deuxième Guerre mondiale, c'est le début du conflit international lui-même. L'*"école de Gurs"*, pour reprendre une formule souvent prononcée, constitue une étape importante dans la formation de ces hommes : elle leur a montré non seulement la force du groupe, dès lors que son organisation est rationnelle, mais aussi ses limites, dans un monde clos et bien souvent hostile.

Enfin, on ne saurait passer sous silence le prestige des *"Internationaux"* auprès des autres Gursiens. Leur discipline, l'étonnante organisation qu'ils sont parvenus à mettre en place, où rien n'est laissé au hasard, ni le travail manuel, ni le sport, ni la musique, ni les activités intellectuelles, impressionnent fortement les Espagnols. Leur opinion est unanime : la population des îlots G, H, I et J rassemble les véritables animateurs du camp, ceux qui sont à l'origine de la plupart des activités originales, ceux qui ont le plus efficacement contribué au maintien d'un profond sentiment de solidarité entre tous les Gursiens.

54. Le *Deutsche Volkszeitung* du 29 août 1939, n° 35, présente l'attitude officielle du K.D.P., immédiatement après la signature du pacte. Le traité est tacitement approuvé. Franz Dalhem, membre du Comité central, rappelle dans ses mémoires (*Am Vorabend des zweiten Weltkrieg, 1938 bis August 1939, Erinnerungen*, vol. 2, Dietz Verlag, Berlin, 1977, p. 447) : *"J'ai reconnu le pacte de non-agression parce que je voyais en lui une action décisive de l'union soviétique pour le maintien de la paix. (...) Ce pacte ouvrirait une voie nouvelle et empêcherait un terrible incendie général en Europe"*. Il est à peu près certain que l'attitude des communistes allemands de Gurs, si disciplinés par ailleurs, s'est intégralement alignée sur celle de leur Comité central.

Les départs du camp

Jusqu'au 1er septembre 1939, 9 823 Gursiens ont quitté le camp (39,6 % de l'ensemble des internés).

Un rythme soutenu

Chaque mois de 9 à 15 % des réfugiés quittent les îlots. Le rythme des sorties est le suivant :
- avril : 1 435 départs, soit 10,4 % des internés
- mai : 2 460 départs, soit 13,3 % des internés
- juin : 2 129 départs, soit 12,7 % des internés
- juillet : 2 410 départs, soit 14,9 % des internés
- août : 1 389 départs, soit 9,3 % des internés.

Dès le mois d'avril, alors que le camp vient d'ouvrir ses portes, les Gursiens commencent à partir. Ce qui prouve que, même si les installations ont pu paraître correctes aux nouveaux venus, elles ne les incitent guère à y demeurer. Les premières sorties concernent surtout les Basques, proches de leur région natale.

Par la suite, le nombre des départs demeure soutenu (de l'ordre de 500 par semaine), sauf pendant la quinzaine précédant la guerre. Ces chiffres mettent en lumière un fait dont les populations locales, faute d'informations, n'ont guère eu conscience : l'ampleur des sorties acceptées volontairement par les internés, même si certains d'entre eux se sont parfois laissé forcer la main pour signer une demande *"spontanée"* de rapatriement ou d'engagement.

A l'intérieur des quatre camps apparaissent cependant des différences sensibles :

- *"Aviateurs"* :	3 050 sorties (sur 5 397) = 56,5 %
- Basques :	3 100 sorties (sur 6 555) = 47,3 %
- *"Espagnols"* :	2 100 sorties (sur 5 760) = 36,5 %
- *"Internationaux"* :	2 200 sorties (sur 6 808) = 32,3 %
- Tous groupes réunis :	9 823 sorties (sur 24 350) = 39,6 %

Basques et *"aviateurs"* quittent le camp plus fréquemment qu'*"Internationaux"* et *"Espagnols"*. Ce fait doit être rapproché de l'image de marque de chaque groupe, les deux premiers bénéficiant la plupart du temps, auprès des populations locales, d'une meilleure réputation. Ils partent non seulement plus nombreux, en valeur absolue, mais surtout dans des proportions fortes, voisines de un sur deux.

Au printemps, presque tous les départs correspondent à des rapatriements de Basques. La méconnaissance de la répression menée de l'autre côté de la frontière[55] ainsi que le caractère original des provinces basques, où n'ont pas eu lieu, à l'époque du Front populaire, les expropriations et les violences que l'on observe ailleurs, expliquent un tel comportement. Par la suite, la nature des sorties se diversifie, la proportion des rapatriements décroissant rapidement.

La proportion la plus faible de sorties est enregistrée dans le *"camp international"* : 32,3 %. Il est vrai que, pour la plupart des brigadistes, le retour au pays est synonyme d'emprisonnement immédiat. Les départs correspondent plutôt ici à des évasions soigneusement préparées par des réseaux bien structurés[56].

La nature des départs

Les rapatriements sont, et de beaucoup, la forme de sortie la plus fréquente : 5 721, soit 68,2 % de l'ensemble des départs[57]. Comparés à la population totale internée, ils touchent au moins le quart des Gursiens. Cette observation est en contradiction totale avec la légende selon laquelle les réfugiés auraient tout fait pour refuser de retourner dans leur patrie et pour demeurer à la charge du pays d'accueil.

Cependant le nombre des rapatriements ne cesse de s'amenuiser au fil des jours : ils représentent 93,1 % des départs en mai, 67 % en juin, 56 % en juillet et 47,2 % en août.

55. Cette méconnaissance dure jusqu'au début de l'été. Le 1er août, le préfet des Basses-Pyrénées écrit en effet au ministre de l'Intérieur : *"La faible proportion d'optant pour l'Espagne est la conséquence d'une consigne de l'ancien président Negrin. Celui-ci aurait conseillé, il y a quelques semaines, aux réfugiés de rester en France en raison des événements actuels d'Espagne qui, à son avis, laisseraient prévoir un changement de situation"* (Arch. dép. Pyr. Atl., 1 M547). La raison avancée est sans doute fondée. Elle coïncide en outre avec les premiers récits rapportés sur la façon dont les Républicains retournant en Espagne sont traités au camp de la Miranda ou sur la chasse impitoyable menée par les nouveaux maîtres du pays à l'encontre des combattants républicains revenus clandestinement chez eux.

56. Une fois sortis du camp après être passés, au cours de la nuit, sous les barbelés, les évadés sont pris en charge par des guides qui les conduisent généralement à Oloron. Le rôle des comités de secours puis, plus tard, des sections nationales de la M.O.I., semble avoir été considérable dans l'organisation de ces réseaux. L'un d'eux, la *"filière hongroise"*, suivait la route des côteaux jusqu'à Oloron et aboutissait derrière la halle, où des vêtements étaient discrètement entreposés (témoignages d'Artur London, responsable pendant la guerre de la section tchèque à Paris de la M.O.I, et de François Mazou, volontaire français des Brigades).

57. Les rapports du service des douanes, à Hendaye, adressés au sous-préfet d'Oloron, fournissent des statistiques précises sur le volume et la fréquence des rapatriements (Arch. dép. Pyr. Atl., 3 Z 241).

Aussi importante que soit la proportion des retours au pays, les services administratifs français l'ont toujours trouvée insuffisante. Déjà, au mois de mai, ils s'étaient émus de

> *"l'activité douteuse de Telesforo de Monzon et des membres de sa délégation qui (...) pénètrent à l'intérieur du camp, dans les îlots basques A, B, C et D. (...) Ils se livrent à une double propagande visant à freiner les rapatriements et à empêcher les engagements dans la Légion étrangère"*[58].

Le commandant avait alors obtenu l'expulsion du camp du jeune ministre de l'Intérieur du gouvernement basque, mais les candidatures au retour en Espagne n'étaient pas pour autant devenues plus nombreuses. En juillet, les effectifs rapatriés continuant à fondre, le préfet, inquiet, organise un *"référendum"*. Le but recherché est de *"relever les noms de ceux qui désirent rentrer en Espagne. Les candidats seront immédiatement isolés et dirigés sur le camp centralisateur du Barcarès"*[59]. En fait, il ne s'agit nullement d'une consultation mais d'un véritable ultimatum. Les termes du choix sont simples : le rapatriement ou l'engagement dans la Légion étrangère. Chaque réfugié espagnol (les *"Internationaux"* posant des problèmes juridiques plus complexes, ne sont pas concernés) doit se présenter isolément devant une commission spéciale, composée de civils et de militaires, et, sur les injonctions des uns et des autres, signer sa demande de rapatriement. Les résultats, obtenus bien souvent à la suite de véhémentes pressions, sont réduits si l'on considère *"les efforts de persuasion déployés pour convaincre les miliciens"*[60] : 473 rapatriements sur les 11 814 réfugiés convoqués. Quant aux engagements dans la Légion[61], leur nombre n'est pas connu, mais il se compte, au mieux, en dizaines d'unités.

Devant ce demi-échec, une nouvelle tentative est faite, dans les derniers jours du mois d'août, visant à rapatrier des familles entiè-

58. Rapport n° 610 adressé le 19 mai 1939 par l'inspecteur de police spéciale de Mauléon au commissaire spécial des R.G. à Pau (Arch. dép. Pyr. Atl., 3 Z 242).

59. Rapport adressé le 28 juillet 1939 par le préfet des Basses-Pyrénées au ministre de l'Intérieur, direction de la Police du Territoire et des Etrangers, 7ème bureau (Arch. dép. Pyr. Atl., 1 M 547). Au camp du Barcarès (Pyrénées-Orientales) sont regroupées les familles. Les isolés sont directement envoyés à Hendaye (Pyrénées-Atlantiques).

60. Rapport n° 2027 adressé le 3 août 1939 par le commissaire spécial des R.G. à Pau au préfet des Basses-Pyrénées (Arch. dép. Pyr. Atl., 1 M 547). Ce fonctionnaire note candidement, au sujet des 473 *"candidats"* au rapatriement : *"Le plus grand nombre de ces réfugiés a montré beaucoup d'hésitation, influencés par les nouvelles venant d'Espagne, selon lesquelles des troubles auraient éclaté dans plusieurs provinces"*.

61. L'engagement dans la Légion étrangère, de cinq ans au moins, est systématiquement accepté si le postulant est âgé de 18 à 40 ans, mesure au moins 1,55 mètre et est reconnu apte lors de la visite médicale passée au bureau de recrutement. La plupart des unités sont stationnées en Afrique du Nord (Sidi-Bel-Abbès, Saïda, Kreider, Sousse...). A leur libération, les légionnaires peuvent, s'ils en font la demande, être naturalisés Français.

res, dès lors que le chef de famille demande à retourner au pays. Mais les résultats, là encore, sont dérisoires :

> *"Aucun réfugié ne manifeste le désir de rentrer en Espagne avec sa famille. Les possibilités nouvelles de rapatriement ouvertes par la circulaire ministérielle du 8 août n'ont pas intéressé la masse des accueillis à Gurs. En revanche, beaucoup d'entre eux ont aussitôt rédigé, en tant que chefs de famille, une déclaration destinée aux différents chefs de refuges, interdisant le retour en Espagne des membres de leurs familles"*[62].

Dans les premiers jours de septembre, un ultime essai est risqué par le préfet, afin de stimuler les velléités défaillantes de rapatriements : il fait intervenir directement le consul d'Espagne à Pau, les vice-consuls d'Oloron et de Mauléon, *"afin de dresser les listes de réfugiés à envoyer immédiatement à Hendaye ou au Perthus"*[63]. Sans beaucoup plus de succès qu'auparavant.

Les rapatriements des volontaires des Brigades internationales sont en réalités des départs vers des pays *"démocratiques"*. Ils concernent essentiellement l'Amérique latine (l'Argentine, Cuba et le Mexique principalement), l'Amérique du Nord, l'URSS, l'Angleterre et la Belgique. L'URSS constitue elle-même un cas particulier : les fréquents départs vers ce pays, une centaine chaque mois, témoignent surtout du prestige de l'état soviétique auprès des *"anciens d'Espagne"*. Il est vrai que l'URSS est alors le seul état dont l'organisation socio-économique s'accorde avec les opinions des *"Internationaux"*, et pratiquement la seule nation, avec le Mexique, à avoir fourni au gouvernement républicain une aide matérielle et militaire officielle, dès le début de la guerre civile.

En définitive, il faut insister sur la proportion et le nombre élevé des rapatriements. Si l'on considère, en effet, qu'à Gurs sont envoyés, non pas des réfugiés civils, mais des combattants, ennemis déclarés du franquisme, pour lesquels le chemin conduisant en Espagne n'est pas exempt de dangers, et que l'émigration des *"Internationaux"* exige un grand nombre de formalités lorsqu'elle est envisageable, il faut admettre que, dès lors que l'emploi de méthodes violentes n'était pas systématiquement prévu, le nombre des rapatriements pouvait difficilement être supérieur à ce qu'il a été. Une telle réalité est peu connue et éveille, aujourd'hui surtout, quelque surprise chez les historiens et même chez les anciens Gursiens.

62. Rapport n° 938/2 G adressé le 21 août 1939 par le commandant du camp au préfet des Basses-Pyrénées (Arch. dép. Pyr. Atl., 1 M 547). La circulaire ministérielle n° 6839, du 8 août 1939, avait pour but de regrouper au Barcarès ou à Rivesaltes les membres d'une même famille, qu'ils soient ou non consentants, pour les rapatrier, si le chef de famille désirait retourner en Espagne. Ainsi seraient vidés les camps (pour les combattants républicains) et les *"refuges"* (pour leurs femmes et leurs enfants).

63. Lettre adressée le 10 septembre 1939 par le préfet des Basses-Pyrénées au commandant du camp (Arch. dép. Pyr. Atl., 1 M 549).

Les placements dans les entreprises concernent, du mois de mai au mois d'août, 2 160 hommes (22 % des départs). Leur évolution les oppose complètement aux rapatriements : ils représentent 2,7 % des sorties en mai, 29,1 % en juin, 33,2 % en juillet et 49 % en août.

Ils s'expliquent, à l'origine, par un réflexe de quelques employeurs, petits patrons ou agriculteurs de la région, qui, ayant compris que le camp est une véritable réserve de travailleurs potentiels, se proposent d'embaucher quelques réfugiés dans leurs entreprises. L'usine d'aviation Laprade d'Arudy peut ainsi recruter 48 ouvriers spécialisés, en avril, et les communes de la vallée s'offrent, à peu de frais, d'excellents bûcherons[64]. A la fin du mois de mai, les demandes s'amoncellent sur les bureaux du sous-préfet[65] et du commandant du camp. Or, au même moment, le 25 mai, le ministre du Travail fait parvenir au directeur départemental de la main-d'œuvre à Pau une circulaire en vertu de laquelle les agriculteurs pourront désormais recruter, pour les aider dans leurs travaux, *"des miliciens espagnols internés dans les camps du Sud-Ouest"*[66]. Il suffit pour cela d'en adresser la demande à l'office départemental de placement.

C'est pourquoi, pendant tout l'été, agriculteurs, faucheurs, faneurs, vignerons, bûcherons, bergers et vachers sont tour à tour appelés au premier quartier. L'entrevue avec les employeurs, qui font eux-mêmes leur sélection, provoque parfois des incidents. Plusieurs témoignages insistent, en effet, sur le côté dégradant des scènes d'embauche :

> *"Les hommes étaient soumis aux mêmes procédés que les animaux dans les marchés à bestiaux. On palpait leurs muscles, on leur faisait ouvrir la bouche etc... Ces pratiques, sans aucun respect pour la dignité humaine, engendrèrent des protestations de la part des réfugiés et un refus des offres d'emploi"*[67].

Néanmoins les placements dans l'agriculture, quelles qu'en soient les modalités, sont largement acceptés : 1 915 Gursiens en ont bénéficié. La majorité est dirigée vers les villages environnants : toute la vallée du Gave, d'Oloron à Sauveterre, en a profité, mais aussi la région de Mauléon - Tardets, au sud, et surtout les collines de l'Entre-deux-Gaves, de Salies-de-Béarn à Jurançon au nord. D'importants contingents sont envoyés dans le Pays basque français, la Soule et la Basse-Navarre principalement.

64. Rapport n° 610 adressé le 19 mai par l'inspecteur de police spéciale au commissaire spécial des R.G. (Arch. dép. Pyr. Atl., 3 Z 242).

65. Une liasse tout entière de ces demandes, effectuées par les Béarnais de l'arrondissement d'Oloron, est conservée aux Arch. dép. Pyr. Atl., 3 Z 239 (avril-juillet 1939).

66. Circulaire n° 246 du ministre du Travail, direction générale du Travail et de la Main-d'œuvre, 3ème bureau (Arch. dép. Pyr. Atl., 3 Z 240).

67. Témoignage de Julio Vicuna. Une partie de ce témoignage a été publiée dans le numéro spécial 1652 de *Libération*, daté du 5 avril 1979, op. cit., p. 3.

Les placements dans l'industrie sont moins fréquents (245 en tout) mais réalisés dans de meilleures conditions. Dès le mois de mai, un petit atelier de mécanique est installé à l'îlot A, à l'initiative des émissaires du gouvernement basque en exil. Tout réfugié ayant postulé à un emploi métallurgique doit venir y faire la preuve de sa qualification. Les candidats retenus sont envoyés dans des usines d'aviation (établissements Laprade d'Arudy, Dewoitine de Toulouse) ou à l'Arsenal de Tarbes.

Après la déclaration de guerre, les placements dans l'agriculture s'effondrent. Ils s'accélèrent en revanche dans l'industrie et, principalement dans les branches en rapport avec la Défense nationale. Un document daté du 27 septembre montre qu'à cette date, les 1 005 ouvriers recrutés depuis l'ouverture de l'atelier de l'îlot A sont répartis de la façon suivante : 503 sont employés aux constructions aéronautiques du Midi, à Toulouse, 200 aux établissements Laprade d'Arudy, 169 aux usines Bréguet-Latécoère de Bayonne et de Toulouse, les autres à Paris (Gnome-et-Rhône, Messier), Pau (Constructions mécaniques du Béarn) et à la poudrerie de Saint-Médard en Jalles, près de Bordeaux[68].

En définitive, ce recrutement en faveur des entreprises et des exploitations nationales a constitué pour les Gursiens une chance momentanée d'échapper à l'horizon des baraques. C'est pourquoi, lorsque l'occasion s'est offerte, rares sont ceux qui l'ont repoussée. Leur situation administrative n'en est pas réglée pour autant puisqu'ils peuvent être réinternés à tout moment s'ils ne donnent pas satisfaction. Il n'empêche que les placements ont d'abord assuré aux employeurs le concours d'une main-d'œuvre qualifiée et peu coûteuse.

En octobre, lorsque les *"compagnies de travailleurs espagnols prestataires"* sont organisées, les placements sont brutalement et définitivement suspendus, au grand dam des chefs d'entreprises de la région.

Peu nombreuses et peu fréquentes sont les autres formes de départs : transferts dans un autre camp, engagements dans la Légion, hospitalisations et... décès.

Les décès sont mentionnés sur les registres d'état-civil de la commune de Gurs : 13 au total (4 en mai, 7 en juin et 2 en juillet). Leurs causes résident dans des blessures mal soignées ou des maladies contractées dans les *"centres d'accueil"* français. Leur nombre, réduit

68. Rapport adressé le 27 septembre 1939 par l'inspecteur départemental du Travail au préfet des Basses-Pyrénées (Arch. dép. Pyr. Atl., 1 M 572). Ce rapport mentionne en outre la répartition par professions des ouvriers placés : 577 ajusteurs, 255 tourneurs, 58 dessinateurs, 46 chaudronniers, 54 fraiseurs et 15 forgerons. Il révèle que plus de 2000 Gursiens ont été testés depuis la création de l'atelier.

si on le compare aux chiffres cités habituellement à Argelès, à Saint-Cyprien ou au Barcarès, s'explique surtout par l'hygiène correcte du camp béarnais.

Aujourd'hui encore, beaucoup d'anciens Gursiens affirment que ce nombre de 13 décès est très sous-évalué par rapport à ce qu'ils ont connu. Il faut bien reconnaître qu'aucun argument sérieux ne vient étayer leurs dires et qu'on voit mal où ces *"centaines de morts"* auraient pu être *"discrètement enterrés"*. Le cimetière du camp, construit et entretenu par les services des Ponts et chaussées, contient 13 tombes de combattants républicains espagnols, et pas une de plus.

Les transferts dans d'autres centres du midi de la France sont rares, surtout lorsqu'on les compare aux mouvements qui caractériseront les périodes postérieures : quelques dizaines en tout. La plupart d'entre eux, effectués pendant le mois de juillet, ont pour destination les camps d'Agde (Hérault) et de Septfonds (Tarn-et-Garonne). Ils concernent en priorité le groupe des *"Espagnols"* et correspondent à des départs demandés par les intéressés eux-mêmes afin de rassembler dans un même camp les membres d'une même famille.

Le total des engagements dans la Légion étrangère, que l'on peut, lui aussi, estimer à quelques dizaines d'unités pendant l'été, n'est pas connu avec précision. Par la suite, il augmentera considérablement, atteignant 532 pour le seul mois de septembre[69]. Mais il semble qu'il n'ait jamais représenté, jusqu'à la déclaration de guerre, qu'une proportion infime de départs.

Les hospitalisations, enfin, sont épisodiquement indiquées dans les rapports de l'administration du camp : 30 évacuations vers *"La Roseraie"* d'Ilbarritz le 26 avril[70], une cinquantaine en mai, autant en juin. A partir de juillet, elles se réduisent à quelques unités, puisque l'hôpital central du camp, enfin achevé, permet de traiter la plupart des cas. Les affections le plus souvent mentionnées sont les fractures, les ostéites, les plaies contuses et suppurantes.

69. Bordereau de la communication téléphonique passée le 28 septembre 1939 entre le commandant du camp et le préfet des Basses-Pyrénées (Arch. dép. Pyr. Atl., 1 M 573).

70. Rapport adressé le 26 avril par le médecin-chef du service de santé du camp au commandant (Arch. dép. Pyr. Atl., 1 M 572). Ce document mentionne 10 cas d'ostéite, 6 cas de fracture comminutive et 3 cas de pseudarthrose.

En résumé, les départs de Gurs se réduisent, dans la plupart des cas, aux rapatriements et aux placements[71]. Les premiers sont d'autant moins fréquents, malgré les efforts de l'administration française, qu'on approche de la fin de l'été. Les seconds, dont le nombre évolue en sens inverse, sont décidés en fonction des besoins économiques de la région.

Avec la déclaration de guerre s'achève la première partie de l'histoire du camp. Le bilan de ces cinq mois tient en quelques mots : 17 730 Espagnols et 6 808 *"Internationaux"*, soit 24 540 combattants républicains *"hébergés"* dans les baraques gursiennes ; des conditions de séjour médiocres, quoique très supérieures à celles des camps du Roussillon ; une sorte de *"centre urbain"*, avec ses activités spécifiques, ses préoccupations et son administration propres, en grande partie coupé du monde extérieur. En face, des services français qui ne savent pas trop s'il faut considérer ces hommes comme des réfugiés ou comme *"une armée internée"*, mais qui les maintiennent dans une détention de fait et ne songent qu'à s'en débarrasser.

Pour les Gursiens eux-mêmes, le passage dans le camp soulève un problème fondamental : comment en sortir, compte tenu du fait que les deux principales solutions proposées, le rapatriement ou l'engagement dans la Légion, ne peuvent être envisagées qu'en dernière extrémité ? Mais, avec le déclenchement de la guerre, bien peu se bercent d'illusions : le général Gamelin, lors de sa visite à Gurs, le 8 août 1939, après avoir constaté la baisse du rythme des rapatriements, n'a-t-il pas insisté pour que le décret-loi du 12 avril, fixant les conditions de l'engagement des étrangers dans les formations militaires de la nation, soit appliqué rigoureusement[72] ?

Pour l'historien enfin, reste un problème de terminologie qui n'est pas sans intérêt si l'on considère ce qu'allait devenir Gurs pendant les années suivantes : qu'est-ce, au juste, que le camp de Gurs en cet été 1939 ?

71. Il est un type de départ qu'il convient d'évoquer, bien qu'il se signale par son absence quasi-totale : les libérations. Le processus est pourtant prévu par la circulaire préfectorale du 26 juillet 1939, intitulée *"sorties et libérations du camp de Gurs"* (document inséré dans la lettre directive adressée le 1er août 1939 par le préfet des Basses-Pyrénées au commissaire spécial du camp chargé des sorties. (Arch. dép. Pyr. Atl., 1 M 572). L'intéressé doit obtenir l'accord du préfet du département de résidence, posséder les titres de séjour nécessaires et pouvoir subvenir par ses propres moyens aux frais de transport.
La misère dans laquelle se débattent les Gursiens et leur situation de déracinés, peu au fait des complexités administratives propres à leur pays d'accueil, expliquent en partie une telle absence. En partie seulement car les véritables causes résident, comme le montre l'arsenal législatif développé à l'encontre des immigrants ou des réfugiés, dans une volonté délibérée du gouvernement Daladier de protéger le pays des *"indésirables"* en les maintenant à l'écart ou en les incitant à repasser la frontière.

72. Compte rendu de la visite d'inspection effectuée par le général Gamelin, chef d'état-major général de la Défense nationale, au camp de Gurs. Rapport adressé le 8 août 1939 par le préfet des Basses-Pyrénées au ministre de l'Intérieur (Arch. dép. Pyr. Atl., 1 M 573).

Son importante capacité d'accueil et la variété des fonctions caractérisant le premier quartier ont souvent incité les observateurs à évoquer *"la ville de Gurs"* dont la population est *"deux à trois fois plus forte que celle d'Oloron ou d'Orthez"*. Il y a là un évident abus de langage. Une ville suppose un ensemble de fonctions et de rapports socio-économiques, un aménagement de l'espace et une diversité des structures démographiques dont on ne rencontre à Gurs qu'une pâle caricature.

Gurs n'est pas plus, comme l'affirment d'autres, un *"camp de concentration"*. Le terme largement utilisé en 1939 dans les articles du *Patriote* ou de *L'Indépendant,* a pris, depuis, une toute autre signification. Rappelons qu'à Gurs, il n'y a jamais eu de miradors, ni barbelés électrifiés, ni armes pointées en permanence sur les internés, ni sévices systématiques, ni gardiens cruels ou pervers.

Gurs n'est pas d'avantage un simple *"centre d'accueil"* ou *"centre d'hébergement"* à l'intérieur duquel les internés peuvent attendre en toute quiétude des jours meilleurs. Et l'*"accueil"* offert aux arrivants évoque davantage l'emprisonnement que l'hospitalité.

A vrai dire, on cherche vainement un terme pour désigner ce camp où l'internement n'apparaît ni aisément supportable, ni vraiment insupportable, où les réalités quotidiennes sont à la fois banales et misérables, mais où les conditions de séjour ne présentent pas encore les lamentables insuffisances des années suivantes.

CHAPITRE CINQUIEME

SEPTEMBRE 1939 - OCTOBRE 1940 DES "ANCIENS D'ESPAGNE" AUX "INDESIRABLES"

Les Gursiens internés avant le début de la Deuxième Guerre mondiale appartiennent à un groupe homogène. Ce sont des hommes jeunes ou d'âge mûr, qui viennent de mener et de perdre un épuisant combat contre les nationalistes espagnols. Entrés en France comme réfugiés, parqués dans les *"centres d'accueil"*, ils bénéficient du soutien de quelques sympathisants bien que, dans l'ensemble, leurs "hôtes" ne les comprennent guère.

La situation est différente à l'automne 1940. Les *"indésirables"* qui arrivent alors n'ont rien de commun, ou presque, avec les premiers Gursiens. Ce sont des civils qui ont dû quitter leur résidence à la suite des persécutions qu'ils enduraient ; ils proviennent, dans la majorité des cas, des régions que l'Allemagne hitlérienne a annexées ; presque tous sont Juifs, nourrissons comme vieillards, hommes comme femmes. Au camp, ils souffrent de la faim, du froid, du manque d'hygiène, mais surtout de la solitude dans laquelle on les a enfermés.

Entre ces deux groupes, les analogies sont rares. Entre ces deux époques, le contraste est saisissant. Avant la guerre, le prestige de la France, terre d'asile et de démocratie, est encore considérable en Europe, même si maintes réserves peuvent être faites. Après l'armistice, le pays rentre dans le rang, sous l'influence du régime de Vichy et de l'occupant. Comme les vainqueurs du moment, le nouveau personnel politique abandonne les principes libéraux et démocratiques anciens ; il prône ceux de la *Révolution nationale,* pourchasse les opposants, s'attaque aux Juifs et harcèle les étrangers. En une année, de septembre 1939 à septembre 1940, la France semble avoir changé de visage.

A Gurs, pendant ce temps, tout s'est dégradé, à commencer par les baraques que la pluie et le froid rongent inexorablement. Le bouleversement s'est opéré par paliers successifs ; l'armistice n'a même pas été l'occasion d'une rupture. A l'origine, on avait *"accueilli"* les réfugiés. A la fin du printemps 1940, on *"héberge les indésirables"*. A l'automne, après la promulgation du statut des Juifs (3 octobre 1940), on *"interne les Isarélites"*. Imperceptiblement, sans à-coup, Gurs devient en Béarn le symbole même de l'arbitraire. Bientôt viendra le temps où, de renoncement en renoncement, les Juifs seront livrés aux nazis.

Ces treize mois, du début de la guerre aux premiers internements purement raciaux, constituent sans doute le moment décisif de l'histoire du camp. Période de transition entre la IIIe République finissante et les débuts du régime de Vichy, cette époque contient en germe toutes les outrances de la suivante. Elle ne présente pas, à proprement parler, d'unité véritable. C'est le stade intermédiaire entre deux situations, le passage de l'internement, qui n'ose se présenter comme tel, à la répression ouverte. Il s'est effectué en silence : la presse n'en a pas parlé, la radio n'en a rien dit.

Les réfugiés d'Espagne (septembre 1939 - mai 1940)

Le 3 septembre 1939, la déclaration de guerre provoque dans le département une vive émotion. Le souvenir de la Grande Guerre, les exhortations proférées par les anciens combattants, les bouleversements familiaux et économiques engendrés par la mobilisation concourent à l'instauration d'un climat social et politique plus pesant que pendant les mois précédents.

Comme toujours en pareil cas, un des premiers soucis du gouvernement est d'établir la censure et d'interdire tout rapport avec l'ennemi[1]. Or l'ennemi, c'est-à-dire l'Allemand, mais aussi, par assimilation, l'Autrichien, le Tchèque, le Sarrois ou le Dantzigois, est justement présent à Gurs.

Depuis la signature du pacte germano-soviétique, qui réunit de fait nazis et bolchéviks sous la même bannière, l'ennemi, c'est aussi le partisan du régime soviétique, c'est-à-dire, par assimilation, le communiste. C'est en vertu de ce principe que le gouvernement prononce le 27 septembre 1939 la dissolution de toutes les organisations com-

1. Décret du 1er septembre 1939, publié au *Journal officiel* le 4, p. 11 031.

munistes, à commencer par le parti lui-même[2]. Or, là encore, les Gursiens se trouvent au centre de l'affaire puisque, même s'ils sont loin d'être tous des militants communistes, ils sont présentés comme tels.

Cette double pression, à la fois spontanée et imposée par la loi, transforme en quelques jours l'atmosphère environnant le camp. Le *"centre d'accueil"* est, dès les premiers jours du mois de septembre 1939, soupçonné d'abriter toutes les variétés de suspects appartenant à la *"cinquième colonne" :* les ressortissants ennemis et les *"rouges"*.

Aussi, pendant l'automne, une véritable campagne est organisée dans le but de débarrasser le Béarn de ces gêneurs. La presse locale se déchaîne, à commencer par l'organe d'une association d'anciens combattants, *Le Réveil du Combattant*[3]. Les éditoriaux incendiaires se multiplient, dans lesquels sont largement amalgamés les *"ennemis prussiens"* et tout ce qui n'est pas français, c'est-à-dire, avant tout, les réfugiés gursiens. Les quotidiens du département abondent dans le même sens :

> *"Derrière les barbelés qui entourent les îlots, les anciens miliciens de l'armée catalane font de l'héliothérapie ! Vêtus d'un simple slip, ces messieurs lézardent au soleil et jouent au volley-ball, comme sur une plage à la mode. Et c'est ainsi tous les jours, sauf, bien entendu, lorsqu'il pleut. S'ils cachent alors leur paresse dans les baraques, ce n'est pas par pudeur ! Ils ne cherchent au contraire qu'à exhiber leur farniente de gens qu'on ne peut, en vertu des lois internationales, forcer au travail, mais que la loi humaine nous oblige à nourrir. Cette situation va-t-elle durer ?"*[4].

La presse régionale ou nationale, qui ignore presque entièrement le camp après la déclaration de guerre, ne le mentionne que pour fustiger la présence des étrangers sur le sol français ou pour déceler l'importance de la propagande communiste. *"La France aux Français, du moins tant que tonnera le canon à la frontière !"*, titre *La Petite Gironde* le 2 décembre 1939. Dans *Gringoire,* on peut lire :

> *"Au camp de Gurs, nous avons établi que la plupart des liaisons clandestines étaient assurées par des communistes des Landes, des Basses-Pyrénées et de l'Ariège, et par des fem-*

2. Décret du 26 septembre 1939, publié au *Journal officiel* le 27, p. 11 770. Ce texte dissout les organisations communistes (art. 2) et interdit la publication et la diffusion de leurs écrits (art. 3).
3. *Le Réveil du Combattant* est le journal de l'Union Nationale des Combattants (U.N.C.) de l'arrondissement d'Oloron. Signalons en outre les articles véhéments du *Démocrate d'Orthez* et du *Petit Béarnais.*
4. *L'Indépendant des Basses-Pyrénées,* 16 septembre 1939, p. 3, article d'Emile Bacelon. La plupart des faits cités sont exacts (voir le chapitre précédent). Mais leur présentation, leur interprétation, de même que l'allusion, assez obscure, aux *"lois internationales"* (peut-être s'agit-il de la convention de Genève sur les internés civils), relèvent davantage de la provocation que de l'information.

mes qui abritent chez elles des soi-disants réfugiés parisiens qui ne sont autres que les communistes parisiens en fuite"[5].

A la tribune de l'Assemblée, Ybarnégaray, député de Mauléon, futur ministre de la Famille et de la Jeunesse du premier gouvernement de Vichy, va beaucoup plus loin encore. Apostrophant Albert Sarraut, le ministre de l'Intérieur, il déclare :

> *"Vous dites que vous luttez contre les communistes. J'ai le regret de dire à la Chambre ce qui s'est passé au camp de Gurs, tout près de chez moi, où étaient rassemblés 17 800 Espagnols, dont 5 000 des Brigades internationales, lors de la déclaration de guerre. Le jour de la déclaration de guerre, Monsieur le ministre de l'Intérieur, 17 800 miliciens espagnols se sont dressés et, durant des heures, ils n'ont eu qu'un cri : "Arriba Hitler !", à tel point que le commandant du camp a dû faire mettre des mitrailleuses en position pour les calmer"*[6].

Les conseils élus du département s'unissent au concert des protestations. Le Conseil municipal d'Oloron vote à l'unanimité le vœu que *"tous ces réfugiés soient renvoyés dans leur pays d'origine, à l'exception des familles de miliciens qui contracteraient un engagement dans l'Armée française"* ; il nuance néanmoins sa position en terminant sa motion par ces mots : *"à la condition que le gouvernement espagnol leur accordera le pardon le plus absolu du fait des opinions qu'ils pouvaient antérieurement professer"*[7].

Le 6 novembre, le Conseil général *"émet le vœu que la liquidation du camp de Gurs soit hâtée"*, après avoir constaté *"l'irritation croissante des populations béarnaises devant ces réfugiés que la France entretient dans l'oisiveté, tandis qu'elle a, d'autre part, tant de peine à nourrir et à loger les réfugiés français d'origine alsacienne"*[8].

5. *Gringoire,* 14 novembre 1939, p. 4. L'article n'apporte aucune preuve de ces affirmations.
6. *Journal officiel,* 14 décembre 1939, débats parlementaires, p. 280. A cette apostrophe, le ministre de l'Intérieur répond : *"Tout cela est faux, dix fois faux !"*.
Outre le fait qu'il est peu probable, compte tenu de l'état d'esprit profondément antifasciste des réfugiés, qu'une telle manifestation ait pu avoir lieu, il convient de noter qu'elle n'est mentionnée dans aucun journal ni aucun document d'archives. Or on voit mal comment le commandant du camp, les fonctionnaires des Renseignements généraux, les services du sous-préfet d'Oloron ou même la presse locale, auraient pu la passer sous silence. Toujours est-il que rien ne permet d'étayer les affirmations d'Ybarnégaray.
7. Registre des délibérations du Conseil municipal d'Oloron, séance du 14 septembre 1939 (Arch. dép. Pyr. Atl., 1 M 572). La dernière phrase de la motion, ajoutée, à l'issue du débat, sur proposition de Mendiondou, témoigne à la fois des préoccupations humanitaires de cette assemblée comme de sa méconnaissance des événements espagnols.
8. *L'Echo d'Oloron* n° 45, 10 novembre 1939, p. 1 (compte rendu de la séance du Conseil général).

A la fin du mois, le Conseil de l'arrondissement d'Oloron *"émet le vœu que le camp de Gurs soit évacué au plus tôt. Il est inadmissible que les indésirables qui l'occupent soient entretenus à nos frais dans l'oisiveté"*[9].

Ces vœux rejoignent tout à fait les préoccupations du préfet qui, dans un rapport au ministre de l'Intérieur, lui fait part de *"l'inquiétude grandissante de l'opinion publique"* et des *"incidents que l'on peut redouter"*[10].

En résumé, une seule question se pose, une seule est posée par les autorités administratives et reprise largement dans toute la presse : comment se débarrasser des réfugiés d'Espagne ? Il est indispensable d'avoir à l'esprit cette énorme pression exercée sur les Gursiens pour comprendre l'évolution du camp pendant la période de la *"drôle de guerre"*.

La baisse régulière des effectifs internés

Le tableau n° 4 résume l'évolution des effectifs gursiens du 1er septembre 1939 au 1er mai 1940.

En neuf mois, la population internée est réduite de 6 à 1. Elle atteint, à la fin du printemps, c'est-à-dire un an environ après la création du camp, son niveau le plus bas pour plusieurs années : 2 470 Gursiens le 1er mai 1940, 2 293 le 18 mai. Vers cette époque, il est même question de *"suppression du camp"*[11].

La baisse, pourtant, n'est pas identique selon les catégories d'internés . Les Espagnols (Basques, *"aviateurs"* et *"tout-venants")* passent de 9 448 le premier septembre 1939 à 92 le premier mai 1940, soit une diminution de 100 à 1. Depuis février, ils sont réunis dans le même îlot, sans aucune distinction d'origine, et ne jouent plus qu'un rôle annexe. Les *"Internationaux"*, en revanche, connaissent une évolution différente. En neuf mois, leurs effectifs diminuent seulement de moitié et leur poids ne cesse d'augmenter au sein de la population du camp : 30,2 % le 1er septembre 1939, 42,9 % le 1er novembre, 54,5 % le 1er décembre, 80,8 % le 1er mars 1940 et 82,1 % le 1er mai. A cette date, Gurs est devenu un camp presque exclusivement *"international"*.

La chute du nombre des internés pourrait laisser penser que le camp n'a connu alors que des départs. Il n'en est rien. Chaque jour arrivent de nouveaux réfugiés, ce qui fait écrire à l'éditorialiste de *L'Echo d'Oloron* cette sinistre saillie : *"Il en part, mais il en rentre*

9. *L'Echo d'Oloron* n° 48, 1er décembre 1939, p. 2 (compte rendu de la séance du Conseil d'arrondissement).

10. Rapport adressé le 15 septembre 1939 par le préfet des Basses-Pyrénées au ministre de l'Intérieur (Arch. dép. Pyr. Atl. 1 M 545).

11. Rapport n° 990/2G adressé le 20 avril 1940 par le commandant du camp au préfet des Basses-Pyrénées (Arch. dép. Pyr. Atl., 1 M 573) : *"Dès la suppression du camp, les miliciens employés dans les services seront envoyés sur Argelès"*.

	ESPAGNOLS							
	Basques	"Espagnols"	"Aviateurs"	Total	"Interna-tionaux"	Compagnie de travail	Hôpital du camp	Total
1er sept. 1939	3 430	3 659	2 359	9 448	4 530	836	163	**14 977**
1er oct.	2 909	3 183	2 067	8 159	4 507	741	202	**13 609**
1er nov.	2 081	2 319	1 265	5 665	4 459	200	89	**10 413**
1er déc.	1 200 (?)	1 500 (?)	700 (?)	3 433	4 450	200	88	**8 171**
1er janv. 1940	650 (?)	750 (?)	300 (?)	1 730	4 200 (?)	200	90	**6 220 (?)**
1er fév.				780 (?)	4 000 (?)	200 (?)	100 (?)	**5 080 (?)**
1er mars	505		121	626	3 834	182	100	**4 742**
1er av.	339		121	460	2 238	182	100	**2 980**
1er mai 1940				92	2 029	250	99	**2 470**

Tableau n° 4 - Variation de l'effectif interné du 1er septembre 1939 au 1er mai 1940.

encore. Si bien qu'à Gurs, il en est comme chez Eléonore : quand il y en a plus, il y en a encore !"[12].

2 820 hommes sont, en effet, conduits dans les baraques. La plupart (2 157, soit 76,5 %) sont internés pendant les trois premiers mois de la guerre. Il s'agit essentiellement d'Espagnols arrêtés dans les départements aquitains (75,6 %) ou sur le territoire des Basses-Pyrénées (16,3 %) en vertu du décret du 8 août 1935, publié le 8 septembre au *Journal Officiel,* sur *"le séjour des étrangers et le régime des passeports en temps de guerre"*. Presque tous ont été appréhendés par la gendarmerie sur les routes de la région pour défaut de titres de séjour.

Parmi eux, le groupe des faux volontaires pour la Légion, dont le nombre est réduit (5,5 % de l'ensemble) mais dont le comportement est vilipendé par le chef de camp :

> *"Pour éviter leur départ de France, certains réfugiés simulent de s'engager dans la Légion étrangère. Ils se présentent à la visite médicale, sont reconnus aptes, partent à Sathonay puis sollicitent une nouvelle visite où ils se font remplacer par un blessé, malade ou mutilé. Tous les moyens sont bons pour continuer à bénéficier de l'hospitalité française sans rendre le plus petit service"*[13].

Il n'en reste pas moins que la période de la *"drôle de guerre"* a surtout été le temps des départs : 15 327 sorties en neuf mois, soit, en moyenne, 1 703 sorties mensuelles. Il est vrai que c'est là l'unique souci, ou presque, des services français, du préfet au chef de camp.

Leur attitude s'est pourtant nettement infléchie au cours des premières semaines de la guerre. Avant le 3 septembre, ils avaient lancé de multiples campagnes en faveur des rapatriements, qui semblaient être le plus sûr moyen de se débarrasser des réfugiés. Mais, en même temps, les employeurs de la région, constatant que la force de travail des Gursiens était disponible, s'efforçaient de l'exploiter en proposant des offres d'emploi. Une évidente contradiction existait donc entre l'attitude des autorités et celle des entrepreneurs et des paysans béarnais. Après la déclaration de guerre, le clivage disparaît peu à peu. Certes, au début, les réfugiés sont encore vivement incités à retourner chez eux. Le 3 octobre même, les refuges du département, dans lesquels étaient *"hébergés"* les femmes et les enfants des combattants républicains, sont systématiquement évacués, et les anciens pensionnaires immédiatement dirigés sur le poste-

12. *L'Echo d'Oloron,* 15 mars 1940, p.1, sous le titre *"Gurs Important mouvement d'estrangéros"*.
13. Rapport adressé le 10 octobre 1939 par le commandant du camp au préfet des Basses-Pyrénées (Arch. dép. Pyr. Atl., 1 M 572).

frontière d'Hendaye[14] ; mais ces méthodes sont réservées aux femmes et aux enfants. Elles ne sont pas employées à Gurs, où elles auraient sans doute provoqué de vifs incidents. Mieux, dans le courant du mois d'octobre, les préoccupations des uns et des autres convergent : il faut vider le camp et faire participer les Gursiens à la construction de l'économie de guerre.

Les internés espagnols savent, en effet, surtout après l'amnistie partielle prononcée par Franco le 4 octobre 1939, qu'aucune mesure de clémence ne les attend une fois la frontière franchie[15]. Nombre d'entre eux, plutôt que de demeurer encore dans les misérables baraques du camp, inclinent à mettre leurs bras au service des entreprises françaises. Les services préfectoraux, désormais, ne souhaitent pas autre chose. Repoussant la thèse du chef de camp *"de constituer un centre en Afrique, où les réfugiés espagnols construiraient des routes, des canaux et des ouvrages importants"*[13], ils préfèrent utiliser l'énorme potentiel de *"prestations"* que représente la masse des réfugiés. C'est du moins ce que le gouvernement attend d'eux lorsqu'il leur demande, le 17 octobre, de constituer des *"compagnies de travailleurs espagnols prestataires"* dans le but de *"substituer aux Français mobilisés (...) les travailleurs espagnols résidant sur le territoire national"*[16].

Ainsi, en quelques mois, la nécessité de trouver une main-d'œuvre de remplacement conduit les autorités administratives à pratiquer la politique inverse de celle qu'elles avaient prônée avant la guerre. Il ne s'agit plus de renvoyer les réfugiés chez eux, mais au contraire de les retenir en France et de profiter de leur présence pour contribuer à l'élaboration d'une économie adaptée aux circonstances.

Les deux tiers des départs répondent effectivement à cet objectif. 9 375 Gursiens (61,3 %) sont incorporés dans les compagnies de travail et 920 sont placés dans les entreprises de la région (6 %). Le tableau n° 5, malgré ses incertitudes (les statistiques de l'hiver sont souvent incomplètes) est très révélateur à cet égard.

Constituées à partir du 17 octobre, les compagnies de travailleurs espagnols (C.T.E.) rassemblent la majorité des Gursiens quittant le camp. Elles sont composées chacune de 250 hommes envi-

14. Rapport adressé le 3 octobre par le préfet des Basses-Pyrénées au ministre de l'Intérieur (Arch. dép. Pyr. Atl., 1 M 572). Ainsi ont été rapatriés, le 30 septembre, les 247 réfugiés de Beyris, près de Bayonne ; le 3 octobre, les réfugiés du poste Carnot à Pau, de Bénéjacq, Coarraze, Mirepeix, Nay ; le 4, de Meillon, Bizanos, Gan, Lescar, Monein, Orthez et Billère.

15. *La Dépêche de Toulouse,* 5 octobre 1939, p. 3. L'article mentionne les mesures d'amnistie prises par Franco et se termine par ces mots : *"Le général Franco n'a pas pris de décision pour les Espagnols hostiles au mouvement national qui se sont réfugiés à l'étranger"*. Ce qui revient à dire que le camp de La Miranda fonctionne toujours pour les Républicains en mal de retour au pays.

16. Circulaire édictée le 17 octobre 1939 par le ministre de la Défense nationale et de la Guerre sur l'organisation des compagnies de travailleurs étrangers prestataires (Arch. dép. Pyr. Atl., 1 M 573).

ron, et sont dirigées par un réfugié. Théoriquement, elles sont autonomes. En fait, elles sont étroitement surveillées par les services de gendarmerie de la commune dont elles dépendent et les hommes sont assignés à résidence. En principe, elles n'accueillent que des volontaires. Mais les pressions exercées par l'administration du camp et les conditions de séjour dans les baraques sont telles qu'il n'est guère possible, psychologiquement, de les refuser longtemps. Un officier français est spécialement chargé, à Gurs, de réunir les effectifs nécessaires, de conduire le groupe en gare d'Oloron et de l'accompagner jusqu'à sa nouvelle affectation.

En neuf mois, une trentaine de compagnies sont ainsi organisées. Elles sont envoyées aux quatre coins du pays dans deux types d'entreprises. D'une part, les arsenaux et les poudreries qui travaillent directement pour la défense nationale : Tarbes (Hautes-Pyrénées), Labouheyre (Landes), Plaisance (Gers), Saint-Médard-en-Jalles, Captieux (Gironde), Saint-Nazaire (Loire-Atlantique), Feurs (Loire), Bourges (Cher), Montreuil-Bellay (Maine-et-Loire), Cloyes (Eure-et-Loire), Ormoy-Villers (Oise), etc... D'autre part, les centrales hydro-électriques, non pour les faire fonctionner, mais pour les construire : Fabrèges, Buzy (Basses-Pyrénées), Pragnères (Hautes-Pyrénées), Annecy (Haute-Savoie). En outre, il est plusieurs fois arrivé que les C.T.E. formées à Gurs soient directement envoyées vers le centre régional de Toulouse d'où elles partaient ensuite vers le front pour assurer l'entretien des ouvrages fortifiés de la ligne Maginot[17].

Jusqu'en janvier 1940, les travailleurs incorporés sont exclusivement d'origine espagnole. Les *"Internationaux"* ne sont pas concernés par les C.T.E., non qu'ils repoussent ce mode de sortie, mais parce que les services français, qui se méfient de ces hommes dangereux, presque tous réputés communistes, ne le leur proposent pas. Mais, au début de l'hiver, le nombre des Espagnols encore au camp a tellement diminué que, si l'on veut former de nouvelles compagnies, il faut bien se résoudre à incorporer ceux dont on ne voulait pas quelques mois auparavant. Or, à ce moment là, l'administration du camp se heurte à un refus massif : les *"Internationaux"* rejettent de façon quasi unanime les propositions d'incorporation. Les raisons de ce refus n'apparaissent pas clairement. Dworkin, du groupe polonais, les présente ainsi :

> *"Les services du camp nous poussaient à entrer dans les compagnies de travail. On nous disait qu'on irait dans les camps militaires, qu'on travaillerait pour l'armée, que l'alimentation serait la même que celle des soldats, ainsi de suite. Cela nous plaisait beaucoup plus que de rester dans ce camp où tout allait de mal en pis. Cependant nous avons appris*

17. La liste des 226 compagnies de travailleurs espagnols prestataires constituées au 1er mai 1940 est fournie par le répertoire Kaufer, volume infanterie, p. 89-92 (Vincennes, Service historique des Armées).

	Rapatriements[1]	**Engagements**[2]	**C.T.E.**[3]	**Placements**	**Divers**[4]	
Septembre 1939	826	532	—	853	111	**2 322**
Octobre	1 320	327	1 876	26	67	**3 616**
Novembre	373	112	2 450 (?)	15	75 (?)	**3 025**
Décembre	81	91	1 800 (?)	16	100 (?)	**2 102**
Janvier 1940	20 (?)	100 (?)	1 000 (?)	10 (?)	100 (?)	**1 250 (?)**
Février	10 (?)	150 (?)	200 (?)	—	100 (?)	**458**
Mars	14	80	1 600 (?)	—	160 (?)	**1 858**
Avril	23	18	450 (?)	—	200 (?)	**696**
	2 667 (17,4%)	**1 410 (?) (9,5%)**	**9 375 (?) (61,3%)**	**920 (?) (6%)**	**913 (?) (5,9%)**	**15 327 (100%)**

Tableau n° 5 - Sorties du camp de Gurs du 1er septembre 1939 au 30 avril 1940.

1. En Espagne ou, pour les *"Internationaux"*, dans des pays démocratiques (les rapatriements des *"brigadistes"*, pour les huit mois considérés, s'élèvent à 153).

2. Dans la Légion étrangère ou les bataillons de marche.

3. Les compagnies de travailleurs espagnols sont constituées à partir du 17 octobre 1939.

4. Divers : décès (9), transferts, évasions, libérations.

par d'autres camarades déjà affectés, des Espagnols surtout, qu'on les avait envoyés travailler sur la ligne Maginot à renforcer les fortifications sous le feu de l'artillerie allemande et que certains, sans armes devant les balles nazies, avaient été tués. (...) Nous ne voulions pas nous offrir inutilement, sans défense, aux armes allemandes. C'est pourquoi nous avons décidé de pratiquer la résistance passive en refusant de signer tout formulaire"[18].

Il faut bien reconnaître que ces raisons ne sont guère convaincantes puisque, deux mois après, alors qu'aucun élément nouveau n'est intervenu, des *"Internationaux"* acceptent d'être incorporés dans les C.T.E. Ce sont eux qui, en mars et en avril 1940, constituent l'essentiel des effectifs des prestataires. Tous n'acceptent pas ce mode de départ mais son succès dans les rangs des plus intransigeants des Gursiens montre que la solidarité du groupe éclate alors.

Une compagnie, la 182e, est basée au camp. Les internés qui y sont affectés bénéficient d'avantages nombreux : ils sont logés dans un îlot particulier, sont mieux nourris que les autres, *"touchent"* des rations de tabac et peuvent circuler à travers le camp. En contre partie, ils assurent à Gurs tous les travaux d'entretien.

Au total, les 9 375 Gursiens affectés dans les C.T.E. ont rendu un fier service à leur pays d'accueil. Ils ont directement participé à l'effort de guerre dans des conditions parfois difficiles. Quant aux autorités françaises, elles se montrent fort satisfaites de l'opération. Pour elles, à vrai dire, le bénéfice est double : non seulement les réfugiés républicains sont rentabilisés, mais ils sont presque aussi étroitement surveillés que dans le camp lui-même.

Par la suite, à l'époque de Vichy, l'organisation Todt puisera largement ses ouvriers dans les C.T.E. organisées avant l'armistice. Dans le département, les groupes de prestataires fourniront aux maquis locaux le gros de leurs contingents et, qui plus est, les éléments les plus combatifs[19].

A côté des affectations dans les C.T.E., les autres modes de départ ne concernent qu'une minorité d'internés.

Les rapatriements demeurent fréquents au cours des trois premiers mois de la guerre. Ils s'éteignent presque complètement ensuite. Au total, 2 667 hommes ont accepté d'être conduits au poste-frontière d'Hendaye. Là encore, il faut souligner que ce chiffre est élevé et qu'il témoigne de la mauvaise conscience des réfugiés à demeurer dans les camps français, aux frais de leur pays d'accueil,

18. Eugeniusz Dworking, *Od Manzaneres...*, op. cit., p. 27.
19. Sur l'activité des Espagnols au sein des groupes de résistance des Basses-Pyrénées, voir l'ouvrage de Miguel Angel, *Los guerilleros espagnoles en Francia, 1940-1945*, Editorial de Ciencias sociales del Instituto cubano del libro, La Habana, Cuba, 1971, p. 91-119.

alors que les hostilités viennent d'être ouvertes. Les rapatriés savaient bien, pourtant, qu'ils seraient immédiatement conduits en prison une fois la frontière franchie.

Les engagements, dont le nombre global n'est pas très élevé (1 410 en neuf mois, soit 9,5 % des sorties), posent des problèmes particuliers. L'administration du camp prévoyait en effet que les hommes qui avaient combattu en Espagne accepteraient de mettre leur force au service du gouvernement français. Mais, dès le 5 septembre, c'est-à-dire quelques heures après la déclaration de guerre, une enquête organisée dans les îlots montre que les Gursiens repoussent en majorité cette thèse[20]. A la question : *"Etes-vous volontaires pour l'armée ou pour l'arrière ?"*, les réponses suivantes sont obtenues :

	Présents	Volontaires pour l'armée	Volontaires pour l'arrière	Sans réponse
Basques	3 461	50 – 1,4%	3 262 – 94,2%	149
"Aviateurs"	2 350	515 – 21,9%	1 500 – 63,8%	335
"Espagnols"	3 640	53 – 1,5%	2 812 – 77,3%	775
"Internationaux"	4 519	2 220 – 49,1%	1 890 – 41,8%	409
(dont 9e cie)	(445)	(113) – (25,3%)	– –	(332)
Cie de travail	840	13 – 1,5%	719 – 85,6%	108
TOTAL	**14 810**	**2 851 – 19,3%**	**10 183 – 68,7%**	**1 776**

Tableau n° 6 - Résultats de l'enquête administrative du 5 septembre 1939 sur les "volontaires pour l'armée ou pour l'arrière"

Le cinquième seulement des internés accepte de s'engager, à la grande déception du chef de camp. Plusieurs raisons expliquent ce comportement. D'abord, la brutalité de la question puisque les Gursiens ont pensé qu'une réponse favorable à l'engagement entraînerait leur départ immédiat pour la Légion. Ensuite, nombre d'internés sont surpris d'apprendre que, s'ils s'engagent, ils ne seront enrôlés ni dans les formations régulières de l'armée française, ni même dans la Légion étrangère, où ils auraient pu bénéficier de certains avantages (naturalisation à l'issue du service, solde intéressante, amnistie), mais dans les *"bataillons de marche"*, constitués pour la durée de la guerre et composés uniquement de réfugiés. La spécificité de cette mesure incite bien souvent les postulants à la méfiance, d'autant que le siège de ces formations parallèles à la Légion est en Afrique du Nord, loin des véritables lieux de combat. Enfin, la plupart des communistes, et en particulier ceux qui appartiennent au groupe allemand, refusent en bloc toute idée de service militaire au sein des formations françaises, arguant du fait qu'il convient de

20. Enquête à usage interne, dont les résultats sont notifiés le 5 septembre 1939 au commandant du camp (Arch. dép. Pyr. Atl., 1 M 573).

s'opposer à la guerre, comme le proclame le comité directeur du K.P.D.[21], par tous les moyens. Certains d'entre eux sont arrêtés, traduits devant les tribunaux pour *"propagande communiste visant à limiter les engagements dans la Légion"* et condamnés. Leur attitude est livrée à la vindicte publique dans la presse locale, à grand renfort de titres du genre *"Quatre salopards", "Encore un joli coco", "Des Allemands qui exagèrent", "Les Gursiens ne sont guère reconnaissants", etc...*[22].

L'exemple du groupe polonais reflète bien l'attitude générale. Lui aussi, après avoir proclamé sa volonté de lutter contre la démocratie, refuse de s'engager :

> En septembre 1939 *"nous nous sommes adressés au gouvernement du général Sikorski qui comptait former une armée polonaise en France, dans la ville de Coëtquidan. Il nous a envoyé, après une longue période d'attente, un émissaire, un officier ayant le grade de capitaine. Celui-ci, dès ses premiers mots, nous a stupéfiés. C'était un sot habillé en officier, la baïonnette à la main, les bottes de cavalier aux pieds (...). Il voulait nous incorporer dans son bataillon qu'il comptait former avec nous. Il nous disait que les luttes seraient faciles contre les chars russes, que nos baïonnettes suffiraient et que, pour récompenser notre courage, il nous donnerait des terres, en Ukraine ou en Biélorussie. Nous nous regardions. Nous n'en croyions pas nos oreilles. Il développait les mêmes arguments que les Français qui voulaient nous incorporer dans la Légion, sauf qu'au lieu des jolies filles arabes, il nous promettait des terres. Et puis, il critiquait les communistes, les communistes polonais surtout, qu'il qualifiait de "traitres à leur patrie". Nous ne pouvions accepter tout cela. (...)*
> *Notre groupe a demandé aux autorités françaises l'autorisation d'entrer dans l'armée française. On nous a proposé la Légion, ce que nous ne pouvions accepter avec enthousiasme (...). Nous, nous ne voulions rien d'autre qu'un fusil et une place au milieu de ceux qui luttaient contre Hitler. Cette place, nous la voulions aux premières lignes, en face des Allemands. Nous ne la voulions pas dans les colonies françaises, au service de l'impérialisme français, à combattre, pour maintenir l'ordre, des peuples qui, comme nous, rêvaient de liberté"*[23].

21. Franz Dalhem, *Am Vorabend...*, op. cit., p. 448.
22. Dès le 16 septembre, le rapport n° 2422, adressé par le commissaire spécial des R.G. de Pau au directeur général de la Sûreté nationale, accuse les responsables du groupe hongrois, d'obédience communiste, de se livrer à des vexations sur les *"Internationaux"* de leur baraque favorables à l'engagement dans la Légion (Arch. dép. Pyr. Atl., 1 M 573).
Les quatre titres mentionnés ici proviennent des comptes rendus d'audience du tribunal correctionnel de Pau publiés dans *Le Patriote* du 22 décembre 1939 (p. 3), 30 janvier 1940 (p. 3), 30 mars 1940 (p. 2) et 11 avril 1940 (p. 3).
23. Eugeniusz Dworkin, *Old Manzaneres...*, op. cit., p. 23-24.

1 410 sorties sont néanmoins enregistrées à destination de Sathonay (Rhône) où se trouve le centre de regroupement des futurs "légionnaires". Quelques unes d'entre elles sont fictives, puisque certains volontaires sont renvoyés à Gurs à la suite d'une contre-visite médicale, comme le dénonce le commandant du camp (voir p. 127). Mais la plupart correspondent à un choix définitif.

Parmi les autres formes de départs, il faut signaler neuf décès (un en septembre, un en octobre, un en novembre, trois en décembre, ce qui porte à 19 le nombre des Gursiens morts au camp pendant l'année 1939, puis un pendant chacun des trois premiers mois de 1940) et 162 libérations pour lesquelles l'action du S.E.R.E. *(Servicio de Evacuación de Republicanos Espagnoles)* et du J.A.R.E. *(Junta de Auxilio a los Republicanos Espanoles)* s'est révélée déterminante[24]. Un nombre indéterminé d'évasions, dont on sait seulement qu'il est en progression par rapport à la période précédente[25], doit être évoqué. Quant aux transferts, ils se multiplient ; les uns correspondent aux vœux des Gursiens eux-mêmes, qui cherchent ainsi à se rapprocher d'un membre de leur famille ; les autres, la majorité, présentent un caractère disciplinaire ; ils sont la conséquence directe du décret du 26 septembre portant dissolution des organisations communistes : dès le lendemain, 76 Espagnols, *"individus dangereux pour la sécurité publique"*, sont arrêtés et immédiatement envoyés au fort de Collioure[26]. Le 2 octobre, une trentaine d'*"Internationaux"* sont dirigés vers Le Vernet (Ariège) où une nouvelle section vient d'être ouverte pour eux[27]. Dans ce convoi,

> *"se trouvaient les quinze premiers Allemands, parmi lesquels l'ancien député communiste de Hambourg, Sigmund Nielsen, connu sous le pseudonyme de Rudi Stender, qualifié d'"élément fanatique et dangereux, chef de la Tchéka" ; Arthur Dorf, qualifié d'"homme de confiance du parti communiste et défenseur du pacte germano-soviétique", ainsi que Fritz Mayerhofer que l'administration du camp consi-*

24. Robert Mesplé-Somps, *La guerre d'Espagne vue à travers la presse des Basses-Pyrénées et certains témoignages personnels,* T.E.R. de maîtrise, Faculté des Lettres et des Sciences humaines de Bordeaux, 1970, p. 116.
25. En dehors des filières déjà mentionnées, un nouveau procédé est alors mis au point dans le "camp" international. Certains internés demandent leur transfert dans un autre camp, voire leur rapatriement ; en cours de route, à un endroit déterminé, ils faussent compagnie aux gendarmes qui les accompagnent et sont immédiatement pris en charge par les amis avec lesquels ils ont préparé l'évasion (témoignage d'Artur London, qui a lui-même organisé ce type d'action).
26. Rapport adressé le 27 septembre 1939 par le préfet des Basses-Pyrénées au commissaire spécial des R.G. de Pau (Arch. dép. Pyr. Atl., 1 M 573). Les journaux locaux commentent abondamment ces arrestations : *"Gurs, on épure"*, titre *Le Patriote* du 4 octobre. *L'Indépendant* du 3 les explique ainsi : *"Des ballots et des tracts communistes, tirés à la polycopie, ont été saisis"* (p. 3).
27. Rapport adressé le 3 octobre 1939 par le préfet de l'Ariège au ministre de l'Intérieur (Arch. dép. Ariège, 6 M 113). Le Vernet est dès lors classé dans la catégorie des *"camps répressifs"* par les services administratifs français.

dérait comme "un des chefs de la propagande anti-française"[28].

Par la suite, chaque mois, de nouveaux transferts sont organisés vers Le Vernet, qui concernent exclusivement les *"Internationaux"* communistes. Le 24 juin 1940, les 294 derniers "brigadistes" sont conduits dans le camp ariégeois[29]. Gurs est alors vidé de ses anciens occupants et la place est libre pour les *"indésirables"*.

Des activités réduites

La chute des effectifs internés a pour corollaire le dépérissement des activités qui avaient marqué la période précédente.

Pour les Gursiens, en effet, il n'est plus question de projets. Chacun sait que le séjour au camp touche à son terme et qu'une nouvelle affectation est imminente. Un climat d'attente s'établit, peu propice à l'instauration d'activités originales.

En outre, l'administration française se montre plus tracassière. Les rapports avec l'extérieur se réduisent au minimum. Le *"terrain de sports"* est fermé (il est d'ailleurs, la plupart du temps, impraticable) et l'atelier mécanique de l'îlot A est dissous. Les réfugiés n'ont plus guère que le loisir de demeurer dans les îlots en espérant des jours meilleurs. Bien sûr, on continue à fabriquer quelques ustensiles, à façonner des semelles de bois, à confectionner des sous-vêtements chauds, on cherche à se renseigner sur les événements d'Espagne, mais le contexte a changé. Certains camarades sont partis et la mauvaise saison impose progressivement sa loi à ceux qui restent.

Les pluies d'automne, puis le froid très vif de l'hiver 1939-1940 interdisent de quitter les baraques obscures. Il faut s'adapter à cette situation nouvelle, s'habituer à vivre dans le seul cadre exigu de la chambrée et endurer les récits, cent fois répétés, de ses compagnons d'infortune. Bref, l'oisiveté forcée, si pesante avec le mauvais temps, exacerbe les désaccords, favorise les accès de colère, use les tempéraments les mieux trempés et, en fin de compte, pousse les réfugiés à accepter massivement leur incorporation dans les compagnies de travail qui offrent au moins le mérite de leur faire quitter le camp.

Les *"Internationaux"*, là encore, ne réagissent pas ainsi. Mieux organisés, ils sont moins sensibles à la pression des circonstances : ils demeurent à Gurs, refusent massivement les propositions de sortie des services français, conservent leur organisation méthodique et leurs structures militaires et apparaissent toujours aussi redoutables aux observateurs.

28. Barbara Vormeier, *Les barbelés de l'exil*, op. cit., p. 240.
29. Rapport n° 1288/2 G adressé le 24 juin 1940 par le commandant du camp au préfet des Basses-Pyrénées (Arch. dép. Pyr. Atl., 1 M 573).

Les clivages existant déjà avant la guerre s'accentuent. Le groupe allemand, par exemple, déjà scindé à la suite de la sécession de la 9e compagnie, se sépare en deux fractions rivales[30]. L'une, dirigée par Otto Wittmann, rassemble les militants et les sympathisants du K.P.D. Ils sont en rapport avec des communistes français desquels ils reçoivent, le 29 septembre 1939, *"quelques dizaines de tracts ronéotypés qui expliquent le traité de non-agression germano-soviétique"*[31]. Il est donc clair que leur attachement à l'Union soviétique les pousse à s'aligner sur la position du Comité central du K.P.D. et à accepter le pacte signé le 23 août. L'autre, autour d'Ernest Braun, réunit tous ceux, socio-démocrates, socialistes ouvriers, anarchistes et même quelques communistes, qui dénoncent l'accord germano-soviétique. Ils forment une minorité au sein du groupe allemand mais proclament hautement leur volonté de continuer en France la lutte commencée en Espagne contre tous les systèmes totalitaires.

Le groupe polonais, composé lui aussi d'une forte majorité de communistes, réagit différemment. Fortement ébranlé à l'annonce du pacte du 23 août, il hésite, dans un premier temps, à le condamner. Mais le 1er septembre, lorsque les troupes nazies envahissent la Pologne, son attitude est unanime :

> *"Notre première idée, lorsque nous avons appris l'agression hitlérienne contre notre patrie, fut de former une délégation, avec les Ukrainiens, les Russes blancs et les Juifs. Cette délégation se rendit à l'ambassade de Pologne, à Paris, pour proposer que nous retournions chez nous défendre notre pays. Nous ne posions aucune condition. Malgré cela, il nous fut répondu : "Vous n'êtes pas des citoyens polonais". Et nous avons dû, impuissants et inactifs, assister à la trahison de notre clique dirigeante, à la fuite en Roumanie des chefs de nos armées, à l'invasion totale de notre pays. Notre place aurait dû être là-bas, au pays, et non dans le sud de la France, derrière des barbelés"*[32].

Ainsi, qu'ils l'aient désiré ou non, les *"Internationaux"* demeurent à Gurs pendant les premières semaines de la guerre. Ils affrontent, dans les îlots, un climat plus tendu qu'auparavant : les querelles idéologiques sont plus vives, l'impatience plus grande. La surveillance des services français devient plus étroite : la Sécurité multiplie les enquêtes, organise des visites d'inspection inopinées, traque les militants qui *"tiennent des propos hostiles à la France. Cependant, rien jusqu'ici* [16 septembre 1940] *ne dénote un état d'esprit inquiétant"*[33]. Il semble donc que, comme par le passé, les dissen-

30. Barbara Vormeier, *Les barbelés de l'exil,* op. cit. p. 241.
31. André Moine, *Déportation et résistance en Afrique du Nord,* op. cit., p. 16. L'auteur explique comment il s'est rendu à Gurs et a fait passer, au parloir, ces tracts rédigés en français.
32. Eugeniusz Dworkin, *Od Manzaneres...,* op. cit., p. 23
33. Rapport n° 421 adressé le 16 septembre 1939 par le commissaire spécial des R.G. de Pau au préfet des Basses-Pyrénées (Arch. dép. Pyr. Atl., 1 M 573).

sions ne filtrent pas à l'extérieur des îlots *"internationaux"*.

A l'échelle du camp tout entier, un détail permet de mesurer la raréfaction des activités : les orchestres disparaissent. Ou plutôt, ils sont progressivement limités, en raison des départs et des interdictions imposées par les services français, à la seule formation de la compagnie de travail. Elle-même se montre plus discrète et joue moins souvent.

En résumé, le camp, pendant la période de la *"drôle de guerre"*, se replie sur lui-même. Ses effectifs s'amenuisent, ses activités s'atrophient, ses rapports avec l'extérieur se raréfient. Le 10 mai, au moment de l'invasion de la Belgique par les troupes allemandes, Gurs est en voie de liquidation. Il ne regroupe plus que 2 293 combattants républicains, dont 1839 *"Internationaux"* en instance de transfert au Vernet. Les installations, intensément utilisées depuis une année, sont déjà éculées : baraques noires d'humidité, lavabos et tinettes détériorés, îlots en partie désaffectés et déjà envahis par les herbes et les rats.

Le bilan tient en quelques chiffres : 27 350 hommes internés en treize mois (20 542 Espagnols et 6 808 *"Internationaux"*), 23 décès, 8 388 rapatriements, 9 375 incorporations dans les compagnies de travail. Un séjour éprouvant, surtout au moment de l'hiver, sans qu'on puisse pour autant parler de *"camp de concentration"*.

Comment définir Gurs alors ? En mai 1940, le statut du camp est unique en France. Ce n'est ni un centre pour réfugiés espagnols, ni un camp de rassemblement pour ressortissants allemands, comme il en existe alors une centaine à travers le pays, ni une enceinte répressive comme Le Vernet, ni une prison. C'est un monde à part qui tient un peu des quatre à la fois, en même temps antichambre des compagnies de prestataires et du Vernet.

L'arrivée des *"indésirables"* modifie complètement son statut, au cours de l'été 1940.

Les "indésirables" de l'été 1940

Avec le début de la campagne de France, alors que cinq millions de Français fuient devant l'offensive allemande et viennent grossir, dans le sud du pays, le flot des réfugiés, la politique à l'égard des immigrés se durcit. Toutes les variétés de *"suspects"* sont directement menacées.

A Paris, les *"Allemands, Sarrois, Dantzigois et étrangers d'origine allemande"* qui n'avaient pas encore été inquiétés sont parqués dans des *"centres de rassemblement"*, les hommes au stade Buffalo, les femmes au Vel d'Hiv. Le 20 mai, les premiers sont transférés à Rivesaltes et les seconds à Gurs. Dans les Basses-Pyrénées, la gendarmerie conduit à Gurs les Espagnols suspects : anciens combattants républicains installés dans le Pays Basque, prestataires mis à pied et réfugiés en situation irrégulière. En même temps, elle enferme dans la "section spéciale" du camp un groupe de Français emprisonnés jusque là à Paris et à Bordeaux et transférés en toute hâte dans le Midi devant l'avancée des troupes allemandes.

Ainsi, trois catégories de Gursiens sont enfermées dans les îlots du 1er mai au 23 octobre 1940 :

- 9 771 femmes en provenance du Vel d'Hiv.
- 3 695 Espagnols, anciens combattants de l'Armée républicaine
- 1 329 Français en détention préventive *("préventionnaires")*

Entre ces trois groupes, rien de commun sinon qu'ils sont internés dans des îlots voisins.

Les "indésirables" espagnols et basques

Héritiers directs des Gursiens de la première époque, ils se répartissent en trois ensembles assez homogènes : les prestataires mis à pied, les Basques et les réfugiés.

En mai et juin, sont conduits au camp plusieurs centaines d'Espagnols, un millier environ, qui avaient été auparavant incorporés dans des compagnies de prestataires ou placés dans les entreprises de la région. Le 22 mai, 55 travailleurs sont expulsés de diverses C.T.E. ; le 18 juin, 100 anciens réfugiés, placés aux usines Bréguet d'Anglet, près de Bayonne, sont débauchés ; le 22 juin, la 114e C.T.E. de Captieux est dissoute ; le 29 juin, 213 Espagnols provenant de plusieurs C.T.E. sont mis à pied[34]. Tous sont immédiatement internés à l'îlot A. Par la suite, ce type d'arrivée à Gurs, dont les causes précises ne sont pas connues (mais dont on peut penser qu'elles sont directement liées aux opinions politiques des intéressés et au retour des Français démobilisés), disparaît complètement. Mieux, les travailleurs espagnols sont incorporés, au cours de l'été, dans de nouvelles compagnies de prestataires. Leur situation, comme leurs conditions de vie, semble plus pénible encore qu'auparavant. Arthur Koestler note à leur sujet :

> *"7 août 1940 (...) L'après-midi, en me promenant, je rencontre une colonie d'Espagnols qui travaillent comme bûcherons, gardés par des gendarmes. Ils habitent le camp de Gurs (...), font dix heures de travail par jour et ne sont pas payés*

34. Ces chiffres émanent respectivement du rapport adressé le 23 mai 1940 par le commandant du camp au préfet des Basses-Pyrénées (Arch. dép. Pyr. Atl., 1 M 545) ; du rapport adressé le 18 juin par l'inspecteur de police spéciale au commissaire principal de Bayonne (Arch. dép. Pyr. Atl., liasse non cotée, 88) ; du rapport adressé le 30 juin 1940 par le commandant du camp au préfet (Arch. dép. Pyr. Atl., 1 M 543).
35. Arthur Koestler, *La lie de la terre,* Livre de poche n° 3222, p. 342-343.

	"Anciens d'Espagne"			"Indésirables" étrangers		"Indésirables" français		Hôpital du camp	Effectif interné
	Espagnols	"Internationaux"	C.T.E.[1]	Allemandes	Autres[2]	"Préventionnaires"[3]	"Cas spéciaux"		
1er mai 1940	92	2 029	250	—	—	—	—	99	**2 470**
1er juin	961	294	250	7 100 ?	1 500 ?	—	—	101	**10 200 ?**
22 Juin	1 105	—	225	7 112	2 171	1 121	—	105	**11 839**
1er juillet	1 282	—	220	6 356	957	1 121	—	106	**10 042**
1er août	1 601	—	225	2 523	217	982	73	108	**5 729**
1er septembre	1 761	—	225	894		817	93	113	**3 903**
1er octobre	1 611	—	225	578		776	100	109	**3 395**
23 octobre 1940	1 570	—	300	715		523	101	100 ?	**3 309**

Tableau n° 7 - Variations des effectifs internés du 1er mai au 23 octobre 1940

1. 182e compagnie de travailleurs étrangers, chargée de l'entretien du camp.

2. Autrichiennes, Tchécoslovaques, Polonaises, Roumaines, Hongroises, Yougoslaves, Italiennes.

3. Détenus en instance de jugement.

(...). Ces bataillons de travailleurs sont des équivalents des équipes d'esclaves. Si l'on tient compte du standard de vie des Romains, les baraquements du Vernet et de Gurs sont pires que les antiques ergastules. Le travail est en partie plus dur que celui décrit par Caton et Varron, la nourriture certainement pire. Le jeûne sexuel est absolu, tandis que les serfs se mariaient ou vivaient avec des femmes"[35].

Cette description des activités de la 182e compagnie de travail attachée à l'entretien du camp et les considérations qu'elle inspire à l'écrivain, qui vient alors d'être libéré du Vernet, montrent à tout le moins que l'incorporation dans les groupes de prestataires, dont on peut être révoqué à tout moment, est aussi astreignante que l'internement lui-même.

Du 18 au 25 mai, une deuxième catégorie d'Espagnols est envoyée à Gurs : les émigrés politiques basques. Ils s'étaient installés, certains depuis plus d'un an, dans le Pays Basque et en Béarn. Ils y avaient trouvé du travail et quelques uns avaient même fait venir leur famille. En une semaine, 800 d'entre eux sont arrêtés par les services de gendarmerie et les agents des commissariats centraux : les uns à leur domicile, d'autres sur leur lieu de travail, à St-Jean-de-Luz, à Anglet, à Hendaye, mais aussi à Oloron ou à Tarbes, d'autres à *"La Roseraie"* d'Ilbarritz, la clinique basque où ils étaient en traitement. Ils sont immédiatement conduits à l'îlot C[36].

Les raisons de ces internements ne sont pas connues avec certitude. Aujourd'hui encore, chez les Basques eux-mêmes, leur interprétation varie d'un témoignage à l'autre[37]. Néanmoins, trois motifs sont le plus souvent avancés, sans que des preuves formelles puissent être fournies. Pour les uns, ces arrestations seraient en étroite relation avec les accords passés entre le général Jordana, ministre des Affaires étrangères de Franco, et Léon Bérard, qui avait négocié pour le gouvernement français, en février 1939, la reconnaissance du nouveau régime espagnol. A cette occasion, des listes de réfugiés politiques réputés dangereux avaient été fournies aux autorités françaises ; quelques mois plus tard, il avait suffi de rechercher les intéressés et de les neutraliser en les envoyant à Gurs. Pour d'autres, elles incomberaient d'abord aux manœuvres d'Ybarnégaray, qui ne cesse de vilipender les Basques *"rouges"* réfugiés dans les Basses-Pyrénées[38]. Pour d'autres enfin, les plus nombreux, ces

36. Le rapport n° 9120, adressé le 21 mai 1940 par le commissaire spécial d'Hendaye au sous-préfet de Bayonne (Arch. dép. Pyr. Atl., 1 M 573) relate l'arrivée à Gurs des 162 premiers *"indésirables"* basques, internés les 18 et 20 mai.

37. Témoignages recueillis auprès de MM. R. de Agesta, J.M. de Azpiazu, J. Duranona, J.M. de Leizaola, T. de Monzon, I. Mujika, L. de Vilallonga et de M. le professeur Goyhenetche.

38. Les déclarations d'Ybarnégaray recueillies par Gaston Bénac, *Paris - Soir,* 16 mai 1940, p. 2, insistent sur *"le danger que les miliciens républicains font courir au Pays basque français"* et sur *"les conséquences néfastes de leur présence en France"*.

internements relèveraient d'une initiative de Pétain, que Reynaud vient de rappler de son ambassade : le Maréchal, craignant que l'Espagne n'entre en guerre contre la France, comme allait bientôt le faire, le 10 juin, l'Italie, aurait exigé avant son départ de Madrid que les émigrés politiques réfugiés dans le Sud-Ouest soient appréhendés et groupés dans un camp, afin d'apaiser les velléités belliqueuses des dirigeants espagnols. Un tel geste présenterait un double avantage : il prouverait l'attitude conciliante du gouvernement français à l'égard des franquistes et permettrait de mettre au secret quelques *"indésirables"* étrangers susceptibles, éventuellement, de troubler l'ordre public. Cette explication, qui s'inscrit assez bien dans le climat politique du moment, ne repose cependant sur aucun document d'archives. On ne saurait donc affirmer son authenticité. Cependant il est clair que, pour Bérard, Ybarnégaray ou Pétain, les Républicains basques réfugiés en France sont à la fois un danger pour le pays et un gage auprès des Espagnols. En les internant, non seulement on ne courait aucun risque, mais on pouvait en tirer profit auprès de Franco.

Les 800 Basques appartiennent presque tous à la principale organisation politique de l'ex-Euskadi, le P.N.V. (parti nationaliste basque), ou à ses satellites, l'A.N.V. (action nationaliste basque) et le S.T.V. (syndicat : Solidarité des travailleurs basques). Parmi eux[39], Manuel Egileor, secrétaire général du P.N.V., Luis Ariedondo, Luis Aregui, Andres Bereziartua, Elias Etchebaria, Jesus Aguiregoïlia, membres de l'E.B.B. (*Euzkadi Buru Batzar,* conseil suprême du P.N.V.), Juan de Duranona, ancien secrétaire à la Marine, Teodoro Aguirre, frère du président, Juan Careaga, ancien député, Jose Lekaroz, directeur d'*El Dia,* journal de Saint-Sébastien, Isidoro Fagoaga, ténor célèbre, Luis de Vilallonga, frère du comte Jose, Julio et Jose Urunuela, professeurs éminents, Ambrosio Garbisu, conseiller municipal de Bilbao, etc... Le P.N.V., parti modéré de type démocrate chrétien, s'en trouve décapité pour de longues années.

Ces hommes demeurent à l'îlot C pendant un mois environ. La durée réduite de leur internement ne leur permet pas de manifester des activités originales. Les journées sont passées à l'extérieur des baraques à marcher et à discuter et le séjour eût été supportable sans la constante angoisse ressentie dès que l'on pense à l'avenir. Sera-t-on livré à Franco ? L'administration française envisage-t-elle des mesures de libération ? Les troupes allemandes atteindront-elles Gurs ?

Les premiers départs ont lieu le 21 juin vers le Vénézuela, grâce aux démarches du père Azpiazu. Puis, la semaine suivante, l'îlot C se vide presque entièrement. La confusion qu'engendre l'annonce de l'armistice, le désarroi provoqué par la nouvelle de l'arrivée immi-

39. Liste nominative de 141 réfugiés politiques, internés le 25 mai 1940, Association *Bidasoa,* Ustaritz. Nous remercions M. le professeur Goyhenetche qui nous a communiqué et commenté ce document.

nente des troupes allemandes en Béarn, le laxisme du commandant du camp qui signe alors la plupart des demandes de sortie, profitent d'abord aux Basques de l'îlot C. Tous ceux qui répondent aux deux conditions de départ fixées par l'administration préfectorale (avoir un domicile et posséder les moyens matériels de subvenir à ses besoins) sont élargis.

Ils quittent massivement le camp dans les derniers jours de juin. Ils passent la ligne de démarcation encore fantôme. Certains retrouvent à Bayonne leurs familles ou leurs amis, d'autres s'efforcent de s'embarquer vers l'Amérique du Sud ou l'Angleterre, d'autres s'installent progressivement dans la clandestinité : on les retrouvera, quelques mois plus tard, dans les maquis locaux. Quant à ceux qui sont demeurés dans l'îlot, une centaine, ils sont transférés, les 29 et 30 juin, au camp d'Idron, près de Pau. Ils y resteront quelques mois, puis seront dirigés vers le camp d'Agde où la commission Todt n'aura qu'à puiser pour recruter la main-d'œuvre affectée à ses chantiers.

Pendant l'été, est conduite à Gurs une troisième catégorie d'Espagnols : les réfugiés arrêtés dans le département (ou plutôt dans le nouveau département des Landes et des Basses-Pyrénées non occupées) pour défaut de titres de séjour, et les *"indésirables"* expulsés de la zone occupée. Les hommes sont internés à l'îlot A, les femmes et les enfants à l'îlot E. Catalogués *"suspects"* ou *"sans ressources"*, ils ont été appréhendés à la frontière, sur les routes du Béarn ou de la Chalosse, dans les refuges d'Oloron, de Salies-de-Béarn ou de Saint-Christau, ou sur la ligne de démarcation. Près de 2 000 sont ainsi dirigés vers le camp jusqu'au 23 octobre 1940. Les rapports de police les décrivent comme :

> *"d'anciens Gursiens incorporés au début de la guerre dans des compagnies de travailleurs étrangers qui, libérés de ces C.T.E. en mai 1940, reviennent sur les lieux où ils ont quelques parents ou quelques connaissances. Ils cherchent à trouver du travail dans la région"*[40].

Ils y rencontrent d'abord la police vichyssoise qui les interne à Gurs. Après quelques semaines de détention, les hommes sont groupés dans de nouvelles compagnies de prestataires. Certaines femmes sont *"libérées"* et rapatriées, sans qu'il soit possible de préciser si elles en ont fait la demande ou non. La plupart d'entre elles demeurent au camp jusqu'à la fin octobre où elles sont envoyées à Rivesaltes, spécialisé alors dans *"l'hébergement"* des réfugiés espagnols ne disposant d'aucun moyen d'existence.

Début novembre 1940, quelques jours après les arrivées massives des expulsés badois et des immigrés juifs, il ne reste plus au camp que 600 Espagnols, répartis en deux compagnies de travail. Tous

40. Rapport n° 511 adressé le 11 juillet 1940 par l'inspecteur de police spéciale au sous-préfet d'Oloron (Arch. dép. Pyr. Atl., 3 Z 244).

les autres ont été, soit incorporés dans les groupes de prestataires, soit transférés. Le temps des Espagnols est désormais révolu. Certes, d'autres seront encore internés, mais ils ne constitueront plus qu'une minorité et ne joueront plus qu'un rôle de second plan.

Les femmes "indésirables" ("les Gursiennes")

Le 21 mai, entre au camp un premier convoi composé de 464 femmes et enfants d'origine allemande. Le second, comprenant 1 900 *"indésirables"*, parvient en gare d'Oloron le 23[41]. D'autres se succèdent les jours suivants, au point qu'au moment de l'armistice, les sept îlots situés au nord du camp (de G à M) sont occupés. Le 23 juin, 9 283 personnes, exclusivement des femmes et des enfants, sont décomptées : 7 112 allemandes et 2 171 Autrichiennes, Tchécoslovaques, Dantzigoises, Polonaises, Yougoslaves, Bulgares, etc... Au total, c'est 9 771 immigrées qui sont enfermées à Gurs en mai-juin.

Elles sont mal connues car l'autodafé du 24 juin 1940, qui a détruit les archives du camp, a supprimé du même coup toute possibilité d'étude détaillée de cette population. En outre, les témoignages, au centre desquels se trouve celui d'Hanna Schramm, sont moins nombreux que pout tout autre groupe d'internés[42].

"Les Gursiennes", pour reprendre le terme par lequel Koestler qualifie les nouvelles venues, sont, dans une proportion des trois quarts, des Allemandes. 2 500 d'entre elles au moins sont attestées comme venant directement du Vel d'Hiv[41], mais le nombre réel des *"Parisiennes"* est beaucoup plus élevé, probablement le double. Elles se sont rendues, conformément aux ordres donnés par le général Héring, gouverneur militaire de Paris, dans le stade-vélodrome de Paris, le 15 mai 1940.

Toutes avaient émigré en France au cours des années précédentes. Les unes, les plus nombreuses, sont Juives ou apatrides, c'est-à-dire déchues de leur nationalité par les autorités nazies ; les autres ont quitté leur pays pour des raisons économiques, la quête d'un emploi, ou politiques, la fuite de la répression nazie. Ces dernières

41. Statistique préfectorale émanant du service des réfugiés (Arch. dép. Pyr. Atl., 1 M 573).
42. Le seul témoignage publié est celui d'Hanna Schramm, *Vivre à Gurs*, op. cit., p. 7 à 70. D'autres ouvrages font allusion à ce groupe : Arthur Koestler, *La lie de la terre*, op. cit., mentionne ses rencontres avec les Gursiennes au cours de l'été ; Yvonne Escoula, *L'apatride*, N.R.F., Gallimard, Paris, 1951, évoque plusieurs fois le sort des internées. Deux autres publications permettent de comprendre la vie dans des centres tels que Gurs : il s'agit du livre d'Alfred Kantorwicz (qui fut détenu aux Milles), *Exil in Frankreich. Merkwürdigkeiten und Denkwürdigkeiten*, Schünemann Universitätsverlag, Brême, 1971, et de celui de Gérard Israël, *Heureux comme Dieu en France, 1940-1944*, Robert Laffont, Paris, 1975, qui, d'un ton neutre, met en relief le tragique des situations vécues par les Juifs immigrés en France.
Trois témoignages oraux complètent en partie les écrits d'Hanna Schramm : ceux de Mmes Bettusch et Luge et de M. Malaureille. Leur petit nombre s'explique par le destin funeste de la plupart des intéressés.
Sur l'autodafé du 24 juin 1940, voir p. 381, note 3.

sont farouchement opposées au régime d'Hitler, mais, dans l'ensemble, ce n'est pas le cas. La plupart du temps, ces émigrées avouent ne pas avoir d'opinion politique. Hanna Schramm, chef de sa baraque, classe ses compagnes en trois catégories :

> *"Un quart à peu près d'ouvrières et d'employées de maison qui n'avaient pas trouvé de travail en Allemagne et qui gagnaient leur vie en France depuis quinze ans au moins. Elles n'étaient pas favorables à Hitler, mais pour le reste elles n'avaient pas d'opinion politique tranchée. Le hasard les avait envoyées en France où elles se trouvaient comme chez elles. Un autre quart était constitué par des réfugiées politiques ; c'était, la plupart du temps, des femmes de fonctionnaires socialistes (...). Une bonne moitié de notre baraque était constitué par des Juives. La plupart avaient émigré dès 1933"*[43].

Hanna Schramm note, par ailleurs, que quelques Françaises, mariées ou veuves d'Allemands, sont internées à ses côtés[44], que l'âge moyen des détenues est d'environ trente ans et que les femmes âgées ou malades chroniques ne forment qu'une minorité[45]. Il s'agit donc de femmes jeunes, considérées en bloc comme des ressortissantes d'un pays ennemi, et donc des agents de la *"cinquième colonne"*. C'est à ce titre qu'elles sont réputées *"dangereuses pour la sécurité publique"*, même si, en réalité, elles sont tout à fait inoffensives. Elles font d'ailleurs confiance aux autorités françaises, puisqu'elles se présentent spontanément dans le *"centre de regroupement"* qui leur a été désigné par voie d'affiche.

Elles arrivent à Gurs avec leurs enfants. Ces derniers sont mal connus ; on sait seulement par les statistiques préfectorales que le 18 juillet 1940, à côté des 3 460 femmes internées, vivent 108 enfants. Si cette proportion est exacte (1 pour 30 environ), il faut admettre que près de 300 enfants ont été internés en mai et juin 1940 avec leurs mères. Mais il ne s'agit là que d'une hypothèse.

Du groupe allemand émergent quelques noms. Hedwige Kämpfer, ancien député social-démocrate de Munich, une des animatrices du camp ; la claveciniste Wanda Landowska ; l'actrice Dita Parlo, partenaire de Jean Gabin dans *La Grande Illusion* de Renoir, de Michel Simon dans *L'Atalante* de Vigo ; l'épouse d'Erich M. Remarque. D'autres devraient être citées, mais leur trace est perdue.

Dans les îlots voisins, sont détenus plus de 2 000 femmes et enfants provenant des pays annexés par les nazis, l'Autriche et la Tchécoslovaquie surtout. On trouve aussi des Dantzigoises et des Polonaises, considérées en septembre 1939 comme des alliées de la France, puis *"réputées ennemies"* depuis que l'Allemagne a conquis leur territoire.

43. *Vivre à Gurs,* op. cit., p. 20-21.
44. *Ibid.,* p. 13
45. *Ibid.,* p. 51.

Quelques femmes, une minorité, sont originaires de pays n'ayant rien de commun avec les territoires occupés par les troupes nazies. Parmi elles, plusieurs groupes ont particulièrement attiré l'attention de l'officier français, ancien professeur d'espagnol, chargé d'enregistrer les *"entrées"*. L'un, composé d'une quarantaine de Juives sefardim provenant de Bulgarie et de Roumanie, descendant en droite ligne de leurs lointains aïeux qui avaient fui les persécutions de l'Inquisition, s'exprime dans un pur castillan du XVIIe siècle, fourmillant de gongorismes et de tournures désuètes. L'autre, constitué de plusieurs tribus de Gitans, est originaire des Balkans ; le jour de leur internement, les femmes du groupe font un vacarme épouvantable, pleurant non seulement, perpétuelles voyageuses, la perte de leur liberté, mais aussi leur *"rom"*, chef et protecteur de la *"famille"*[46].

Les préoccupations et les activités des Gursiennes varient en fonction des périodes envisagées. Jusqu'aux derniers jours de juin, les îlots sont bondés et l'angoisse de l'avenir est telle que les internées ne songent guère à organiser des soirées théâtrales, des cours ou des ateliers. Ensuite, le camp se vide progressivement. Celles qui restent, parce qu'elles croient ne pas avoir d'autre choix, tentent petit à petit d'améliorer leur séjour en multipliant les activités de groupe.

Pendant la première période, l'exiguïté impose sa loi. On tente néanmoins d'organiser les chambrées. Les chefs de baraques sont sans cesse sollicitées et éprouvent quelques difficultés à ne pas sombrer dans l'hystérie collective qui, à certaines heures, envahit les îlots. Leur mérite est grand car, la plupart du temps, rien ne les avait préparé à occuper un poste de responsabilité, au milieu de femmes déprimées ou véhémentes, certaines insensibles à toute discipline de groupe, d'autres perdues sans leur père ou leur mari, et le tout avec ces innombrables listes exigées à chaque instant par l'administration du camp :

> *"Listes par catégories d'âges, par nationalités, listes des enfants, des vieillards, des femmes de prestataires, des femmes enceintes, des catholiques, des protestantes, des Juives, listes de celles qui avaient de la famille en France et de celles qui pouvaient vivre de leurs propres ressources, listes de femmes désirant être rapatriées en Allemagne, listes de celles qui étaient aptes au travail, des malades, des infirmes, des tuberculeuses et des malades mentales. Cela n'avait jamais de fin. Puis les listes se perdaient, il fallait les refaire..."*[47].

46. Ces informations émanent d'une part du témoignage de M. Malaureille, d'autre part du rapport secret n° 38/S/BCR adressé le 10 août 1940 par le général commandant la 18e région au secrétaire d'Etat à la Guerre (Arch. dép. Pyr. Atl., M provisoire, 500/12).
47. *Vivre à Gurs,* op. cit., p. 16-17.

Dans les baraques, on coud, on lit lorsqu'on a pu se procurer un livre ou un journal, on écrit beaucoup, on s'occupe des enfants, on nettoie. Certaines s'occupent du chat ou du canari dont elles n'ont pas voulu se séparer malgré les aléas de leur périple[48]. Le soir, on discute, mais les débats, les conférences, les concerts semblent totalement absents. Les bruits les plus divers, les bobards les plus variés circulent d'îlot en îlot sur l'entrée en guerre des Etats-Unis, de l'Espagne, sur l'arrivée imminente des Allemands, etc., propagés par les membres de la compagnie de travail et amplifiés par les conditions mêmes de la vie au camp. L'inquiétude, surtout, demeure présente à chaque instant.

Avec l'armistice, s'ouvre une nouvelle période, moins angoissante que la précédente : les départs se multiplient et la discipline s'assouplit. La circulation sur l'allée centrale est autorisée pendant la journée, jusqu'à la limite du camp des hommes. *"Il suffisait de demander à la sentinelle postée à l'entrée de l'îlot pour obtenir la permission de rendre visite à une parente dans un autre îlot"*[49]. Des autorisations de sorties sont données pendant la journée, non seulement aux cantinières d'îlot, mais à celles qui en font la demande écrite. Une fois par semaine, un camion emmène une dizaine de femmes à Oloron, où elles peuvent faire quelques achats. Les femmes qui restent dans les baraques, *"parce qu'elles n'avaient pas d'argent ou n'avaient pas envie de subsister grâce aux secours d'un comité quelconque"*[50], sont regroupées. Vers la mi-juillet, trois îlots seulement sont occupés, H, I et K. Fin septembre, les effectifs sont tellement réduits que toutes les Gursiennes sont transférées "au fond", à l'îlot M, qui vient d'être en partie restauré. A la multitude des premiers jours succèdent au cours de l'été des groupes de plus en plus réduits qui apprennent à se connaître et à s'apprécier.

Des amitiés se forgent, des activités surgissent spontanément, plus faciles à organiser lorsqu'on est en climat de connaissance, en petit comité, qu'au milieu d'une foule anonyme. En août, dans les trois îlots encore occupés, naissent mille occupations :

> *"A l'îlot I, il y avait un grand nombre d'actrices, de femmes peintres et d'écrivains. Celle qui était alors chef d'îlot organisait quelques petites soirées récréatives (...). Hertha Freund lisait ses poèmes, nous jouions des saynètes de notre composition, des revues satiriques de la vie du camp. (...) Des conférences ou des spectacles avaient lieu le soir après neuf heures : après huit heures, on n'avait plus le droit de quitter l'îlot. Nous fîmes un trou dans les barbelés et nous glissions au travers. La sentinelle fermait les yeux. (...) La première soirée officielle eut lieu à l'îlot H. Mme Landé, la cantinière, qui avait autrefois été chanteuse, avait joli-*

48. *Ibid.*, p. 15
49. *Ibid.*, p. 62
50. *Ibid.*, p. 40

ment décoré une baraque en y drapant des couvertures, en y mettant des fleurs et des tableaux ; on avait apporté le piano de l'hôpital. (...) chants, danses, poèmes... Le docteur Bachrach faisait de très bonnes conférences sur des sujets littéraires. (...)
Dans notre îlot, l'activité resta livrée au hasard et à l'improvisation, mais cela aussi avait son charme. Les anniversaires, les départs étaient fêtés avec solennité ; tous ceux qui avaient envie d'y assister y allaient. Mary Fuchs était toujours sollicitée, jamais nous n'en avions assez de l'entendre chanter, jamais elle n'était lasse de chanter. Et toujours, c'était Plaisir d'amour *qui terminait le concert"*[51].

Une sorte de fragile tranquillité s'installe avec les chaleurs de l'été. Pendant la journée, des cours de langues sont organisés, le soir, des veillées et des spectacles. Pour renouveler les habits élimés ou déchirés, les enveloppes de paillasses, devenues trop nombreuses, sont abondamment utilisées : avec les moins solides, on confectionne des robes, des blouses, des pyjamas ; avec les tissus les plus résistants, des manteaux et des vestes. Des relations amoureuses, qu'Hanna Schramm présente comme purement platoniques, s'instaurent avec les Espagnols de la compagnie de travail. Mais il est certain qu'au cours des sorties et des promenades autour du camp, des idylles fréquentes et passagères se nouent spontanément.

Il serait vain, pourtant, de penser que la vie est désormais facile, même si les conditions de séjour sont améliorées. En juillet, se déclare une épidémie d'entérite qui envahit en quelques jours le camp tout entier. Causée par une malnutrition prolongée, elle épuise celles qui en sont atteintes, c'est-à-dire les deux tiers des femmes, et provoque quatre décès. Elle cesse en septembre, des mesures de *"suralimentation"* ayant été prises pendant l'été. Mais les scènes engendrées par la maladie, l'isolement psychologique des malades et la précarité des soins laisseront des souvenirs hallucinés dans la mémoire des intéressés, qu'ils aient été ou non touchés personnellement par le mal[52].

L'été 1940 constitue donc un moment original dans l'histoire de Gurs. Les activités les plus variées y sont organisées par le petit nombre de femmes demeurées au camp. De nombreuses comparaisons peuvent être faites avec l'été précédent. Dans les deux cas, les combattants républicains comme les Gursiennes ont uni leurs efforts, non seulement pour vaincre la monotonie et l'oisiveté imposées par la vie dans les baraques, mais aussi pour transcender leur misérable situation d'internés et sauvegarder leur dignité.

51. *Ibid.*, p. 65-67
52. *Ibid.*, 5e chapitre, *"La maladie"*, p. 49-59. Les questions concernant l'hygiène et la vie sanitaire du camp sont spécialement analysées dans le chapitre XI.

Au cours du mois de juillet, le camp des femmes se vide presque aussi rapidement qu'il s'était rempli. A la fin du mois, sur les 9 771 *"suspectes"* internées depuis le début de la campagne de France, plus de 6 600 (les trois quarts environ) ont quitté le camp. En août, 2 052 Gursiennes obtiennent leur sortie. Le 23 octobre, à la veille de l'arrivée des Badois, 9 061 *"indésirables"*, soit 92,7 % de celles qui ont été internées jusque là, ont été libérées ou rapatriées.

Les rapatriements sont organisés conformément aux accords conclus par les conventions d'armistice. Les pays vainqueurs, c'est-à-dire l'Allemagne et l'Italie, délèguent dans le camp français des commissions de criblage chargées de vérifier les listes d'internées et de décider des retours au pays. La commission allemande siège à Gurs le 30 juin, l'italienne le 12 juillet[53]. Elles procèdent au rapatriement des volontaires, 600 femmes, presque toutes d'origine allemande. Le jour de leur départ, quelques unes se livrent à une bruyante manifestation en faveur de l'Allemagne nazie :

> *"Lorsque les Allemands arrivèrent, il y eut tout au plus cent femmes de l'îlot L pour les accueillir avec des* Heil Hitler *enthousiastes et le salut fasciste ; en tête de celles-ci, il y avait l'actrice Dita Parlo. (...) On ne voyait qu'elle ; les autres, c'était le plus grand nombre, se tenaient à l'arrière, dans un silence embarrassé, sans se faire remarquer"*[54].

Le 21 août, la commission Kundt, qui vient du Vernet et des prisons de Toulouse, fait une visite d'inspection au camp. Chargée des rapatriements dans le "grand Reich", elle a compétence sur les internés civils d'origine allemande, mais ne s'intéresse qu'aux *"bons éléments"*, c'est-à-dire aux *"Aryens"* qui soutiennent le régime d'Hitler[55]. Elle ne procède qu'à un nombre infime de rapatriements, quelques dizaines, tous volontaires, mais son passage soulève une vague de frayeur dans les baraques où sont redoutées les méthodes expéditives des nazis à l'encontre des Juifs.

Au total, c'est 700 Gursiennes environ qui reviennent, sur leur demande, en Allemagne ou en Italie ; elles représentent moins de 8 % de l'ensemble des femmes qui ont quitté le camp pendant l'été, et à peine 7 % des internées *"indésirables"*.

Toutes les autres, soit 8 750 détenues environ, sont libérées entre la fin du mois de juin et le début du mois d'octobre.

Jusqu'au 8 juillet, les libérations sont faciles. En fait, il suffit presque d'en faire la demande. En droit, il faut être capable de fournir aux services du camp l'adresse du lieu où l'on compte se fixer et la

53. Pour les Allemandes, rapport n° 4/S adressé le 1er juillet 1940 par le commandant du camp au préfet des Basses-Pyrénées (Arch. dép. Pyr. Atl., 1 M 573). Pour les Italiennes, rapport n° 273 adressé le 25 septembre 1940 par l'inspecteur de police spéciale de Pau au chef de camp (Arch. dép. Pyr. Atl., M provisoire, 500/12).
54. *Vivre à Gurs,* op. cit. p. 39. Hanna Schramm, internée à l'îlot K, en face de l'îlot L est le témoin de cette scène qui s'est produite dans d'autres camps, y compris le Vernet.
55. Barbara Vormeier, *Les barbelés de l'exil,* op cit., p. 265 - 270

preuve d'un minimum de ressources. Comme cette double condition est largement interprétée et à peine vérifiée, une foule d'internées quitte alors le camp ; près de 5 000 femmes sont libérées en une quinzaine de jours, immédiatement après les Basques espagnols de l'îlot C. Ces sorties, qui ont étonné les Béarnais, déclenchent maintes discussions dans la vallée du Gave d'Oloron. Les uns affirment que les Gursiennes *"ont été libérées sur ordre du ministère de l'Intérieur"*[56]. Les autres estiment qu'il s'agit d'évasions pures et simples. Toujours est-il que les services préfectoraux et l'administration du camp semblent alors complètement débordés. Dans la vallée, en effet, on rencontre les Gursiennes un peu partout. Arthur Kœstler les croise fréquemment :

> *"6 juillet. Navarrenx. Vu plusieurs émigrées allemandes précédemment internées dans le camp de Gurs. On les a relâchées, elles ne savent ni où aller, ni que faire. Parlé à l'une d'elles dans un café. Elle dit qu'elle envoie des télégrammes dans tous les camps de concentration de France non-occupée pour retrouver son mari. (...)*
> *Des centaines de femmes dans ce cas vivent à Navarrenx, à Castelnau, à Sus, à Géronce et dans d'autres villages des alentours. La population les appelle les Gursiennes. Les paysans leur prêtent des chambres ou les font travailler dans les champs, au pair. Elles ont l'air sous-alimentées, épuisées, mais propres"*[57].

Le 8 juillet, un arrêté préfectoral est placardé sur les murs des mairies de la vallée : *"toutes les ex-internées du camp de Gurs doivent quitter le département des Basses-Pyrénées dans les 24 heures (...)* [sous peine d'être] *de nouveau internées"*. Le flot des départs du camp s'en trouve brutalement stoppé. Chaque demande est vérifiée, puis transmise au préfet du département dans lequel la postulante désire résider.

Pourtant, dès la fin du mois, les sorties reprennent à un rythme accéléré. Les causes de ce nouvel assouplissement ne sont pas connues avec certitude, mais il semble qu'elles soient liées au mouvement préfectoral qui renouvelle alors les cadres administratifs du département[58]. Sans doute cette période de flottement a-t-elle été mise à profit par la direction du camp pour vider les îlots des femmes dont personne ne savait plus très bien pourquoi elles étaient encore là.

56. Yvonne Escoula, *L'apatride*, op. cit., p. 167. L'auteur ajoute : *"On supposait que, dans un dernier sursaut de sang-froid, quelqu'un avait donné l'ordre de libération pour ceux qui étaient le plus directement menacés"*. La réalité est beaucoup plus banale.

57. Arthur Koestler, *La lie de la terre*, op. cit., p. 312-314.

58. Au cours du mois d'août, le préfet Angelo Chiappe, frère du préfet de police, est remplacé par E. Ducommun, qui aura la haute main sur le camp pendant toute la période de Vichy.

Que sont devenues les 8 350 femmes libérées au cours de l'été ? Une réponse précise est impossible à fournir. Un millier environ a été réinterné à Gurs par la suite. Il est probable que nombre de celles qui avaient choisi de résider hors du département ont connu un sort identique dans d'autres camps. Certaines, mais on ne saurait dire combien, ont pu émigrer aux Etats-Unis ou en Amérique du Sud, après avoir bravé toutes sortes de dangers que décrit Claude Lévi-Strauss dans *Tristes tropiques*. D'autres ont franchi la frontière espagnole pour tenter de gagner Lisbonne. D'autres enfin, une minorité, ont tenté de se cacher en Béarn, avec l'aide de quelques connaissances et, plus tard, des maquis de la région. Mais la plupart des Gursiennes ont fourni au régime de Vichy les victimes toutes désignées de la politique xénophobe et antisémite qu'il devait mener au cours des années suivantes.

Les "indésirables" français (I.F.)

La vague de répression qui s'abat au cours de l'été 1940 sur toutes les catégories de suspects n'épargne pas les Français eux-mêmes. Leur présence dans un camp jusqu'alors exclusivement réservé aux étrangers peut paraître étonnante. Elle est dûe, comme d'ailleurs la plupart des internements précédents, aux circonstances créées par la guerre, puis par l'armistice, largement exploitées par les gouvernements pour liquider les diverses formes d'opposition.

L'internement des *"I.F."*, pour reprendre le sigle utilisé par les services de Gurs, s'appuie sur deux textes législatifs : le décret du 26 septembre 1939, portant dissolution des organisations communistes, et le "décret Daladier" du 18 novembre 1939 sur les *"individus, français comme étrangers, dangereux pour la défense nationale et la sécurité publique"*. Au nom du premier, est constitué à l'îlot D, à partir du 7 juillet 1940, le *"centre de séjour surveillé"* du camp. En vertu de l'un ou de l'autre, sont internés à l'îlot B les prévenus qui, arrêtés depuis quelques semaines ou quelques mois, attendent d'être jugés ; presque tous sont des *"politiques"*. Au total, 1329 hommes.

Le séjour à Gurs des 1 329 *"I.F."* est limité dans le temps, du 21 juin au 31 décembre 1940, et leur internement a pour cadre un espace réduit, les îlots B et D.

L'îlot B rassemble une vingtaine de baraques dont certaines menacent ruine de toutes parts. L'îlot D est différent. Il ne comporte que deux baraques perdues à l'intérieur d'une véritable forêt de barbelés. Les conditions d'exiguïté y sont pires que dans la section voisine, au point qu'elles émeuvent même certains fonctionnaires français. C'est ainsi que, le 11 décembre, le sous-chef de camp note à leur sujet :

"Les baraques 19 et 20 sont entourées d'un réseau de barbelés distant de deux mètres environ des baraques. Dans cet espace, les pensionnaires du Centre de Séjour Surveillé n'ont vraiment pas assez de liberté de mouvement"[59].

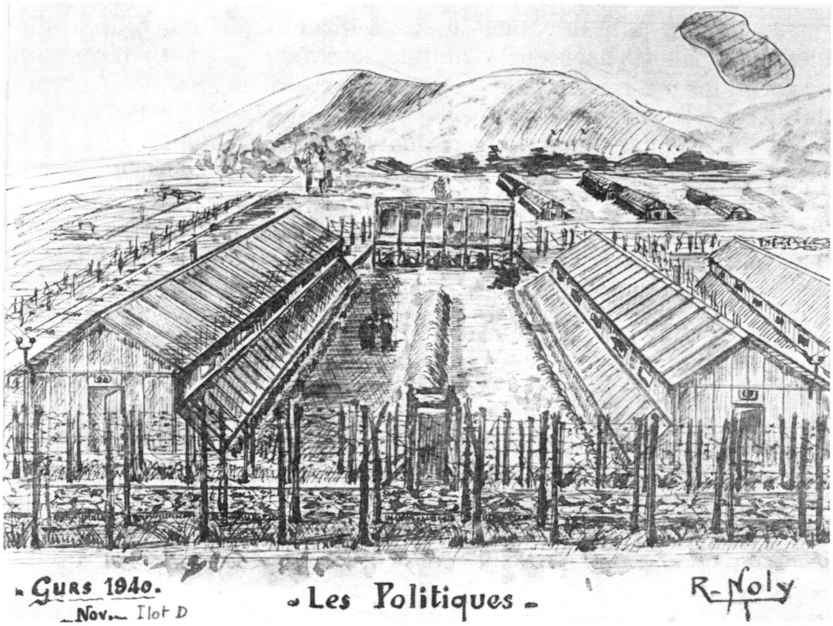

L'îlot D des "cas spéciaux", en novembre 1940
(dessin de Raoul Nolibos)

Du point de vue administratif, les 1 329 *"indésirables"* français se répartissent en deux ensembles distincts : d'une part, les détenus de l'îlot B, que les services du camp désignent du terme de *"préventionnaires"*, d'autre part, les *"cas spéciaux"* de l'îlot D. Les premiers ne dépendent pas, à proprement parler, de l'administration gursienne. Ils ont leur propre personnel d'encadrement et de surveillance qui ne les a jamais quittés depuis le départ des prisons parisiennes et bordelaises. Gurs n'est pour eux qu'un lieu de passage en attendant le transfert dans une prison de la zone non occupée. Les seconds sont aussi en détention préventive mais viennent d'être arrêtés dans les départements de la région (Basses-Pyrénées et Landes non occupées, Gers et Hautes-Pyrénées) et attendent d'être traduits devant les tribunaux. Eux seuls dépendent directement des services du camp, au même titre que les réfugiés et les immigrés internés dans les autres îlots.

59. Rapport adressé le 11 décembre 1940 par le sous-chef de camp au chef de camp. Arch. dép. Pyr. Atl., M provisoire, 500/12. Le *"Centre de Séjour Surveillé"* est la dénomination officielle des deux baraques de l'îlot D.

Les 1 121 *"préventionnaires"* de l'îlot B sont arrivés à Gurs en deux convois, l'un de Paris, l'autre de Bordeaux. Les *"Parisiens"* proviennent des prisons de la Santé et du Cherche-Midi. Inculpés pendant la *"drôle de guerre"* sous les motifs les plus divers, ils étaient encore en détention préventive lorsque débute la campagne de France. Le 10 juin, devant la menace directe que les troupes allemandes faisaient peser sur la capitale, ils avaient été transférés dans le Loiret, les uns au camp des Grouës, proche de la gare des Aubrais, les autres à la prison de Cépoy. Le 19, la nouvelle de l'arrivée imminente des Allemands dans la région avait entraîné un nouveau transfert. Tout le monde avait été rassemblé au camp d'Avord, dans la banlieue de Bourges (Cher), sauf les députés communistes arrêtés à leur domicile le 24 avril, qui avaient été directement envoyés dans l'ex-bagne de l'île de Ré. Le 21 juin enfin, les quelques 900 prévenus d'Avord, après deux jours de voyage, sont internés à Gurs.

Parmi eux, Yves Péron, futur député communiste, Emile Pasquier, futur secrétaire général de la Fédération C.G.T. des électriciens et gaziers, Raymond Baudin, futur maire de l'Hay-les-Roses, Jacques Georges, frère du colonel Fabien, Charles Joineau, secrétaire général de la F.N.D.I.R.P., Léon Bérody, actuel président de l'Amicale du camp de Gurs, le graveur René Kunz, le pacifiste Louis Lecoin, Henri Martin, Courtois, Wade, Foucault, Bélino, Furic, etc.[60]. L'écrivain Léon Moussinac qui fait aussi partie du convoi, écrit dans son journal en apprenant le nom du camp vers lequel il est conduit :

> *"Gurs ! se ranime en moi le souvenir de ces lettres désespérées, de ces appels pitoyables et si dignes que j'ai longtemps reçus de la part des miliciens espagnols. Un nom lugubre, Gurs"*[61].

Les *"Bordelais"* arrivent quelques jours après, le 30 juin 1940. Ils sont à peu près 200 et proviennent du fort du Hâ, situé désormais en zone occupée. Immédiatement répartis dans les vingt baraques de l'îlot B, ils s'installent dans les places que les *"Parisiens"* avaient laissées vacantes. Toutes les baraques sont alors bondées, chacune contenant 56 hommes en moyenne.

La composition des chambrées est hétéroclite. Si l'on considère le motif pour lequel les prévenus sont internés, les différences sont considérables. Schématiquement, trois groupes se dégagent. D'abord, les *"politiques"*, assimilés de près ou de loin à de dangereux militants communistes ; ils rassemblent les deux-tiers de la population

60. Liste extraite, d'une part, des mémoires publiées par Léon Moussinac, *Le radeau de la Méduse*, Ed. Hier et Aujourd'hui, Paris 1945, 286 p. (référence abrégée : Moussinac) et par Henri Martin, *Gurs, bagne en France. Pour que souvenir ne meure. Journal d'un détenu politique à Gurs (juin - octobre 1940)* texte dactylographié, Montpellier, 1982, 46 p (référence abrégée : Martin) et, d'autre part, des témoignages de MM. Joineau et Bérody.

61. Moussinac, p. 144.

de l'îlot, mais leur nombre précis n'est pas connu avec certitude, faute de documentation. Il leur est reproché d'avoir tenu des *"propos défaitistes"* (justification du pacte germano-soviétique, célébration de l'internationalisme de classe), d'avoir *"abandonné leur travail"* (refus de travail dans certaines usines de guerre, grèves) ou d'avoir tenté de *"reconstituer une organisation dissoute"*. Ensuite, environ 200 "droit commun", arrêtés pour coups et blessures, proxénétisme, et autres délits civils ; tout les oppose aux *"politiques"*, avec lesquels de fréquentes bagarres éclatent, d'autant que les *"tatoués"* ne cachent pas leurs sympathies pour les régimes politiques autoritaires (*"Ils nous détestent, nous, les "politiques". Car ils sont pour la plupart en combine avec les gardiens. Pour eux, c'est nous les irréguliers"*[62]). Enfin, quelques personnalités d'extrême-droite, une dizaine environ, qui sont logées dans une baraque à part ; parmi elles, Charles Lesca, directeur de *Je suis partout* et Alain Laubreaux, son collaborateur ; Clément Serpeille de Gobineau, journaliste à *l'Illustration,* Robert Fabre-Luce, etc. ; tous, dans les années suivantes, serviront avec énergie le régime de Vichy ; leur présence, pour le moins inattendue au milieu de *"politiques"*, s'explique surtout par la date de leur arrestation, le 2 juin 1940, c'est-à-dire à une époque où la propagande en faveur des systèmes totalitaires était encore assimilée à un délit, d'autant plus que la France était justement en guerre avec le plus violent de ces régimes ; dès les premiers jours de juillet, ils seront libérés et pourront reprendre, sans encourir le moindre danger, leurs occupations antérieures[63].

Au total, les motifs d'internement sont d'une grande diversité et la réunion en un même espace d'hommes aussi différents entraîne d'innombrables et violentes oppositions. L'essentiel des détenus n'en reste pas moins des hommes de gauche, syndicalistes, socialistes, anarchistes et surtout communistes.

Les *"cas spéciaux"* de l'îlot D appartiennent, du point de vue juridique, à la même catégorie, celle des *"I.F."* en détention préventive. Ils s'en distinguent cependant sur plusieurs points. D'abord, comme le montre le tableau n° 7, leur nombre ; au total, de juillet à décembre, on en compte 208, ce qui est réduit par rapport à leurs camarades de l'îlot B. Ensuite le rythme de leur internement. Ils arrivent, par petits groupes, tout au long de l'été et de l'automne : 78 le 7 juillet, 20 en août, 31 en septembre, 17 en octobre, 38 en novembre, 24 en décembre. Enfin et surtout, le motif pour lequel ils sont internés. Tous, ils sont arrêtés en vertu des décrets anticommunistes des 26 septembre 1939 et 10 avril 1940 ou du *"décret Daladier"*. Il leur est reproché *"le recel ou la distribution de tracts*

62. Moussinac, p. 157
63. Charles Lesca, *Quand Israël se venge,* Grasset, Paris, 1941, p. 127 - 171. Lesca et Laubreaux sont libérés le 28 juin sur l'intervention pressante du préfet des Basses-Pyrénées Angelo Chiappe. Une ordonnance de non-lieu est promulguée en leur faveur, ainsi qu'en faveur de Clément Serpeille de Gobineau, Thierry de Ludre et Robert Fabre-Luce, le 6 août 1941, par le tribunal militaire de Périgueux.

subversifs", ou *"l'excitation des jeunes à la désobéissance"*, ou d'avoir tenu des *"propos défaitistes"*, ou d'avoir *"attenté à la sûreté de l'Etat"*[64]. Il s'agit en fait de militants de la S.F.I.C., de la C.G.T.U., d'*Amis de l'Union Soviétique,* parfois d'anarchistes.

Dans le détail, les 208 *"cas spéciaux"* se répartissent en deux groupes. Le premier comprend les 78 détenus arrivés le 7 juillet 1940. Arrêtés au printemps en raison de leurs opinions politiques, ils avaient d'abord été enfermés dans le pénitencier de Saint-Martin-de-Ré. Vers la mi-juin, au moment de l'arrivée des députés communistes transférés de la prison de la Santé, ils avaient été conduits à la maison d'arrêt de Dax. Le 7 juillet enfin, Dax étant situé en zone occupée, ils sont conduits en zone libre, à Gurs[65]. Parmi eux, Daniel Renoult, un des fondateurs de la S.F.I.C., maire de Montreuil, futur député, et Léon Feix, futur député. La deuxième catégorie rassemble les *"indésirables"* appréhendés par la suite. Il s'agit de militants communistes ou cryptocommunistes résidant soit dans le nouveau département des Landes et Basses-Pyrénées non occupées, soit dans les Hautes-Pyrénées. Arrêtés à leur domicile, ils sont sans délai dirigés sur Gurs. Parfois, quelques violents articles de journaux leur sont consacrés :

> *"Les charognards. Une récente distribution de tracts et de journaux moscoutaires a amené l'internement administratif d'un autre chef, après Nigon, Biard, Chastelain et Lassalles (domiciliés à Tarbes). Il s'agit du nommé Nolibos. On ne saurait tolérer que tous ceux qui ont mis tant de soins à affaiblir la France, avant de la pousser à la guerre, reprennent leur activité destructrice, au cours de cette période de relèvement national. L'énergie dont viennent de faire preuve les autorités ne manquera pas d'impressionner favorablement la population tarbaise"*[66].

Au total, les structures de la population internée dans les îlots B et D se définissent ainsi : un ensemble hétérogène, dans lequel les affrontements sont fréquents et vifs ; une large domination numérique des *"politiques"* sur les autres catégories d'internés, dans une proportion voisine des quatre cinquièmes ; une grande diversité dans l'origine géographique des individus ; une nette prépondérance des jeunes adultes et des hommes dans la force de l'âge. Les autres carac-

64. Motifs d'inculpation relevés par André Moine, *La déportation et la Résistance en Afrique du Nord, op. cit.,* p. 21, et surtout dans l'ouvrage de Louis Gazagnaire, *Dans la nuit des prisons,* E.S., Paris, 1973. (L'auteur a été interné pour motif politique à l'automne 1940).

65. Cet itinéraire est résumé dans la lettre adressée le 10 juillet par le préfet au chef de camp (Arch. dép. Pyr. Atl. 1 M 573).

66. *Le Républicain des Hautes-Pyrénées,* 16 novembre 1940, p. 2 et *La Dépêche des Hautes-Pyrénées,* 17-18 novembre 1940, p. 2. Marcel Biard et André Chastelain sont membres du parti communiste. Le frère de ce dernier sera maire de Tarbes. Georges Lassalles est secrétaire fédéral ; il sera un des animateurs de la résistance tarbaise et fusillé en 1944 par les Allemands. Raoul Nolibos fera partie du C.D.L. des Hautes-Pyrénées à la Libération.

tères demeurent imprécis, à commencer par le poids relatif des groupes socio-professionnels et les structures familiales. On peut même regretter que, de tous les Gursiens, les *"I.F."* soient, de ce point de vue, les plus mal lotis.

Les conditions de séjour dans les îlots B et D sont dures. Elles n'ont rien de commun avec ce que l'on observe, au même moment, dans le reste du camp. En juillet, alors que la confusion et le laisser-aller paralysent les services administratifs, alors que, pendant plusieurs semaines le rôle des gardiens (ils viennent d'être *"démilitarisés"* par l'armistice) n'est plus que symbolique, seuls les *"I.F."* sont maintenus dans un état de détention rigoureux. Pendant l'été, tandis que les autres îlots sont peu à peu vidés sous l'effet des vagues successives de libérations, seuls les effectifs des *"I.F."* restent stables. A l'automne, au moment où un système de cantines se développe au profit de toutes les autres catégories d'internés, seuls les îlots B et D demeurent hermétiquement clos.

Les relations avec le monde extérieur sont limitées au minimum. Aucun journal ne mentionne la présence de Français à Gurs, à l'exception de *Paris-Soir* qui affirme sous la plume de Nicolas Mouneu qu'à l'îlot B on ne trouve que *"des aigrefins, des escrocs, des hommes d'affaires véreux et des mauvais garçons"* qui sont *"éveillés le matin par une bonne odeur de café et le chant des guitares des Espagnols"*[67]. La presse régionale et locale, en revanche, reste muette. Jamais il n'est question de secours d'un quelconque comité philanthropique.

Les visites au parloir sont réduites aux entrevues avec les avocats venus prendre connaissance des dossiers qui leur ont été commis d'office. L'unique contact régulier avec l'extérieur réside dans le courrier, malgré les rigueurs d'une censure pointilleuse.

La surveillance, assurée par les gardiens des prisons parisiennes et bordelaises à l'îlot B, par les services gursiens à l'îlot D, est plus étroite et les brutalités plus fréquentes que partout ailleurs. La moindre incartade est réprimée sans ménagement, surtout quand elle est commise par un *"politique"*. *"Ils cravachaient à tour de bras"* dit Louis Lecoin[68].

> *"J'entends des coups. Quelques jurons. Le silence revient. Un gardien a dû se jeter sur un détenu avec sa trique. Ils ont tous des triques maintenant. 25 septembre. A la visite des colis, il y a eu encore une fois scandale. Un gardien, après avoir fendu tout au long avec son couteau un tube de dentifrice, a lacéré un saucisson et brisé toutes les cigarettes. Il faut voir la joie sadique que ces brutes éprouvent à détruire*

67. *Paris-Soir,* 16 septembre 1940.
68. Louis Lecoin, *De prison en prison,* édité par l'auteur, Antony, 1966, p. 201.

les paquets faits avec tant de soin, à souiller ces petites choses qui nous aident à survivre. Et tout cela sous les yeux du détenu qui serre les poings de rage. Ces provocations sont constantes. Je redoute toujours qu'un pauvre bougre ne perde son sang-froid. Ils n'attendent que cela, nos gardiens, "pour nous mater", comme ils disent"[69].

Comme d'autres Gursiens l'ont fait avant eux, les *"I.F."* occupent le plus clair de leur temps à tenter d'améliorer les conditions de leur internement. Ils confectionnent toutes sortes d'objets : étagères, escabeaux, châlits, placards, bancs, sabots, couverts, *"bijoux"*, *"outils"*, etc. Bref, toute une industrie se met en place dans le but non seulement de lutter contre l'oisiveté forcée, mais surtout de dépasser, par les seules ressources de l'imagination et de l'adresse, les misérables conditions de la vie gursienne.

C'est ce même souci qui préside à l'organisation et au fonctionnement de ce que les internés appellent (pompeusement) *"l'université populaire de Gurs"*. Des cours ou des causeries sont données, généralement le matin, dans certaines baraques. Les disciplines les plus fréquemment enseignées sont l'histoire, la géographie, le français, le dessin et les langues vivantes. L'auditoire, souvent clairsemé, est toujours de qualité, tant l'attention est soutenue.

> *"9 octobre. Me sentant un peu mieux cet après-midi, j'ai parlé devant une trentaine de camarades, réunis dans la baraque 7, des origines de la langue française. C'était très émouvant. D'une grammaire et d'un livre de lectures classiques trouvés dans le camp, j'ai extrait, pour illustrer mon exposé, le texte du* Serment de Strasbourg, *des fragments de Joinville, de Froissart et de la* Chanson de Roland. *J'ai cité de mémoire, à la fin, quelques vers de Villon et le sonnet de Ronsard sur la* Mort de Marie. *A ce moment, l'émotion était si forte que beaucoup pleuraient. (...) Ma causerie a duré une heure et demie"*[70].

Les préoccupations politiques demeurent omniprésentes. Il est vrai que, pour des hommes qui ont été arrêtés en raison des opinions qu'ils professaient, un tel souci semble, en quelque sorte, naturel. Cependant, toute manifestation devant rester souterraine ou, du moins, confidentielle, les informations manquent. Henri Martin affirme que, dans de nombreuses baraques, on tente de reconstituer des cellules de base au sein desquelles les militants procèdent à toutes sortes d'analyses *"sur la situation politique en général et la nôtre en particulier"*[71], sur le système carcéral, la psychologie de l'internement, la conduite à tenir devant les *"durs"* et devant les provocations des gardiens, les actions à entreprendre pour hâter l'instruction des dossiers, etc. Le 1er septembre, l'anniversaire de la fête de

69. Moussinac, p. 174 et 235.
70. Moussinac, p. 242-243.
71. Martin p. 30.

L'*Humanité* est célébré par des divertissements, à l'image de la traditionnelle manifestation de Garches, et des discours prononcés par Daniel Renoult et quelques orateurs improvisés[72]. Il est donc clair que les *"politiques"* ont tenté de profiter des circonstances exceptionnelles engendrées par leur internement pour consolider leur formation générale et idéologique, voire pour tremper leur énergie militante.

Ainsi les détenus se bâtissent peu à peu un système de vie particulier. Il procède des conditions mêmes de l'internement. Il a pour caractéristique première une autarcie presque totale. Il a ses propres activités, ses propres projets, ses propres soucis. Il repose sur ses propres moyens d'information (*"Radio-bureau", "radio-infirmerie", "radio-cuisine", "radio-chiottes"*), dispose de son propre vocabulaire (*"les gos ce sont les poux, la tortore, la nourriture, le clope, un mégot, etc.*[73]*)"*, de sa propre monnaie :

> *"Le tabac est désormais l'étalon monétaire de l'îlot. Ainsi la "touche", c'est-à-dire le droit d'aspirer une bouffée de cigarette, est l'unité la plus basse. Le "clope", autrement dit le mégot, vient ensuite et marque une nuance de valeur, selon qu'il provient d'une cigarette "neuve" ou d'une cigarette déjà faite avec des mégots. Il y a encore la "pipe" (la cigarette), unité moyenne, et le "ballot" (paquet de tabac), valeur la plus haute, que beaucoup assimilent à un "billet" (100 francs). Tout se traite maintenant sur ces bases originales. L'or n'y vaut pas grand chose. Il subsiste bien quelque vraie monnaie : chez les "durs" seulement"*[73].

Les pesanteurs de la vie gursienne expliquent le profond sentiment d'isolement ressenti par la plupart des internés. Gurs, pour un *"I.F."*, c'est d'abord un monde à part, coupé du réel, loin des lieux où l'on pourrait se rendre utile à la communauté. Dans cet environnement hostile se posent deux problèmes quotidiens majeurs : l'hygiène et l'alimentation.

Les conditions d'hygiène que les détenus doivent endurer sont rudes. Les raisons en sont moins l'infrastructure sanitaire, convenable dans l'ensemble, la possibilité de prendre une douche hebdomadaire et l'existence des infirmeries, que l'attitude des services médicaux et la promiscuité à l'intérieur des chambrées.

Pour un *"politique"*, il vaut mieux, en effet, ne pas avoir à recourir aux soins des médecins du camp. Leurs diagnostics sont expéditifs et leurs méthodes brutales. *"Quand on va à la visite, le médecin dit : "c'est vous les Français de l'îlot D ? Foutez-moi le camp. Il n'y*

72. Martin, p. 36 et Moussinac p. 218
73. Moussinac, p. 169

a rien pour vous ici !"[74]). Léon Moussinac, gravement atteint d'entérite, ayant perdu 24 kilos en trois mois, à l'article de la mort, n'obtient son hospitalisation que sur l'intervention pressante d'un comité parisien auprès du chef de camp[75].

Dans la lutte qu'ils mènent contre la crasse et les parasites, les internés ne doivent compter que sur eux-mêmes. Leur combat de tous les instants est souvent vain. Ils ont beau, chaque jour, balayer, laver à grandes eaux le plancher, les cloisons et la charpente, vérifier la propreté de la paille servant de litière, et nettoyer leurs habits, la vermine demeure. Dans certaines baraques, elle prolifère. Pour la détruire, il eût fallu disposer de désinfectants mais, en dehors de l'eau de Javel distribuée parcimonieusement, aucun produit n'est fourni par l'administration. Il eût été indispensable, en outre, que tous les détenus fussent convaincus de la nécessité de cette lutte. Or l'unanimité n'a jamais été acquise, certains hommes sombrant peu à peu dans l'abattement et ne cherchant même plus à chasser les parasites qui les assaillent. C'est pourquoi les chambrées vivent en permanence sous la menace de l'invasion des poux, des puces et des punaises. Rares sont les privilégiés qui, à un moment ou à un autre de leur séjour à Gurs, n'ont pas été touchés.

Quant aux rats, malgré les innombrables chasses menées à leur encontre, ils règnent en maîtres dans le camp.

> *"Le plus gros travail est la destruction des rats qui pullulent sous le plancher. Armés de bâtons, de balais, de galets, les hommes entourent les baraques et, chaque fois qu'un rat s'en échappe, il est impitoyablement anéanti. C'est une chasse véritable car, quelquefois, le rat, percevant le danger, rentre et se réfugie sous le plancher, jusqu'à ce que le dernier panneau soit enlevé. C'est alors la fuite générale, dans tous les sens, jetant la panique (...) Quand la destruction est terminée, tous les rongeurs sont alignés. Il y en a une bonne centaine, petits, gros, géants même, de toutes les couleurs : noirs comme des taupes ; gris, jaunes, roux"*[76].

L'alimentation est la source de difficultés plus graves encore. Déjà, les rations fixées par la circulaire du 26 septembre 1940 avaient été calculées au plus juste[77]. Dans les îlots B et D, où il n'est pas question, en raison de l'isolement dans lequel les internés sont tenus,

74. Lettre (non datée) envoyée en décembre 1940 par *"un indésirable français syndicaliste"* à René Belin, ministre de la Production industrielle et du Travail ancien secrétaire général de la C.G.T. (Arch. dép. Pyr. Atl., liasse non cotée 269).

75. La lettre adressée le 19 août 1940 par le comité populaire du XIIIe arrondissement à M. Noël, chargé d'affaires du Gouvernement français à Paris, le présente comme *"atteint d'ulcères intestinaux"* et *"dans un état qui inspire les plus vives inquiétudes"* (lettre citée dans le rapport adressé le 4 novembre 1940 par le ministre de l'Intérieur au préfet des Basses-Pyrénées, Arch. dép. Pyr.-Atl., liasse non cotée, 500/12).

76. Martin, p. 23

77. Voir ci-après chapitre dixième, tableau n° 17, p. 306.

de faire appel, comme dans le reste du camp, aux surplus alimentaires de *"denrées non contingentées"* vendues dans les cantines, le texte ministériel est appliqué de façon étroite. La qualité des produits, en outre, est loin d'être attestée et il semble bien que des denrées suspectes aient été, à de multiples occasions, fournies aux internés.

Le 13 septembre 1940, Moussinac affirme que *"à 13 heures 30 la viande est arrivée à la cuisine noire, pleine de vers"*[78]. En octobre, plusieurs lettres contiennent des plaintes analogues : *"aucun commerçant n'aurait eu le front de nous vendre de tels légumes, avant la guerre"* ou bien *"les vivres fournis par les Subsistances sont à peine présentables"*[79].

Les conséquences d'une telle situation ne se font pas attendre. Dès le mois de juillet, la faim commence à sévir. Pour preuve, il faudrait citer tout le courrier intercepté par la censure : il n'est pas un seul rapport de la commission, entre juillet et décembre, qui ne signale *"l'alimentation très médiocre et insuffisante"*, la *"pauvreté alimentaire"* ou *"le mauvais état de la nourriture"* et ses conséquences : *"presque tous les internés se plaignent de la faim"*[80].

Les dégâts causés par la faim sont de tous ordres. Du point de vue psychologique, elle dérègle les comportements et devient une telle obsession que toute activité en est affectée. Du point de vue somatique, elle provoque une rapide dégradation des capacités de résistance physique et nerveuse.

Au bout de quelques semaines, elle se manifeste sous la forme de maladies, dont la plus fréquente est l'entérite gastro-intestinale (généralement signalée dans les témoignages sous les termes de *"dysenterie"* ou même de *"typhus"*). L'entérite se traduit par de fréquents dérangements, de brusques et violentes coliques, accompagnées parfois de saignements. Elle est contagieuse : elle n'affecte que quelques chambrées en août mais envahit presque tout l'îlot B au cours des premières semaines de septembre. Ses causes résident essentiellement dans les déficiences et l'uniformité de la nourriture du camp.

Parfois apparaît aussi ce que les Gursiens appellent *"la maladie de la faim"*. Elle se manifeste par un grand état d'épuisement et la formation, d'abord sur les membres, ensuite sur les autres par-

78. Moussinac, p. 228
79. Extraits de deux lettres adressées le 6 octobre et le 4 décembre 1940 par des internés de l'îlot D à leur famille, reproduits dans le rapport n° 617 BMA de la commission de contrôle postal adressé le 26 décembre 1940 au préfet des Basses-Pyrénées (Arch. dép. Pyr. Atl., M provisoire, 500/12).
80. Rapports de la commission du contrôle postal siégeant à Lyon au préfet des Basses-Pyrénées. Les citations sont extraites des rapports rédigés le 2 octobre et le 4 décembre 1940 (Arch. Dép. Pyr.-Atl., M provisoire, 500/6 et 500/12).

ties du corps, d'œdèmes qui obligent le patient à rester couché, l'affaiblissent et finissent, à terme, par mettre ses jours en danger. La seule thérapeutique est l'hospitalisation et la *"suralimentation"*[81].

La sévérité des conditions de séjour dans les îlots B et D ne relève donc pas de l'affabulation. Fin octobre, lorsque les pluies transforment le sol en un immense bourbier et qu'il faut se résigner à passer des journées entières claquemuré dans les baraques froides et obscures, la situation des *"I.F."* devient franchement critique. L'isolement, la crasse, la maladie et même, dans une certaine mesure, la vanité des occupations proposées par les animateurs infatigables du groupe, ébranlent les volontés les mieux trempées. Certains détenus, épuisés de fatigue, démoralisés, adressent des lettres éplorées à leurs amis. *"Nous sommes mis au rang de la lie de la société"*, dit l'un. *"Nous sommes pourtant des hommes"*[82], dit l'autre.

> *"Si nous étions des bêtes nous serions mieux soignés ! Un jour, lorsqu'on écrira l'histoire de Gurs, tous les gens de cœur, tous les gens honnêtes seront écœurés !"*[82].

Le souci principal des internés peut être résumé en une question : comment sortir du camp ?

Toutes les solutions sont envisagées, à commencer par l'évasion. Mais la surveillance est tellement étroite, les possibilités de préparation tellement réduites, les contacts avec l'extérieur tellement insignifiants, qu'elles sont presque toujours vouées à l'échec. Les intéressés sont finalement repris, parfois très loin de Gurs[83] et aussitôt enfermés à l'îlot de représailles des *"politiques"*. Parfois, l'aventure se termine tragiquement : le 13 juillet, Charles Einstein, plutôt que de se rendre, se jette dans le Gave d'Oloron et se noie[84].

Ceux qui *"ont des relations"* essaient d'y faire appel. Les ministres de Vichy eux-mêmes sont sollicités, du moins ceux qui ont été marqués à gauche dans le passé. Une lettre est adressée à René Belin, ancien secrétaire général adjoint de la C.G.T., devenu ministre de la Production industrielle et du Travail. Elle fait appel à sa *"conscience d'ancien responsable syndical"*[85] et dénonce l'absence d'hygiène, l'insuffisance de la nourriture, l'attitude hostile des services médicaux. Louis Lecoin écrit à Laval, qu'il a bien connu à l'épo-

81. Les phases successives de ces maladies puis, après l'hospitalisation, de leur traitement, sont décrites par Moussinac qui fut atteint de l'une et de l'autre (Moussinac, p. 195-237).
82. Courrier intercepté par la censure, reproduit dans le rapport adressé le 4 décembre 1940 par la commission de contrôle postal au préfet (Arch. Dép. Pyr. Atl., M provisoire, 500/12). Plusieurs lettres conservées à l'Institut Maurice Thorez, témoignent aussi de l'épuisement psychologique et physique des internés.
83. *Le Patriote des Pyrénées,* 26 octobre 1940, p. 3. Sept évadés sont arrêtés par la gendarmerie dans la région lyonnaise.
84. *La Petite Gironde,* 14 juillet 1940, p. 1.
85. Voir la note 74.

que où tous deux militaient dans les rangs du parti socialiste ; il l'informe des conditions illégales dans lesquelles il a été interné et termine sa lettre par ces mots :

> *"J'en appelle à vous, Monsieur le Président, qui me connaissez depuis trente années. J'en appelle à vous et j'attends, sans trop d'appréhension, que justice me soit rendue"*[86].

Mais rien n'y fait et les *"politiques"* demeurent au camp. C'est que, pour eux, il n'y a guère que deux possibilités de départ (en dehors des décès, un le 2 juillet, à l'îlot B, et l'autre, déjà mentionné, celui de Charles Einstein) : la libération ou le transfert dans les camps de la Dordogne, département dans lequel viennent de se replier les tribunaux de Paris.

Les raisons comme les modalités des libérations, à peu près une trentaine, ne sont pas connues. Il est néanmoins acquis qu'il s'agit de décisions individuelles comme, par exemple, pour Lesca, Laubreaux et Fabre-Luce, les 28 et 29 juin. La seule exception date du 3 septembre : ce jour-là, 11 détenus sont élargis en raison de leur âge avancé. Ils quittent Gurs en levant le poing, ce qui fait dire à un gardien : *"Quelle mentalité ces vieux !"*[87]

Toutes les autres sorties, soit 1300 environ, sont des transferts. Les détenus de l'îlot B sont expédiés dans le camp de Mauzac ou dans les prisons de Nontron et de Périgueux (Dordogne). Ils y attendront parfois pendant plusieurs mois encore, que les tribunaux décident de leur sort. Dans la plupart des cas, ils seront condamnés. Mais certains, comme Léon Moussinac, seront purement et simplement acquittés. Pour ceux-là, le passage à Gurs est une erreur dont ils auraient fait volontiers l'économie.

Les détenus de l'îlot D sont transférés dans les prisons de Pau et de Tarbes en attendant, eux aussi, leur comparution devant les tribunaux. Presque tous seront condamnés à la prison ferme, mais il n'est pas sûr que leur séjour en maison d'arrêt ait été plus dur que leur internement à Gurs. Parfois, ils bénéficieront d'un non-lieu, comme Daniel Renoult. Les autres sont envoyés les 30 et 31 décembre à Nexon (Haute-Vienne) où, depuis quelques semaines, un camp spécial vient d'être ouvert ; ils y trouveront le même type de baraques, le même climat rigoureux, mais un terrain à peu près praticable et, en fin de compte, des conditions de vie sensiblement améliorées par rapport au centre béarnais. Le 31 décembre 1940, plus aucun *"I.F."* n'est interné à Gurs.

En définitive, le séjour n'aura duré que quelques mois. Ils laissera cependant dans le souvenir de ceux qui l'ont subi une trace ineffaçable. Aujourd'hui encore, les anciens *"I.F."* de Gurs parlent avec

86. Louis Lecoin. *De prison*, *op. cit.*, p. 198-200. L'auteur, interné comme anarchiste, est libéré de Gurs puis immédiatement réinterné pour avoir répondu à une provocation du capitaine chargé du greffe.
87. Moussinac, p. 220

une émotion teintée de fierté de leur passage dans ce camp où furent internés des Républicains espagnols et des Juifs, vivants symboles des victimes des régimes totalitaires. Mais ils comprennent mal pourquoi ils ont été conduits à Gurs, et non dans une quelconque prison de la zone non occupée. La réponse tient, pour l'essentiel, aux circonstances, c'est-à-dire à la confusion administrative engendrée par l'armistice. La séparation de la France en deux zones, la volonté d'indépendance manifestée par Vichy, en 1940, à l'égard du vainqueur, la démilitarisation des troupes et de la gendarmerie, ont conduit la nouvelle administration du pays à prendre, en toute hâte, des dispositions de circonstance. La question des détenus en détention préventive étant considérée comme secondaire, elle a été réglée à la va-vite par le choix, comme lieu d'internement, de Gurs, alors vidé de ses premiers occupants. Cette décision, qui ne relève d'aucune politique répressive cohérente, est purement ponctuelle. Pour les détenus, elle fut ressentie comme un châtiment d'une perversité inattendue. Il est difficile de préciser dans quelle mesure elle devait, par la suite, les pousser à s'engager activement dans la lutte contre l'occupant et contre Vichy, mais il est certain que la plupart des *"I.F."* de Gurs allaient, dans les années suivantes, jouer un rôle essentiel au sein des réseaux clandestins de résistance[88].

Les îlots B et D du camp de Gurs constituent bien un camp à part. Pendant l'été 1940, au moment où la discipline se relâche dans toutes les autres sections du centre béarnais, ils sont soumis à une surveillance renforcée. Alors que les autres internés disposent, à la suite des libérations de leurs camarades, d'un espace plus vaste, les *"I.F."* demeurent confinés dans leurs baraques, sans autre contact avec l'extérieur que le courrier. Ils sont, sinon systématiquement, du moins régulièrement, soumis à la brutalité de leurs gardiens désireux de mater ces *"fortes têtes"*. Tout au long de leur séjour, l'hygiène et la nourriture se révèlent durablement insuffisantes.

Ces deux îlots forment la section ouvertement répressive de Gurs. Elle en est en tous points comparable au quartier B du Vernet, avec, en plus, les inconvénients inhérents à la nature argileuse du sol. On peut, au bas mot, parler de camp disciplinaire, dont la fonction est d'abord de briser ceux qui y sont enfermés, et non d'assurer leur détention préventive avant leur passage devant les tribunaux. En fait, les îlots B et D ne sont rien d'autre qu'un camp de concentration français.

En octobre 1940, l'arrivée des Juifs badois ouvre une nouvelle page de l'histoire du camp, la plus sombre. Jusque là, plus de 42 000 personnes ont été internées, dont 17 500 environ depuis le début

88. Georges, Joineau, Bérody, Martin, Péron, Pasquier, etc., seront responsables de réseau et de section. Pour Lassalles et Nolibos, voir la note 66.

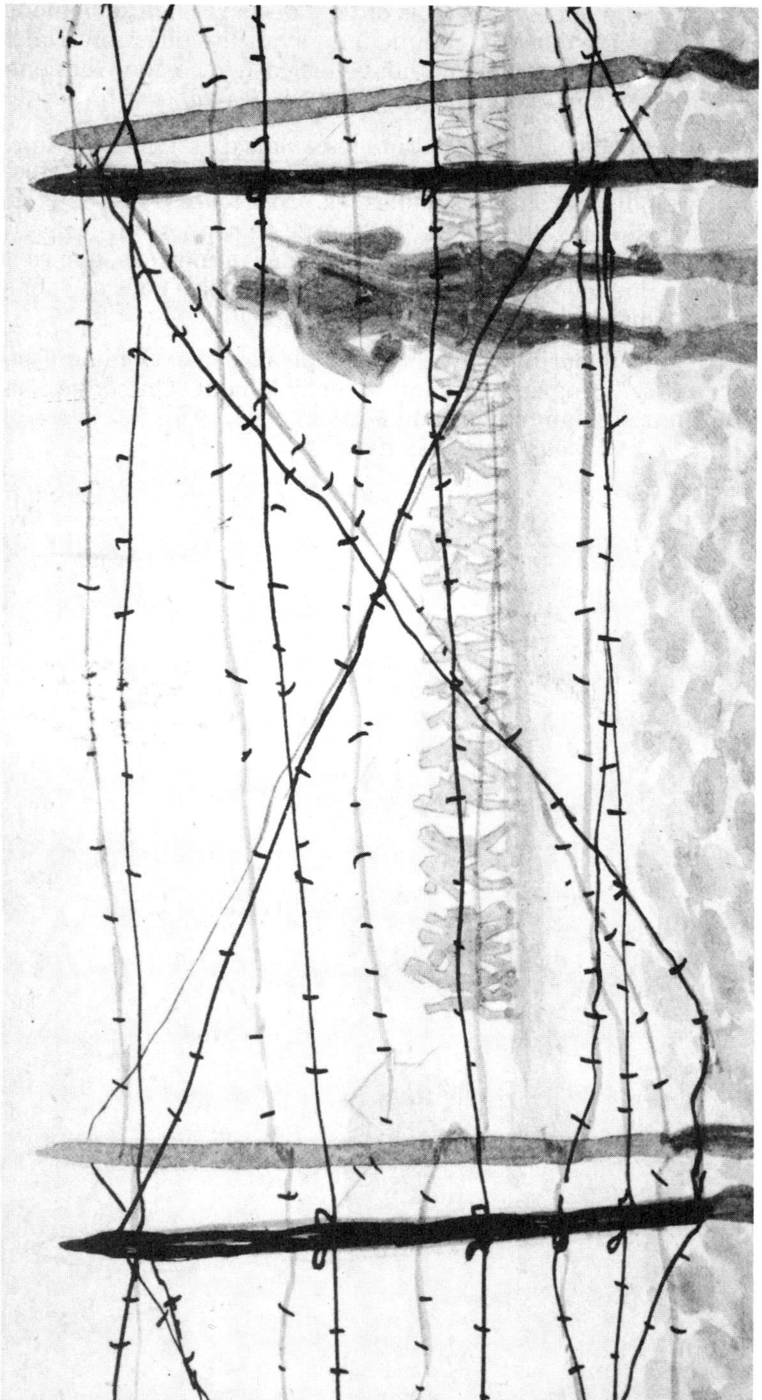

Camp de Gurs 1940
"Toujours la même chose"
Lavis de Low et Bodek

de la guerre. Les cinq derniers mois ont été décisifs : non seulement le centre n'a pas été dissous, comme il en avait été question avant la campagne de France, mais de nouvelles catégories de Gursiens ont été conduites dans les baraques : les *"indésirables"*.

Le pas a été franchi. Plus question désormais d'assimiler le camp à un *"centre d'accueil"* comme s'en targuaient les autorités préfectorales : les conditions dans lesquelles les *"politiques français"* ont été détenus relèvent d'une volonté délibérée de répression et d'avilissement. Celles qu'ont dû endurer les femmes immigrées, que rien ne préparait à une telle épreuve, étaient inimaginables pour des gens qui avaient choisi la France comme terre d'asile.

Et pourtant, la période suivante sera pire encore. Comment en est-on arrivé là ? Progressivement, insensiblement. On songe à la phrase de Churchill, au moment de Munich : *"Vous hésitez entre la guerre et la honte. Vous aurez les deux"*.

CHAPITRE SIXIEME

OCTOBRE 1940 - NOVEMBRE 1943 LE CAMP JUIF

Depuis l'armistice, la France est coupée en deux par la ligne de démarcation. La nouvelle frontière passe au milieu du département des Basses-Pyrénées. L'ouest, qui correspond sensiblement aux provinces basques, est *"occupé"*, et l'est, c'est-à-dire presque tout le Béarn, est *"libre"*. Gurs, situé dans la zone non-occupée, à une vingtaine de kilomètres des postes frontières de Sauveterre -de-Béarn, Salies-de-Béarn et Orthez, relève de la seule compétence du gouvernement de Vichy et des services préfectoraux de Pau.

Durant l'été 1940, le camp se vide.Le 1er octobre, il ne reste plus que 3 594 internés et la plupart des Béarnais pensent que la dissolution n'est qu'une question de jours. A vrai dire, tout annonce une fermeture prochaine. La moitié des îlots ne sont-ils pas désaffectés? Les baraques de bois,utilisées sans discontinuer depuis un an et demi ne tombent-elles pas en ruine ? Les Gursiens ne doivent-ils pas être incorporés dans les compagnies de travailleurs étrangers ? Et puis, si l'on devait encore utiliser le camp, aurait-on laissé la moitié des îlots à l'abandon ? A-t-on le temps maintenant, avant l'hiver, de restaurer les toitures, de renforcer les *bas-flancs*, de faucher les hautes herbes, de chasser les colonies de rats qui s'y cachent, de récurer les *"égouts"*, de drainer le sol déjà engorgé par les pluies d'automne ? Sans parler des gardiens, gendarmes et gardes mobiles, qui ne peuvent demeurer indéfiniment à Gurs, faire un métier qui n'est pas le leur.

A Vichy, cependant, le nouveau gouvernement ne l'entend pas ainsi. A peine installé, il s'en prend aux *"véritables responsables de la défaite"*, aux premiers rangs desquels se trouvent les Juifs. Le 17 juillet, il leur ferme l'accès aux emplois dans les administrations publiques[1] ; le 22, il promulgue un décret-loi portant révision des naturalisations effectuées depuis le 10 août 1927[2] . Certes, il n'est pas encore question de "purger" le pays des Juifs qui y habitent, comme le fait, au même moment, l'administration nazie en Alsace-Lorraine, mais il est clair dès l'été 1940, que Vichy ne ménagera pas les Juifs.

C'est au cours du mois d'octobre 1940 que le racisme de Vichy s'affirme ouvertement et que l'essentiel de la législation antisémite est promulgué. Moment décisif où s'enclenche le mécanisme qui conduira par la suite, de complicités en compromissions, à livrer aux nazis les hommes destinés à périr dans les camps de la mort. Le 3 octobre, est adopté le *Statut des Juifs*[3] qui écarte les Juifs de la fonction publique, de la presse, etc. Le lendemain, un décret-loi stipule que:

> *"Les ressortissants étrangers de race juive pourront, à dater de la promulgation de la présente loi, être internés dans des camps spéciaux par décision du préfet du département de leur résidence"*[4].

Le 20 octobre, le ministère de l'Intérieur publie une note détaillée sur le fonctionnement des *"camps d'étrangers"* situés en zone non-occupée[5]. Six camps sont retenus : Le Vernet (Ariège), *"camp répressif"* ; Gurs, *"semi-répressif"* ; Bram (Aude), Argelès et Saint-Cyprien (Pyrénées-Orientales), *"camps d'hébergement"* ; et Les Milles (Bouches-du-Rhône), pour les hommes en instance d'émigration.

Ainsi non seulement le centre béarnais n'est pas fermé, mais il figure en bonne place dans le système carcéral vichyssois. Tout est prêt désormais pour que le piège fonctionne. Il ne manque que les victimes.

A Gurs, elles arrivent à la fin du mois, du 24 au 31 octobre, puis, sans discontinuer, pendant trois ans. Au total, 18 185 personnes (21 794 si l'on inclut ceux qui étaient déjà internés le 24 octobre). Pres-

1. Décret du 17 juillet 1940, publié le lendemain au *Journal officiel,* p. 4 535.

2. Publié au *Journal officiel* le 23 juillet 1940, p. 4 567. Jusqu'alors, les naturalisations étaient prononcées en vertu du décret du 10 août 1927, désormais abrogé.

3. Publié comme décret-loi au *Journal officiel* le 18 octobre 1940, p. 5 323.

4. Décret-loi du 4 octobre 1940, article 1er, publié au *Journal officiel* le 18 octobre 1940, p. 5 324.

5. Notre directive adressée le 21 octobre 1940 par le ministre de l'Intérieur, direction de la Police du Territoire et des Etrangers, 7e bureau, au préfet des Basses-Pyrénées (Arch. dép. Pyr. Atl., M provisoire, 500/6).

que tous sont enfermés pour des raisons spécifiquement raciales. Presque tous ont connu en Béarn une des ultimes étapes de leur vie.

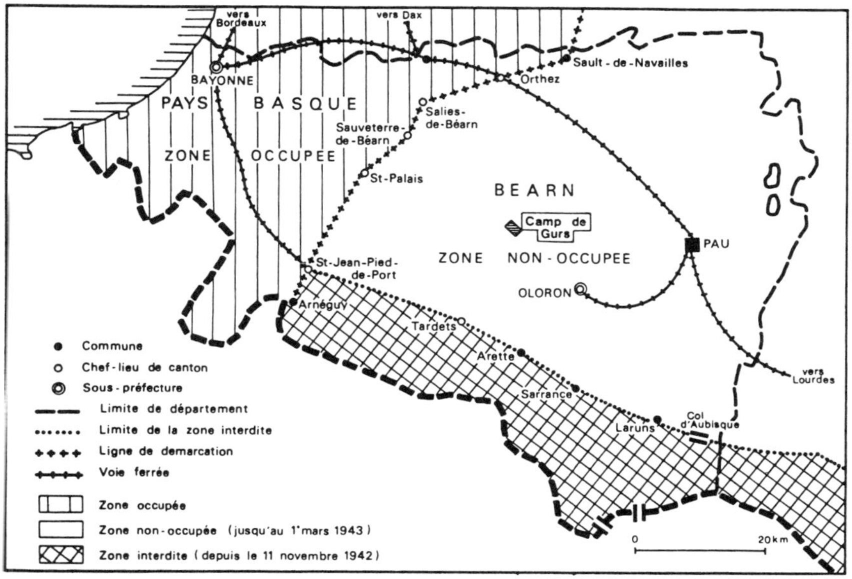

LE DEPARTEMENT DES BASSES-PYRENEES A L'EPOQUE DE VICHY (1940 - 1944)

En trois ans, 18.185 internements
(du 24 octobre 1940 au 1er novembre 1943).

A la veille de l'arrivée des Juifs badois, le 24 octobre 1940, les effectifs internés se répartissent en trois groupes : les Français, les Espagnols et les *"indésirables étrangers"*. En tout,3 309 Gursiens.

Les Français (I.F.), enfermés dans les îlots B et D, sont encore nombreux : 689 hommes. Ils quitteront Gurs au cours des semaines suivantes, les derniers le 31 décembre 1940, pour le camp de Nexon (Haute-Vienne).

Les 1640 Espagnols sont internés de l'autre côté de l' allée centrale, dans les îlots A, C et E. Les hommes sont rassemblés dans la compagnie de travail du camp, dont l'effectif vient d'être porté à 300 ouvriers, et occupent, depuis le début de l' automne, les baraques de l'îlot A. Certains d'entre eux vivent au camp depuis avril 1939. Les femmes résident avec leurs enfants dans les deux îlots mitoyens, C et E. Les arrivées massives de juives allemandes, à la fin du mois, bouleversent leur situation : en une semaine, entre le

26 et le 31 octobre, plus d'un millier d' Espagnoles sont transférées avec leurs enfants au camp de Rivesaltes, désormais spécialisé dans l'*"accueil"* des réfugiés espagnols ; les autres, 300 célibataires et veuves environ, sont envoyées dans les *"îlots du fond"*, où se trouve le camp des femmes, sans distinction d'origine ni de nationalité.

Les *"indésirables étrangers"* sont presque uniquement des femmes. Leur statut est identique à celui des Espagnoles, mais les statistiques officielles les décomptent séparément. Il s' agit, en effet, de 980 Juives apatrides divisées en deux groupes. Les unes, un peu plus de la moitié, sont au camp depuis le mois de mai. Elles ont toujours cru que la France les protègerait, que le régime de Vichy les préserverait des persécutions nazies et que Gurs leur offrirait sinon le confort, du moins la sécurité. Elles auraient pu émigrer pendant l'été, mais n'en ont pas senti la nécessité. Lorsqu'est promulgué le Statut des Juifs, il est trop tard ; elles ne peuvent plus quitter les îlots. Les autres sont internées depuis quelques semaines, depuis leur arrestation par les services de gendarmerie pour défaut de titres de séjour ou pour passage clandestin de la ligne de démarcation. Celles-là semblent souvent plus conscientes des dangers que le régime de Vichy fait peser sur elles. Toutes, anciennes comme nouvelles venues, sont groupées à l'îlot M, par nationalités.

Fin octobre 1940, l'internement des Badois et des "Cypriennais"

Au cours de la dernière semaine d' octobre, un véritable flot d'*"indésirables"* est déversé sur Gurs : 10 945 personnes, presque toutes d'origine allemande. 6 538 proviennent directement du pays de Bade, 3 870 du camp de Saint-Cyprien (Pyrénées-Orientales) et le reste, 500 environ, de divers camps. Ces arrivées, dont l'ampleur prend au dépourvu les services français, ouvrent la page la plus sombre de l'histoire de Gurs.

Le 24 octobre, en fin d'après-midi, le jour même où, à quelques centaines de kilomètres de là, Pétain rencontre Hitler à Montoire, arrivent les premiers déportés badois. D'autres suivent pendant la soirée, puis pendant la nuit. Des heures durant, sous la pluie qui tombe à verse, l'interminable cortège s' égrène sur la route centrale du camp. Les internés français de l'îlot B sont frappés de stupeur. Moussinac note dans son journal :

> *"25 octobre. Nous n'avons pu dormir. Toute la nuit ont circulé des camions amenant des Juifs. Quelle tristesse et, au fond de nous, quelle révolte ! (...) Un spectacle lamentable. On apercevait des vieillards qu'il fallait porter"*[6].

6. Moussinac, p. 250.

Périodes	Allemands	Autrichiens	Polonais	Espagnols	Autres nationalités	TOTAL
24-31 octobre 1940	8 915	1 225	480	30	295	10 945
Novembre-Décembre 1940	225	160	55	75	100	615
Janvier-Juin 1941	255	130	245	305	165	1 100
Juillet-Décembre 1941	55	20	145	80	110	410
Janvier-Juin 1942	35	10	35	50	90	220
Juillet-Décembre 1942	400	140	600	740	685	2 565
Janvier-Juin 1943	280	130	900	210	745	2 265
Juillet-Octobre 1943			10	25	30	65
TOTAL	10 165	1 815	2 470	1 515	2 220	18 185

Tableau n° 8 - Internements au camp de Gurs du 24 octobre 1940 au 1er novembre 1943

Louis Lecoin contemple, consterné :

> *"Le défilé ininterrompu de femmes et d'hommes de tous âges, d'enfants de toutes tailles, ployant sous les balluchons, trébuchant, s'effondrant dans la boue. En flancs-gardes, des gendarmes et gardes mobiles gueulant, sacrant et, colériques, cravachant à tour de bras ceux, notamment, qui s'affaissaient. Et la pluie dégoulinait sans interruption, noyant les larmes des gosses"*[7].

Le 25 au matin, la population du camp a triplé : en une nuit, elle est passée de 3 309 à 9 847 internés, alors que rien, dans les jours précédents, ne laissait présager des arrivées aussi massives.

Les raisons pour lesquelles les Badois ont été conduits à Gurs relèvent de considérations qui n'ont rien à voir avec le Béarn. Le 28 juin 1940, Robert Wagner a été désigné *Gauleiter* de la nouvelle province du Reich composée du pays de Bade et de l'Alsace, avec Strasbourg pour capitale. Le 7 août, un autre fonctionnaire nazi, Joseph Bürckel, dont la réputation d'homme à poigne a largement dépassé le cadre du pays puisqu'il fut l'organisateur du plébiscite de 1935 en Sarre et le premier *Gauleiter* de l'Autriche après l'*Anschluss*, est désigné pour prendre la tête du *Gau Westmark*, au sein duquel sont regroupés le Palatinat, la Sarre et la Lorraine. Dès leur installation à Strasbourg et à Sarrebruck, Wagner et Bürckel entreprennent de mettre au pas tous ceux qui sont domiciliés dans leurs *Länder* respectifs.

D'abord, ils expulsent vers la zone occupée les Alsaciens-Lorrains opposés au nouveau régime, ainsi que ceux qui osent proclamer leur attachement à la France. A la fin de l'été 1940, cette première étape de la *"pacification"* étant achevée, les deux *Gauleiter* s'engagent dans une rude politique de germanisation qui, à leurs yeux, ne saurait réussir sans une *"aryanisation"* préalable, c'est-à-dire sans avoir chassé les Juifs des deux nouvelles provinces. C'est pourquoi, en un premier temps, les Juifs badois, palatins et sarrois sont expulsés de chez eux le 22 octobre 1940 ; en un deuxième temps, les Juifs alsaciens et lorrains, ainsi que d'autres *"indésirables"*, seront chassés de leur domicile, du 12 au 22 novembre 1940, dans des conditions sensiblement identiques à celles des précédents.

La déportation des Badois en France, à laquelle on donne habituellement le nom d'opération Bürckel, n'a donc rien d'accidentel. Elle s'insère logiquement dans un plan soigneusement préparé, visant à imposer aux deux provinces les plus occidentales du Reich une totale germanisation fondée sur les principes de la doctrine nazie.

Le lieu final de la déportation, en revanche, peut paraître surprenant. Jusqu'alors, en effet, tous les déplacements de populations étaient organisés vers l'Est. Au printemps 1938, par exemple, le

7. Louis Lecoin, *De prison en prison*, op. cit., p. 201.

pays de Bade avait fait l'objet d'une première "purge" : les hommes âgés de plus de 18 ans qualifiés d'*"indésirables non-Aryens"*, c'est-à-dire les Juifs polonais et dantzigois résidant dans le *Land*, avaient été arrêtés, conduits en gares de Mannheim et Stuttgart, convoyés jusqu'à la frontière orientale et rejetés dans leur pays. En octobre 1940, l'expulsion des Juifs badois vers l'Ouest, vers le territoire français, constitue donc une profonde innovation. Mieux, c'est l'unique déportation vers l'Ouest effectuée par les fonctionnaires nazis.

Elle résulte surtout des circonstances du moment. A l'automne 1940, les responsables du Reich prennent conscience que la défaite des armées françaises ouvre de nouvelles perspectives à leur politique antisémite. Ils hésitent encore entre divers types de répression : l'expulsion des Juifs vers l'Ouest, puis vers une colonie française ? L'expulsion vers l'Est ? Le travail forcé dans des camps allemands ? Le génocide lui-même n'est pas encore envisagé, du moins officiellement.

Le projet le plus sérieux est alors le *"plan Madagascar"*, de conception grandiose. Son but est de transformer l'île africaine en une sorte de super-ghetto, à l'intérieur duquel tous les Juifs arrêtés par les nazis ou leurs satellites seraient concentrés, sous le contrôle direct des SS. Comme l'île est colonie française, il convient d'obtenir l'aide active de Vichy. Or, justement, les mesures antisémites qui viennent d'être prises en zone non-occupée n'annoncent-elles pas un alignement des positions vichyssoises sur l'attitude des nazis ? Dans ces conditions, il est envisageable de se débarrasser des Juifs raflés au cours de l'opération Bürckel en les envoyant en France, tout en suggérant aux responsables du nouveau régime de les expédier aux antipodes. La déportation des Badois vers l'Ouest marque donc la première étape de la réalisation du monumental projet.

Cependant l'arrivée imprévue des *"indésirables"* allemands en territoire français n'engendre pas les réactions escomptées. Elle provoque au contraire une vive protestation de la commission française d'armistice. Par la suite, Vichy réclamera à plusieurs reprises le retrait des réfugiés même. Devant une telle mauvaise volonté, les autorités nazies cherchent d'abord à modifier le plan, puis lui substituent, à la conférence de Wannsee (janvier 1942), un autre projet grandiose, *"la solution finale de la question juive"*. En définitive, la déportation des Juifs badois, palatins et sarrois vers le Midi de la France constitue la première, mais aussi l'unique phase de l'exécution du *"plan Madagascar"*[8].

8. Sur le contexte historique de l'opération Bürckel et sur le *"plan Madagascar"*, voir Léon Poliakov, *Bréviaire de la haine. Le IIIe Reich et les Juifs*, Livre de poche n° 3834, p. 77-83.

En Allemagne, l'opération Bürckel avait été préparée de longue date par le R.S.H.A. d'Heydrich et probablement organisée par Eichmann lui-même[9]. Elle est exécutée durant la matinée du 22 octobre par la Gestapo et les SS selon une technique désormais parfaitement au point. Celle-là même qui avait été expérimentée au printemps 1938 contre les Polonais domiciliés au pays de Bade et qui sera imitée, jusque dans le détail, par la police parisienne, les 16 et 17 juillet 1942 : arrestations aveugles, quels que soient l'âge, le sexe ou l'état de santé des personnes considérées, délais très brefs pour préparer les valises, interdiction d'emporter plus de 50 kilos de bagages, obligation de prendre une grosse couverture, des ustensiles de cuisine et une garde-robe complète, regroupement des victimes dans des écoles ou des gymnases, puis transfert en autobus jusqu'au lieu de rassemblement, les membres d'une même famille devant rester ensemble[10].

7 700 Juifs allemands sont raflés dans la matinée du 22 : la majorité, 6 538, dans le pays de Bade, les autres, 1 125 environ, dans le Palatinat de la Sarre. Tous sont immédiatement conduits, par convoi spécial composé de neuf trains, à la frontière du territoire français non-occupé, par Mulhouse et Chalon-sur-Saône.

> *"Interprétant abusivement les accords conclus à Wiesbaden entre la commission allemande d'armistice dirigée par le général von Stülpnagel et la délégation française du gouvernement de Vichy conduite par le général Huntzinger, accords qui avaient prévu le refoulement de tous les Juifs alsaciens et lorrains en zone non-occupée, les deux Gauleiter ordonnèrent d'y déporter les Juifs badois, palatins et sarrois (...). Les services de la Gestapo et des hommes appartenant aux SS accompagnèrent le convoi jusqu'à la frontière du territoire français. Le gouvernement de Vichy fut complètement pris au dépourvu par cette action. Il donna l'ordre de placer provisoirement les personnes expulsées dans le camp d'internement de Gurs, près de la frontière pyrénéenne"*[11].

9. Selon Robert Kempner, *Eichmann und Komplizen,* Zurich, Europa Verlag, 1961, p. 109, Eichmann aurait monté toute l'opération avec l'accord d'Hitler et d'Himmler.

10. Les modalités et les techniques utilisées dans l'exécution de l'opération sont présentées par Peter Sauer, *Dokumente über die Verfolgung der jüdischen Bürger in Baden-Württemberg durch das nazionalsozialistische Regierung,* W. Kohlhammer, Stuttgart, 1966, vol. II, p. 232-233. Le document n° 437 (p. 236-237) reproduit en particulier les instructions reçues par les fonctionnaires nazis du Palatinat.
D'autres études ou témoignages portent sur les modalités de l'opération, à Mannheim et Heidelberg en particulier : Joseph Weill, *Contribution à l'histoire des camps d'internement...,* op. cit., p. 23-24 ; M. et E. Liefmann, *Helle Lichten auf dunklen Grund,* Berne, 1966, p. 21-23 ; Max Ludwig, *Das Tagebuch des Hans O. Dokumente und Berichte über die Deportation und den Untergang der Heidelberger Juden,* Lambert Schneider, Heidelberg, 1965, p. 11-12 ; Maria Krahbiel-Darmstädter, *Briefe aus Gurs und Limonest, 1940-1942,* Lambert Schneider, Heidelberg, 1970, p. 17-19.

11. Peter Sauer, *Dokumente...,* op. cit., p. 232

Cette dernière affirmation est imcomplète puisque seuls les 6 538 Badois, après deux jours et deux nuits de voyage, sont conduits à Gurs. Les 1 125 Sarrois et Palatins, quant à eux, sont aiguillés en cours de route vers une autre direction, le camp de Rivesaltes (Pyrénées-Orientales). Ainsi, et contrairement à ce qu'affirment, après P. Sauer, de nombreuses études, seuls des Badois sont internés dans le camp béarnais. L'analyse du fichier du camp est à ce titre très révélatrice : elle montre que les Allemands arrivés les 24 et 25 octobre 1940 résidaient tous dans le seul pays de Bade. Bien sûr, on trouve parmi eux des hommes et des femmes nés en Sarre ou dans le Palatinat, mais il s'agit exclusivement de personnes qui avaient élu domicile, depuis plusieurs années, entre Fribourg-en-Brisgau et Mannheim. Quant aux Juifs wurtembergois, dont on affirme parfois qu'ils ont été déportés avec les précédents, leur présence à Gurs relève de la légende pure et simple (une légende née probablement au lendemain de la guerre lorsque le pays de Bade et le Wurtemberg ont été réunis administrativement pour former un unique *Land).*

En résumé, 6 538 Badois de naissance ou d'adoption sont envoyés à Gurs par l'opération Bürckel.

Leur nombre précis a lontemps posé un problème. Il est vrai que les documents d'archives sont à ce sujet soit incomplets, soit contradictoires[12]. Pour résoudre la question de manière incontestable, il nous a semblé que le plus simple était de compter méthodiquement toutes les fiches des réfugiés badois internés les 24 et 25 octobre 1940. Sous réserve d'un oubli de l'administration du camp, ce qui est peu probable, 6 538 fiches ont été remplies, toutes d'ailleurs avec soin et précision. Quels que soient les nombres cités auparavant et les justifications produites, nous nous en tiendrons donc au chiffre de 6 538, en affirmant qu'il reflète exactement le plus inattaquable des documents gursiens, le fichier du camp.

Quelques jours après, entre le 29 et le 31 octobre 1940, 3 870 réfugiés, exclusivement des hommes, sont transférés de Saint-Cyprien. Dans le langage du camp, ce sont les *"Cypriennais"*. Le motif de leur internement à Gurs est accidentel : quelques jours aupa-

12. Peter Sauer cite le chiffre de 5 617 Badois, en s'appuyant sur un compte rendu de police très postérieur à l'opération (*Dokumente...*, op. cit., p. 234). Auparavant (p. 233), il évoque les 6 500 Juifs internés à Gurs les 24 et 25 octobre, ce qui correspond à peu près au chiffre que nous avons retenu. Barbara Vormeier publie dans *Vivre à Gurs,* op. cit., p. 360, un rapport de police conservé aux Archives de Bonn portant sur 6 504 Juifs badois, palatins et sarrois. Le rapport, rédigé à Berlin par le chef de la police de sûreté ne saurait en aucun cas être considéré comme une source primaire. Léon Poliakov, utilisant les archives du tribunal de Nuremberg (document NG. 4933), mentionne la présence de 6 300 Juifs badois et 1 125 Palatins et Sarrois (*Bréviaire de la haine,* op. cit., p. 82). Le chiffre proprement gursien de 6 538 Badois, seul que nous prenions en considération, est sensiblement comparable à celui que donne Poliakov.

L'arrivée à Gurs des "Cypriennais" (29-31 octobre 1940)
(Lavis de Löw et Bodek)

ravant, une violente tempête s'est abattue sur les plages du Roussillon, détruisant en partie les fragiles abris de bois qui y avaient été construits. Les camps d'Argelès et de Saint-Cyprien, complètement ravagés, doivent être fermés et leurs occupants transférés ailleurs. Les Espagnols sont envoyés à Rivesaltes et les autres (apatrides d'origine allemande, autrichienne, polonaise ou tchèque) à Gurs. Ils y rejoignent les Gursiennes arrêtées, comme eux, en mai 1940 et les Badois qui viennent d'arriver.

Enfin, pendant les derniers jours d'octobre, 537 *"indésirables"*, presque tous allemands, sont encore conduits dans les îlots. Les uns, une centaine, viennent du camp de Tence (Haute-Loire) où avaient été regroupés pendant l'été des immigrés d'origine allemande ou autrichienne gravement malades ou en cours de traitement. Ils ne supporteront pas, à quelques exceptions près, les épreuves physiques imposées par la détention à Gurs durant l'hiver. Les autres, près de 400, sont transférés du camp des Milles (Bouches-du-Rhône) d'où, après avoir vainement tenté de s'embarquer pour l'Amérique, ils viennent d'être renvoyés.

Bref, la dernière semaine d'octobre voit défiler dans le camp un échantillon à peu près complet des catégories de réfugiés qui, par la suite, seront les premières victimes de l'antisémitisme vichyssois : les Juifs étrangers, hommes, femmes et enfants, expulsés, refoulés, immigrés, qui n'ont pas pu ou pas su quitter la France à temps.

Du 1er novembre 1940 au 31 octobre 1943, un flot continu de nouveaux internés

Durant ces trois années, 7 239 *"entrées"* sont enregistrées, dont 1 509 en 1941 et 2 330 en 1943. Ces chiffres peuvent sembler réduits si on les compare aux arrivées de mai ou d'octobre 1940. Effectivement, l'époque des grandes foules convoyées jusqu'à Gurs est désormais révolue. Une autre lui succède, celle des petits groupes expédiés de camp en camp, celle des arrestations arbitraires, des opérations de police à motif purement racial, celle de la chasse aux suspects qui traînent sur les routes de la zone non-occupée et parlent le français avec un fort accent étranger. Schématiquement, les 7 239 les transférés, les mutés et les arrêtés (voir le tableau n° 9).

Les transférés, c'est-à-dire ceux qui étaient, jusqu'à leur arrivée à Gurs, internés dans un autre camp, sont les plus nombreux : 3 140 hommes, femmes et enfants, soit 43,4 % de l'ensemble. Ils entrent au camp en quatre convois.

Le premier, fin novembre et début décembre 1940, rassemble 320 réfugiés. Ils proviennent du camp des Milles, d'abord, où ils avaient vainement tenté de s'embarquer pour les Etat-Unis ou le Proche-Orient, des camps de Haute-Loire, ensuite (Saint-Germain-les-Belles et Saint-Paul-d'Eyjeaux) où ils avaient été rassemblés au cours de l'été, après avoir été appréhendés en franchissant la ligne de démarcation, des camps du Sud-Est, enfin, (Loriol-sur-Drôme, les Garrigues-Saint-Nicolas) où ils avaient été conduits en tant qu'*"indésirables"*. Ils arrivent à Gurs par familles entières. Du point de vue administratif, ils appartiennent à la même catégorie que les 3 870 hommes venus quelques semaines auparavant de Saint-Cyprien, celle des Israélites *"en surnombre dans l'économie française"*.

Le deuxième grand convoi date du mois de mars 1941. Il concerne les 590 personnes transférées des camps de Brens et Saint-Antoine (Tarn) que le préfet régional de Toulouse, Cheynaux de Leyritz, vient de fermer. La décision préfectorale ne prêterait qu'à peu de commentaires si le statut des hébergés à Brens n'eût été particulier. Ce camp avait, en effet, été ouvert en octobre 1940 par le comité israélite de bienfaisance de Toulouse pour procurer un abri aux Juifs sans ressources qui résidaient dans la région. Les hébergés, qui avaient rejoint les installations de leur gré, pouvaient pendant la journée se promener librement dans le village et même jusqu'à Gaillac. Au début du mois de mars, le préfet, s'abritant derrière la législation antisémite de Vichy, dissout le centre, transfère les vieillards dans le *"camp-hôpital"* de Noé (Haute-Garonne), les enfants et leurs parents à Rivesaltes et tous les autres, c'est-à-dire 445 hommes et femmes, veufs ou célibataires, à Gurs. Ils arrivent le 4 mars dans les îlots, avec la douloureuse impression d'avoir été bernés par tout le monde : par le comité auquel ils avaient fait confiance, par Vichy et par le préfet. L'histoire de Brens, *"centre d'accueil créé avec des intentions louables, mais imprudemment"*[13], est révélatrice du climat d'incertitude qui menace déjà les Juifs immigrés en zone non-occupée.

Le 23 novembre 1942, après une période de vingt mois durant laquelle les transferts entre Gurs et les autres camps de Vichy sont réduits aux échanges habituels qu'entraîne le regroupement des familles, se produit un événement qui devait prolonger de plusieurs années l'existence du centre béarnais : le camp de Rivesaltes est dissous. L'approche de l'hiver sur les terrains insalubres du camp roussillonnais, l'usure extrême des baraques, pourtant construites en briques, et surtout la destruction de toutes les canalisations à la suite d'un violent coup de froid, avaient poussé les autorités vichyssoises à prendre cette sage décision. En revanche, le choix de Gurs comme lieu de remplacement ne procède guère d'une prudence comparable, puisque l'état des installations n'a jamais été aussi lamentable. En un mois, tout ce que contient Rivesaltes, internés comme matériel (par exemple, les tôles ondulées qui permettront de couvrir plusieurs îlots), est expédié en Béarn, 1 380 réfugiés, presque unique-

13. René Kapel, "J'étais aumônier des camps du sud-ouest de la France (août 1940-décembre 1942)", dans le *Monde Juif*, n° 87, juillet-septembre 1977, p. 105.

Périodes	Transferts	Mutations	Arrestations (dont rafles)		Naissances au camp	TOTAL
Novembre-Décembre 1940	320	15	280		1	616
Janvier-Juin 1941 Juillet-Décembre 1941	695 35	55 80	345 285		4 10	1 099 410
Janvier-Juin 1942 Juillet-Décembre 1942	5 1 535	25 265	180 750	(6) (295)	11 1	221 2 565
Janvier-Juin 1943 Juillet-Octobre 1943	515 30	45	1 690 35	(1 465)	12	2 265 65
TOTAL	3 140 (43,4 %)	485 (6,8 %)	3 570 (49,3 %)	(1 766)	39 (0,5 %)	7 239

Tableau n° 9 - Nature des internements au camp de Gurs, du 1er novembre 1940 au 1er novembre 1943

ment des femmes, accompagnées de nombreux enfants (254 J1 et J2 âgés de 3 à 14 ans), sont transférés. Ils arrivent en gare d'Oloron dans la nuit du 25 au 26 novembre, après un voyage éprouvant en wagons à bestiaux *"par un froid très vif atteignant plusieurs degrés au-dessous de zéro"*[14]. La plupart d'entre eux sont d'ailleurs habitués aux conditions de séjour dans les camps français puisqu'ils n'ont jamais cessé, depuis près de quatre ans, d'être convoyés de *"centres d'accueil"* en *"centres d'hébergement"*.

Durant les derniers jours de février et au début du mois de mars 1943, déferle enfin la quatrième vague de transferts. Elle concerne 470 hommes et femmes, exclusivement des Juifs, tous internés entre le 25 février et le 3 mars. 245 viennent de Nexon (Haute-Vienne), 70 de Noé, 50 du Vernet, 45 de Septfonds (Tarn-et-Garonne), 20 de Bram (Aude), etc... Les nouveaux venus ne resteront que quelques heures dans les baraques : ils sont immédiatement déportés vers Drancy, puis, de là, vers Auschwitz.

A côté des transférés, le groupe des mutés est assez réduit : 485 hommes et femmes (6,7% des arrivées). Leur internement constitue une grave dégradation de leur statut de réfugié puisqu'ils étaient auparavant soit incorporés dans une compagnie de travail, soit hébergés dans un centre d'accueil.

Les expulsions des compagnies de travail rassemblent toutes les mutations antérieures au mois d'août 1942. Les motifs les plus fréquemment invoqués sont le *"manque de discipline"* et le *"refus de travail"*. L'internement à Gurs d'un travailleur étranger est donc une punition destinée à sanctionner un acte de désobéissance ou un manque de docilité. Après un séjour de quelques semaines au camp, l'intéressé est généralement dirigé vers le 2e groupe régional de Toulouse, et, de là, mis à la disposition de l'organisation Todt.

A partir du mois d'août 1942, les centres d'accueil fournissent l'essentiel des réfugiés mutés : 135 en août 1942, 60 en novembre, 25 en février 1943. Or ces retraites avaient été créées, en 1941, dans le but de protéger, en les retirant des camps, les hommes, les femmes et les enfants qui ne pouvaient plus supporter les conditions de séjour des centres d'internement. C'est ainsi qu'avaient été ouverts, pour ne citer que les plus connus, les refuges de Chansaye-La-Poule (Rhône) et Saint-Thomas-en-Royans (Drôme) par l'abbé Glasberg au nom de l'U.G.I.F., ceux de Chambon-sur-Lignon (Haute-

14. Rapport n° 1432/RG adressé le 11 décembre 1942 par le chef de camp au préfet (Arch. dép. Pyr. Atl., M provisoire, 500/15). A Gurs ne sont envoyés que les membres d'une même famille et les femmes célibataires. Les hommes valides sont incorporés dans le groupe de travail de Goudex (Haute-Garonne) et les malades dirigés sur le camp de Saliers (Bouches-du-Rhône).

Loire) et Vabre (Tarn) par la CIMADE[15], ceux de Saint-Etienne-de-Tursac et Masgelier (Creuse) par l'organisation de secours aux enfants (O.S.E), etc... En Béarn, le château Gassion à Audaux, près d'Orthez, les établissements thermaux de Saint-Christau et Eaux-Bonnes avaient été transformés en centres d'accueil et nombre de Gursiens y avaient été envoyés. Ils y bénéficiaient d'une alimentation plus substantielle, d'une plus grande liberté de déplacement et, surtout, s'estimaient en sécurité. Mais leur situation se dégrade considérablement au cours du mois d'août 1942. Le 22, le préfet régional de Toulouse, sur décision du ministre de l'Intérieur, ordonne à ses services de gendarmerie de rechercher *"tous les Israélites allemands, autrichiens, tchécoslovaques, polonais, estoniens, lituaniens, dantzigois, sarrois, soviétiques et réfugiés russes entrés en France postérieurement au 1er janvier 1936"*[16], *de les conduire à Gurs et de* les *"transférer en zone occupée avant le 15 septembre"*[16]. Les 26 et 27 août, 135 Juifs réfugiés dans les centres d'accueil des vallées pyrénéennes sont ainsi mutés au camp.

Ces internements qui, dans leur déroulement, sont assimilables à des rafles, durent jusqu'en février 1943. Ils ont d'autant plus surpris les Gursiens qu'ils frappaient ceux-là mêmes qui se croyaient tirés d'affaire.

Les 3 570 Juifs arrêtés par Vichy, chez eux, à la suite d'une rafle, ou en dehors de leur domicile, à la suite d'un contrôle d'identité, représentent près de la moitié des Gursiens internés entre novembre 1940 et novembre 1943 : 49,3 %.

Jusqu'au 1er mars 1943, date de suppression effective de la ligne de démarcation, il ne se passe pas une semaine sans que les gendarmes ou les policiers de Vichy ne conduisent dans les îlots des suspects arrêtés dans la région. En règle générale, ils sont appréhendés aux postes-frontières (Orthez, Salies-de-Béarn, Sault-de-Navailles), rassemblés au stadium de Pau[17], situé à quelques pas de la gare, et conduits à Gurs. Parfois, le contrôle d'identité a lieu sur

15. Comité Inter Mouvements Auprès des Evacués. Ce comité, aujourd'hui *Service oecuménique d'entraide*, rassemble la plupart des mouvements protestants autour d'un but précis, l'aide aux réfugiés. L'action de la CIMADE en Béarn est décrite par Madeleine Barot et Jeanne Merle d'Aubigné dans *Les clandestins de Dieu. 1939-1944*, le Signe, Fayard, Paris, 1968, p. 29-87.

16. Texte des dispositions prises le 4 août 1942 par le ministre de l'Intérieur au sujet de la déportation des Juifs de la zone non-occupée. Des exceptions sont prévues en fonction de l'âge, de l'état de santé ou des services rendus au pays. Ce texte a été publié dans le *Bulletin du C.D.J.C.*, juillet 1945, n° 4 et dans *Les clandestins de Dieu,* op. cit. p. 210-211.

17. Joseph Joffo, *Un sac de bille* Livre de poche n° 6814, p. 114-115 décrit en ces termes le stadium de Pau : *"C'est là que les familles juives étaient parquées. Elles arrivaient par milliers. Des tentes abritaient les détenus. Des gendarmes surveillaient. Aucun visiteur n'était admis. Il fallait obtenir une audience du chef de camp. Il n'en accordait pratiquement jamais."*

la route, dans le train, à la terrasse d'un café, dans une salle de restaurant ou une chambre d'hôtel. Il est l'occasion d'attroupements au milieu desquels le suspect, honteux, d'autant plus maladroit qu'il parle mal le français, doit affronter le regard entendu des badauds, parfois leurs reproches et leurs sarcasmes, avant d'être envoyé en salle de police, au *"centre de transit"* et à Gurs[18].

Les premières rafles de Juifs étrangers datent, en Béarn, du 26 août 1942[16]. Pendant huit mois, jusqu'en mars 1943, Polonais, Baltes, Allemands, Autrichiens, Russes et Tchèques, arrêtés à leur domicile par les gendarmes, que leurs titres de séjour soient ou non en règle, sont systématiquement pourchassés et conduits au camp. Sur les dossiers individuels des intéressés, les motifs les plus fréquemment indiqués sont *"l'épuration d'un département"*, *"le rassemblement des Israélites"* ou bien *"l'infraction à l'arrêté régional du 22 août 1942"*. Au total, 1 760 personnes sont ainsi raflées à leur domicile. Les adresses et les identités des victimes ont été fournies aux services préfectoraux par les intéressés eux-mêmes, en juillet 1941, lors du recensement des Juifs par Vichy (nombre d'apatrides avaient alors mis leur point d'honneur à remplir scrupuleusement les formulaires afin de montrer leur loyauté envers la France).

Entre les Juifs mutés et les Juifs raflés, c'est un total de 4 055 personnes (56 % des internements) qui a été directement victime des opérations de gendarmerie. La thèse selon laquelle le camp n'aurait abrité que des expulsés allemands relève donc de la légende pure et simple. Il est clair que la police française a largement contribué à enfermer dans les îlots les futures victimes des déportations. A ce stade, deux questions essentielles doivent être posées : sans les services de gendarmerie de Vichy, l'occupant aurait-il pu appréhender seul une proportion de Juifs étrangers aussi élevée ? Sans les services de gendarmerie de Vichy, les nazis auraient-ils pu pousser aussi loin la liquidation des hommes, des femmes et des enfants qui avaient cru trouver en France une terre d'asile ?

Pour être exhaustif, il convient de mentionner également les 39 Gursiens dont l'arrivée au camp ne correspond à aucune des catégories précédentes : les enfants nés à l'hôpital central[19]. Vingt garçons et dix-neuf filles ont, en effet, vu le jour à la *"maternité"* du camp, c'est-à-dire à l'hôpital des femmes en 1940 et 1941, dans un baraque spéciale construite à l'intérieur de l'îlot M (désaffecté) ensuite. 21 de ces enfants sont de nationalité espagnole, 13 sont allemands, 3 polonais, un autrichien et un hollandais. 9 d'entre eux, dont les triplés Manuel, José et Carlos Rodriguez, nés le 6 mars 1942 (le

18. Une telle scène est minutieusement décrite par Yvonne Escoula dans *L'apatride,* op. cit. p. 245-247.

19. Ces naissances sont enregistrées à la mairie de Gurs au même titre que les naissances survenues dans le village (registres 1928-1942 et 1943-1953).

dernier n'a pas survécu), sont issus de "couples mixtes" : le père, employé à la compagnie de travail du camp, est espagnol, la mère allemande, polonaise ou autrichienne. Tous les autres, c'est-à-dire les trois quarts des enfants venus au monde à Gurs, sont issus se ménages déjà constitués auparavant[20].

Le petit nombre des nouveaux-nés de Gurs a souvent surpris les observateurs peu au fait des réalités de l'internement. On affirmait même volontiers dans la vallée que, compte-tenu du climat de turpitude régnant dans les baraques, de la *"liberté de mœurs des Juives"* et de la *"chaleur du tempérament espagnol"*, ce chiffre ne s'expliquait que par le recours fréquent à des pratiques criminelles (l'avortement) ou immorales (déviations sexuelles).

En fait, le nombre limité des naissances gursiennes tient à une tout autre raison, la plus radicale : l'aménorrhée (absence de règles). Au bout de quelques semaines, en effet, la plupart des femmes observent l'arrêt de leur cycle menstruel. L'état pathologique permanent dans lequel elles se débattent, les bouleversements de leur psychologie, l'angoisse qui les ronge et les insuffisances de l'alimentation expliquent ce mal qui, au bout d'un an environ, frappe la population féminine tout entière. Gurs, en cela, ne diffère pas des camps de concentration allemands ou polonais, à l'intérieur desquels le même phénomène est immanquablement constaté.

Les internés : des Juifs expulsés, réfugiés et immigrés

Les 19 770 Gursiens dont l'étude est développée ci-dessous correspondent à un échantillon des 3 959 fiches et dossiers individuels exploités à l'aide des méthodes de l'informatique[21]. Le nombre de 19 770 englobe, d'une part, les 18 185 Gursiens arrivés entre le 24 octobre 1940 et le 1er novembre 1943 et, d'autre part, les 1 585 réfugiés déjà présents le 24 octobre 1940 et pour lesquels nous disposons de renseignements d'archives (c'est-à-dire les *"indésirables"* étrangers d'origines allemande, autrichienne et polonaise).

20. En 1940 sont nés au camp 7 enfants, tous allemands : 1 en juin, 1 en juillet, 4 en août et 1 en novembre. 14 sont nés en 1941 : 1 en avril, 2 en mai, 1 en juin, 3 en juillet, 2 en août, 3 en septembre, 1 en novembre et 1 en décembre. 12 sont nés en 1942 : 1 en janvier, 3 en février, 5 en mars, 1 en avril, 1 en juin et 1 en août. 12 sont nés en 1943 : 1 en janvier, 4 en février, 2 en mars, 2 en avril et 3 en mai. En tout, 45 enfants dont un seul est mort quelques heures après sa naissance. Trois enfants naîtront encore en 1944, soit 48 Gursiens, au sens strict du mot.

21. Les méthodes d'exploitation utilisées sont exposées dans un article : Claude Laharie, "L'exploitation systématique des dossiers individuels des internés au camp de Gurs" dans *La Gazette des Archives,* 4e trimestre 1976, n° 95, p. 229-240.

Les effectifs internés

Ils sont en chute libre après l'automne 1940 : 12 945 le 1er novembre 1940, 4 745 le 1er novembre 1941, 885 le 1er novembre 1942, plus aucun le 1er novembre 1943, date de la dissolution provisoire du camp. Cette désaffection inexorable des îlots va de pair avec la détérioration des installations : sur les treize îlots initialement construits, onze sont encore "habitables" à la fin de l'été 1940, sept une année après et seulement cinq en 1943. L'histoire du camp sous Vichy est donc, à tous les niveaux (installations, effectifs, conditions de séjour, nature des sorties), celle d'une lente dégradation et d'une longue marche vers la ruine.

Curieusement, il semble que cet état de fait ne soit guère enregistré au niveau ministériel, où Gurs conserve l'image qui était la sienne à la fin de la guerre d'Espagne : celle d'un camp gigantesque pouvant recevoir des dizaines de milliers de réfugiés. D'où la surprise de Dannecker, en visite d'inspection au camp le 18 juillet 1942, lorsqu'il apprend le petit nombre de Gursiens encore internés. Déçu d'avoir si peu de Juifs à déporter, il note :

> *"Le camp de Gurs a été pour nous une désillusion, en ce sens que de nombreux rapports adressés de la zone non-occupée avaient donné l'impression qu'il y avait là au moins 20 000 Juifs"*[22].

L'hiver 1940-1941 constitue la pire période de l'histoire de Gurs. Non seulement l'exiguïté est alors à l'origine d'innombrables problèmes (15 139 personnes au kilomètre carré le 1er janvier 1941), mais la rigueur du climat vient encore aggraver les conditions d'internement.

Le 1er janvier 1941, 11 825 hommes, femmes et enfants sont parqués dans les îlots. Plus des trois quarts (75,9 %) sont d'origine allemande. Les autres sont des Autrichiens (12,1 %), des Polonais (5,1 %), des Espagnols (3,3 %), etc...

Presque tous sont Juifs : 11 255 sur 11 825, soit 95,2 %. Autant dire que Gurs est alors un camp destiné à peu près exclusivement aux *"ressortissants israélites"*, puisque seulement 3,6 % des inter-

22. Rapport rédigé le 20 juillet 1942 par le capitaine Danneker sur la situation des effectifs dans le camps de la zone non occupée (C.D.J.C., XXXI-87, p. 3). Texte cité dans Joseph Billig, "La condition des juifs en France (Juillet 1940-août 1944)", *Revue d'histoire de la Deuxième guerre mondiale*, n° 24, p. 159-160. Danneker est le responsable pour le pays tout entier de la section IV B 4 de la Gestapo (répression anti-juive) et, à ce titre, l'organisateur des déportations d'août 1942.

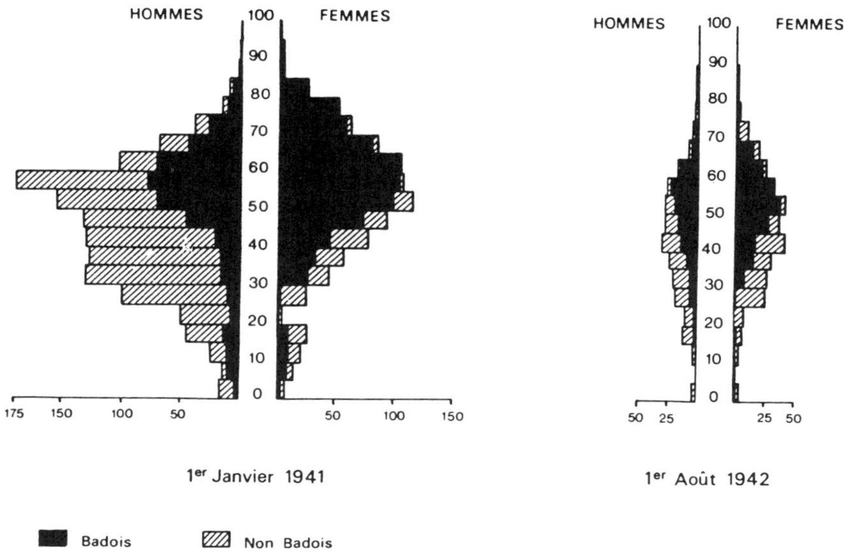

PYRAMIDES DES AGES DE LA POPULATION INTERNEE

nés, parmi lesquels tous les Espagnols, sont inscrits comme "Aryens" sur les fiches et dossiers individuels. La répartition par sexe et par âge se caractérise par une nette dissymétrie au profit des hommes (dûe au poids du groupe "*cypriennais*" composé exclusivement d'hommes d'âge mûr). La pyramide des âges souligne également la place prépondérante des personnes âgées : 26,2 % des internés ont plus de 60 ans. La répartition des principales classes d'âges, regroupées de 20 en 20, révèle l'ampleur du phénomène :

- moins de 20 ans : 7,5 % (dont 61 % du sexe masculin)
- 20-39 ans : 23 % (dont 76 % du sexe masculin)
- 40-59 ans : 43,3 % (dont 58 % du sexe masculin)
- plus de 60 ans : 26,2 % (dont 46 % du sexe masculin).

De telles proportions n'ont rien de commun avec celles de la population allemande, ou même française, à la veille de la guerre. A Gurs, le nombre des jeunes moins de 20 ans est réduit, ce qui n'est guère surprenant étant donné que les internés sont en majorité des hommes (rares sont ceux qui sont accompagnés de leur progéniture) et des personnes âgées (rares sont celles qui ont encore des enfants à charge) ; 885 jeunes sont enfermés néanmoins dans les baraques, dont 443 ont moins de 16 ans[23]. En ce qui concerne les adultes, les

23. Ce dernier chiffre est extrait d'une statistique adressée le 18 décembre 1940 par le chef de camp au préfet (Arch. dép. Pyr. Atl., M provisoire, 500/12).

classes d'âges sont d'autant plus fournies que l'on approche de 60 ans, alors que, à travers l'Europe, on observe alors exactement l'inverse. Quant aux personnes âgées (plus de 60 ans), elles sont proportionnellement trois fois plus nombreuses qu'en Allemagne. La population internée possède donc ses caractères propres, totalement indépendants de ceux qui définissent habituellement le monde extérieur.

Vingt mois plus tard, le 1er août 1942, la pyramide a complètement changé d'aspect. L'effectif a fondu et ne rassemble plus que 2 765 hommes, femmes et enfants. Le poids respectif des divers groupes nationaux reste stationnaire : 75,5 % d'Allemands (dont la moitié de Badois environ), 9,6 % d'Autrichiens , 8,5 % de Polonais, puis les Espagnols, les Tchèques, etc. La proportion des Juifs demeure écrasante : 97,4 %. Mais le profil du croquis est inversé. Très étroite, la pyramide est désormais dissymétrique au profit des femmes. Celles-ci, avec 1 560 représentantes, rassemblent 56,4 % des Gursiens et leur prédominance est absolue au-dessus de 25 ans. Rien de plus logique puisque, depuis de longs mois, les hommes sont systématiquement incorporés dans les compagnies de travail ; seuls restent dans les baraques les malades et les impotents. Dans l'ensemble, un certain rajeunissement est observé. Il est vrai que presque toutes les personnes âgées ont quitté les baraques, soit qu'elles aient été, en mars 1941, transférées vers le "*camp-hôpital*" de Noé, soit qu'elles aient trouvé la mort pendant l'hiver. Les déportations d'août 1942 s'abattent donc sur une population d'âge mûr à prédominance féminine.

Les tranches d'âges se répartissent ainsi :

- moins de 20 ans : 4 % (60 garçons et 45 filles)
- 20-39 ans : 32,4 % (dont 48 % de sexe masculin)
- 40-59 ans : 45,9 % (dont 42 % de sexe masculin)
- plus de 60 ans : 17,7 % (dont 43 % de sexe masculin).

Le 1er octobre 1942, après les grands départs de l'été, le camp est presque vide : 820 Gursiens répartis en deux îlots. La densité de population tombe à 1 139 habitants au kilomètre carré, minimum jamais atteint jusque là. En novembre, les effectifs remontent brutalement avec, d'une part, l'arrivée de 1 380 réfugiés (dont 700 Espagnols) tranférés de Rivesaltes et, d'autre part, l'internement de 240 immigrés arrêtés dans le Sud-Ouest. Puis, pendant l'hiver, la chasse aux Juifs reprend de plus belle. Elle aboutit, le 1er mars 1943, au moment où de nouvelles déportations s'abattent sur le camp, à l'internement de 2 920 personnes : 1 885 hommes (64,6 %) et 1 035 femmes. Les nouveaux-venus se partagent en quatre groupes principaux : les Polonais (29,3 %), les Espagnols (22,6 %), les Allemands (18,8 %) et les Russes (12,7 %). Les premiers ne restent que quelques heures au camp. Pourtant, certains vivaient en France depuis de longues années, y avaient fondé un foyer, y exerçaient leur profession, mais avaient commis l'erreur de vouloir conserver leur nationalité. Ils seront déportés[24], comme la plupart des Russes, des Lituaniens et des Lettons.

Les grands convois de février-mars 1943 ramènent la population des baraques, le 1er avril, à 1 990 personnes. Dès lors, entre le tarissement progressif des entrées et la multiplication de toutes les formes de sorties, les effectifs s'effondrent.

Le 1er novembre 1943, les derniers internés quittent Gurs. La camp n'est plus alors, après quatre années et demi d'intense utilisation, qu'une ville fantôme réduite, d'un côté, aux quatre *"îlots hébergés"* récemment restaurés (îlots D, F, H et J) et, de l'autre, au premier et cinquième quartiers où est rassemblé le personnel de garde et d'administration. Le reste n'est que ruines et friches.

Sociologie de la population internée.

Pour les Béarnais qui ont été contemporains de l'histoire du camp, le Gursien de l'époque de Vichy se définit de façon particulière. On le connaît moins bien que le précédent, le réfugié espagnol. Les journaux n'en parlent pas et on n'a guère l'occasion de le rencontrer. C'est un étranger. Mais un étranger différent des Espagnols dont chacun parle un peu la langue dans la région ou, tout au moins, la comprend. Un "véritable" étranger, venu d'Allemagne ou même d'Europe centrale. On ne le comprend pas et, partant, on ne s'y intéresse guère. De plus, cet homme venu de l'autre bout de l'Europe, c'est "le Juif", celui dont on parle sans cesse dans les journaux ou à la radio. C'est quelqu'un de singulier car, dans ce vieux pays d'agriculture autarcique, on ne connaît pas de Juif. Ou plutôt, les rares que l'on rencontre sont des Français qui ont fait la Grande Guerre, parlent le béarnais et vivent comme tout le monde. Le Juif de Gurs est différent : il n'est pas d'ici ; on affirme qu'il est riche, qu'il possède des maisons chez lui, à la ville, qu'il n'a pas de patrie. En tant que Juif et en tant qu'étranger, il est doublement insolite, donc suspect.

Bien sûr, chacun en Béarn ne réagit pas toujours ainsi. A la ville surtout, à Pau, Oloron ou Orthez, les réactions sont plus bienveillantes, moins entachées de méfiance. On affirme même à Oloron que

24. De tels exemples sont nombreux. En voici deux : Josef Barman, né en 1892 à Lublin, d'origine juive, émigre en France en 1920. Il s'installe à Paris où il exerce le métier de tailleur, se marie en 1926 avec une Polonaise et mène une vie sans histoire jusqu'en mai 1940. Il quitte alors la capitale pour fuir l'occupant et se réfugie dans le Tarn. Interné à Brens, il est transféré à Gurs le 26 février et déporté le 3 mars 1943. Elyas Cywje, né en 1882 à Lodz, d'origine juive, émigre en France en 1921. Il s'installe à Ecueillé (Indre), s'y marie, y travaille comme ouvrier agricole. Ses deux enfants bénéficient de la nationalité française. Il est arrêté par la gendarmerie le 16 février 1943 et interné à Gurs le 27. Son fils fait immédiatement parvenir au chef de camp le télégramme suivant : *"En vue libération Cywje Elias, fils, fille français, fait guerre Belgique, Dunkerque, Angleterre, prisonnier, libéré. Prière prendre considération"*. Elias est déporté le 3 mars (Arch. dép. Pyr. Atl, dossiers individuels des deux intéressés).

les vieilles familles béarnaises seraient, pour ainsi dire, naturellement portées à accueillir favorablement les réfugiés, par une tradition multiséculaire remontant aux guerres de Religion et aux persécutions sanglantes endurées par les protestants : depuis, les citadins, imitant leurs lointains aïeux obligés de dissimuler leur foi, se montreraient affables envers ceux qui sont pourchassés par l'ordre établi.

Le dépouillement des dossiers individuels permet de dépasser cette approche sommaire qui tient un peu de la caricature. Certes le judaïsme et son expression orale la plus fréquente, le yiddish, constituent un caractère commun à presque tous les internés. Si l'on exclut les Espagnols, 17 390 réfugiés sur un total de 18 225 (soit 95,4 %) sont inscrits comme Juifs par les services du camp, soit qu'ils le confessent eux-même (93,7 %), soit qu'on les reconnaisse comme tels (1,7 %). A l'intérieur de chacun des trois principaux groupes nationaux, la proportion des Juifs est écrasante : 90,8 % des Autrichiens, 96,3 % des Allemands et 98,7 % des Polonais. Ces chiffres, mieux que toute autre considération, apportent la preuve absolue de la nature foncièrement raciste de l'internement à Gurs sous Vichy.

Quant à l'origine géographique, c'est-à-dire le lieu de résidence avant le premier internement, elle correspond, dans la majorité des cas, à un espace nettement délimité que l'on a coutume d'appeler *"le grand Reich"* : l'Allemagne, bien sûr, mais aussi l'Autriche, la Bohème-Moravie, la Pologne et l'Alsace-Lorraine. De ces régions proviennent 15 810 hommes, femmes et enfants, soit 79,9 % de l'ensemble de la population gursienne internée sous Vichy.

La carte souligne l'importance numérique du groupe badois. Ce caractère s'explique, bien sûr, par l'opération Bürckel, mais aussi par un phénomène plus profond : les *Länder* situés au sud-ouest du Reich, proches de la France et de la Belgique, fournissent les plus gros contingents d'internés. Sans doute parce que la proximité de la France avait incité, dès 1939, nombre de Juifs allemands à s'installer dans les villes rhénanes afin de pouvoir plus rapidement émigrer en cas de persécution[25].

25. Une telle explication dont le bien-fondé est quelque peu critiquable (puisqu'il est clair, après Munich, que si la guerre éclate, elle opposera la France et l'Allemagne, et on voit mal alors pourquoi des Allemands chercheraient un asile dans le pays qui deviendrait leur pays ennemi. Mais sans doute cette éventualité leur apparaît-elle comme un moindre mal), figure dans plusieurs dossiers individuels d'internés venus du camp de St-Cyprien. (Arch. dép. Pyr. Atl. dossiers Blatt. Ewerth, Schachter.)

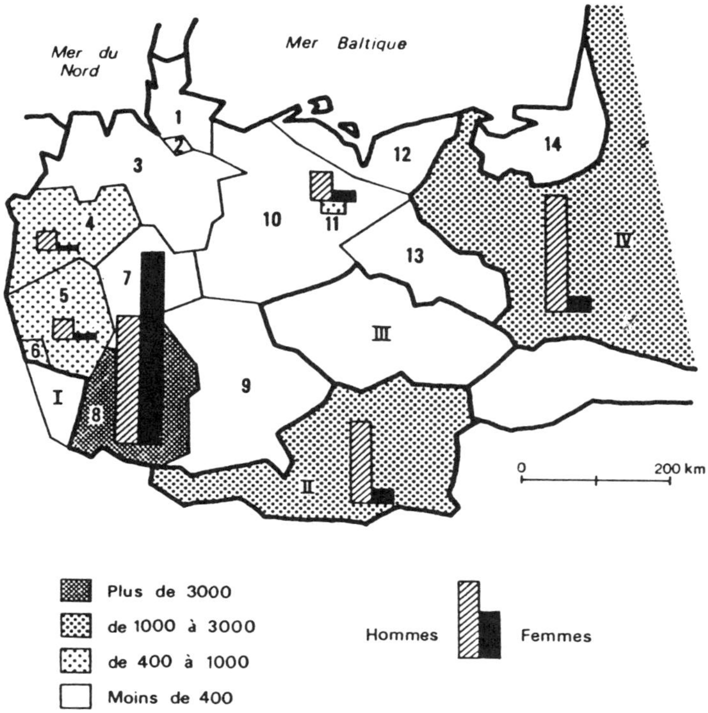

ORIGINE DES ALLEMANDS INTERNES AU CAMP DE GURS

(24 Octobre 1940 – 1er Novembre 1943)

1. Schleswig-Holstein	30	11. Berlin	775
2. Hambourg	210	12. Poméranie	25
3. Basse-Saxe	130	13. Silésie	235
4. Rhénanie-Westphalie	530	14. Prusse-Orientale	425
5. Rhénanie-Palatinat	425		
6. Sarre	330		
7. Hesse	355	I. Alsace-Lorraine	90
8. Bade-Wurtemberg	6 690	II. Autriche	1 905
9. Bavière	315	III. Bohème-Moravie	225
10. Prusse	125	IV. Pologne	2 540

TOTAL : 15 810

3 960 internés, originaires de pays n'ayant pas appartenu au grand Reich, ne figurent pas sur la carte et apparaisent seulement dans les statistiques du tableau n° 10. La diversité de leurs origines est plus nette encore que ne le suggère le tableau, où seuls les principaux groupes nationaux sont indiqués. En fait, ils proviennent de tous les horizons, du Japon à l'Iran, du Canada au Chili, de l'Union sud-africaine à l'Ethiopie : 47 pays sont représentés. Mais l'essentiel est d'origine espagnole. Il s'agit des *"indésirables"* transférés de Rivesaltes à Gurs le 24 novembre 1942. Presque tous échapperont aux déportations, à la différence des Russes et des Baltes,

Nationalités	SEXE		TOTAL	
	Masculin	Féminin		
Allemands	5 575	5 010	10 585	(53,6 %)
Polonais	2 035	505	2 540	(12,8 %)
Espagnols	755	1 390	2 145	(10,9 %)
Autrichiens	1 530	375	1 905	(9,6 %)
Russes	385	100	485	(2,5 %)
Hollandais	235	85	320	(1,6 %)
Belges	200	105	305	(1,5 %)
Hongrois	155	105	260	(1,3 %)
Baltes	195	60	255	(1,3 %)
Tchécoslovaques	135	90	225	(1,1 %)
Roumains	110	100	210	(1,0 %)
Alsaciens-Lorrains	55	35	90	(0,5 %)
Divers	240	205	445	(2,3 %)
TOTAL	11 605	8 165	19 770	100

Tableau n° 10 - Effectifs des principaux groupes nationaux internés au camp de Gurs entre le 24 octobre 1940 et le 1er novembre 1943

raflés pour être aussitôt *"conduits en convoi pour une destination inconnue"*, des Belges et de Hollandais, arrêtés en tentant de franchir clandestinement la ligne de démarcation ou la frontière espagnole[26].

Pas plus que l'origine géographique, le sexe ne permet de définir la population gursienne. Dans l'ensemble, les hommes sont plus nombreux, mais cette constatation n'est vérifiée ni dans le cas des Espagnols (tableau n° 10), ni dans celui des Badois (carte page 193). Un tel déséquilibre reflète d'un côté, la composition particulière, exposée par ailleurs, du groupe badois, de l'autre, la présence des *"Cypriennais"* et des victimes des rafles de l'hiver 1942-1943, c'est-à-dire d'hommes essentiellement, dans tous les autres groupes.

La situation de famille des 19 770 Gursiens offre, elle aussi, une grande variété :

- personnes seules (célibataires, veufs(ves), divorcé(e)s) : 8 005 (40,5 %)
- personnes mariées ayant des enfants : 6 820 (34,5 %)
- personnes mariées (sans autre indication) : 3 160 (16 %)
- sans réponse : 1 785 (9 %).

Le fort pourcentage de sans réponse (9 %) indique que les internés ont souvent rechigné à décliner le nom et l'adresse des membres de leur famille. En outre, la part occupée par les personnes seules est incontestablement surévaluée, surtour chez les hommes (68,7 % de célibataires, veufs et divorcés contre 31,3 % chez les femmes). Il faut donc en déduire que les renseignements contenus dans les fiches et dossiers individuels sont, dans ce domaine, souvent inexacts, et que nombre d'hommes, au premier rang desquels se trouvent les *"Cypriennais"*, n'ont pas hésité à falsifier leur état civil. C'est la preuve du peu de confiance des internés à l'égard de l'administration du camp, bien compréhensible pour des hommes enfermés depuis de longs mois et qui ne veulent pas risquer, par une imprudence, de faire partager leur sort à un membre de leur famille. En fin de compte, les statistiques mettent surtout en relief la diversité des situations familiales reconnues par les intéressés.

Ainsi, ni le sexe, ni l'origine géographique précise, ni la situation de famille ne permettent de dégager un caractère commun à tous les Gursiens. Faut-il en déduire que, hormis la religion, les structures de la population internée ne présentent rien qui puisse les distinguer d'un autre groupe social ?

L'analyse des principales catégories socio-professionnelles vient nuancer un tel jugement (voir le tableau n°11). En effet, 5 900 Gursiens, soit 29,8 % de l'ensemble des internés, déclarent exercer

26. De telles situations sont exposées dans l'ouvrage autobiographique de Jacques Ganz, *Het veege lijf*, V.A. van Oorschot, Amsterdam, 1951, p. 222-286. L'auteur, journaliste hollandais célèbre, raconte avec humour sa fuite des persécutions nazies qui le conduit à Gurs, d'où il s'évade finalement avec un ami pour conserver *"la vie sauve"*.

	HOMMES						FEMMES						
	BADE	AUTRES ALLds	AUTRICHE	POLOGNE	ESPAGNE	DIVERS	BADE	AUTRES ALLds	AUTRICHE	POLOGNE	ESPAGNE	DIVERS	
Agriculteurs	65	180	90	120	55	265	25	10			15	5	830 (4,2 %)
Commerçants et artisans	1 745	1 460	755	1 070	25	530	145	70	25	45		30	5 900 (29,8 %)
Professions libérales et cadres supérieurs	210	395	215	100	15	165	10	50	20	25		10	1 215 (6,1 %)
Cadres moyens	145	150	90	115	20	70	35	10		5		15	655 (3,3 %)
Employés	175	360	205	125	100	215	15	80	25	45	115	120	1 580 (8 %)
Ouvriers	75	265	120	265	340	325		5		20	35	10	1 460 (7,4 %)
Non-actifs	130	110	15	35	170	30	3 665	615	260	340	1 155	645	7 715 (36,3 %)
Sans réponse	40	65	40	205	30	110	55	220	45	25	70	50	955 (4,8 %)
	2 590	2 985	1 530	2 035	755	1 710	3 950	1 060	375	505	1 390	885	19 770

Tableau n° 11 - Catégories socio-professionnelles des internés du camp de Gurs (24 octobre 1940 - 1er novembre 1943)

comme patrons un métier du commerce ou de l'artisanat. En tenant compte des employés, c'est plus du tiers de la population du camp qui entre dans cette catégorie. Mieux, si l'on ne considère que les actifs, cette proportion approche la moitié (46,8 %) pour les patrons, et la dépasse largement en y englobant les employés. Il est donc incontestable que la population gursienne se définit en priorité par son appartenance à un secteur économique précis, le petit commerce, et à un groupe social déterminé, celui des classes moyennes.

Un dernier élément peut être retenu pour définir la population gursienne : le motif de l'internement. Les plus fréquents sont les suivants[27] :

1. *"étranger expulsé de son pays"* : 6 755 (34,2 %).
2. *"étranger en surnombre dans l'économie française"* : 5 950. (30 %).
3. *"étranger de race juive"* ou bien *"rassemblement des Israélites"* ou bien *"épuration d'un département de tous les Israélites"* ou bien *"infraction au statut des Juifs"* : 1 985 (10 %).
4. *"titres de séjours périmés"* ou bien *"absence de titres de séjour"* : 925 (4,8 %).
5. *"passager clandestin de la ligne de démarcation"* : 870 (4,4 %).
6. *"réfugié hébergé depuis la guerre d'Espagne"* : 400 (2,1 %).
7. *"étranger suspect"* ou bien *"étranger en situation irrégulière"* : 335 (1,7 %).
8. *"passager clandestin de la frontière espagnole"* : 310 (1,6 %).

Les trois premiers motifs, d'ordres administratif, économique et racial, regroupent les trois quarts de l'ensemble (74,2 %). Pourtant il ne visent nullement trois catégories différentes de réfugiés mais une seule, les Juifs étrangers. *"Etranger expulsé de son pays"* est la formule presque exclusivement réservée aux victimes de l'opération Bürckel, plus rarement reprise pour d'autres immigrés internés en octobre 1940. *"Etranger en surnombre dans l'économie française"* est le texte même de la loi du 27 septembre 1940 et s'adresse aux réfugiés sans ressources censés être à la charge du pays ; ainsi les *"Cypriennais"* ou la plupart des Juifs arrêtés sur les routes du Sud-Ouest. *"Etranger de race juive"* est le motif avancé, à partir d'août 1942, à l'occasion des rafles et des descentes de police dans les centres d'accueil ou dans tout endroit que l'on veut "épurer". En définitive, toutes ces formules reflètent les multiples facettes d'un même phénomène, la chasse aux Juifs étrangers.

Les motifs d'internement invoqués se signalent en outre par leur imprécision. *"Etranger en surnombre"*, *"rassemblement des Israélites"*, *"étranger suspect"* et même *"étranger expulsé"* sont les formules qui peuvent donner lieu aux interprétations les plus variées

27. Ces pourcentages sont calculés en tenant compte des 1 510 sans réponse (7.6 %). Les motifs ne correspondant à aucun des huit cas retenus ne rassemblent que 3,6 % des réponses.

et donc à tous les abus. Aussi doit-on légitimement se demander si leur principale raison d'être n'est pas de fournir une couverture légale à n'importe quelle action de police effectuée, sinon arbitrairement, du moins dans des conditions qu'on désire ne pas exposer.

Car que recouvrent en fait les motifs avancés ? S'agit-il d'un délit précis ? Oui dans le cas des titres de séjour périmés ou manquants, dans celui du passage clandestin de la ligne de démarcation ou de la frontière espagnole et même dans celui de l'infraction (rarement précisée) au *Statut des Juifs*, c'est-à-dire, au total, dans 15 % des cas environ. Tous les autres, soit, au bas mot, les quatre cinquièmes, ne reflètent nullement un délit : être expulsé, être Juif ou être *"en surnombre"*, ne saurait être assimilé à une infraction. Ils traduisent seulement un état de fait, une situation considérée comme délictuelle par la législation vichyssoise. Dans ces conditions, le terme même de "motif d'internement" demeure sans véritable objet, puisque ce n'est pas le motif qui engendre l'internement, mais le simple fait d'être un Juif étranger.

Les Gursiens, d'ailleurs, se demandent souvent : *"Pourquoi la France nous maintient-elle dans des camps ?"*. Mais la réponse ne se situe pas au niveau de la question : elle est contenue dans la seule présence des réfugiés en France et non dans leurs agissements.

Quelques groupes particuliers : Badois, "Cypriennais", etc...

Les 6 538 Badois internés les 24 et 25 octobre 1940 forment le groupe le mieux connu et le plus typé de tous ceux qui ont été internés à Gurs. Le mieux connu, parce qu'à côté des archives, une abondante documentation est parvenue jusqu'à nous : lettres, articles de presse, souvenirs, journaux de bord, rapports, etc[28]. Le plus typé parce que les conditions de leur arrivée comme leurs caractères démographiques (sexe, âge, etc) et économiques (catégories socio-professionnelles) les démarquent nettement des autres Gursiens.

Du point de vue géographique, les intéressés sont originaires d'un espace délimité, le pays de Bade. Le *Land,* tel qu'il se présente en 1940, est composé de 27 districts. La plupart d'entre eux, peu densément peuplés, tirent leurs ressources d'une économie rurale essentiellement agricole. Les autres, comme ceux de Mannheim, Heidelberg et Karlsruhe au nord, Fribourg-en-Brisgau et Constance au sud, rassemblent une population vivant principalement du secteur tertiaire. C'est de là que proviennent la majeure partie des Badois.

28. Voir Maria Krehbiel-Darmstädter, *Briefe aus Gurs und Limonest, 1940-1943,* Lambert Schneider, Heidelberg, 1970 ; M. et E. Liefman, *Helle Lichten auf dunklen Grund,* Berne, 1966 ; Max Ludwig, *Das Tagebuch des Hans O.,* Heidelberg, 1965 ; Heinrich Marx, *Die Flucht. Jüdisches Schicksal, 1940,* Dusseldorf, 1955 ; Eugen Neter, "Erinnerungen an das Lager Gurs in Frankreich" dans *Journal de liaison du Consistoire des Israélites du pays de Bade,* Karlsruhe, décembre 1961, janvier 1962 et février 1962.

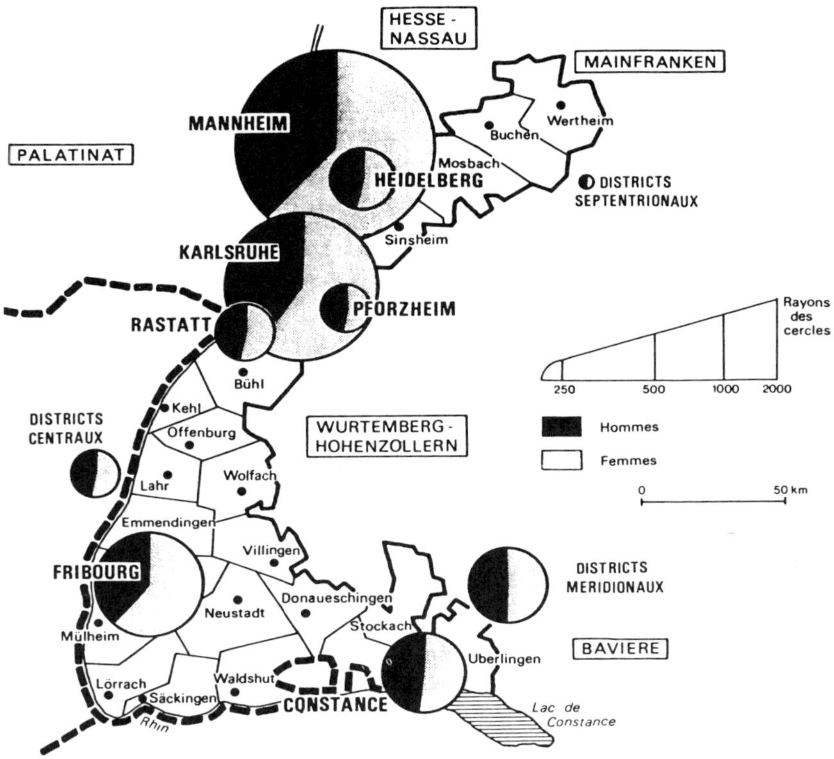

ORIGINE DES BADOIS INTERNES AU CAMP DE GURS

Des trois principales agglomérations du *Land* arrivent les deux tiers des internés : à Mannheim résidaient 2 335 futurs Gursiens (37,5 % du groupe badois), à Karlsruhe 1 380 (21,1 %) et à Fribourg 750 (11,5 %)[29]. Si l'on considère que les sept villes principales, Heidelberg, Pforzheim, Rastatt et Constance venant s'ajouter aux trois précédentes, un effectif total de 5 825 personnes (89 % de l'ensemble) est atteint. Les citadins constituent donc l'essentiel de la population déportée le 22 octobre. Il en résulte une homogénéité, inhérente au cadre de vie urbain et à l'état d'esprit qui l'accompagne, que l'on ne retrouve dans aucun autre groupe.

Or cette solidarité sociologique est encore renforcée par un ensemble de liens complexes.

29. Certaines études contiennent des chiffres différents de ceux que nous citons. Dans Maria Krehbiel-Darmstädter, *Briefe aus Gurs*... op. cit., p. 17, il est question de 1 993 Juifs de Mannheim. Dans Eugen Neter, "Erinnerungen...", op. cit., décembre 1961, p. 13, l'auteur indique la présence à Gurs d'environ 2 500 déportés de Mannheim. Quant à nous,nous ne retenons que les chiffres extraits des archives du camp.

Le lien religieux d'abord, puisque tous les Badois de Gurs, ou presque, sont juifs (98,7 %). Les rares hommes et femmes qui ne soient pas inscrits comme *"ressortissants israélites"* sur le fichier du camp sont des conjoints de Juifs qui n'ont pas voulu quitter, au soir de leur vie, leur compagne ou leur compagnon dans l'ultime épreuve. Avant même de se rencontrer à Gurs, la plupart des Badois avaient déjà eu l'occasion de faire connaissance, soit à la synagogue, soit au consistoire des Israëlites local. D'ailleurs, si Eugen Neter fut à Gurs le premier chef d'îlot choisi par ses compagnons, c'est essentiellement parce qu'il était le président du consistoire de Mannheim[30].

Le lien professionnel ensuite (comme le montre le tableau n° 11) : 67,4 % des hommes vivent du petit commerce ou de l'artisanat ; la proportion des agriculteurs, comme celle des ouvriers, est infime, de l'ordre de 3 %. Les femmes, de leur côté, n'exercent aucun métier (92,8 %), du moins officiellement, car il est probable qu'elles aident leur époux ou leur père à tenir la boutique ; lorsqu'elles déclarent une activité professionnelle, c'est encore une fois le commerce ou l'artisanat qui sont le plus souvent cités. Bref, dans ce domaine comme dans celui de la religion, de telles similitudes rapprochent les membres du groupe, que le terme de communauté d'idées et d'intérêts prend ici tout son sens.

Socialement, les Badois appartiennent à la même classe, celle de la bourgeoisie moyenne des villes, celle qui tire ses revenus de son travail quotidien, qui en est fière et qui ne comprend pas pourquoi les nazis s'acharnent sur elle.

La répartition par sexes est, elle aussi, caractéristique. Les femmes sont largement majoritaires (3950 pour 2590 hommes, soit une proportion de 60,4 %) alors que c'est exactement l'inverse dans le reste du camp.

L'originalité de la structure par âges doit être également soulignée. La pyramide des âges au 1er janvier 1941 (voir le graphique page 183) ne ressemble ni à celle de l'état allemand à cette même date, ni à celle de l'ensemble de la population du camp. D'une part, la base de la pyramide se réduit à une bande étroite et inconsistante : les moins de 30 ans ne représentent que 11,2 % de l'effectif global. D'autre part, le graphique est déséquilibré : les femmes étant plus nombreuses, leur domaine est hypertrophié, surtout pour les classes d'âges les plus avancées. Enfin la proportion des personnes âgées (plus de 60 ans) est considérable : 39,2 % ; celle des personnes très

30. Eugen Neter, médecin-pédiatre de Mannheim, le reconnaît lui-même ("Erinnerungen...", op. cit., décembre 1961, p. 12). Il faut remarquer cependant qu'il aurait pu, en tant que *"conjoint d'Aryenne"*, échapper à la déportation comme les responsables de l'opération le lui ont proposé. Du fait de sa charge à la tête de la communauté juive de Mannheim, il refusa cette opportunité.

âgées (plus de 75 ans) est presque aussi élevée que celle des personnes âgées vivant au même moment en Allemagne : 9,7 %. *"Le plus vieux déporté était un homme de 97 ans venant de Karlsruhe"*[31]. *"La plus âgée avait 99 ans, et portait encore de grands seaux d'eau à ses enfants au printemps 1941"*[32]. Si les expulsés du 22 octobre forment une population vieille dans son ensemble, c'est qu'avant cette date, les plus jeunes avaient déjà quitté la région. Et si les plus âgés avaient préféré demeurer au pays jusqu'au moment de leur expulsion, c'est qu'ils se sentaient obligés d'y rester, sous peine de perdre le fruit de toute une vie de travail : leur maison, leur boutique, leur réputation, leur histoire même.

De quelque façon qu'on le prenne, le groupe se distingue des autres par son homogénéité. Une autre preuve est fournie par son attitude devant la mort. Sur les 1 037 décès survenus au camp à l'époque de Vichy, 820 (79,1 %) concernent les Badois. Environ une personne sur huit expulsées par l'opération Bürckel repose à Gurs. Aucune autre catégorie d'internés n'est frappée dans de telles proportions.

Aujourd'hui encore, la plupart des Béarnais avec lesquels on aborde cette question insistent sur le fait que les Badois étaient des personnes âgées. Il est vrai que l'immense majorité (92 %) des décès frappe les plus de cinquante ans, la majorité (51,2 %) les plus de soixante-dix ans, et que la mort a surtout fauché les plus vieux. Faut-il en tirer argument, comme on l'affirme parfois, pour expliquer que tout cela est naturel, et même normal, et que c'est le contraire qui serait plus inquiétant ? Il y a là une part de cynisme qui ne tient aucun compte des conditions lamentables dans lesquelles sont décédées ces personnes âgées. Eugen Nater exagérait-il lorsqu'il parlait du *"véritable attentat perpétré contre la viellesse badoise"*[32] ? Car, s'il est vrai que la mort a surtout touché les plus âgés (mais pas exclusivement), il est clair qu'ils ne sont pas morts de vieillesse.

Le taux de mortalité gursien est, pour la tranche des 60-64 ans, douze fois supérieur au taux allemand à la veille de la guerre et celui des 70-74 ans près de seize fois. L'âge avancé des Badois disparus au camp, s'il est un élément d'explication, ne constitue pas un facteur décisif. L'état du centre béarnais, le manque d'hygiène, l'insuffisance de la nourriture, l'obscurité et la froideur des baraques, l'oisiveté imposée par les circonstances, le chagrin d'avoir tout perdu, ont porté un coup fatal à des êtres que la vieillesse avait déjà affaiblis.
lesse avait déjà affaiblis.

On peut même s'étonner que, dans de telles conditions, la mortalité n'ait pas été plus élevée. Elle l'a été, mais il est difficile de préciser dans quelle mesure. En effet, en 1941 et 1942, une centaine

31. Peter Sauer, *Dokumente*... op. cit., vol. II, n° 441, p. 243.

32. Eugen Neter, "Erinnerungen...", op. cit., décembre 1961, p. 14.

de Badois dont l'état de santé nécessitait un transfert dans les asiles de Lannemezan (Hautes-Pyrénées) et de Limoux (Aude) ont quitté le camp et, la plupart du temps, sont morts durant leur hospitalisation ; en mars 1941, 1 476 Badois ont été transférés dans les centres, mieux aménagés, de Noé et Récébédou (Haute-Garonne), où la mortalité, sans atteindre les taux gursiens, fit de profonds ravages. Il est donc certain que les 820 décès survenus au camp ne constituent qu'une partie du nombre des Badois morts des suites de leur passage à Gurs.

En fin de compte, de tous les internés, les Badois sont sans doute ceux qui ont le plus souffert de la vie au camp. Pour des raisons, d'abord, qui tiennent au moment de leur internement : l'hiver 1940-1941, le plus rigoureux de toute la Deuxième Guerre mondiale. Egalement à cause des structures mêmes de leur groupe : une population âgée, d'origine urbaine, ayant mené jusque là une vie familiale ou professionnelle sans histoire. Surtout parce que, de tous les Gursiens, les Badois constituent au départ le groupe le moins préparé à subir les dures épreuves de la vie au camp. Ils ne comprennent pas ce qui leur arrive. Ils cherchent dans leurs activités passées ce qui peut justifier un sort aussi cruel, pourquoi tout semble s'acharner sur eux, eux qui, jusqu'alors, ne s'étaient guère intéressés qu'à leur famille, leur cercle d'amis, leur maison, leurs affaires, leur travail. Il ne comprennent pas et leur désarroi moral les rend d'autant plus fragiles que les conditions de séjour à Gurs leur étaient, auparavant, tout à fait inimaginables. D'où les dures remarques de Nina Gourfinkel à leur égard.

> C'étaient *"de petits bourgeois, petits épargnants, ayant derrière eux une vie d'ordre et de subordination, respectueuse des lois et du travail bien fait. Ils ne comprenaient rien à ce qui leur arrivait. Ils réclamaient des balais, des brosses, de l'eau de javel, des poudres insecticides. Ils étaient exaspérés de se voir acculés à l'oisiveté qu'ils méprisaient comme le pire des vices, eux qui, honnêtement, avaient trimé toute leur vie"*[33].

A côté des Badois, les 3 870 hommes transférés les 30 et 31 octobres 1940 du camp de Saint-Cyprien forment un deuxième groupe original. Ils sont plus jeunes : l'énorme majorité (90,4 %) a entre 20 et 59 ans et les seules classes d'âges comprises entre 30 et 49 ans réunissent 51,4 % de l'effectif. Ils proviennent d'horizons plus divers :

33. Nina Gourfinkel, *L'autre patrie,* le Seuil, Paris 1953, t. II, p. 207. Hanna Schramm les décrit en termes comparables : *"Presque toutes les femmes de Bade appartenaient à la petite bourgeoisie. Leurs maris étaient maquignons, bouchers, propriétaires de magasins. Quant à elles, elles étaient de bonnes ménagères et le restèrent dans le camp. Elles tenaient à l'ordre et à la propreté autour d'elles et sur elles. Elles nettoyaient, lavaient et faisaient la cuisine toute la journée. (...) Elles étaient fières lorsqu'elles avaient trouvé un truc pour améliorer le goût des rutabagas ou des éternels pois chiches"* (*Vivre à Gurs,* op. cit. p. 85).

d'Allemagne, bien sûr, (54,4 %) et plus particulièrement des provinces occidentales du Reich telles que le Palatinat, la Westphalie, la Sarre, le pays de Bade ; mais aussi l'Autriche (30,2 %), la Pologne (12,1 %), les Sudètes, les pays baltes, etc. Arrivés la plupart du temps isolément, rarement accompagnés d'un membre de leur famille, ils se déclarent célibataires ou divorcés dans près de deux cas sur trois (65,7 %). Leur répartition professionnelle est moins typée que celle des Badois, bien que les métiers du commerce et de l'artisanat soient fréquemment cités (44,2 %).

Il s'agit exclusivement de Juifs *"en surnombre dans l'économie française"*. Avant d'arriver à Gurs, ils avaient délibérément choisi l'exil, préférant s'installer en Belgique, aux Pays-Bas ou en France plutôt que d'endurer dans leur pays d'incessantes humiliations. La guerre déclarée, ils sont internés dans des *"centres d'hébergement"* en France comme en Belgique (Merksplas, Château-Marreffe,...) et y demeurent jusqu'à la fin de la *"drôle de guerre"*. L'invasion de la Belgique et du nord-est de la France, en mai 1940, les repousse vers le sud. Ils sont alors rassemblés dans divers camps, avant d'échouer, dans le courant du mois de juin, à Saint-Cyprien.

A Gurs, où ils arrivent quelques heures après les Badois, ils supportent mieux les conditions d'internement. Ils semblent mieux armés d'ailleurs, à cause de leur âge, de leur expérience d'*"indésirables"* et de l'isolement dans lequel ils se tiennent vis-à-vis de leur famille ou de leur passé, pour surmonter l'épreuve de l'hiver 1940-1941. De fait, ils sont presque toujours à l'origine des tentatives faites pour animer la vie des îlots, pour secouer les énergies abattues par le chagrin, pour combattre la misère née de la faim, de l'absence d'hygiène ou de l'oisiveté. Parmi eux, le rabbin Léo Ansbacher et son frère Max, principaux organisateurs du Comité central d'assistance (C.C.A.) ; Alfred Nathan et Fritz Brunner, dont les représentations théâtrales et les concerts de musique devaient être déterminants dans le soutien moral des internés ; Siegbert Plastereck, correspondant de la H.I.C.E.M. ; Otto Langbein, professeur de géographie, organisateur de la vie intellectuelle de son îlot ; le médecin Lychtenber, etc.

Quatre-vingt seize *"Cypriennais"* reposent au cimetière du camp. Un tel chiffre est sans commune mesure avec celui des Badois.

D'autres groupes ont connu les baraques gursiennes. Leurs contours étant souvent imprécis, ils sont plus difficiles à étudier. Il convient néanmoins d'évoquer les plus notables.

Ainsi les 1 985 Gursiens internés entre les mois d'août 1942 et février 1943 pour des raisons spécifiquement religieuses (*"rassemblement des Israélites"*, *"étranger de race juive"*). Presque tous sont victimes des rafles de la police vichyssoise. Ils sont, en règle générale, de sexe masculin et d'âge mûr. Parmi eux, les Polonais forment le contingent le plus fourni : 63 %. Le seul mois de février 1943 a vu l'internement de 820 Polonais venus de Nexon (Haute-Vienne), de Saint-Nicolas (Isère), du centre d'accueil d'Audaux, près d'Orthez, ou encore arrêtés chez eux. Leur profession est rarement connue car leur fiche, remplie en toute hâte, et leur dossier individuel, généralement réduit à une chemise vide, ne l'indiquent pas. Seulement 9 % d'entre eux ont pu éviter les déportations de février-mars.

Il faudrait d'attarder également sur d'autres groupes de Gursiens : les 870 hommes, femmes et enfants arrêtés pour *"passage clandestin de la ligne de démarcation"*, les 925 internés pour motifs administratifs (*"titres de séjours périmés"*), les 590 transférés de Brens en mars 1941, les 1 380 transférés de Rivesaltes le 23 novembre 1942, les mutés des compagnies de travail, les passagers clandestins de la frontière espagnole, etc. Des milliers de destins brisés. Mais l'étude deviendrait vite lassante. Notons seulement qu'entre tous ces internés, le seul point commun réside dans le fait qu'ils appartiennent à une population que la *"Révolution nationale"* tient délibérément à l'écart et à laquelle elle ne reconnaît pas de droits.

Quelques activités au camp.

Comme ceux qui les avaient précédés dans les baraques, les Gursiens internés à l'époque de Vichy ont tenté, dans le cadre de leur monde à peu près clos, d'aménager leur séjour au camp. Il y va de leur survie même, car jamais les conditions de détention n'ont été pires.

La lutte contre la misère et l'isolement.

L'hiver 1940-41 est un des plus rigoureux que les Béarnais aient jamais connu. A Gurs, l'âpreté des conditions climatiques est d'autant plus ressentie que les installations, destinées à l'origine à assurer un hébergement provisoire à une population d'hommes internés pendant les seuls mois d'été, se sont considérablement détériorées. Le carton bitumé qui recouvre en principe le toit et les bas-flancs des baraques est déchiré par endroits, arraché ailleurs : il pleut dans les chambrées.

> *"L'eau dégoulinait sans arrêt à l'intérieur. Une mare se formait sur le sol. Nous y étions tellement habitués que presque personne ne relevait la chose. Celles qui étaient assises à côté de la gouttière se levaient en soupirant et posaient un récipient à l'endroit où la pluie tombait : une cuvette ou une boîte de conserves. Les gouttes faisaient un bruit de cascade en tombant sur le métal"*[34].

34. Hanna Schramm, *Vivre à Gurs* op. cit., p. 91.

Les cloisons de voliges qui constituent le toit et les murs des baraques sont trops ténues pour empêcher le froid d'envahir la pièce. On a beau colmater les interstices, laisser portes et lucarnes fermées, le froid règne en maître. Il y a bien des poêles, mais la première livraison de bois n'intervient pas avant le mois de décembre et les rations distribuées ne permettent pas de chauffer pendant toute la journée.

> *"La nuit, on gelait sous la couverture qui nous avait été fournie (...). Ils n'étaient pas nombreux ceux qui avaient emmené avec eux leurs propres couvertures. C'est pourquoi il était inévitable qu'un grand nombre d'entre nous, et en particulier les vieux, dormît tout habillé, ce qui posait de nombreux problèmes d'hygiène"*[35].

Dehors, entre les baraques, c'est le bourbier. Chacun y patauge et s'y enlise. Toute sortie vers *"l'estrade"* ou vers les cuisines, toute visite dans une autre chambrée est impensable, si l'on ne s'est pas procuré au préalable une paire de bottes ou de chaussures imperméables. Ceux et celles qui n'osent pas demander doivent se résigner à demeurer dans leur coin ou à braver mille embûches pour atteindre leur but.

Les îlots sont bouclés et il est impossible, à moins de posséder un laissez-passer, de franchir les barbelés. Hanna Schramm, chef de son îlot, raconte en détail comment elle *"gagna une bataille"* contre l'administration du camp le jour où elle réussit à obtenir dix laissez-passer au lieu des six réglementaires pour les 1 400 femmes de son îlot. *"Presque tous les jours, nous avions à livrer des batailles semblables"*[36] ajoute-t-elle, tout en reconnaissant le côté dérisoire de luttes aussi épuisantes. Car, pendant ce temps, les hommes et les femmes demeurent confinés dans leur secteur, les couples sont séparés, les familles morcelées au nom de *"l'inconvenance qui peut résulter, au point de vue de la décence, du groupement des familles dans des îlots"*[37].

> *"Le plus triste, c'était la séparation des vieux couples. Les vieilles femmes étaient désemparées sans le compagnon d'une longue vie avec qui elles avaient fini par ne faire plus qu'un. C'était comme si elles avaient perdu un bras ou une jambe. Comment était-il logé ? Etait-il malade ? Qui prenait soin de lui ?"*[38]

35. Eugen Neter, "Erinnerungen...", op. cit., décembre 1961, p. 15.

36. Hanna Schramm, *Vivre à Gurs,* op. cit., p. 101-103.

37. Rapport n° 352/2 adressé le 9 novembre 1940 par le colonel commandant la Légion de GRM Sud au général commandant la 17e région (Arch. dép. Pyr. Atl., 1 J 291-2).

38. Hanna Schramm, *Vivre à Gurs,* op. cit., p. 99.

Connaissant à peine ce qui se passe dans l'îlot voisin, les Gursiens sont complètement coupés du monde extérieur. Ils n'ont aucune possibilité de sortie ou de permission et vivent en circuit presque complètement fermé. Rares sont les Béarnais qui ont appris l'arrivée des Badois ou des *"Cypriennais"*. Aucun journal local n'en a parlé et aucune allusion ne leur est consacrée avant le printemps[39].

Seul le courrier relie encore les internés au monde qu'ils viennent de quitter. Il ne connaît presque pas d'entraves jusqu'à la mi-décembre (c'est-à-dire jusqu'au moment où une censure étroite et systématique est exercée sur tout le trafic postal du camp). De ce fait, nombre de récits parviennent en Suisse ou aux Etats-Unis. Quelques-uns ont été publiés[40], comme celui d'un groupe de délégués du *Secours suisse* rendant compte de la brève visite qu'ils ont faite à Gurs vers la fin décembre :

> *"Nous entrons dans une vieille baraque d'hommes qui sont tous sexagénaires, quelques-uns octogénaires. Il fait sombre dans la baraque car il n'y a pas de fenêtres. Les paillasses sont empilées les unes sur les autres. Des formes maigres et sans vie sont étendues ou accroupies. Il n'y a ni chaise, ni table, ni armoire. Aux poutres, contre le faîte, pendent quelques habits humides. Sur les places primitivement prévues, contre les murs, est entassé ce que les internés possèdent encore. Nous regardons, les yeux agrandis par l'horreur. Et soudain, une voix crie dans l'obscurité : "Combien de temps devrons-nous encore rester ici ? Le monde sait-il ce qui nous arrive ici ?". Sur une paillasse est couché un vieil homme, le visage marqué par la faim et les privations. Il déclare doucement : "Nous avons faim. Tous. Tout le temps".*
> *Le vent fait claquer la porte lorsque nous entrons dans la baraque suivante. Le sol est complètement nu. Aucune paillasse n'y repose. Au milieu, quelques formes déguenillées se bousculent autour d'un petit poêle d'acier. "Nous gelons. Nous brûlons la paille de nos paillasses. D'ailleurs, que nous couchions sur une paillasse ou non, c'est la même chose !". Un gros rat traverse la pièce. On hausse les épaules. "Nous nous sommes habitués à lui. A lui et à tous les autres"*[41].

39. Les premières datent du 21 mars 1941 dans *l'Echo d'Oloron*, du 11 avril 1941 dans *Le patriote des Pyrénées*, du 5 septembre 1941 dans *L'indépendant des Basses-Pyrénées*. Il s'agit de comptes rendus d'audiences du tribunal correctionnel d'Oloron.

40. Les principaux journaux dans lequels on trouve des récits sur Gurs sont *Israélites Wochenblatt* de Zurich, *Oltner Tagblatt* de Soleure, *Der Bund* de Berne, *Basler Nachrichten* de Bâle, *Aufbau* de New-York.

41. *Volksstimme, Ostschweizrrishe Arbeitzeitung*, Saint-Gall, n° 67 du 20 mars 1941, p. 2, signé R.K.

A vrai dire, les internés manquent de tout durant cet hiver 1940-1941. Ou plus exactement, derrière l'apparence du minimum vital, se cachent un dénuement et une indigence peu communs. A Gurs, il y a bien un toit, mais pas de véritable abri, un poêle pour chauffer la pièce, mais peu ou pas de bois, des fenêtres au mur, mais il faut les laisser fermées, des paillasses, mais elles sont sales et pleines de vermine, l'espace pour se promener hors des baraques, mais il est impraticable, des toilettes, mais c'est toute une expédition pour les atteindre, un parent ou un frère interné dans le camp, mais on ne peut pas le voir, la possibilité d'échanger du courrier, mais à condition de dire que tout va bien. Et puis, dans les mille détails de la vie quotidienne, on a sans cesse besoin de quelque chose que l'on ne peut trouver au camp.

> *"Pourriez-vous me faire parvenir des denrées concentrées et très nutritives ? Du beurre, du fromage, du thé, quelque chose pour apaiser la soif car l'eau ici n'est pas bonne à boire ? Du papier à écrire, des crayons et surtout des bottes de caoutchouc (...) ? On serait si heureux d'avoir des lainages ! (...) Pour moi et pour ma baraque, d'autres choses sont indispensables : du "Varborex" pour lutter contre la dysenterie, de la rhubarbe et des pastilles pour les angines, de la menthe, de l'eucalyptus, des pastilles pour la toux..."*[42].

Devant cette misère, certains, les plus âgés surtout, demeurent assis dans leur coin, immobiles, hébétés, attendant la mort.

Face à une situation aussi critique, quelle est l'attitude de l'administration française ? A tous les échelons, du chef de camp au ministre de l'Intérieur, les appréciations sont sensiblement les mêmes.

Le chef de camp considère que l'état moral des internés est *"relativement bon"*[43], qu'il n'y a pas d'*"incidents notables"*[43], qu'*"on ne relève aucun cas de suicide nettement caractérisé, c'est-à-dire de nature alarmante"*[43], mais que, néanmoins, *"l'impossibilité de se livrer à une activité quelconque est fortement ressentie par un grand nombre d'hébergés"*[43].

Le préfet, après avoir pris connaissance des articles que la presse suisse ou américaine diffuse au sujet du camp, trouve immédiatement le remède approprié : le 10 janvier, il donne *"des ordres très stricts pour que les lettres et les télégrammes soient impitoyablement censurés"* ; puis, afin d'empêcher tout contact des internés avec leurs familles, il interdit à tous les étrangers *"de résider dans un rayon de 30 kilomètres autour du camp, dans les villes de Pau et d'Olo-*

42. Maria Krehbiel-Darmstadter, *Briefe aus Gurs*, op. cit., lettres à Margot Junot des 6 et 12 novembre 1940, p. 22-24.

43. Rapport bimensuel sur la situation du camp, adressé le 14 janvier 1941 par le chef de camp au préfet des Basses-Pyrénées (Arch. dép. Pyr. Atl. M provisoire, 500/13).

ron''[44]. Les réactions des services ministériels vichyssois s'inspirent du même esprit ; une lettre d'Elsbeth Kasser, infirmière du *Secours suisse* au camp, ayant été publiée dans l'*Oltner Tagblatt* de Soleure, dans laquelle la future secrétaire générale de la Croix Rouge décrit ses activités quotidiennes, la ministère fait parvenir au chef de camp la mise en garde suivante :

> *''Cet article, dépourvu de toute objectivité, témoigne de l'ignorance la plus complète sur la situation actuelle de notre pays et paraît l'œuvre d'un esprit partisan, hostile à nos institutions. (...) Si Elsbeth Kasser persistait à juger tendancieusement l'œuvre entreprise par l'Administration en faveur des hébergés, son éloignement du territoire serait immédiatement envisagé''*[45]

Les services vichyssois ne se contentent pas d'organiser une étroite censure et de pourchasser ceux qui ne s'y plient pas, ils nient les faits et rétorquent que tout ne va pas si mal. Le rapport du médecin inspecteur départemental de la Santé, après son inspection du camp, ne laisse aucun doute sur ce point :

> *''La seule maladie à allure épidémique est une diarrhée dysentéiforme. 1 910 cas ont été observés qui ont occasionné la mort de 93 internés. La même maladie à sévi dans de nombreuses communes du département. (...) Les médicaments paraissent en quantité suffisante, mais les médecins prescrivent trop de médicaments. Le nombre des médecins est suffisant, mais il serait nécessaire que le service médical soit assuré par des Français. Il n'y a eu que de rares tentatives de suicide par barbituriques''*[46].

En définitive, l'hiver 1940-1941 n'est pas seulement une période rude à cause de la rigueur du climat et de la fragilité des installations gursiennes, c'est surtout le moment où les internés se retrouvent à peu près seuls et désarmés face au malheur et à l'incompréhension.

44. Arrêté préfectoral du 10 janvier 1941, affiché dans les mairies de la vallée du Gave d'Oloron (Arch. dép. Pyr. Atl. M provisoire, 500/6).

45. Note n° 2738 P, adressée le 31 mai 1941 par le directeur de la Police du Territoire et des Etrangers du ministère de l'Intérieur, 7e bureau, au chef de camp, sous couvert du préfet des Basses-Pyrénées (Arch. dép. Pyr. Atl., M provisoire, 500/10). Cette note répond à la lettre adressée par Elsbeth Kasser à ses parents :
''Devant les baraques, c'est l'inondation comme devant les chalets alpestres après l'orage. Les gens, des Juifs pour la plupart, arrivent chaque jour. C'est un spectacle d'une amère misère. Même les plus courageux s'en émeuvent. (...) Les internés ne voient jamais ni beurre, ni confiture. Seulement des pommes, des navets, parfois des pommes de terre. Notre lait et nos fromages sont les bienvenus. Le camp est fier de posséder un gruyère entier et de pouvoir le répartir. Combien de fois les gens m'ont dit qu'ils remerciaient la Suisse ! Mardi dernier, j'ai entendu ce cri dans la nuit : ''Infirmière suisse, n'oubliez pas de remercier votre patrie pour nous !''.

46. Rapport adressé le 24 janvier 1941 par le médecin inspecteur de la Santé au préfet des Basses-Pyrénées sur la situation sanitaire au camp de Gurs (Arch. dép. Pyr. Atl. M provisoire, 500/6).

Pourtant, dès le mois de février 1941, après le tourbillon des semaines précédentes, un vaste système d'entraide et de secours fonctionne, mis en place par les Gursiens eux-mêmes. Il est organisé peu à peu, au gré des nécessités du moment.

Quelques heures après l'arrivée des Badois, il faut résoudre les problèmes les plus urgents : héberger le mieux possible les personnes âgées, lutter contre l'isolement et contre la pénurie. Pour tenter de préserver la vie des vieillards, les meilleures baraques, celles où il n'y a pas de gouttière, leur sont attribuées ; les lits de camp sont réquisitionnés ; deux personnes en bonne santé, baptisées *"infirmiers"*, *"gardes-malades"* ou *"aides soignantes"*, demeurent en permanence à leurs côtés ; la nuit, le recours systématique aux seaux hygiéniques (strictement interdits par le réglement) évite les longues et épuisantes expéditions vers *"l'estrade"* ; le jour, un réseau de fils de fer tendus entre les baraques et jusqu'aux tinettes permet de prévenir les chutes dans la boue. Mais ces expédients n'atténuent qu'à peine la détresse des personnes âgées.

Pour combattre les effets de l'isolement, les Gursiens ont recours à toutes sortes de manœuvres. Lorsque le temps s'y prête, les plus lestes se faufilent sous les barbelés, circulent à travers tout le camp, apportant lettres et messages ; à la nuit tombée, les couples se reconstituent dans les îlots désaffectés. Parallèlement, un système de contacts quasiment officiel est édifié : le *"service des recherches"*, organisé dans chaque îlot, centralisé par les responsables élus des internés ; chacun peut ainsi savoir si tel membre de sa famille se trouve ou nom dans le camp.

La *"poste de l'îlot"* fonctionne de façon intensive : dès qu'un Gursien bénéficie d'un laissez-passer, dès qu'un autre est convoqué au premier quartier pour remplir un formulaire ou signer un document quelconque, dès qu'un autre a l'insigne (parce que rare) chance d'être appelé au parloir, il est aussitôt assailli par ses compagnons qui le supplient, l'un de faire parvenir un message dans un îlot voisin, l'autre de prendre au passage des nouvelles de tel ami commun, le troisième de vérifier si la baraque dans laquelle sa femme est enfermée est en bon état, etc... Les commissions sont presque toujours faites avec soin et l'intéressé, qui connaît pour l'avoir lui-même pratiqué, leur importance, met son point d'honneur à les accomplir correctement.

Les offices religieux, surtout lorsqu'ils sont célébrés en dehors de l'îlot (ce qui est le cas des offices protestants et catholiques), sont très courus : c'est l'occasion d'échanger quelques nouvelles. Les enterrements même sont recherchés :

> *"Les obsèques étaient des occasions favorables pour rencontrer des parents ou des connaissances logeant dans d'autres îlots. Car la sortie pour un enterrement était permise et per-*

sonne ne laissait passer l'occasion de voir, même un bref instant, ses amis ou les membres de sa famille''[47].

Pour limiter la pénurie régnant dans les îlots, le système des cantines mis en place au cours de l'été 1940 est étendu à tout le camp : chaque matin, des ''*intendants d'îlots*'' spécialement mandatés ont la possibilité de se rendre dans les villages environnants et d'acheter au marché ou à la ferme des produits de première nécessité comme les œufs, le lard, les légumes verts ou le lait. Ils reviennent ensuite à Gurs et mettent ces denrées en vente à la cantine de l'îlot.

Mais ce que les Oloronnais avaient accepté bon gré mal gré pendant l'été 1940, au moment où les internés étaient peu nombreux et peu fortunés, est violemment critiqué en novembre. Car les petits producteurs, c'est-à-dire les fermiers de la région qui alimentaient habituellement le marché hebdomadaire du vendredi, préfèrent désormais traiter directement avec les Gursiens : non seulement ils sont certains de vendre tous leur produits, mais surtout, les transactions ne sont l'objet d'aucun contrôle. Déjà, des prix vertigineux sont fréquemment cités[48]. A Navarrenx et dans les gros bourgs de la vallée, même scénario : une telle baisse de l'offre est enregistrée au marché que la population s'en montre d'abord inquiète, puis irritée. Devant l'augmentation croissante des plaintes, le chef de camp décide, le 3 décembre 1940, la suppression du système des cantiniers itinérants[49].

Cette décision, dont les effets sont considérables, puisque les Gursiens sont condamnés à ne rien consommer d'autre que ce qui leur est distribué par l'intendance, a une profonde influence sur la mise en place d'une nouvelle politique de secours. Tirant la leçon de l'échec du 3 décembre, les responsables de l'administration internée décident de mettre fin aux initiatives isolées et de s'organiser. Pour cela, les neuf chefs d'îlots prennent le parti d'unir leurs efforts et d'engager avec la direction du camp un dialogue constant. Des résultats tangibles sont peu à peu obtenus.

L'administration accepte, en effet, par étapes successives, la plupart des demandes des internés. En décembre, elle finit par admettre la présence des Oeuvres philanthropiques à l'intérieur même du camp : le *Secours protestant*, d'abord, puis le *Secours suisse* et le

47. Max Ludwig, *Das Tagebuch...*, op. cit., p. 12. Eugen Neter rapporte, après une description très proche de celle-ci, le mot qu'une jeune femme avait fait parvenir à son ami : ''*Cher Otto, fais-moi le plaisir de venir aujourd'hui, à midi, aux obsèques.*''

48. Habituellement, les services de police affirment que le marché noir est réduit entre les fermiers et les Gursiens, mais considérable à l'intérieur du camp. C'est une vue un peu simpliste du phénomène. Les prix de vente représentent habituellement 6 à 7 fois les prix normaux. ''*Il n'est pas rare de voir un œuf acheté 1,25 F être vendu dans les îlots jusqu'à 7 F pièce*'' affirme le colonel commandant le district militaire d'Oloron (Arch. dép. Pyr. Atl., M provisoire, 500/12).

49. Rapport adressé le 3 décembre 1940 par le chef de camp au préfet des Basses-Pyrénées (Arch. dép. Pyr. Atl., M provisoire, 500/12).

Secours quaker ; il est vrai que c'est là un moyen de pallier l'absence des cantines. En janvier 1941, une demi-heure est accordée chaque jour aux membres d'une même famille pour qu'ils puissent se rencontrer ; un nouveau système de cantines est mis en place. En mars, les vieillards et les malades sont transférés vers des camps mieux équipés, Noé et Récébédou (Haute-Garonne) ; les grands organismes de secours, coopérative d'achats et comité central d'assistance, entrent en fonction ; en même temps, la discipline s'assouplit : des permissions de sortie, des congés de maladie avec assignation à résidence sont délivrés ; les premiers départs vers les *"centres d'émigration"* sont enregistrés. Comme c'est à cette époque que débutent les travaux de drainage des îlots et d'empierrage des principales voies de passage, le camp se met à revivre. En avril, deux infirmières françaises diplômées sont affectées à chaque îlot ; elles sont chargées de veiller sur la santé et l'hygiène des internés. Il faut cependant attendre l'automne pour que le chef de camp se décide à accepter les deux changements les plus attendus par toute la population gursienne. Le 2 septembre 1941, il autorise enfin la promenade des enfants de 3 à 15 ans dans les abords du camp. Le 27 octobre 1941, il fait supprimer les barbelés intérieurs : toute circulation devient libre sur l'allée centrale et la clôture séparant le camp des hommes de celui des femmes ne joue plus bientôt qu'un rôle symbolique. Par rapport au mois de novembre 1940, les progrès sont incontestables[50], même si l'hébergement et la nourriture ne se sont pas améliorés.

C'est dans le domaine de l'action sociale que les activités des responsables d'îlots sont les plus remarquables. Trois organismes complémentaires sont créés au printemps 1941, qui modifient radicalement la vie des internés : les cantines nouvelle manière, la coopérative d'achats (C.D.A.) et le comité central d'assistance (C.C.A.). Un homme est à l'origine de tout cet édifice, un *"Cypriennais"*, le rabbin Léo Ansbacher. Par commodité, ces trois institutions, qui resteront en fonction jusqu'à la dissolution du centre béarnais, le 1er novembre 1943, sont présentées ici isolément ; il faut cependant les concevoir ensemble.

Les cantines d'îlots[51], ravitaillées exclusivement par la C.D.A., sont gérées par les internés eux-mêmes. Leur principe est immuable : les produits sont vendus à l'intérieur de l'îlot avec une marge bénéficiaire n'excédant pas 10 % ; les bénéfices sont versés à la caisse

50. Ces progrès, dont les plus notoires sont résumés ci-dessus, font l'objet d'un volumineux courrier entre le chef de camp et le préfet des Basses-Pyrénées (Arch. dép. Pyr.Atl., M provisoire, 500/6 et 500/13).

51. Leur fonctionnement, les étapes de leur création et leur mode de gestion sont exposés dans le rapport n° 7449 adressé le 7 mars 1941 par le chef de camp au préfet des Basses-Pyrénées (Arch. dép. Pyr. Atl., M provisoire, 500/13), dans le rapport Plastereck, op. cit., p. 16 et dans Hanna Schramm, *Vivre à Gurs*, op. cit., p. 95, 123-124 et 148-149.

sociale de l'îlot. Leur fonctionnement peut varier dans le détail : les unes sont gérées par un *"intendant"* bénévole choisi par ses compagnons ; le capital initial est alors avancé par les internés les plus fortunés. Les autres sont administrées par un particulier comme une entreprise privée et les deux tiers des bénéfices sont ensuite cédés au service social. De telles différences s'expliquent par le climat régnant au sein de chaque îlot : lorsque la majorité des internés se désintéresse de ce qui lui est proposé pour améliorer la vie communautaire, c'est l'initiative privée qui l'emporte ; dans le cas contraire, une participation générale est facilement obtenue.

Théoriquement, tous les produits et toutes les denrées non contingentées peuvent être achetées. En fait, l'achalandage des cantines dépend du ravitaillement de la C.D.A. et quelques articles seulement sont en vente : des bottes de caoutchouc, des assiettes, des couverts, des récipients, du papier à lettres, du savon, des lacets ; parfois des vêtements, du linge, des fruits, des légumes verts, de la confiture, du fromage, des œufs... Même pendant les périodes les plus fastes, à la fin du printemps ou en été, ces articles ne sont disponibles qu'en nombre limité ; l'hiver, la plupart d'entre eux sont introuvables.

La coopérative d'achats (C.D.A.) a connu en deux ans plusieurs modes d'organisation et son fonctionnement est, dans le détail, très complexe. Au moment de sa création, en mars 1941, c'est une sorte de magasin central pour le camp tout entier ; les cantines d'îlots doivent s'y fournir et aucune autre source de ravitaillement ne leur est autorisée ; le personnel français y achète ausi ce dont il a besoin. Mais, rapidement, ce mécanisme qui, en réalité, profite essentiellement aux Français qui en contrôlent tous les rouages[52], est modifié. Au cours de l'été, la C.D.A. définitive est mise en place. Il s'agit effectivement d'une coopérative d'internés, fonctionnant pour eux seuls, dans le but de préparer des plats supplémentaires. Les fonds proviennent soit des internés, par l'intermédiaire du C.C.A., soit des comités d'assistance juifs[53], soit des Oeuvres installées au camp. Les achats sont effectués au magasin central et, la plupart du temps, en dehors du département, par les correspondants de la C.D.A. Les produits sont ensuite confiés aux responsables du service social qui en assurent la répartition dans les baraques.

52. Le rapport n° 11500 adressé le 28 mars 1941 par le chef de camp au préfet des Basses-Pyrénées expose par le menu le fonctionnement de la *"coopérative"* : le financement est entièrement avancé par les internés, mais la gestion est assurée par un comité mixte (composé de l'intendant du camp, de ses deux adjoints, du gardien en chef et de deux Gursiens, Maria Scheidt, chef de l'îlot K, et Eugen Neter, chef de l'îlot G) et le magasin tenu par un fonctionnaire du camp. La baraque, installée dans le premier quartier, est assurée contre les risques d'incendie (Arch. dép. Pyr. Atl., M provisoire, 500/13 et liasse n. cotée 264).

53. Leur action à Gurs est présentée par Joseph Weill, *Contribution à l'histoire des camps d'internement...*, op. cit., p. 37 à 60.

Les insuffisances de l'alimentation gursienne ont ainsi été compensées en partie par cette vaste organisation de secours en rapports étroits avec le comité d'assistance aux réfugiés de Toulouse. Durant la seule année 1941, les achats de la C.D.A. se sont élevés à 2 092 709 F et ont été supportés à 60 % par des organismes philanthropiques juifs extérieurs au camp[54]. En 1942, à la fin de l'été, la C.D.A. est supprimée et ses fonds reversés à la caisse du C.C.A. Il est vrai qu'à cette époque, les envois de l'U.G.I.F. suffisent à la préparation de plats supplémentaires, la population du camp ayant fortement diminué.

Le comité central d'assistance (C.C.A.) est créé dans le courant de l'hiver 1940-1941 sur une idée lancée par le rabbin René Kapel au cours d'une de ses visites à Gurs[55]. A l'origine, il a pour but de centraliser toutes les activités sociales, religieuses et culturelles du camp ; mais, au printemps 1941, il se cantonne dans la gigantesque tâche d'assistance et d'animation sociale. Joseph Weill la décrit en ces termes :

> *"Chaque îlot nomma un comité social composé de huit personnes, dont chacune assumait le contrôle de deux baraques, de telle sorte que tous les baraquements de l'îlot étaient l'objet d'une constante surveillance. Le secrétaire du comité était en même temps le délégué social de l'îlot auprès du C.C.A., présidé par le rabbin Léon Ansbacher, aidé de son frère Max, de Léo Rothschild et de quelques autres. (...) Des réunions fréquentes permirent à l'exécutif d'acquérir une vue exacte des problèmes sociaux de chaque îlot. (...) Le C.C.A. recevait de l'étranger des envois collectifs. (...) De chaque mandat arrivant au camp, le destinataire versait 5 % à la caisse sociale. Une modeste contribution fut également levée à l'arrivée des paquets. Les bénéfices des cantines fournirent un revenu régulier à la caisse centrale. De temps en temps, des bazars et des concerts furent organisés pour alimenter les fonds. (...) Un système de parrainage procurait des paquets aux personnes indigentes entièrement isolées.*
>
> *Une des tâches délicates fut le dépistage des pauvres honteux qui refusaient jusqu'à l'extrême limite toute forme de secours. Une section sanitaire distribuait les prothèses, les lunettes mises à la disposition des Oeuvres. Un "asile" de vieillards put être installé, pourvu de fourneaux et dispo-*

54. Rapport adressé le 7 février 1942 par le chef de camp à l'inspecteur général des camps et centres d'internement du territoire (Arch. dép. Pyr. Atl., liasse n. cotée 264). Ce rapport présente un historique de la C.D.A. et contient le bilan financier de l'année écoulée. Pour donner une idée de la valeur des dépenses citées, signalons que l'ensemble des salaires distribués en janvier 1942 aux 328 personnes composant le personnel français du camp s'élève à 506 042 F.

55. René Kapel, "J'étais aumônier...", op. cit., n° 87, p. 11. Le rabbin Kapel est également à l'origine des premières fournitures arrivées à Gurs depuis Brive des comités de parrainage mentionnés ci-dessous.

sant d'infirmiers internés. Le C.C.A. fournit du raphia et des tissus aux femmes qui confectionnaient des portefeuilles, des serviettes, des étuis à cigarettes. Les hommes employèrent le fer blanc des boîtes de conserves. (...) Grâce à l'envoi d'outils, il permit de tracer des chemins, de créer des jardins d'agrément et d'installer des potagers qui jouaient un rôle de plus en plus important dans le ravitaillement du camp''[56].

Mais le C.C.A. n'est pas seulement une institution spécialisée dans le secours aux plus pauvres. C'est aussi l'organisme qui a inlassablement tenté de trouver des solutions aux problèmes posés par les insuffisances des installations du camp. C'est lui qui a permis de procurer aux Gursiens le *vitrex* qui, une fois posé sur les lucarnes des baraques, laissait entrer la lumière tout en protégeant du froid ; c'est lui qui a fourni les outils et ustensiles indispensables aux travaux de jardinage, de terrassement, de couture des internés. Il a mené la plus difficile des luttes, contre la faim, l'isolement et l'oisiveté, c'est-à-dire contre les rudes réalités quotidiennes de l'internement. A ce titre, il est un peu le symbole de l'esprit combatif d'hommes et de femmes qui ont refusé la résignation et le fatalisme.

Une intense activité religieuse et culturelle.

De toutes les périodes de l'histoire du camp, l'époque vichyssoise est, et de loin, la plus intense du point de vue religieux et la plus riche du point de vue culturel. Durant trois années, en effet, sur une lande que rien ne semble devoir disposer à de telles activités, dans des baraques où n'existe pas le moindre matériel adéquat, toutes les formes d'art et de pratiques religieuses se donnent libre cours. L'administration française les accepte d'autant plus volontiers qu'elles ne présentent aucun risque de subversion.

La vie religieuse profite à Gurs de circonstances exceptionnelles. D'abord, comme dans tout autre camp, les autorités n'élèvent contre elle aucune entrave, considérant qu'elle pousse les internés à s'accommoder de leur état. En outre, l'absence totale de confort, la pénurie de denrées alimentaires, les privations et le dénuement contituent un terrain favorable au développement des pratiques du renoncement, voire des conduites mystiques. Enfin, le rassemblement dans un cadre exigu et à peu près clos de toute une communauté déracinée ne peut qu'en inciter les membres à se tourner vers les réconforts et les sécurités de la religion.

56. Joseph Weill, *Contribution à l'histoire des camps d'internement...* op. cit., p. 97-99. Les modes de financement du C.C.A. ont parfois été critiqués et leur esprit profondément déformé. Voici par exemple la version qu'en donne *Je suis partout*, n° 647, 7 janvier 1944 : *''Les grands profiteurs du camp de Gurs sont les Juifs qui, dès 1940, eurent l'astuce de se proclamer chefs d'îlots. Ensuite, il ne leur restait plus qu'à exploiter la situation en mettant le camp en coupe réglée. Les colis n'étaient distribués qu'après que les destinataires eussent payé rançon. Les mandats étaient également soumis à l'impôt''.*

Le culte hébraïque s'installe au camp dès l'arrivée des Badois et des *"Cypriennais"*, à la fin du mois d'octobre 1940. Parmi eux se trouvent, en effet, une dizaine de rabbins et des hommes qui connaissent suffisamment les textes bibliques pour lire et commenter les *Chema* et *Tefilla* quotidiens ; les objets du culte ne manquent pas : une Torah a été apportée d'Allemagne et les autres objets seront fabriqués sur place ou offerts par les comités juifs du Sud-Ouest. Tous les îlots bénéficient d'un service divin quotidien. Des cercles d'études, consacrés à la Bible, au Talmud et à l'histoire des Hébreux, se constituent spontanément un peu partout. L'ensemble est coordonné par l'équipe de Léo Ansbacher, dont les membres viennent présider ou célébrer les cérémonies.

La liturgie est scrupuleusement respectée. Le *Chabbat* hebdomadaire, les jours de fête sont célébrés avec une telle solennité que le rabbin Kapel, aumônier des camps de la zone non-occupée, en est *"bouleversé"* :

> *"J'affirme n'avoir jamais vu dans nos synagogues de France autant de ferveur et de recueillement que dans ces humbles baraques froides et humides transformées en lieux de piété et de prières"*[57].

Une dizaine de circoncisions sont opérées ; des *Barmitzva* (professions de foi à 12-13 ans) sont célébrés ainsi que des mariages religieux. Les jours de *Pourim* et de *Hanouka* sont fêtés *"avec plus encore d'empressement qu'auparavant"*[58]. Les plus jeunes assistent aux *Oneg Chabbat*, suivent les cours d'instruction religieuse, participent aux méditations. Pour les enterrements, une *Hévroth* est instituée, chargée non seulement des cérémonies rituelles au cimetière, mais aussi d'organiser, lorsque cela est possible, des tours de veille auprès du corps du défunt et d'assister sa famille. Bref, toutes les pratiques judaïques sont soigneusement respectées, plus scrupuleusement encore qu'auparavant.

Le seul domaine dans lequel des manquements constants aux rites traditionnels soient signalés est l'alimentation. Il est vrai que se priver volontairement des précieux morceaux de viande et des rares produits laitiers que l'intendance du camp fait parvenir dans les îlots, alors que la faim se fait partout cruellement ressentir, est un sacrifice considérable que les Gursiens n'ont consenti qu'exceptionnellement[59].

57. René Kapel, "J'étais aumônier...", op. cit., n° 87, p. 114-115.

58. Rapport Plastereck, op. cit., p. 22.

59. Siegbert Plastereck, ibid., p. 22, affirme que le *"chiffre de ceux qui se contentaient de la nourriture kacher n'était pas très élevé"* ; Eugen Neter, "Erinnerungen...", op. cit., février 1962, p. 9, et plusieurs témoignages oraux confirment cette opinion. Seul, le rabbin Kapel affirme le contraire.

Les jours de fête, les baraques transformées en synagogues se révèlent trop étroites pour contenir les fidèles. Aussi les croyants sont-ils rassemblés sur l'ancien terrain de sports désaffecté. Là, en plein air, ils peuvent à loisir célébrer ensemble le *Yom Kippour*, la *fête des Tabernacles* et surtout *Pessah*, écouter les sermons du rabbin Ansbacher et entonner les chants religieux. *Pessah* est toujours soigneusement préparé, les comités juifs du Sud-Ouest faisant parvenir à Gurs les denrées indispensables. Ainsi, pour la Pâques 1941, le rabbin Kapel fait livrer au camp :

> *"10 000 kilos de matzoth, de pain azyme, (...) des barriques de vin kacher ou rituel, permettant à cette communauté persécutée et cernée de toutes parts par des barbelés, de célébrer dans la joie et conformément aux traditions la fête de la délivrance et de la liberté. A cette occasion, je fis polycopier à Toulouse en plusieurs milliers d'exemplaires la Hagadah (...), et la fis distribuer à Gurs"*[60].

L'année suivante, l'administration du camp prend les devants, étonnée par l'ampleur des cérémonies et la dévotion manifestée à leur occasion : sur décision préfectorale, *"les hébergés israélites sont dispensés de tout travail pendant toute la durée de la Pâque juive, sauf pour les nécessités du service"*[61] et des repas rituels sont organisés dans les îlots.

La *Hanuka*, qui tombe à la même époque que la fête de Noël, est solennellement célébrée en 1941 :

> [A l'îlot] *"le soir du premier jour, nous avons allumé les chandelles de Hanuka dans les baraques des vieillards. Après le service religieux, nous nous sommes réunis dans la "baraque de la culture", décorée de verdure à cette occasion. A vrai dire, il y eut deux fêtes le soir du 21 décembre, car l'étroitesse de la baraque ne permettait pas de réunir les 300 participants. Il y eut des récitations, des airs d'opéra, un pot-pourri de mélodies populaires juives. Puis nos enfants furent invités avec d'autres petits du camp par l'Organisation de Secours aux Enfants. Ce fut une belle fête. On leur donna des jouets et des friandises. On ne voyait plus que des visages rayonnants"*[62].

60. René Kapel, "J'étais aumônier...", op. cit., n° 87, p. 113. La *Hagadah* est le récit de la sortie d'Egypte.

61. Lettre n'° CD 1803/G2 adressée le 1er avril 1942 par le préfet des Basses-Pyrénées au chef de camp (Arch. dép. Pyr. Atl., M provisoire, 500/14).

62. Compte rendu des fêtes de la *Hanuka*, probablement rédigé par le chef de l'îlot L, annexé au rapport n° 881/D adressé le 5 janvier 1942 par le chef de camp au préfet des Basses-Pyrénées (Arch. dép. Pyr. Atl., M provisoire, 500/14 et liasse non cotée 268). Ces textes montrent cependant qu'aucune cérémonie n'a été organisée dans certains îlots.

Ainsi un fervent sentiment religieux répond à la pénurie et à la détresse engendrées par la vie au camp. Que les Gursiens d'origine juive aient par là tenté de dépasser les contingences de l'internement en les transcendant à un niveau immatériel, c'est certain. Il n'empêche que la foi et la pratique religieuse ont constitué un soutien moral considérable.

Pour ce qui est des religions catholique et protestante, tout est différent. D'abord, leur développement dans les îlots par rapport au culte judaïque n'a rien de comparable : le dixième à peine de la population internée est concerné. Ensuite, leur influence revêt un tout autre aspect. Du seul point de vue religieux, leur impact est faible.

Les cérémonies catholiques, et plus particulièrement la messe dominicale, n'attirent guère les Gursiens. Elles sont, en fait, presque exclusivement réservées au personnel français ; la chapelle est d'ailleurs située à l'extérieur des îlots, dans le premier quartier, et les internés, pour y être admis, doivent accomplir de nombreuses démarches. La plupart du temps, le curé du village de Gurs ou l'aumônier catholique des camps célèbre *"l'office réservé aux hébergés"* devant une poignée de fidèles. En dehors des cérémonies elles-mêmes, la contribution des catholiques à la vie du camp est étonnamment pauvre : aucune activité spécifique, aucun comité de secours, aucun subside destiné aux Gursiens.

Le culte protestant connaît, en revanche, une plus large diffusion. Les pasteurs Cadier d'Oloron et Rennes de Sauveterre-de-Béarn font de fréquentes visites dans les îlots, célèbrent des offices auxquels réformés, luthériens et baptistes assistent ensemble, conseillent à leurs fidèles de participer aux cercles d'études bibliques organisés par les Juifs et stimulent par leurs prêches la volonté de leurs ouailles. Les délégués de la CIMADE, Madeleine Barot, Henri Morel et Jeanne Merle d'Aubigné, multiplient les initiatives pour soutenir la foi de leurs coreligionnaires[63] : les pasteurs Boegner, Toureille, Freudenberg viennent tour à tour animer les principales fêtes liturgiques dans la baraque du *Secours protestant*. Leur influence sur les fidèles est considérable, et la plupart des lettres rédigées par Marie Krehbiel-Darmstädter, dans un style très personnel et mystique[64], en témoignent.

63. Ils ont écrit leurs souvenirs dans *Les clandestins de Dieu* op. cit., p. 29-38 et p. 61-100. Jeanne Merle d'Aubigné, dont le témoignage est d'une grande précision, était fort appréciée des Gursiens pour sa gentillesse et sa hauteur de vues. Le chef de camp la fait expulser le 12 octobre 1942 *"pour acheminement de fonds clandestins aux hébergés et diffusion de correspondance tendancieuse à l'extérieur du camp"* (rapport secret n° 3307 P adressé le 12 octobre 1942 par le secrétaire général à la police du territoire au préfet des Basses-Pyrénées, Arch. dép. Pyr. Atl., M provisoire, 500/10).

64. Il faudrait citer presque toutes les lettres de *Briefe aus Gurs*, op. cit. Il y est question sans cesse de dévotion, exaltation, renoncement, consolation, etc.

L'influence indirecte des religions chrétiennes est beaucoup plus large. La CIMADE, puis les Quakers, disposent d'une baraque. En dehors des cérémonies qui y sont célébrées, le *Secours protestant* est le siège d'un importante bibliothèque, comportant 5 000 volumes environ, que tous les internés peuvent fréquenter. Le *Secours quaker*, spécialisé dans la préparation de plats supplémentaires, fonctionne en étroites relations avec le C.C.A. Dans l'une comme dans l'autre salle, des conférences, des concerts, des représentations théâtrales sont fréquemment donnés, auxquels tous les Gursiens sont conviés.

Surtout, la présence des catholiques et des protestants à Gurs pose un problème fondamental, celui des "conversions". Dès 1941, quelques Israélites commencent à fréquenter épisodiquement la chapelle. Il est vrai qu'après l'office, le curé procède à des distributions de boîtes de sardines, ce qui, en période de pénurie, constitue un petit trésor. Les internés ne se méprennent en aucune façon sur la sincérité de telles vocations : ils confèrent même aux néophytes l'attribut peu flatteur de *"Sardinenkatoliken"*[65], qui en dit long sur l'estime dans laquelle ils les tiennent. La question devient fondamentale au moment des premières déportations, puisque quelques Juifs pensent, d'ailleurs à tort, que le reniement de leur foi les préserverait des convois :

> *"Au début de l'été 1942, une question délicate se posa : la grande peur étant sur le camp, les demandes de baptêmes se firent beaucoup plus nombreuses. Les candidats espéraient que le baptème les mettrait à l'abri des déportations redoutées. André Morel demanda conseil à Marc Boegner qui le pria de rester aussi sévère et exigeant, toute conversion n'étant acceptable que si elle correspondait à une conviction réelle et profonde.*
> *Je fus très frappée par la visite du grand rabbin, intervenant dans le même sens. Il vint presque supplier Morel de ne plus préparer personne au baptême. Il disait que ce ne serait pas honnête de profiter ainsi de l'affolement. Les conversions de ce genre n'avaient rien de sérieux..."*[66].

Côté catholique, l'abbé Glasberg réagit de la même manière. *"Je n'accepte pas de conversion avant trois ans"*[67] déclare-t-il à Hanna Schramm.

65. Nina Gourfinkel, *L'autre patrie*, op. cit., t. II, p. 207.

66. Jeanne Merle d'Aubigné, *Les clandestins de Dieu*, op. cit., p. 70. André Morel est le co-responsable de la CIMADE à Gurs. Quant au *"grand rabbin"*, il s'agit de René Kapel, rabbin des camps du Sud-Ouest.

67. Hanna Schramm *Vivre à Gurs*, op. cit., p. 152. L'abbé Glasberg est une des figures les plus remarquables de l'Eglise catholique pendant la guerre. Aumônier général des camps, il a créé les centres d'accueil qui ont permis de sauver de nombreux Juifs.

Il est donc impossible de déterminer si les velléités de conversion sont sincères ou opportunistes. Elles ne semblent pas, néanmoins, avoir concerné plus d'une centaine de détenus[68], qui n'en ont pas pour autant été protégés des déportations, puisque la définition vichyssoise du Juif s'attache uniquement à la judéité des grands-parents. Elles prouvent surtout la profonde confusion des esprits au cours d'une période troublée. Elles ne doivent cependant pas faire oublier que de telles conduites, parfois favorisées par quelques prêtres ou pasteurs, sont rares par rapport à la fréquence des pratiques judaïques sincères et ferventes.

La vie culturelle à Gurs connaît, à l'époque de Vichy, un développement sans précédent, au point qu'on chercherait vainement à travers tout le Béarn des activités comparables. Une étude remarquable en a été faite par Hanna Schramm[69].

L'enseignement destiné aux enfants d'âge scolaire a toujours été assuré au camp. Les maîtres sont des internés qui, la plupart du temps, exerçaient déjà cette fonction auparavant. Cependant les conditions dans lesquelles les cours sont dispensés ne peuvent engendrer que des résultats médiocres. Les "élèves", rassemblés dans une baraque d'un îlot désaffecté, n'ont ni manuel, ni matériel scolaire ; leurs professeurs ne sont jamais les mêmes du fait des transferts et des mutations ; eux-mêmes ne sont pas certains de revenir en classe le lendemain, soit que leur départ ait été annoncé, soit que leurs parents aient besoin d'eux dans l'îlot. C'est pourquoi aucune étude sérieuse n'a jamais été faite à Gurs. L'enseignement n'est guère qu'un moyen d'occuper de jeunes esprits, afin d'éviter que la vie au camp ne les entraîne sur la voie de l'arriération mentale et même, comme le regrettent nombre d'internés, ne les dévoye[70].

La vie intellectuelle bénéficie, à partir de mars 1941, de la présence dans chaque îlot d'une baraque baptisée pompeusement par les autorités *"maison de la culture"* ou *"foyer culturel"*. En fait, il s'agit d'une baraque que les internés ont peu à peu munie d'une estrade, de bancs, parfois d'une bibliothèque ou d'un instrument de musique. Des cours, des conférences et des causeries y sont donnés. Les médecins exposent les principes d'hygiène, les rabbins se

68. Rapport Plastereck, op. cit., p. 22-23

69. Il s'agit du chapitre 10, intitulé "Essor de la vie culturelle" de *Vivre à Gurs* op. cit., p. 131-146. Des poèmes, des programmes de soirées théâtrales, des textes de chansons sont intégralement reproduits.

70. Tous les témoignages sont unanimes à ce sujet : Eugen Neter, Siegbert Plastereck, Hanna Schramm et surtout Joseph Weill affirment que l'internement a fait régresser les enfants. Ce dernier parle même pour Gurs d'une *"jeunesse anémiée tant au point de vue physique qu'au point de vue intellectuel"* et du *"relâchement des mœurs de tous les adolescents"* (*Contribution à l'histoire des camps d'internement...*, op. cit., p. 44 et p. 47).

livrent à l'exégèse de textes bibliques, les personnes bilingues enseignent le français, les spécialistes parlent de littérature, de géographie ou d'astronomie.

Il est surtout un domaine dont l'internement a favorisé l'épanouissement, c'est la poésie. Le nombre des lettres interceptées par la censure (et le dixième des lettres environ était retenu) contenant des poésies est considérable : plusieurs centaines. La plupart du temps, il s'agit d'élégies plaintives, d'appels à l'aide, où les connotations bibliques se mêlent aux descriptions voilées de la misère gursienne. A d'autres moments, c'est une profonde angoisse qui perle derrière les mots les plus simples. De l'îlot I, Hertha Freund écrit :

"A présent, je parle ma quatrième langue,
Je me trouve dans mon troisième pays.
Je m'y fais bien du souci.
Ce que je deviendrai, je l'ignore.
Nous devrons encore repartir, je le sais.
Ma mère pleure aujourd'hui,
Elle pleure souvent et beaucoup.
Je regarde tristement les gens heureux,
Les autres,
Et je songe au but de notre prochain voyage,
Aux villes étrangères, aux grandes villes,
Là-bas.
Je songe à la faim qui me tourmente le soir.
Ah ! si seulement j'avais un ami !
J'ai tellement mal de cette solitude.

Où irons-nous à présent ?
Resterons-nous là où nous sommes ?
Sept ans de voyages, c'est assez
J'ai perdu ma gaieté.

Je suis fille d'émigrant"[71].

De l'îlot J, Selma Chabina lance elle aussi ce cri qu'elle veut plein d'espoir :

"Les camps de la douleur se sont ouverts pour nous,
Il nous faut vivre là, sourds, dénués de tout,
Perdus dans la misère et le froid et la faim.
Nos parents, nos amis, nous n'en savons plus rien,
Nos biens et nos foyers, la sueur de nos fronts,
Ne sont plus que ruines, décombres et haillons.
Oublions-les, amis, et l'espoir restera.
Le bonheur reviendra, la paix refleurira.
Nous jouirons alors d'une douceur immense,
Que nous aurons bâtie de nos propres souffrances.

71. Cité dans *Aufbau* de New York, n° 16 du 18 avril 1941, p. 4.

Notre port, notre abri sera la liberté.
Notre port, notre vie sera fraternité.
Courage, mes amis, effaçons nos chagrins !
Courage, mes amis, notre espoir n'est pas vain"[72].

Les activités artistiques sont d'une telle diversité et d'une telle fréquence, leur exécution, compte tenu de la pénurie en matériel, atteint un tel degré de perfection, que tous les Gursiens en ont été frappés. Certaines soirées dans les îlots "*étaient dignes d'un public berlinois, parisien ou new-yorkais*" affirme Hanna Schramm. Personne, d'ailleurs, ne s'y trompe : le personnel français y assiste toujours volontiers, pour peu qu'il y soit convié. A l'extérieur du camp, la réputation de certains artistes est telle que des invitations leur sont lancées : le 9 juin 1941, le maire de Navarrenx demande le concours de la troupe Nathan pour animer un spectacle au profit du Secours national[73]. Le préfet refuse, prétextant le précédent qui serait ainsi créé.

Tous les types de spectacles sont montés dans les îlots. Le théâtre, avec Ernst Busch, acteur professionnel, qui réussit le tour de force de présenter la trilogie du *Wallenstein* de Schiller. Le théâtre pour enfants, avec Hanna Zweig, la cousine de l'écrivain Stefan Zweig. Le cabaret, avec les nombreux artistes de la troupe Nathan. L'opéra, avec Kurt Selig, chef d'orchestre, et Paul Enoch, baryton berlinois. L'opérette, avec le compositeur Karl Maerker. Le chant, avec la chorale de Hans Ebbekke. La musique de chambre, avec, en particulier, le duo Hans Ebbekke (piano) et Fritz Brunner (violon). La musique légère, avec de nombreux virtuoses, qu'il serait impossible de citer tous. Sans compter les improvisations étourdissantes du pianiste Hans Meyerowitz, l'orchestre de jazz de Tommy Green (dénommé évidemment les "*Camping boys*"), les innombrables chansons écrites à l'occasion de tel événement, en l'honneur de tel chef d'îlot, etc...

Il est possible de se faire une idée de la qualité des soirées-cabaret en lisant le programme de la revue du 26 janvier 1942 :

MIEUX VAUT EN RIRE
17 comprimés de notre pharmacie privée.
Mise en scène : Alfred Nathan.
Direction musicale : Kurt Leval.

1. Avalon (fox) : Tommy Green et ses Camping boys.
2. Ultima canzone : Richard Auerbach.

72. Lettre adressée en décembre 1942 par Selma Chabina, îlot J, baraque 12, à Mme Alex, Hôtel Bompart à Marseille. Courrier intercepté par la censure le 15 décembre 1942 et adressé par le chef de camp au préfet des Basses-Pyrénées le même jour (Arch. dép. Pyr. Atl., M 5, 265).

73. Lettre du maire de Navarrenx au chef de camp (Arch. dép. Pyr. Atl., M provisoire, 500/6).

CAMP DE GURS . 20 AU 29 JUIN 1941

EXPOSITION ARTISTIQUE ET ARTISANALE

DANS LES ILOTS C, H ET K

SOUS LA PRÉSIDENCE DE MONSIEUR LE DIRECTEUR DU CAMP
KAYSER

LES CHEFS DES ILOTS C, H ET K ONT L'HONNEUR D'INVITER

MONSIEUR LE PRÉFET DES BASSES PYRÉNÉES

Exposition artistique au camp de Gurs (1941)

3. Liebesfreud (de Kreisler) : dansé par Ruth Rauch.
4. Chanson païenne : Charlotte Sussmann et Tommy Green.
5. Je chante (de Trénet) : Alfred Nathan.
6. Violon tzigane : Otto Weiss.
7. L'illusionniste et prestidigitateur "Forini".
8. Le beau Danube bleu (de Strauss) : Tommy Green et ses Camping boys.
9. Danse japonaise aux lanternes : Doris Sussmann.
10. A la manière de : Kurt Leval (piano).
11. Le pantin (danse réglée par Mme Poumanova) : Elisabeth et Klara Horowitz.
12. Vous êtes jolie
Boum : Alfred Nathan.
13. Consuelo (tango de Kurt Leval) : Doris et Charlotte Sussmann, Forini.
14. Pluie d'étoiles : solo de trombone de Tommy Green.
15. L'homme dans l'armoire (sketch) avec Doris Sussmann, Ruth Rauch, Poumanova, Dorian Drach, Forini, Richard Auerbach et Max Strassberg.
16. Mazurka (de Wieniewski) : Fritz Brunner.
17. Pot-pourri des opérettes de Paul Abraham : l'ensemble.

Costumeuse : Adrienne Rosenthal.
Décors : Kurt Löw et Karl Bodek.
Orchestre de Kurt Leval (piano) avec Fritz Brunner, Ernest Grosz et Desirer Rado (violons), Rolf Heinemann (trompette), Chico (saxo), Tommy Green (trombone), Otto Weinstein (accordéon) et Heinz Lewin (contrebasse)[74].

Les concerts donnés par Hans Ebbekke, organiste de la cathédrale de Strasbourg et Fritz Brunner, premier violon du Philharmonique de Vienne, sont unanimement considérés comme les moments les plus émouvants que les Gursiens aient vécus au camp : la perfection de l'exécution et le trouble que les mélodies suscitaient dans le cadre misérable des baraques bouleversaient la plupart des auditeurs. Le répertoire est d'une grande richesse : de Scarlatti à Debussy en passant par Bach, Mozart, Beethoven, Strauss, Tchaïkovski et Mahler[75].

L'inspiration des peintres et des dessinateurs est exacerbée par l'internement. Leur production, la plupart du temps de nature purement anecdotique, s'inspire des péripéties et des incommodités de la vie du camp : la toilette, les repas, le partage des rations alimentaires, la visite du médecin, les chutes dans la boue, les baraques

74. Programme de la soirée donnée le 26 janvier 1942 à 20 heures. Cette soirée est destinée au personnel français. De tels spectacles ont lieu tous les soirs dans un des îlots et, certains jours, en matinée (Arch. Pyr. Atl., M provisoire, 500/6).

75. Quelques programmes de concerts sont reproduits dans *Vivre à Gurs*, op. cit., p. 140 et dans Joseph Weill, *Contribution à l'histoire des camps d'internement...*, op. cit., p. 104-105.

en ruines d'un îlot désaffecté, les Pyrénées derrière les barbelés, etc... Les portraits sont fréquents, et nombre de Gursiens ne se déplacent pas sans leur carnet de croquis. A côté d'eux, certains artistes sont reconnus comme les grands peintres du camp. Ils travaillent entourés en permanence d'un groupe d'admirateurs, mi-disciples, mi-badauds, et leur réputation dépasse largement les limites de Gurs. Parmi eux, Karl Schwesig, Julius Turner-Collen et surtout Max Lingner[76].

D'autres talents se manifestent encore : on sculpte le bois, on pétrit la glaise (mais aucun monument d'argile n'est érigé dans les îlots, comme ce fut le cas durant l'été 1939), on tresse les joncs pour fabriquer des corbeilles et des paniers, on brode des mouchoirs, on façonne dans le zinc des cendriers, des bougeoirs, des plats, on confectionne des couverts, des bijoux, des sandales, des vêtements, etc... Du 20 au 29 juin 1941, les plus réussis de ces objets sont présentés à l'exposition artistique et artisanale organisée dans les *"baraques de la culture"* des îlots C, H et K. S'ils obtiennent un vif succès dans le camp lui-même, ils demeurent complètement inconnus à l'extérieur : aucun journal ne les signale et la production est trop utile aux internés pour qu'ils acceptent de s'en défaire.

Ainsi, pendant trois ans, dans le monde clos de Gurs, les activités artistiques n'ont cessé de se développer. Le camp est alors un des centres culturels les plus brillants du Sud-Ouest. A Pau et à Bayonne, seuls quelques cinémas fonctionnent encore ; à Toulouse et à Bordeaux, au même moment, les galeries de peinture sont fermées et les théâtres affichent relâche.

Nombre de Français comprennent aujourd'hui assez mal pourquoi la vie culturelle a été aussi éclatante à Gurs à l'époque de Vichy. Ils admettent, bien sûr, que quelques hommes d'exception aient été internés, mais ils considèrent que, puisque les internés s'adonnaient corps et âmes à de telles activités, qui, en fin de compte, ne sont nullement indispensables à la vie humaine, c'est qu'ils ne devaient pas être aussi malheureux qu'on veut bien le dire. Un tel raisonnement repose sur une méconnaissance profonde des réalités gursiennes. Au camp, le mode de vie traditionnel a éclaté ; une nouvelle échelle de valeurs s'est créée. Il n'y a plus ni cellule familiale, ni logement individuel dans lequel on puisse s'isoler, ni profession à exercer, ni travail à terminer, ni salaire à gagner, ni standing à tenir. Tout ce qui semblait essentiel auparavant a disparu et ce qui, la plupart du temps, était tenu pour secondaire (le bricolage, la couture,

76. Quelques tableaux ou dessins ont été reproduits : dans *Vivre à Gurs*, p. 64-65, les croquis de Kurt Löw, Max Lingner, Hanna Schramm, Lou Albert-Lasard et Julius Turner ; dans Joseph Weill, *Contribution...*, ceux de Wolf (p. 105 et 106) et de Löw et Bodeck (p. 242).
Dans le présent ouvrage, sont reproduits trois lavis de Löw et Bodeck (p. 163, 174 et 304) et deux dessins de Max Lingner (p. 284 et 312).

les spectacles, la création artistique, la religion même) est désormais l'unique lot quotidien. Le refuser, c'est se complaire dans le chagrin et se dessécher lentement.

Les départs du camp

Entre l'arrivée des Badois dans les îlots, le 26 octobre 1940, et la dissolution provisoire du camp, le 1er novembre 1943, 21 790 départs ont eu lieu.

Le tableau n° 12 résume les principaux types de sorties. Cinq cas sont distingués :
1. Les transferts dans un autre camp (Rivesaltes, Noé, Récébédou, Nexon, Brens et Le Vernet, pour ne citer que ceux qui reviennent le plus souvent) : 7 200 (33 %).
2. Les mutations, soit dans une compagnie de travailleurs étrangers, soit dans un centre d'émigration, soit dans un centre d'accueil, soit dans un hôpital : 6 965 (32 %).
3. Les déportations "*vers une destination inconnue*" (Drancy, puis Auschwitz) : 3 907 (17,9 %).
4. Les décès au camp : 1 038 (4,8 %).
5. Les libérations et les "*rapatriements volontaires*" : 1 555 (7,1 %), et les évasions : 910 (4,2 %).

Seuls 205 internés (0,9 %), pour lesquels nous ne connaissons ni la date, ni le mode de départ, échappent à ce classement.

Les départs à caractère provisoire : transferts et mutations.

Transferts et mutations réunissent près des deux tiers des dossiers : 14 165, soit 65 % de l'ensemble. Or ces types de sorties ne sauraient être considérés autrement que comme des étapes : elles ne règlent rien à la situation des internés.

Pour obtenir son transfert, il faut remplir une "*notice individuelle*", une "*fiche individuelle d'hébergement*", une fiche d'identité et un formulaire expliquant les raisons de sa demande. Dans la plupart des cas, ces raisons se réduisent à une seule : le rapprochement des membres d'une même famille. Un délai minimum d'un mois est nécessaire avant que la demande soit (éventuellement) satisfaite.

Pour une mutation, c'est pire encore : l'envoi dans un groupe de travail est toujours précédé d'une "*enquête*" (en fait, quelques formulaires à remplir) qui dure plusieurs mois. Quant à la sortie vers un centre d'émigration, elle est d'une telle complexité que les échecs dûs à des raisons purement administratives sont fréquents. Il faut d'abord remplir une demande de libération auprès du chef de camp, puis obtenir les nombreux visas nécessaires : visa du pays d'accueil ; lorsque ce pays est américain, c'est-à-dire dans presque tous les cas, visa de transit portugais (l'embarquement a lieu à Lisbonne), visa de transit espagnol lorsqu'on fait le voyage en train, visa de sortie de France. Mais pour que le consulat de Marseille délivre ces documents, il faut avoir obtenu un *affidavit* (garantie financière et morale) d'un citoyen du pays d'accueil, posséder l'argent (en dollars, et les sauf-conduits indispensables. Lorsqu'enfin la convocation du consulat est arrivée, le départ de Gurs peut être envisagé. Il ne reste plus qu'à se lancer dans l'expédition en espérant qu'à l'arrivée à Marseille, le délai de validité du visa n'aura pas expiré et qu'on pourra trouver un bateau pour Lisbonne.

Autant dire, en définitive, que transferts et mutations, dès lors qu'ils sont souhaités par les internés eux-mêmes, se heurtent à un véritable mur de documents administratifs, tous plus indispensables les uns que les autres. En revanche, lorsqu'ils sont décidés par les services préfectoraux ou ministériels, leur exécution est d'une étonnante rapidité.

Les premiers transferts datent des 30 et 31 octobre 1940 : les Espagnols de Gurs sont envoyés à Rivesaltes, désormais spécialisé dans "*l'accueil*" des anciens réfugiés de la guerre civile. La seule raison d'être de ce "*mouvement*" est donc la redistribution des internés, en fonction de leur statut administratif, dans les camps de la zone sud. Les "*Cypriennais*" et les internés de Tence, envoyés au même moment à Gurs, relèvent des mêmes mesures, mais en sens inverse.

Le 17 janvier 1941, un nouveau plan d'utilisation des camps est dressé par les fonctionnaires vichyssois[77]. Gurs devient un "*centre d'hébergement*" et la création de nouveaux camps est annoncée ; ce seront les deux "*camps-hôpitaux*"[78] de Noé et du Récébédou, aménagés en dur dans la banlieue toulousaine. Leur mise en service correspond à la deuxième vague de transferts : les 21 et 27 février 1941, 601 vieillards sont dirigés sur Noé (150 d'entre eux environ y mourront dans les semaines suivantes) ; un mois après, les 17 et 20 mars, 875 malades et infirmes, vieillards pour la plupart, sont envoyés au Récébédou, où les conditions de vie, compa-

77. Joseph Weill, *Contribution à l'histoire des camps d'internement...*, op. cit., p. 100-101.

78. Le terme ne doit pas faire illusion. Il ne s'agit ni d'hôpitaux, ni de maisons de retraite. Ils sont seulement mieux construits que les camps habituels : les murs sont en brique, les toits en tôle et le sol praticable en toutes saisons. Mais ils sont soumis au même règlement que Gurs et, en août 1942, les déportations s'abattront sur eux comme sur n'importe quel "*centre d'hébergement*" de la zone non-occupée.

Périodes	Transferts	Mutations	"Convois"	Décès	Divers[1]	TOTAL
24-31 Octobre 1940	1 645	115		15	10	1 785
Novembre-Décembre 1940	1 125	35		469	105	1 735
Janvier-Juin 1941	3 035	2 965		221	765	6 990
Juillet-Décembre 1941	110	1 470		182	340	2 100
Janvier-Juin 1942	850	380		118	120	1 475
Juillet-Décembre 1942	175	370	2 212	16	245	3 015
Janvier-Juin 1943	105	1 100	1 695	15	660	3 575
Juillet-Octobre 1943	155	630		2	220	1 010
TOTAL	7 200 33 %	6 965 32 %	3 907 17,9 %	1 038 4,8 %	2 465 11,3 %	21 790

(Sans réponse 205)

1. Libérations et évasions

Tableau n° 12 - Les types de sorties du camp de Gurs du 24 octobre 1940 au 1er novembre 1943

rées à celles de Gurs, sont satisfaisantes (ce qui n'empêche pas une centaine de malades d'y trouver la mort au cours du printemps 1941). Parallèlement, les enfants et leurs familles (parents et grands-parents) sont convoyés jusqu'à Rivesaltes afin de décongestionner les baraques : 1 226 Gursiens sont du voyage. En outre, quelques dizaines de transferts obtenus à titre individuel à destination d'Argelès ou de Nexon viennent s'ajouter aux précédents, portant à 2 865 l'effectif total[79]. Du coup, le camp est transformé : l'espace vital de chacun s'accroît, l'espoir en des temps meilleurs apparaît, d'autant que le printemps permet enfin de sortir dans l'îlot sans patauger dans la boue.

Mais les internés ne souhaitent pas pour autant demeurer à Gurs ; les candidats aux transferts restent nombreux : près de 2 000 encore, en avril 1941[80]. Toutes les places étant occupées à Noé et au Récébédou, l'inspecteur général des camps[81] tente de créer de nouveaux "*camps hôpitaux*" dans les stations thermales du Gers. Tour à tour, les communes de L'Isle-Jourdain, Gimont, Barbotan, Nogaro sont sollicitées, mais, chaque fois, le projet soulève une levée de boucliers, d'ailleurs orchestrée par le préfet lui-même[82]. L'affaire n'aura pas de suites car, au moment où elle allait aboutir à L'Isle-Jourdain, débutent les déportations d'août 1942 qui bousculent toutes les prévisions. Le nombre des transferts survenus entre avril 1941 et août 1942 est donc réduit : 1 260. Ensuite, à partir du mois d'août, il s'effondre et ne concerne plus que quelques rares privilégiés.

79. Le rapport n° 81/D adressé le 29 mars 1941 par le chef de camp au ministère de l'Intérieur, service des camps (Arch. dép. Pyr. Atl., M provisoire, 500/13 et liasse n. cotée 265) résume les effectifs intéressés par ces transferts. A Noé sont envoyés 349 hommes et 252 femmes âgés de 65 ans au moins ; au Récébédou, 481 hommes et 394 femmes malades, presque tous atteints d'oedèmes de la faim ou d'entérite ; à Rivesaltes, 570 enfants de moins de 16 ans accompagnés de 656 adultes (525 hommes et 131 femmes). En tout, 2 702 tranferts (1 355 hommes, 788 femmes et 570 enfants) concernant au premier chef la population badoise. La liste nominative des intéressés est annexée au rapport.

80. Le 4 avril 1941, rendant compte au ministre de l'Intérieur, service des camps, des transferts effectués au cours des semaines précédentes, le préfet des Basses-Pyrénées note que le "*nombre des vieillards qui n'ont pu être admis faute de place dans les camps de Noé et du Récébédou s'élève à 747 (238 hommes et 509 femmes). Le nombre des étrangers infirmes ou malades chroniques demeurés à Gurs s'élève à 1 170 (782 hommes et 388 femmes)*" (Arch. dép. Pyr. Atl., M provisoire, 500/6).

81. L'inspection générale des camps est créée par l'arrêté du 18 septembre 1941 (*Journal officiel* du 7 octobre 1941). Les deux titulaires successifs du poste, André Jean-Faure et Robert Milliat, ont visité Gurs les 30 octobre 1941, 4 juillet 1942 et 29 septembre 1943. Leurs rapports abordent tous les aspects de la vie du camp (Arch. dép. Pyr. Atl., M provisoire, 500/15).

82. Une abondante correspondance est échangée entre le préfet du Gers et l'inspecteur général des camps (des copies "*pour information*" sont systématiquement adressées au préfet des Basses-Pyrénées) pendant les six premiers mois de 1942. Le préfet cherche à faire traîner l'affaire, soutenu par les maires des communes choisies qui considèrent que "*l'arrivée de ces étrangers discréditerait la région*" (Arch. dép. Pyr. Atl., M provisoire, 500/13).

Ainsi, l'essentiel des transferts s'est produit en début de période, entre octobre 1940 et mars 1940 : 5 680 (soit 78,9 %). Une proportion aussi élevée témoigne de la confusion dans laquelle le régime de Vichy a mis au point, pendant les premiers mois de son histoire, le système des camps pour étrangers.

Les 6 965 mutations se répartissent en quatre catégories (tableau n° 13) :
1. L'incorporation dans un groupe de travailleurs étrangers (G.T.E.) puis, à partir de juin 1941, l'affectation aux chantiers Todt : 2 820 (40,5 %).
2. L'envoi dans un centre d'émigration : 1 940 (27,8 %).
3. L'envoi dans un centre d'accueil : 1 950 (28 %).
4. L'hospitalisation dans un établissement spécialisé : 255 (3,7 %).

	Groupes de travailleurs étrangers	Centre d'émigration	Centre d'accueil	Hôpital	
Oct.-décembre 1940	150	—	—	—	150 (2,1 %)
1941	2 215	1 765	325	95	4 400 (63,2 %)
1942	80	170	390	110	750 (10,8 %)
1943	370	—	1 235	50	1 660 (23,8 %)
Total	2 820	1 940	1 950	255	6 965 (100 %)

Tableau n° 13 - Les mutations d'internés gursiens (octobre 1940 - novembre 1943)

Chronologiquement, les deux premières datent surtout de 1941. A cette date, en effet, les hommes d'âge mûr sont encore nombreux à Gurs et les services de la main-d'œuvre de Vichy puisent abondamment dans la population du camp pour constituer des groupes de travail. Parallèlement, les Etat-Unis acceptent encore de recevoir des réfugiés et l'administration vichyssoise stimule toutes les formes d'émigration. Groupes de travailleurs et centres d'émigration se partagent donc l'essentiel des départs. En 1942, en revanche, la situation est différente : les internés de Gurs sont incapables de fournir des efforts physiques répétés et les Etats-Unis ferment leurs frontières. D'autres formes de mutations doivent être envisagées, les centres d'accueil, par exemple, d'autant que leur financement est assuré par les internés eux-même, par les Œuvres philanthropiques ou par l'U.G.I.F.

Mais, au cours de l'été, la situation se modifie. Les internés cessent d'être dirigés sur tel ou tel groupe déterminé. Ils rejoignent le seul "*2e groupement régional de Toulouse*"[83]. Mieux, d'anciens G.T.E. sont dissous et les ouvriers transférés à Toulouse. Or c'est précisément dans le groupement de cette ville que l'organisation Todt puise les hommes dont elle a besoin pour ses chantiers de l'Atlantique. Nombre de réfugiés commencent alors à se rendre compte que la mutation dans un G.T.E. est une tromperie et qu'elle cache, en réalité, un manœuvre à l'avantage des Allemands. Ils n'y peuvent mais, et, à moins de s'évader, les hommes "*aptes*" sont systématiquement envoyés à Toulouse. En 1943, Vichy ne cherche même plus à sauvegarder les apparences : les 370 Gursiens travailleurs étrangers sont directement expédiés aux chantiers Todt, à Bordeaux, La Pallice ou Lorient.

En gare d'Oloron
femmes et enfants en instance de départ pour les centres d'accueil

83. Le premier convoi pour Toulouse date du 3 août 1941. Il concerne 242 Gursiens accompagnés pendant le voyage par le chef de service du recrutement et de la main-d'œuvre du département, comme le montre le rapport n° 378/D adressé le jour même par le chef de camp au préfet des Basses-Pyrénées (Arch. dép. Pyr. Atl., M provisoire, 500/13).

Le départ pour un centre d'émigration constitue à coup sûr une solution plus enviable. Elle n'a rien de définitif cependant : sur les 1 940 hommes et femmes qui en ont bénéficié, 580 d'entre eux (30 %) ont échoué dans leur projet. N'arrivant pas à s'embarquer, ils ont finalement été renvoyés dans le centre béarnais et réinternés.

L'extraordinaire complexité des formalités à accomplir et la lenteur des services administratifs expliquent la plupart des déconvenues. Mais l'évolution de l'attitude du Département d'Etat américain accroît encore le nombre des difficultés. Jusqu'au 1er juillet 1941, en effet, il n'y a pas de problème particulier : toute personne convoquée à Marseille reçoit son visa du consul ; il ne lui reste plus qu'à attendre l'embarquement, soit au camp des Milles s'il s'agit d'un homme, soit dans les hôtels *Terminus* et *Bompard,* puis à l'hôtel du Levant, s'il s'agit d'une femme. Presque toujours, elle réussit à partir. Après le 1er juillet, tout change. Le gouvernement américain, devant l'avalanche des demandes de visas qui ne cessent d'affluer, modifie le processus d'octroi : désormais le consul de Marseille se contentera de transmettre les demandes à Washington et c'est le Département d'Etat qui délivrera les visas après examen, cas par cas, des dossiers des postulants. Il en résulte un ralentissement considérable du rythme des sorties : pendant le premier semestre de 1941, 1 506 Gursiens sont dirigés vers Marseille, 258 seulement pendant le second[84]. En 1942, les dangers de la navigation sur l'Atlantique limitent encore les possibilités d'embarquement et le flux se tarit complètement à l'automne. Bref, émigrer était déjà chose difficile en 1941, d'autant que les autorités portugaises acceptaient mal la présence d'une masse d'hommes et de femmes en instance de départ dans les hôtels de Lisbonne ; cela devient presque impossible dans le courant de l'année 1942.

A Gurs, la H.I.C.E.M. *(HIAS-JCA Emigration)* est représentée par un correspondant permanent, Siegbert Plastereck. Il a pour tâche de réunir les pièces indispensables aux dossiers, de les faire parvenir à la H.I.C.E.M. de Marseille et de coordonner les démarches des postulants.

A Marseille, le *Centre américain de secours* (C.A.S.) mène parallèlement une action déterminante en faveur de certains Gursiens. Cette organisation, émanation de l'*Emergency Rescue Committee* d'Eleanor Roosevelt, est animée, de 1940 à 1942, par Varian Fry et Daniel Bénédite. L'activité débordante de ces deux hommes, qui multiplient les interventions à tous les échelons de l'administration vichyssoise, qui négocient les transferts au camp des Milles, constituent les dossiers d'émigration, financent et préparent les sorties

84. Rapports adressés le 1er novembre 1941 et le 10 juillet 1942 par Siegbert Plastereck, correspondant de la H.I.C.E.M. à Gurs, au chef de camp (Arch. dép. Pyr. Atl., liasses non cotées 264 et 265).

de France, permet de sauver quelques-uns des Gursiens les plus notoires. Ainsi partent, presque tous au cours des premiers mois de l'année 1941, des professeurs de réputation internationale comme le médecin Oscar Goldberg, de l'Université de Berlin, ou l'écrivain Peter Pringsheim (beau-frère de Thomas Mann), de l'Université de Munich ; des musiciens célèbres comme le compositeur Erich-Itor Kahn, le pianiste Heinz Jolles, la harpiste Wanda Landowska, le chanteur lyrique Paul Herzog, l'éditeur de musique Edgar Arendt ("Arnetti") ; des artistes comme le peintre polonais Jacques Lipschitz ; des savants comme l'astrophysicien Kurt Grelling, le chimiste Georg Frank ; et même des hommes politiques comme le secrétaire du Parti social démocrate Walter Benninghaus[85].

Les 1 940 Gursiens qui ont eu la chance de pouvoir atteindre un des centres d'émigration marseillais sont surtour des hommes : 1 537 (pour 403 femmes seulement). La plupart sont des *"Cyprien-nais"* qui avaient déjà entrepris les démarches auparavant.

Presque tous les candidats choisissent les Etats-Unis comme pays d'accueil. Une statistique du 1er novembre 1941 montre qu'à cette date, sur les 1 686 Gursiens qui ont obtenu leur mutation dans un centre d'émigration, 1 439 (85,3 %) avaient opté pour cet état, 158 pour les pays d'Amérique latine (9,4 % : essentiellement le Mexique, Cuba et le Brésil) et 29 pour la Palestine[84].

Enfin, il n'est pas sans intérêt de constater que les directeurs des centres d'émigration ne voient guère débarquer les Gursiens d'un bon œil, car *"chaque nouvelle arrivée amène des microbes et des poux"*[86]. Une remarque qui en dit long sur l'état sanitaire du centre béarnais par rapport aux autres camps de la zone non-occupée. Il n'en reste pas moins que, compte tenu du fort pourcentage d'échecs indiqué plus haut, ce type de sortie constitue le meilleur des dénouements au problème de l'internement. Il n'a pourtant concerné que 8,9 % des Gursiens.

A partir de l'été 1941, les possibilités de mutations dans un centre d'émigration devenant de plus en plus aléatoires, une autre solution leur est peu à peu substituée : l'envoi dans un centre d'accueil. Elle n'est pas vraiment mise au point avant la fin de l'année et même, dans certaines régions, avant le printemps de l'année suivante. En outre, elle dépend exclusivement d'initiatives personnelles dont les

85. Cette liste, confirmée par les archives du camp, nous a été communiquée par M. Daniel Bénédite lui-même. *L'Emergency Rescue Committee* est l'organisation américaine qui, au lendemain de l'armistice, s'était fixée pour but de tirer des camps vichyssois les personnalités les plus éminentes qui s'y trouvaient internées et de les accueillir aux Etats-Unis.

86. Lettre n° 1032/D adressée le 9 mars 1942 par le secrétaire général de la commission des camps au chef de camp (Arch. dép. Pyr. Atl., liasse non cotée 265).

motivations sont souvent religieuses[87] ; c'est ainsi que Juifs et protestants possèdent leurs propres établissements, destinés les uns aux enfants, les autres aux familles, les autres à tel ou tel groupe national.

1 950 Gursiens bénéficient de ce type de sortie. Ils partent, les Allemands vers Villemur (Haute-Garonne), Cazaubon (Gers), Douadic (Indre) et Pont de Manne (Drôme) ; les Autrichiens vers Ceyzerieu (Ain) ; les Hollandais vers Châteauneuf-les-Bains (Puy-de-Dôme) ; les Polonais vers Lourdes (Hautes-Pyrénées), La Meyze (Haute-Vienne) et Pomponne (Lot-et-Garonne) ; les Italiens vers Tombebouc (Lot-et-Garonne), etc...

Les enfants sont dirigés, avec leurs mères, sur les centres de l'*Organisation de secours aux enfants* (O.S.E.) comme le château de Masgelier (Creuse), celui de Chabannes à St-Etienne-de-Tursac (Creuse) ou la maison des pupilles d'Aspet (Haute-Garonne). Ils jouissent dans ces établissements de conditions de séjour satisfaisantes, d'une alimentation correcte, surtout si on la compare à celle de Gurs, mais leur sécurité n'est jamais vraiment assurée. Au moment des grands convois d'août 1942 et février 1943, plusieurs centres sont vidés et leurs pensionnaires réinternés, puis déportés. A Gurs, l'essentiel des mutations vers les centres d'accueil se produit après : 1 010 entre avril et novembre 1943, presque toutes vers Douadic et Villemur (où les intéressés ne vivront jamais en sécurité).

En définitive, les centres d'accueil ont représenté des palliatifs. Créés pour trouver une solution de rechange aux centres d'émigration d'où plus personne ne part, ils n'apportent aucune réponse définitive. Pourtant ils sont l'unique bouée de sauvetage à laquelle les Gursiens peuvent encore espérer s'accrocher à partir de l'été 1942.

Car le dernier type de mutation, l'hospitalisation, est un des plus redoutés. Etant donné que le camp dispose de son propre établissement hospitalier, étant donné que les internés les plus faibles sont habituellement transférés dans les *"camps-hôpitaux"* de Noé ou du Récébédou, l'envoi dans un centre de soins témoigne d'un état particulièrement grave. Il ne s'agit pas pour autant de personnes à l'article de la mort : celles-là sont seulement conduites à l'*"hôpital"* du camp jusqu'à la fin de leur agonie. Il s'agit de malades incurables qu'on ne peut ni laisser dans les îlots, ni soigner sur place : les tuberculeux, dirigés sur le *"sanatorium surveillé"* de La Guiche (Saône-

87. Jacques Duquesnes, dans *Les catholiques français sous l'Occupation*, Grasset, Paris, 1966, p. 268, expose l'épisode au cours duquel l'abbé Glasberg réussit à obtenir de Bousquet, secrétaire général à la police, l'ordre de mutation de 32 femmes de Gurs vers Chansaye. De telles interventions semblent rares à Vichy. En revanche, les demandes provenant de tel directeur de centre d'accueil visant à obtenir la mutation dans son établissement de tel interné sont fréquentes, surtout en 1943 (elles sont conservées dans les dossiers individuels des intéressés).

et-Loire) et les aliénés mentaux sur les asiles de Limoux (Aude) et Lannemezan (Hautes-Pyrénées). De telles sorties ne sont pas rares : 255 en trois ans. Leur issue est presque toujours fatale[88].

Les départs définitifs : décès, libérations, évasions.

Du 24 octobre 1940 au 1er novembre 1943, 1 038 décès sont survenus au camp[89].

Plus de la moitié d'entre eux date des quatre premiers mois : 645 (62,1 %). Les seuls mois de novembre et de décembre 1940 ont vu périr 470 hommes et femmes, une moyenne de huit par jour. Les journées les plus funestes sont le 4 et le 13 décembre, au cours desquels 12 trépas sont chaque fois enregistrés. Schématiquement, le nombre des décès ne cesse de croître jusqu'à la mi-décembre, puis diminue lentement, comme s'il était fonction de la durée de l'ensoleillement. Une véritable hantise de la mort s'installe dans les îlots. Les esprits sont tellement frappés qu'un homme aussi lucide qu'Eugen Neter affirmera, quelques années plus tard, que *"25 à 30 personnes mouraient alors chaque jour"*[90], ce qui est très exagéré. Les personnes âgées, au premier rang desquelles se trouvent les Badois, sont décimées : 370 vieillards (plus de 70 ans), trois sur quatre environ, sont fauchés. Les hommes et les femmes d'âge mûr n'en sont pas épargnés pour autant, puisque 102 d'entre eux, âgés de 30 à 59 ans, un par jour en moyenne, succombent. Le désarroi est total dans les îlots. Dix membres de la compagnie de travail sont spécialement affectés à la fabrication des cercueils et aux diverses besognes d'un fossoyeur.

88. Jeanne Merle d'Aubigné, *Les clandestins de Dieu*, op. cit., p. 71, rapporte la scène suivante : (au cours d'un service religieux) "*la jeune femme d'un médecin interné, charmante et cultivée, se leva brusquement en criant : "Nein, nein, meine Kinder verbrandt" (non, non, mes enfants sont brûlés). Elle traversa la salle en hurlant. Je la pris dans mes bras et la conduisis dans ma chambre. Depuis son départ de Rhénanie, elle avait perdu l'esprit. Quand on était venu l'arrêter, elle et son mari, ses enfants se trouvaient à l'école et elle ne les avait pas revus*". De telles scènes sont, sinon quotidiennes, du moins habituelles.

89. Plusieurs listes de Gursiens décédés au camp sont conservées aux Archives des Pyrénées-Atlantiques. La plus complète a été dressée par les services préfectoraux le 15 janvier 1949 (M provisoire, 500/23).
Le Consistoire des Israélites du pays de Bade a de son côté publié "*Sie sind nicht vergessen*", Karlsruhe, 1961, 68 pages. Ce fascicule présente une liste des décès survenus à Gurs, à Noé, au Récébédou et à Rivesaltes. Pour ce qui est de Gurs, les dates mentionnées nous ont parfois paru fantaisistes. Nous préférons à tous ces documents de seconde main la liste tirée du registre municipal des décès de la commune de Gurs. C'est elle que Serge Klarsfeld a reproduite dans *Le mémorial de la déportation des Juifs de France*, Ed. Klarsfeld, Paris, 1978. C'est elle qui constitue la base de notre étude.

90. Eugen Neter, "Errinerungen...", op. cit., décembre 1961 p. 13.

Ministère de l'Intérieur
Direction Générale
de la
Sûreté Nationale

CAMP DE GURS

CAMP d'ACCUEIL de GURS
(Basses-Pyrénées)
SERVICE DE S...

Exécution des prescriptions de la Note du 30 Décembre 1940 de M. le Préfet des Basses - Pyrénées. - (Cabinet 2)

STATISTIQUE DES DECES SURVENUS AU CAMP DE GURS

pendant la semaine du 5 au 11 Janvier 1942.

Date du décès	Noms et prénoms	Date et lieu de naissance	Nationalité	Observations
5. 1. 1942	REINMANN, Recha	13. 1. 1884 à Mannheim	Allemande	Mort naturelle
7. 1. 1942	MEIER, Meier	1. 8. 1866 à Nonnenweier	"	" "
7. 1. 1942	HAAS, Ida	14.10;1874 à Kandel	"	" "
7. 1. 1942	SIMON, Siegmund	12.10;1878 à Telzel	"	" "
7. 1. 1942	HABERER, Berthold	13. 2;1882 à Offenburg	"	" "
7. 1. 1942	ABERLE, Moritz	29. 8. 1879 à Mannheim	"	" "
8. 1. 1942	KIRCHHEIMER, Siegmund	20.11.1885 à Berwangen	"	" "
9. 1. 1942	KATZ, Siegmund	4. 1. 1884 à Oberhausen	"	" "
9. 1. 1942	STEINITZ, Paul	25. 3. 1869 à Rosenberg	"	" "
9. 1. 1942	ETTLINGER, Sofie	21. 6. 1875 à Freiburg	"	" "
9. 1. 1942	LOEB, Fritz	31. 5. 1881 à Mutterstadt	"	" "
10. 1. 1942	GOLBERT, Maurice	14. 4. 1882 à ??	"	" "
10. 1. 1942	KATZ, Emma	17.12.1881 à Oberhausen	"	" "
11. 1. 1942	GROMBACHER, Adolf	20. 7. 1880 à Obergimpern	"	" "
11. 1. 1942	GOLDBERG, Olga	15. 2. 1868 à Ostrowo	Russe	" "
11. 1. 1942	LOEVENBAUM, Franziska	31. 8. 1868 à Koblenz	Allemande	" "
11. 1. 1942	PRODAIKO, Georges	23. 4. 1882 à Alexandrowsk	Russe	" "
11. 1. 1942	PFEIFFER, Emilie	4. 4. 1862 à Bingen	Allemande	" "

Vu: le Chef du Centre de Gurs.

Le Directeur du Camp d'Accueil de GURS (B.P.) — MINISTÈRE DE L'INTÉRIEUR — SÛRETÉ NATIONALE

Gurs, le 12 Janvier 1942.

Le Médecin Chef du Camp.

CAMP D'ACCUEIL DE GURS — SERVICE DE SANTÉ — Le Médecin-Chef

DESTINATAIRES

M. le Préfet des Basses-Pyrénées. (Cabinet 2)
M. le Chef du Centre de Gurs.
M. le Médecin Chef. Archives.-

Un exemple des statistiques hebdomadaires des décès survenus au camp de Gurs

Cette sombre période s'achève avec le printemps 1941. Le nombre des décès diminue avec les beaux jours atteignant son plus bas niveau en juin 1941 (9 décès). Il remonte ensuite avec le retour de la mauvaise saison (53 décès en janvier 1942). Il faudra attendre le printemps 1943, à une époque, il est vrai, où le camp est presque vide, pour trouver un mois sans enterrement !

Ce rapide aperçu de la fréquence des décès à l'époque de Vichy montre qu'il y a une relation étroite entre la mortalité gursienne et le rythme des saisons. Dès que l'hiver approche, tous ceux qui ne sont pas animés d'une énergie morale suffisante sont en danger de mort. Le sentiment de leur déchéance les écrase, celui de leur inutilité dans un monde qui les rejette les accable et ils se laissent peu à peu anéantir.

Dans ces conditions, affirmer que la cause du décès est *"l'arrêt du cœur"*, *"la sénilité"* ou telle maladie digestive, comme le mentionne le médecin-chef sur les certificats de décès, n'a guère de sens. Le fait d'être âgé ou d'être épuisé par l'entérite est peut-être à l'origine du trépas, mais pas plus que le froid, la faim, la solitude ou l'absence de travail. On peut même se demander si la précision des diagnostics concernant l'origine des décès ne s'apparente pas à une argutie visant à voiler les dures réalités de l'internement et donc à masquer les véritables responsabilités.

Les trois quarts des décès (789, soit 76 %) frappent les personnes âgées de plus de 60 ans et près de la moitié (48,5 %) les vieillards de plus de 70 ans. Les femmes, à l'intérieur de ces classes d'âges, sont davantage touchées que les hommes (423 pour 366). La proportion est, en revanche, inversée au sein de la population adulte (20 à 59 ans), où les hommes meurent plus que les femmes (185 pour 51). De telles différences ont beaucoup frappé les internés. Certains affirment encore aujourd'hui qu'elles apportent la preuve, pour les uns, de la meilleure résistance des femmes adultes aux conditions de vie du camp, pour les autres, de la plus grande énergie manifestée par les vieillards par rapport aux femmes de leur âge. En dehors du fait que ces explications sont parfaitement contradictoires, il faut bien reconnaître qu'elles sont inexactes puisqu'elles méconnaissent un facteur déterminant, la répartition par sexe et par âge de l'ensemble des Gursiens. De fait, il n'y a rien d'étonnant à ce que les hommes adultes meurent plus que les femmes de leur âge puisqu'ils sont proportionnellement plus nombreux et il est logique que le phénomène opposé soit observé chez les personnes âgées puisque le rapport est inversé.

Le nombre élevé d'adultes décédés montre, si une nouvelle preuve devait être fournie, que les internés ne sont pas tous morts âgés. Mieux, l'âge moyen du trépas ne cesse de diminuer avec le temps : il passe de 68,9 ans au cours de l'hiver 1940-1941 à 65,8 ans six mois après, puis de 56,8 ans durant l'hiver 1941-1942 à 55 ans l'été suivant.

Tableau n° 14 - Les 1 038 décès par classes d'âges survenus au camp de Gurs du 24 octobre 1940 au 1er novembre 1943

	moins de 10 ans	10 - 19 ans	20 - 29 ans	30 - 39 ans	40 - 49 ans	50 - 59 ans	60 - 69 ans	70 - 79 ans	+ de 80 ans	
24-31 oct. 1940	—	—	—	—	1	—	2	7	5	15
Novembre	2	1	—	1	5	14	55	85	41	204
Décembre	2	—	2	6	9	30	67	109	40	265
Janvier 1941	—	1	1	1	2	26	35	40	21	127
Février	—	—	—	—	4	3	7	16	4	34
Mars	—	—	—	—	—	5	5	1	6	17
Avril	—	—	—	1	—	1	3	6	3	14
Mai	—	—	—	—	2	2	6	8	2	20
Juin	—	—	1	—	1	—	5	2	—	9
Juillet	—	—	—	1	—	1	4	6	—	12
Août	1	—	—	—	—	3	4	9	3	20
Septembre	—	—	—	—	1	15	17	8	3	44
Octobre	—	—	—	1	1	5	7	7	3	24
Novembre	—	—	—	—	7	7	9	12	2	37
Décembre	—	—	—	—	3	9	17	13	3	45
Janvier 1942	—	—	1	3	1	15	19	14	—	53
Février	—	—	1	4	1	9	14	7	2	38
Mars	1	—	—	1	—	4	3	1	—	10
Avril	1	—	—	2	2	2	1	—	—	8
Mai	—	—	—	2	—	2	—	—	—	4
Juin	—	—	—	—	1	—	—	2	—	3
Juillet	—	—	—	—	1	—	—	2	—	3
Août	1	—	—	—	—	—	—	—	—	1
Septembre	—	—	—	—	—	1	1	—	—	2
Octobre	—	—	—	—	—	2	1	1	—	4
Novembre	—	—	—	—	—	—	—	1	1	2
Décembre	2	—	—	—	1	—	1	—	—	4
Janvier 1943	—	—	—	2	—	—	1	—	2	5
Février	1	—	—	—	1	—	1	3	—	6
Mars	—	—	—	—	—	—	—	2	—	2
Avril	—	—	—	—	—	—	—	—	—	—
Mai	—	—	—	—	—	—	—	—	—	—
Juin	—	—	—	—	2	—	—	—	—	2
Juillet	—	—	—	—	—	—	—	—	1	1
Août	—	—	—	—	—	1	—	—	—	1
Septembre	—	—	—	—	—	—	—	—	—	—
Octobre	—	—	—	—	—	—	—	—	—	—
TOTAL	11	2	6	25	46	159	286	361	142	1 038

Il faut enfin signaler l'incroyable dénuement dans lequel certains hommes et certaines femmes sont morts. Voici par exemple une constatation de décès rédigée le 30 mai 1941 :

> *"Ilot C - Constatation de décès et inventaire. M. Brill Jacob, né le 5 janvier 1888 à Borislaw, hébergé à l'îlot C, affecté à la baraque 2, est décédé ce jour dans sa baraque d'une insuffisance du myocarde. Le décès a été constaté aussitôt par le Dr Pollak, médecin de l'îlot.*
> *L'inventaire de ses effets, qui a été dressé aussitôt par le chef de l'îlot, contient les objets suivants :*
> *1. Un portefeuille avec passeport allemand n° 125 547, une carte d'identité belge n° 6175, une carte d'identité allemande et divers papiers à usage administratif.*
> *2. Une paire de lunettes, un canif, une paire de chaussures, un veston, trois serviettes de toilette, un chapeau, un caleçon, un cache-col et divers objets de toilette.*
> *Il n'était pas porteur d'argent.*
> *Fait à Gurs, le 30 mai 1941.*
> *[Signatures du médecin d'îlot, du chef de baraque, du chef d'îlot et du secrétaire du chef d'îlot]*[91].

Les 1 710 *"libérations"* (7,8 % de l'ensemble des sorties) constituent les seuls départs que l'on puisse qualifier d'heureux. Non seulement, en effet, elles présentent un caractère définitif, mais surtout elles assurent à ceux qui en bénéficient la quasi-certitude qu'ils se trouvent désormais à l'abri des camps. Leur fréquence varie en fonction du moment considéré puisqu'on en compte 680 en 1941, 255 en 1942 et 695 en 1943, ces dernières étant toutes postérieures aux déportations de mars.

Le terme de *"libération"* recouvre, en fait, trois modalités différentes. D'abord, les libérations proprement dites, c'est-à-dire les décisions officielles, avec certificat de libération signé du chef de camp et authentifié par le préfet. Elles rassemblent plus de la moitié des dossiers. Avant de les obtenir, il a fallu remplir diverses demandes, se soumettre à une enquête dite "de moralité", obtenir un certificat d'hébergement du maire de la commune choisie et faire la preuve que l'on était capable de subvenir à ses propres besoins. Ensuite, les permissions de congé de longue durée. Moins fréquentes, elles nécessitent d'entreprendre des démarches assez comparables aux précédentes et de connaître une personne susceptible d'assurer chez elle l'hébergement des postulants. Comme, par la suite, elles sont régulièrement renouvelées, il s'agit de libérations de fait. Enfin, les rapatriements volontaires : après avoir rempli une *"déclaration formelle faite en présence de deux témoins affirmant*

91. Arch. dép. Pyr. Atl. liasse non cotée 256.

leur volonté d'être remis aux autorités allemandes''[92], les candidats sont envoyés sur la ligne de démarcation, à Vierzon ou à Chalon-sur-Saône[93]. 345 internés ont choisi cette forme de sortie du camp, presque tous avant l'été 1941. Les trois modes de libérations ne coïncident pas. Les troisièmes, les moins nombreuses, datent surtout du printemps 1941 ; les secondes, les permissions de longue durée, ne débutent que dans le courant de l'année 1942 et se multiplient en 1943, après les déportations du mois de mars ; quant aux "véritables" libérations, elles se répartissent sur toute la période mais sont moins fréquentes en 1943 qu'en 1941.

Les bénéficiaires des libérations constituent un groupe peu représentatif de l'ensemble des internés. 1 015 d'entre eux (59,2 %) sont d'origine juive, ce qui est peu, comparé à la proportion des Juifs enfermés dans les îlots (95,4 %). Les Gursiens qualifiés d'*"Aryens"* sont donc largement privilégiés et l'origine des candidats a pesé d'un poids déterminant dans l'obtention d'une mesure de libération. En outre, les femmes sont avantagées par rapport aux hommes : 955 d'entre elles (contre 755) sont parvenues à se faire libérer, alors qu'elles sont globalement moins nombreuses dans les baraques. Le lieu de résidence dans lequel les heureux Gursiens sont assignés à demeurer est limité à la partie non-occupée des Landes, dans des villages tels que Gabarret ou Villeneuve-de-Marsan, et aux communes situées au nord et à l'est des Basses-Pyrénées (Nay, Morlaas, Maubourguet, Lembeye, etc...). En tous cas, ni Oloron, ni la vallée du Gave, ni même Pau.

Que sont-ils devenus après leur sortie du camp ? S'il est hasardeux d'affirmer qu'ils n'ont plus été inquiétés jusqu'à la fin de la guerre, il est clair cependant qu'aucun d'entre eux n'est revenu à Gurs. Comme, en 1944, la police vichyssoise ne se livre plus en Béarn aux grandes rafles d'étrangers dont elle était coutumière les années précédentes, on peut raisonnablement penser que la plupart ont sauvé leur vie.

Les évasions n'ont jamais été fréquentes à Gurs. Non que le camp soit spécialement bien gardé (du fait de sa superficie, ce serait plutôt le contraire), mais parce qu'elles supposent de la part de ceux qui s'y risquent la possibilité d'échapper aux recherches entreprises ensuite à leur encontre. Comme c'est rarement le cas, le pourcentage d'échecs est élevé : le tiers des tentatives se solde par une

92. Formule du document à remplir impérativement en six exemplaires, en exécution des prescriptions de la note 75 du directeur de la Sûreté nationale en date du 12 novembre 1940.

93. Vierzon et Chalon-sur-Saône sont les postes frontières où ont eu lieu les passages de la ligne de démarcation vers le territoire allemand.

reprise, comme le montrent les rapports de gendarmerie[94]. Une fois rattrapé, le Gursien est ramené au camp et immédiatement enfermé *"aux représailles"*. S'il récidive, il est transféré au camp du Vernet, réservé aux *"fortes têtes"*. Les journaux locaux, qui ne mentionnent pratiquement jamais le camp entre 1940 et 1944, lui consacrent de brèves allusions à l'occasion des reprises de Gursiens évadés[95]. Il est vrai que de telles circonstances permettent de fustiger la population internée, tout en glorifiant l'efficacité des services de police.

755 Gursiens ont réussi leur évasion, c'est-à-dire, après avoir faussé compagnie aux gardiens, ont su échapper aux services de gendarmerie vichyssois. Plus des trois quarts sont de sexe masculin (590 hommes pour 165 femmes). En règle générale, ils sont plutôt jeunes (452 ont de 20 à 35 ans), célibataires, veufs ou divorcés (428), mais ni l'origine géographique, ni la profession, ni la religion ne les démarquent des autres internés.

La fréquence des évasions[96] varie en fonction de la gravité des situations auxquelles les Gursiens sont confrontés. Habituellement, elle est faible : une vingtaine par mois, en moyenne. Dès qu'un évènement grave se produit, elle s'accélère. C'est le cas en août 1942, au moment des déportations, et en mars 1943, lorsque les Allemands s'installent définitivement en zone non-occupée. Ces sursauts reflètent l'inquiétude croissante des internés aux périodes critiques de l'histoire du camp.

94. Ils sont rassemblés, ainsi que la plupart des *"avis de réintégration au camp après évasion"* dans la liasse non cotée 263, aux Arch. dép. Pyr. Atl. Environ 300 évadés de Gurs sont repris entre 1940 et 1943.

95. *L'Indépendant des Basses-Pyrénées* consacre plusieurs articles aux évasions de Gurs et aux reprises les 5 septembre 1941 (p. 3), 31 juillet 1942 (p. 2), 25 septembre 1942 (p. 2), 21 janvier 1943 (p. 2), etc... Il en ressort que les internés bénéficient presque toujours de complicités extérieures mais que ces aides, accordées la plupart du temps par des gardiens, ne sont ni sûres, ni gratuites.

96. Les effectifs trimestriels de Gursiens évadés sont les suivants :
- novembre-décembre 1940 : 35 (?)
- 1er trimestre 1941 : 210
- 2e trimestre 1941 : 125
- 3e trimestre 1941 : 55
- 4e trimestre 1941 : 35
- 1er trimestre 1942 : 25
- 2e trimestre 1942 : 15
- 3e trimestre 1942 : 15
- 4e trimestre 1942 : 55
- 1er trimestre 1943 : 110
- 2e trimestre 1943 : 25
- 3e trimestre 1943 : 50

Toutes les statistiques concernant l'année 1941 sont extraites du rapport n° 8771 adressé le 19 décembre 1941 par le commissaire de police des R.G. en service au camp au commissaire divisionnaire de Pau (Arch. dép. Pyr. Atl., M provisoire, 500/13). Les chiffres du mois de décembre 1940 ne sont pas connus avec certitude. Pour les années 1942 et 1943, les statistiques sont extraites de l'étude des dossiers individuels.

La difficulté n'est pas de quitter le camp. Il suffit pour cela d'attendre la nuit, de se glisser sous les barbelés et d'éviter les rondes effectuées par les gardiens. Parfois, d'autres méthodes sont utilisées : on demande son transfert pour tel autre camp puis, en cours de route, on fausse compagnie aux gendarmes chargés de la surveillance[97] ; on obtient une permission de congé dans une commune du département, puis on "oublie" de rentrer à la date fixée ; on se fait muter dans le groupe de travail du camp, puis on profite d'une corvée de bois pour disparaître. Quelle que soit la combinaison choisie, un problème demeure : où ira-t-on après ? De la réponse à cette question dépend la réussite de l'entreprise.

Car il est difficile d'imaginer qu'un Gursien, avec son visage amaigri et ses habits usés, parlant mal le français, puisse circuler longtemps sur les routes de la région sans être remarqué et appréhendé par la gendarmerie. Il faut donc admettre que, souvent, les évadés savent où ils pourront se cacher, c'est-à-dire disposent d'un contact susceptible de les prendre en charge. C'est le cas, semble-t-il, des membres de la compagnie de travail du camp, dont les relations avec des personnes extérieures au camp sont fréquentes, des internés qui s'échappent à l'occasion d'un transfert et de ceux qui bénéficient d'une permission de congé. Mais tous les autres, les évadés improvisés, les sans contact, les risque-tout de l'escapade ? Pour ceux-là, il n'y a guère que trois solutions. Soit se mettre à la recherche d'un passeur, ce qui n'est pas sans risque, et tenter de rejoindre la frontière espagnole, en espérant que le prix demandé ne sera pas trop élevé et que l'homme ne s'évanouira pas dans la nature en cours de route[98]. Soit se cacher en attendant des jours meilleurs[99], mais, en temps de guerre, une telle possibilité tient du prodige. Soit rejoindre un maquis, ce qui, pour un Allemand ou un Autrichien, soulève de telles difficultés et engendre de telles méfiances que les périls les plus inattendus doivent être redoutés[100]. Bref, les véritables épreuves commencent après l'évasion.

97. Adam Rutkowki, *La lutte des Juifs en France à l'époque de l'Occupation*, op. cit., documents n° 105 et 106, p. 166-167. Ces documents signalent l'évasion de Symcha Rubinsztejn et Georges Vadnai, Polonais de 26 et 28 ans, au cours de leur transfert de Gurs au Vernet.

98. Le franchissement de la frontière espagnole dans le département des Hautes-Pyrénées a été systématiquement analysé par Emilienne Eychenne dans *Montagnes de la peur et de l'espérance*, Paris, Privat, 1980. Cet ouvrage est très éclairant sur la variété des attitudes des passeurs.

99. C'est la situation décrite à la fin du roman d'Yvonne Escoula, *L'apatride*, op. cit., après que le couple "*indésirables*" ait été trahi par un passeur indélicat.

100. Marie-Madeleine Fourcade, dans *L'arche de Noé*, Fayard, Paris, 1970, décrit le réseau qu'elle a fondé à Pau en 1940 avec Loustaunau-Lacau. Elle brosse un tableau très pyrénéen des activités du groupe, avec ses agents espagnols et français, ses passeurs, ses espoirs et ses méfiances. On comprend mieux en lisant ce brillant ouvrage les difficultés des Gursiens allemands pour se faire admettre dans un quelconque maquis.

Les déportations.

Les *"départs en convoi vers une destination inconnue"*, pour reprendre la terminologie administrative du camp, constituent les évènements les plus douloureux de l'histoire de Gurs. Aucun de ceux qui les ont connus n'est capable, aujourd'hui encore, d'en parler avec détachement. Les intéressés eux-mêmes, c'est-à-dire les rares déportés qui sont revenus, se refusent la plupart du temps à tout récit. Les témoins, en revanche, parlent plus facilement, mais on se rend compte rapidement, dès lors que les questions se précisent, qu'ils ont été eux aussi traumatisés par les scènes qu'ils ont vues. Autant dire que parler des *"convois"*, c'est aborder un sujet qui ne saurait, en lui-même, laisser indifférent.

En sept mois, du 6 août 1942 au 3 mars 1943, six convois ont expédié vers Drancy, ultime étape avant Auschwitz, 3 907 Gursiens dont l'identité est parfaitement connue. Tous figurent au fichier du camp avec la mention *"parti en convoi le..."*, sans mention de la destination. Les six transports vers Drancy sont les suivants :
- les trois premiers, les 6, 8 et 24 août 1942 : 1 710 hommes et femmes.
- le quatrième, le 1er septembre 1942 : 502 hommes et femmes.
- le cinquième, le 27 février 1943 : 925 hommes et femmes.
- le sixième, le 3 mars 1943 : 770 hommes.

Ces convois s'inscrivent dans le cadre de la politique d'extermination des Juifs décidée le 20 janvier 1942 lors de la conférence de Wannsee par Hitler et les hauts dignitaires nazis. En France, les conséquences de la décision de Wannsee ne se font pas attendre : dès le printemps 1942 commencent les déportations en zone occupée, dès le mois d'août en zone non-occupée[101].

A Gurs, les quatre premiers transports ont été préparés par le capitaine Danneker lui-même, lors de sa visite au camp le 18 juillet 1942[102]. Ils se déroulent dans un climat d'inquiétude difficile à décrire. L'angoisse naît vers le 20 juillet, lorsque les chefs d'îlots apprennent qu'ils doivent fournir à l'administration de nouvelles listes : listes par nationalité, par race, par religion, listes des conjoints d'Aryens, de ceux qui ont bien mérité de la France, etc[103]. Comme

101. Voir Georges Wellers, *L'étoile jaune à l'heure de Vichy*, op. cit., p. 126-257. Le contexte politique international et vichyssois des déportations est exposé dans l'ouvrage fondamental de Joseph Billig, *Le commissariat aux questions juives*, Ed. du Centre, 3 tomes, 1956-1960. On trouvera dans cette étude une analyse détaillée de la préparation des convois d'août 1942 réalisée conjointement par les services nazis et vichyssois.

102. Rapport secret n° 1298/D adressé le 18 juillet 1942 par le chef de camp au préfet des Basses-Pyrénées (Arch. dép. Pyr. Atl., M provisoire, 500/15), publié dans *Vivre à Gurs*, op. cit., p. 361. Danneker, ancien chef du camp de Drancy, est le chef à Paris de la section IV B 4 de la Gestapo et, à ce titre, l'organisateur de la répression antijuive sur tout le territoire.

103. Voir les dix témoignages publiés dans *Vivre à Gurs*, op. cit., p. 154-176.

aucun transfert ni aucune libération n'ont été annoncés, toutes les discussions portent bien vite sur l'interprétation à donner à une telle mesure. Au début du mois d'août, mille indices laissent présager une funeste opération de grande envergure : les rafles effectuées à Paris et en province, les descentes de police dans les centres d'accueil, la situation au camp même :

> *"L'ordre fut donné à toutes les femmes, à tous les enfants, aux sœurs et aux frères qui se trouvaient dans le camp de rejoindre leur mari ou leur père dans leur îlot. (...) Les issues de l'îlot furent bloquées et les gens de la compagnie de travail qui n'étaient pas dans leur baraque mais dormaient et travaillaient à la Croix-Rouge durent retourner dans leur îlot d'origine ainsi que le cuisinier de la maternité. Les femmes durent rejoindre les membres de leur famille masculins ; quelques unes étaient bouleversées : "C'est tout à fait comme en Allemagne, disaient-elles. C'est ainsi que cela a commencé"*[104].

Le 6 août, les brigadiers-chefs des gardiens entrent dans les îlots, listes à la main, et lisent, par ordre alphabétique, les noms de ceux qui doivent partir. Seuls les Juifs dont le nom commence par une des treize premières lettres de l'alphabet, de A à M, sont appelés. Ils doivent faire immédiatement leur valise, comme pour un transfert, et se présenter avant la fin de l'après-midi au secrétariat général du camp. Ils y récupèrent leurs titres de séjour et les objets de valeur qu'ils avaient laissés au greffe. On en profite évidemment pour fouiller les bagages et confisquer les quarts, les couverts et les couvertures qui avaient été fournis par l'administration et que certains tentent d'emporter avec eux. Puis tous les *"déportables"* sont rassemblés à l'intérieur des deux grands hangars "Bessonneaux" aménagés de part et d'autre de l'entrée principale. Ils sont surveillés par les *"gardes noirs"*, c'est-à-dire les troupes de la gendarmerie nationale convoquées pour la circonstance, de préférence aux *"gardes bleus"* (gendarmerie régionale). Au cours de la nuit viendront les camions qui feront la navette entre Gurs et la gare d'Oloron.

La traversée du camp par ceux et celles dont le nom a été appelé a laissé un souvenir inoubliable à tous les Gursiens qui, n'ayant pas été désignés, se contentent de suivre de leur îlot l'interminable cortège. C'est un défilé hallucinant d'internés amaigris, jeunes et vieux, couverts d'habits élimés, traînant derrière eux un misérable baluchon ou une mauvaise valise d'où pendent les bouts de ficelle qui ont permis de la fermer. Sous la chaleur du mois d'août, les *"déportables"* marchent en petits groupes, Les plus âgés s'arrêtent souvent pour poser, souffler un peu. Tous avancent en silence, regardant à droite et à gauche, faisant parfois un signe à un ami resté au camp, lui. Ils semblent résignés. Les *"gardes noirs"*, répartis sur

104. Ibid., témoignage de Louis Degen, p. 156-157.

la route centrale, aident ceux qui trébuchent à se relever ; les uns sont vaguement gênés, les autres, les plus nombreux, indifférents.

A l'entrée principale, sous les "Bessonneaux", le hangar de gauche réservé aux hommes et celui de droite aux femmes, l'atmosphère a quelque chose d'irréel. Les futurs déportés attendent, effondrés. Toute visite est interdite. Seule les personnes appartenant aux Œuvres ont le droit d'assister ces hommes et ces femmes qui ont du mal à comprendre ce qui leur arrive.

> *"Je demandai l'autorisation de passer la nuit avec eux. On me l'accorda. Ils étaient là, assis par terre ou sur leur pauvre baluchon, consternés, affaissés, immobiles. Ils semblaient avoir perdu toutes leurs forces, toute possibilité de s'exprimer. Quelques uns avaient l'air déjà morts, d'autres avaient un faciès d'agonisant. Certains réagirent et me dirent : "C'est ainsi que la France nous traite ?". Je cherchai des figures de connaissance. Beaucoup étaient devenus méconnaissables en quelques heures. Dans un petit tas affalé par terre, je reconnus Mlle Gertrude, l'assistante sociale avec qui j'avais organisé des causeries dans les îlots. Je me penchai vers elle : "Me reconnaissez-vous ?". Pas un mot, pas un signe, pas un mouvement. (...) Dans le fond, je reconnus deux silhouettes droites, impeccables dans leur uniforme d'infirmière, l'insigne juif bien en vue. Je leur dis mon admiration de les voir ainsi. Elles répondirent : "L'Eternel est avec nous" et elles récitèrent le psaume CXXX "Des profondeurs de l'abîme, je t'invoque, ô Eternel". Les larmes envahirent mes yeux. Puis le convoi fut embarqué"*[105].

Le 8 août est organisé le second convoi, en tous points comparable au premier. Il concerne les Juifs dont le nom commence par une lettre de la deuxième partie de l'alphabet, de N à Z. Comme celui de l'avant-veille, il se déroule dans un climat très particulier, où la résignation se mêle à l'inquiétude, où le silence devient oppressant dans toutes les chambrées désormais à moitié vides. Les gestes de révolte sont exceptionnels. Les déportés se soumettent aux injonctions des *"gardes noirs"* en soupirant, en maugréant, parfois en s'excusant de ne pas aller assez vite. Dans tous les cas, ils obéissent, comme vaincus par le poids du malheur qui les accable. En tout, entre le 6 et le 8 août, 1 650 Gursiens sont ainsi déportés.

Le 24 août, le troisième convoi, qui concerne 60 internés[106], se caractérise par un profond changement dans l'attitude des Gursiens. A la morne résignation des premiers jours succèdent une impatience

105. Jeanne Merle d'Aubigné, *Les clandestins de Dieu*, op. cit., p. 78-79.

106. La liste nominative des 60 (30 hommes et 30 femmes) est conservée dans la lettre adressée le 15 janvier 1949 par le préfet des Basses-Pyrénées au ministre des anciens combattants et victimes de guerre (Arch. dép. Pyr. Atl., M provisoire, 500/23).

et un émoi croissant. Le défilé des déportés le long de l'allée centrale suscite un tel malaise dans les îlots que des manifestations éclatent. Les *"gardes noirs"* sont apostrophés. On leur reproche leur présence au camp, ou bien la sinistre besogne à laquelle ils se livrent, ou bien leur passiveté devant telle vieille personne courbée sous le poids et le volume de ses bagages. Les plus alertes des internés franchissent le réseau de barbelés et, malgré l'interdiction, tentent d'accompagner leurs parents ou leurs amis jusqu'au premier quartier. Ils se heurtent aux gardes qui leur intiment vainement l'ordre de rejoindre les îlots. Le ton monte, l'altercation se propage, de nouveaux détenus viennent prêter main forte aux premiers, dans un grand concert de cris et de larmes. Des coups sont échangés dont l'effet immédiat est de décupler l'ampleur des protestations. Bref, le camp tout entier est en proie à une telle effervescence que les services de gendarmerie consentent bon gré mal gré à laisser les déportés se faire accompagner par leurs proches. Un tel résultat, ressenti comme une victoire par tous les Gursiens, aboutit en fait à une étonnante situation : gardiens français et internés unis pour faciliter la marche des déportés vers l'abîme. Sous les hangars où les hommes et femmes commencent à s'entasser, l'ambiance, là encore, n'a plus rien de commun avec celle des premiers convois. Déjà chauffés par les incidents survenus le long de l'allée centrale, les déportés font preuve de mauvaise humeur. Les *"gardes noirs"* sont injuriés et les services français maudits. Partout la tension monte. Au moment de l'embarquement dans les camions, des crises de nerfs éclatent. Les premières tentatives de suicides sont enregistrées : certains, les poignets tailladés, doivent être immédiatement conduits à l'hôpital central, tout proche du lieu de rassemblement. D'autres constituent des groupes de prières qui reprennent sans cesse les chants et les hymnes sacrés. En un mot, des réactions se manifestent, un début de résistance apparaît[107].

Le nouveau chef de camp (il vient d'entrer en fonction) est fort mécontent. Bien sûr, l'opération a été menée à bien. Mais les désordres du 24 août ont eu de fâcheuses répercussions sur l'atmosphère des îlots et il ne convient pas que de tels faits se reproduisent. C'est pourquoi il décide d'organiser différemment le convoi du 1er septembre et de veiller personnellement à son bon déroulement. Après le départ des 502 Gursiens, dans la nuit du 31 août au 1er septembre, il adresse le compte rendu suivant à l'inspecteur général des camps :

> *"Les opérations de départ se sont déroulées ainsi :*
> *1. Ouverture de l'îlot E, exclusivement destiné au départ et comportant autant de baraques que de wagons composant le convoi (18).*
> *2. Rassemblement des hébergés dans l'îlot E pendant l'après-midi du 31.*

107. Cette description résume les témoignages (concordants) de deux témoins français de l'opération, MM. Dachary et Turrier.

> *3. Formalités diverses et affectation d'une personne des Oeuvres par baraque.*
> *4. Rassemblement des hébergés par affinité ou par famille à raison de 27 à 29 par baraque.*
> *5. Repas du soir.*
> *6. Etablissement des listes, baraque par baraque. Examen des cas douteux.*
> *7. Le départ a commencé à minuit et s'est poursuivi jusqu'à 5 heures 30, un car chargeant le contenu d'une baraque. Aucune difficulté particulière n'a été à signaler"*[108].

Ce rapport témoigne d'un esprit de méthode et d'un sens de l'organisation caractéristiques du nouveau chef de camp ainsi que d'une absence totale de sentiment humanitaire à l'égard des déportés (*"un car chargeant le contenu d'une baraque"*). Quant à la dernière phrase, elle ne reflète pas la réalité. Tous les témoignages attestent en effet que la journée du 31 août 1942 fut l'une des plus dures de l'histoire de Gurs.

Elle débute, au petit matin, par le sinistre cri, répercuté immédiatement dans toutes les baraques : *"Les noirs sont là !"* (les gendarmes nationaux, en uniforme noir). C'est le signal qu'un *"départ vers une destination inconnue"* est imminent. Gardes et gendarmes bouclent les deux camps, celui des hommes et celui des femmes, avec ordre de ne laisser sortir personne. Puis, au début de l'après-midi, commence l'appel des déportés, dans une atmosphère d'excitation extraordinaire. Cette quatrième déportation en un mois n'est-elle pas le signe que personne n'y échappera ? C'est ensuite le retour dans les baraques, les préparatifs du départ, les valises à faire, tel objet à récupérer, tel autre à restituer, la sortie de l'îlot et la mise en route vers l'îlot E, le tout entrecoupé de crises de nerfs, d'explosions de larmes, d'anathèmes jetés sur les services français, de bousculades, de tentatives de suicides (*"c'étaient toujours les mêmes personnes qui essayaient de se suicider"*[109]). Certains se cachent pour échapper au convoi : derrière les tinettes, dans les cabines de douches, dans les fossés, au milieu des hautes herbes, sous le plancher des baraques, dans le plafond des infirmeries. Pour les dénicher, le chef de camp, au cours de la soirée et durant la nuit, utilise des chiens.

A l'intérieur de l'îlot E, îlot de départ, règne la même effervescence. Chacun cherche à obtenir des nouvelles d'un parent ou d'un ami et tente d'être mis dans la même baraque que lui, mais ce n'est pas toujours possible. Et puis, surtout, commence un incroyable marchandage entre les Œuvres et l'administration du camp. Certaines

108. Rapport n° 1372/DI adressé le 1er septembre 1942 par le chef de camp au préfet inspecteur général des camps (Arch. dép. Pyr. Atl., M provisoire, 500/15 et 500/23). Ce rapport contient en outre la liste nominative des 502 personnes (285 hommes et 217 femmes) déportés.

109. *Vivre à Gurs* op. cit., témoignage d'Heini Walfisch, p. 158.

catégories d'internés, en effet, ne sont pas déportables en août 1942 : les jeunes (moins de 16 ans), les vieillards (plus de 65 ans), les *"conjoints d'Aryens"*, les malades intransportables et les Juifs d'origine anglaise ou américaine[110]. Or il arrive fréquemment que des personnes appartenant à ces catégories soient incluses par erreur sur les listes. Une fois avertis, les délégués des Œuvres interviennent auprès du chef de camp pour que la loi soit effectivement appliquée et que les non-déportables quittent l'îlot E. Il leur est répondu : *"Si vous pouvez trouver quelqu'un qui le remplace, il ne partira pas"*[111]. On en arrive donc à cette aberrante situation de voir tel responsable de telle Œuvre rechercher à travers le camp celui ou celle qui acceptera de prendre la place du malheureux appelé par erreur. On finit la plupart du temps par le trouver : c'est un homme de plus de 65 ans dont la femme, plus jeune, a été inscrite sur la liste, c'est le jeune fils qui ne veut pas quitter sa mère ou son père. Ce véritable trafic d'hommes est ressenti par les délégués des Œuvres comme un des raffinements les plus sordides de la perversité vichyssoise.

Puis les camions entrent dans le camp, s'arrêtent devant la porte de l'îlot, chargent les déportés, baraque par baraque, et repartent vers la gare d'Oloron. C'est enfin le convoi vers Rivesaltes, lieu de regroupement et ultime étape avant Drancy. Le voyage se déroule dans des conditions épouvantables, comme l'atteste le rapport du capitaine de gendarmerie Annou, commandant du convoi :

> *"Le train spécial du 1er septembre transportait un groupement hétéroclite d'hommes, de femmes, d'enfants, de vieillards, de malades, d'infirmes abandonnés à leur sort dès le départ donné. (...) La masse était parquée sur la paille humide d'urine. Des femmes se désespéraient de ne pouvoir satisfaire des besoins naturels hors du regard d'inconnus. Des évanouissements dûs à la chaleur et aux odeurs dégagées ne purent être traités. Le spectacle de ce train impressionna fortement et défavorablement les populations françaises non juives qui eurent à le voir, dans les gares en particulier"*[112].

Pendant cinq mois ensuite, les Gursiens connaissent un répit : aucune nouvelle déportation ne vient bousculer leur fragile tranquillité. Il en va de même des autres camps de la zone non-occupée ainsi que de Drancy. Cette pause n'est nullement motivée par une quelconque considération d'ordre humanitaire, mais simplement par les

110. La liste des non-déportables est fixée le 26 juin 1942 par la circulaire confidentielle IV J - SA du capitaine Danneker (C.D.J.C. CCXVIII).

111. *Vivre à Gurs,* op. cit., témoignage de Franz Soël, p. 170.

112. Rapport du capitaine de gendarmerie Annou transmis le 8 septembre 1942 au préfet du Lot, à destination du préfet régional de Toulouse (cité dans Robert Aron, *Histoire de Vichy,* t. 2, Livre de poche n° 1635-6, p. 179). Ce rapport est intégralement publié dans *L'Eclair des Pyrénées* du 6 septembre 1945, p. 2.

nécessités logistiques du moment : les Allemands sont alors contraints d'affecter leurs trains au transfert de troupes et de matériel vers le front russe et renoncent momentanément aux opérations policières d'envergure à l'intérieur des territoires occupés.

Les 27 février et 3 mars 1943 ont lieu les deux dernières déportations gursiennes : 1 695 hommes et femmes sont déportés[113]. Les modalités administratives de l'opération sont exactement les mêmes que celles du 1er septembre 1942 : bouclage du camp par les *"gardes noirs"*, transfert des déportés à l'îlot E, formalités diverses, départ du camp pendant la nuit. Là encore les scènes dont le centre béarnais est le siège ont quelque chose de dantesque. Un rapport rédigé par le chef de camp quelques semaines après en donne une idée. Le préfet lui ayant demandé pourquoi 47 Juifs étrangers ont échappé aux convois, le fonctionnaire modèle de Gurs répond :

> *"31 sont demeurés au camp indépendamment de notre volonté :*
> *- 2 sur instructions téléphoniques de M. l'intendant de police.*
> *- 12 malades en traitement à l'hôpital (dont 5 tentatives de suicide), intransportables.*
> *- 16 qui se sont cachés et n'ont pu être retrouvés.*
> *Le service d'ordre chargé de les rechercher en a débusqué plusieurs dizaines, mais on ne peut éviter ces dissimulations, surtout au cours de la nuit. Les cachettes les plus diverses ont été imaginées. Ainsi l'hébergé Robert Metzger a été retrouvé quelques jours après, à demi-asphyxié, cousu dans un matelas"*[114].

Le 3 mars, après la dernière déportation, le bilan est le suivant : 3 907 déportés, 2 884 hommes et 1 023 femmes. Les survivants se compteront en unités. Des scènes qui ont bouleversé la plupart des témoins (*"le spectacle était si affreux que je vis des larmes couler sur le visage barbu de certains gendarmes entourant les camions dans lesquels on hissait les malheureux"* affirme Jeanne Merle d'Aubigné[115]). Et puis, en Béarn, un silence à peu près total sur les faits eux-mêmes.

Les 3 907 Gursiens victimes des déportations[116] sont presque exclusivement des Juifs (95,2 %). Il n'y a là rien d'étonnant puisque

113. Les listes nominatives des Gursiens déportés sont conservées dans la lettre préfectorale du 15 janvier 1949 (voir la note 106) et dans la liasse non cotée 265. Nous n'avons pu recueillir le moindre témoignage oral d'un éventuel rescapé, ni trouver le moindre récit sur ces convois.

114. Rapport adressé le 15 avril 1943 par le chef de camp au préfet des Basses-Pyrénées (Arch. dép. Pyr. Atl., liasse non cotée 265). Ce rapport mentionne aussi le maintien à Gurs de *"16 hébergés qui assuraient la liaison entre l'ensemble des hébergés et l'administration du camp"*.

115. Les clandestins de Dieu. op. cit., p. 81.

le Juif étranger apparaît comme l'indésirable-type selon Vichy. Il faut cependant remarquer la présence dans les convois de 185 personnes dont la judéité est démentie par les services français eux-mêmes (*"Aryens"* ou *"demi-Aryens"*). Parmi eux se trouvent 45 *"Aryens conjoints de Juifs"* partis volontairement avec la compagne ou le compagnon de leur vie, afin de ne pas le laisser seul dans l'ultime épreuve. Les autres ont été déportés sans que le moindre prétexte idéologique ait pu être invoqué à leur encontre.

La plupart des déportés sont des hommes (73,8 %). Cette domination s'explique par la composition des convois des 27 février et 3 mars 1943 : essentiellement des hommes (1 604 sur 1 695), arrivés au camp pendant la deuxième quinzaine de février et internés seulement quelques jours avant leur départ pour Drancy. Ces hommes, conduits dans les îlots dans le seul but d'être immédiatement déportés, sont le symbole, en cet hiver 1942-1943, de l'alignement de la politique vichyssoise sur le système raciste nazi.

Les groupes nationaux les plus touchés par les déportations sont les Allemands (1 862 personnes, soit 47,6 %) et les Polonais (1 153 hommes et femmes, soit 29,5 %). Si la proportion des premiers correspond sensiblement à leur importance relative au sein de la population internée, il n'en va pas de même des seconds (seulement 12 % des Gursiens). Là encore, la composition des convois de février-mars 1943 explique cette particularité. Viennent ensuite les Autrichiens (263), les Baltes, les Russes, les Tchèques, etc.

Quant aux classes d'âges, elles sont presque exclusivement comprises entre 16 et 65 ans (97,1 %). Gurs, en cela, se distingue absolument des camps de la banlieue toulousaine, Noé et Le Récébédou, d'où ont été déportés des hommes et des femmes généralement très âgés, comme du camp militaire de Vénissieux, d'où sont surtout partis des enfants.

Qu'ils appartiennent au premier groupe des déportés, comme les Badois et les *"Cypriennais"* partis en août-septembre 1942, ou au second, comme les Slaves arrêtés durant l'hiver 1942-1943, aucun de ces Gursiens, à de rares exceptions près, ne reviendra.

Au camp, toutes les déportations ont été ressenties comme de profonds traumatismes. Après le premier transport du 6 août 1942, le camp semble comme assommé. Il vivra ensuite au ralenti pendant des mois : les activités culturelles, artistiques ou simplement distrayantes semblent dérisoires et s'effacent d'un seul coup. *"Le calme ne revint plus jamais"* affirme Edwige Kämpfer[117].

116. La liste nominative de tous les déportés de Gurs passés par Drancy est présentée par Barbara Vormeier dans *La déportation des Juifs allemands et autrichiens de France, 1942-1944*. La Solidarité, Paris, 1980.

117. *Vivre à Gurs* op. cit., p. 156.

> *"Qui oubliera les longues colonnes d'hommes et de femmes traversant le camp silencieusement et laissant derrière elles un vide dans lequel on croyait étouffer ?"*[118].

De fait, le principal souci de chacun est désormais de savoir s'il sera ou non inscrit sur la prochaine liste de déportés et cette obsession empêche toute activité.

> *"On ne pouvait guère se passionner pour le sort de telle ou telle bataille quand on était soi-même engagé dans une lutte sordide de tous les instants. Pour un prisonnier de Gurs, savoir si l'on était du convoi du jour ou si l'on attendrait le prochain était autrement plus important que le va-et-vient des Anglais sur la côte africaine"*[119].

S'il est certain qu'une terrible inquiétude tourmente les internés après le convoi du 6 août, peut-on pour autant en déduire que les déportés connaissaient le sort qui leur serait réservé. En août et septembre 1942, certainement pas. En février et mars 1943, en revanche, il est difficile d'être aussi péremptoire, puisque la rumeur du génocide, diffusée par la radio anglaise, circule dans la plupart des camps vichyssois. Certes, elle est rarement prise au sérieux, le fait paraissant tellement monstrueux que les imaginations se refusent à l'envisager, mais elle constitue une éventualité qu'aucun déporté ne saurait effacer de son esprit[120].

Quant aux Béarnais vivant entre Oloron et Navarrenx, le trafic inhabituel que chacun peut observer sur la nationale 636, le va-et-vient des brigades de la gendarmerie nationale et les récits que les gardiens du camp prodiguent à droite et à gauche interdisent de penser qu'ils n'ont pas su ce qui se passait. Tous sont au courant de ces sorties massives et, dans la majorité des cas, s'en réjouissent puisqu'ils demandent depuis de longues années la dissolution du camp. En revanche, il est peu probable qu'ils aient compris que ces départs sont de pures et simples déportations, ou bien, s'ils s'en sont rendus compte, qu'ils aient imaginé ce qu'elles signifiaient. Dans la majorité des cas, ils se sont contentés d'enregistrer ces sorties avec satisfaction, confortés dans cette opinion par la presse locale. Celle-ci, qui ne souffle mot des convois, amplifie au même moment sa campagne contre les Juifs, réfugiés ou internés dans la région. Ainsi cet article de *L'Echo d'Oloron* paru le 21 août 1942 :

118. Rapport Plastereck, op. cit., p. 26

119. Yvonne Escoula, *L'apatride,* op. cit., p. 280.

120. Rappelons le témoignage de Georges Wellers dans *L'étoile jaune à l'heure de Drancy,* op. cit., p. 156 : "*Jusqu'au bout on ignora dans le camp* (de Drancy) *à peu près tout du sort des déportés. On savait que la radio de Londres racontait des horreurs sur les chambres à gaz et d'autres moyens d'extermination des Juifs, mais on ne pouvait y croire*". Bruno Bettelheim (*Survivre*, Robert Laffont, Paris, 1979, p. 113), après avoir confirmé cette analyse, note que c'est surtout elle qui "*a énormément facilité le destin que les nazis réservaient aux Juifs, bien que le nazis aient exprimé clairement leurs intentions*".

> *"LA 9e PLAIE.*
> *Les mesures prises contre les Juifs en Z.O. nous ont valu un arrivage massif de "fils du ciel". Il serait temps de mettre un terme à cet exode et de reconduire à la ligne de démarcation, qu'ils ont franchie grâce à la complicité de quelques passeurs grassement payés, tous ces fils d'Israël. Sinon, la plaie va s'étendre, la gangrène va nous remplir. On sait tout le mal fait par les Juifs à notre pays. On a pu se rendre compte de ce que le camp de Gurs nous a valu : raréfaction des produits dans la vallée de Josbaigt, vie chère et la honteuse pratique du marché noir. Mais aujourd'hui, ce n'est plus la seule région de Gurs qui se trouve envahie : ce sont tous les villages des environs de notre ville d'Oloron qui vont être contaminés"*[121].

L'attitude des hommes et des femmes employés dans les services du camp relève, la plupart du temps, d'un état d'esprit comparable. Certes, des gardiens ou des employés appartenant à divers services ont tenté de porter secours aux déportés soit en les avertissant de l'imminence d'un prochain convoi, soit en les cachant, soit en intervenant en leur faveur auprès du chef de camp ; ils ont parfois ainsi sauvé une vie, procuré un sursis à une autre (en échange, un autre était condamné). Mais, dans l'ensemble, c'est la passivité qui l'emporte. Quant au chef de camp lui-même, il est probable qu'il avait une conscience claire des déportations. La preuve en est qu'il a toujours nié avoir rédigé les listes, rejetant la responsabilité sur les services préfectoraux, alors que la composition même de ces listes prouve qu'elles n'ont pu être dressées qu'à Gurs[122].

Pour les Juifs qui ont survécu, enfin, se pose et se repose la question fondamentale : qu'aurait-il fallu faire ? Aujourd'hui que l'on sait ce qui se passait dans les camps d'extermination nazis, leur réponse est unanime : il fallait réagir autrement. Mais sur le moment, que fallait-il faire ? Pouvait-on faire autrement que porter secours à la misère des camps ? Oui, répondent aujourd'hui la plupart des Juifs : on pouvait et on devait.

121. *L'Echo d'Oloron* du 21 août 1942, p. 1. Un tel état d'esprit est largement répandu en 1942 à travers tout le Sud-Ouest, comme le montre, pour le Lot, l'étude de Pierre Laborie, *L'opinion publique dans le Lot pendant la Deuxième Guerre mondiale,* thèse de IIIe cycle, Toulouse-le Mirail, 1978.

122. Le rapport du 15 avril 1943 montre que 16 Gursiens "*qui assuraient la liaison entre l'ensemble des hébergés et l'administration*" on été exclus des listes de convois. Parmi eux se trouvent toutes les personnalités du camp (Ansbacher, Plastereck, Brunner, Leval...). Comment expliquer un tel fait sinon par l'intervention directe du chef de camp dans la rédaction des listes ?

A quelque génération qu'ils appartiennent, et tout en saluant les gigantesques efforts déployés par les Œuvres philanthropiques, ils affirment que ce n'est pas seulement à ce niveau qu'il fallait se battre. Joseph Weill, dont l'œuvre en faveur des Juifs indésirables est considérable, le reconnaît dans la conclusion de son ouvrage, écrite dès 1946 :

> *"Il faut tirer une autre conclusion de cette leçon terrible et amère (...). Une action d'entraide n'est sociale que si elle est constructive. Constructive, elle ne peut l'être que si elle s'intègre dans une grande pensée politique (...). Il fallait aider les internés à vivre ; mais il aurait fallu surtout les libérer. Si on avait prêté une attention plus vigilante aux grandes lignes de la politique du vainqueur [de 1940] plutôt que de concentrer ses efforts sur l'amélioration des camps (...), on aurait pu sauver la liberté de nombreux hommes"*[123].

Le rabbin Kapel va plus loin encore :

> *"Il aurait fallu employer tous les moyens pour accroître le nombre des évasions et pour organiser des passages clandestins en Suisse et en Espagne. Il aurait fallu pourvoir de faux papiers un plus grand nombre d'internés. Il aurait fallu soudoyer, acheter sans aucun scrupule les fonctionnaires de Vichy. (...) Nous avons été trop enclins à respecter la légalité, dans l'espoir que cette attitude servirait mieux les intérêts des internés"*[124].

C'est justement cette attitude légaliste que Maurice Rajsfus reproche à l'U.G.I.F.[125]. Sa thèse rejoint en cela les conclusions de ses deux éminents devanciers dont l'action au sein de la Résistance ne saurait être niée. Mais, comme ils le remarquent l'un ou l'autre, les souffrances endurées dans les camps constituaient une situation tellement insupportable qu'il était impossible sur le moment de ne pas tenter de les soulager par une action humanitaire. Et, une fois cette action entreprise, devant l'ampleur de la tâche et l'urgence des secours, on n'avait guère le temps de s'interroger froidement sur le choix éventuel d'une autre attitude, d'une autre politique qui aurait privilégié l'illégalité. Il y avait chaque jour tellement à faire! Bien souvent, on ne s'est rendu compte qu'après, que les épuisants efforts déployés pour porter secours aux internés allaient, en fin de compte, dans le sens de ce que souhaitaient les fonctionnaires de Vichy : ils ne remettaient en cause ni les camps, ni l'antisémitisme du régime.

123. Joseph Weill, *Contribution à l'histoire des camps d'internements*, op. cit., p. 178.

124. René Kapel, "J'étais aumônier...", n° 88, p. 175.

125. Maurice Rajsfus, *Des juifs dans la collaboration. L'U.G.I.F. 1941-1944*, E.D.J. Paris, 1980.

Les 21 790 Gursiens internés entre le 24 octobre 1940 et le 1er novembre 1943 ont connu à Gurs une des périodes les plus épuisantes de leur vie.

Pour 3 500 hommes et femmes environ, Gurs a été l'étape transitoire vers la liberté. C'est le cas de la plupart de ceux qui ont eu la chance d'émigrer vers les Etats-Unis, de ceux qui ont été libérés, de ceux qui se sont évadés et ont rejoint l'Espagne ou les maquis de la région. Pour 3 000 hommes environ, Gurs a été au contraire l'étape transitoire vers le travail forcé dans les chantiers Todt, à l'intérieur desquels se sont finalement fondues toutes les compagnies de travailleurs étrangers. Pour 1 038 hommes et femmes, Gurs a été l'étape ultime de leur existence. Ils reposent au cimetière du camp, restauré en 1962 grâce à une subvention des municipalités de Mannheim, d'où 2 335 résidents avaient été expulsés, de Karlsruhe, d'où 1 380 personnes avaient été chassées le 22 octobre 1940, et du Consistoire des Israélites du pays de Bade. Pour tous les autres, soit plus de 14 000 hommes, femmes et enfants, Gurs a été l'étape directe ou indirecte vers Drancy et les camps d'extermination nazis. Directe pour les 3 907 déportés embarqués dans les six convois partis d'Oloron les 6, 8, 24 août, 1er septembre 1942, 27 février et 3 mars 1943. Indirecte pour les transférés à Noé, Le Récébédou, Le Vernet, Rivesaltes ou Nexon, pour presque tous les mutés des centres d'accueil, pour les hospitalisés et pour ceux qui, depuis un centre d'émigration, n'ont pu réussir à s'embarquer vers les Etats-Unis.

Gurs pose donc à l'évidence, en des termes proprement français, le problème de *"la solution finale de la question juive"*.

Dès qu'un chef de gouvernement français déclare que *"la France est devenue un peu comme le dépotoir du monde et de l'Europe"*, que *"la France est trop malade pour supporter chez elle tant d'éléments étrangers"*[126], n'est-il pas en quelque sorte logique de qualifier tous ces étrangers d'*"indésirables"*, puis de les livrer aux bourreaux nazis ? Entre le régime de Vichy et le système hitlérien, il y a de ce point de vue plus qu'une simple collaboration : il y a complicité objective. C'est la signification de la phrase que Maurice Vanini prête à Hitler :

> *"Au lieu de faire la police avec nos soldats, nous la faisons avec les policiers et les gendarmes de Pétain. C'est une économie appréciable"*[127].

126. Discours prononcé par Laval le 19 septembre 1942 au cours d'une manifestation légionnaire organisée à Vichy (cité par Robert Aron, *Histoire de Vichy,* t. II, op. cit., p. 208).

127. Maurice Vanino, *Le temps de la honte. De Rethondes à l'île d'Yeu,* éd. Castor, Paris, 1952, p. 185.

CHAPITRE SEPTIEME

AVRIL - AOUT 1944 :
LES DERNIERS JOURS DU CAMP VICHYSSOIS

Dissous le 1er novembre 1943, le camp de Gurs n'en est pas pour autant fermé. Une centaine de gardiens et de fonctionnaires y demeure encore, avec mission de surveiller et de gérer les installations car il n'est pas impossible que les baraques servent un jour à nouveau. En fait, depuis l'attaque du 25 septembre 1943[1], le plus grand laisser-aller règne à tous les niveaux.

Si l'on considère les constructions, le camp n'est plus qu'une ruine. Seuls quelques secteurs sont encore entretenus : le premier quartier et l'hôpital central, où sont rassemblés les services, le cinquième quartier, où logent les gardiens, les agents et leurs familles, et les quatre îlots dont les baraques ont été couvertes de tôles ondulées en 1942. Encore faut-il préciser que ces îlots (D, F, H et J), situés au sud de l'allée centrale, sont dans un tel état de vétusté que leur capacité d'accueil cumulée est de 2 000 personnes. Tout le reste n'est que friches, décombres et délabrement : les baraques éventrées, pourries, démantelées se dressent au milieu des panneaux de volige et d'amoncellements de planches. C'est le paradis des rats et de la vermine. Plus personne n'y va, sauf parfois un gardien pour ramasser du petit bois ou pour poser des collets. Tout y est à l'abandon et ce n'est pas l'équipe réduite du 526e groupe de travailleurs

1. Voir chapitre troisième, p. 67. En une nuit, toutes les armes du camp avaient été enlevées par le maquis.

étrangers, trop absorbée par l'entretien des secteurs encore habitables, qui pourrait y remédier. D'ailleurs, même les quatre îlots réputés habitables soulèvent de dégoût les gendarmes vichyssois :

> *"Le camp est dans un état déplorable. Les baraques où sont enfermés les détenus sont en bois, ne comportent aucune fenêtre, et tout l'ameublement est formé d'un châlit de bois recouvert d'une paillasse excessivement sale, pleine de puces, de poux et de punaises. (...) Il est malheureux que des femmes soient enfermées dans une telle saleté"*[2].

Le personnel en service à Gurs, agents administratifs et gardiens, ne fait que de la figuration. Devant la tournure prise par les événements militaires en 1943, devant la menace que les maquis de la région font directement peser sur le camp, il n'est plus question de faire du zèle. Mieux, un réseau de résistance est créé au sein même des services du camp. C'est lui qui prendra la direction effective du centre au moment de la libération du Béarn, fin août 1944. Quant au chef de camp, il se contente de gérer. Chaque nuit, des vols sont commis ; aucune enquête n'est engagée, aucun voleur poursuivi. Gurs, pourtant qualifié alors de *"camp de réserve"*, est en Béarn l'exemple parfait du laisser-aller dans lequel s'enlisent progressivement tous les secteurs de l'administration vichyssoise à la veille de la Libération[3].

C'est sous cet éclairage surtout qu'est intéressante la dernière phase de l'histoire du camp à l'époque de Vichy. Car ni les effectifs internés entre le 9 avril et le 25 août 1944, particulièrement réduits puisqu'ils ne concernent que 229 hommes, femmes et enfants, ni les activités entreprises, ni l'état d'esprit manifesté, ni même les modes de sortie du camp ne prêtent à de longs développements.

Le 9 avril 1944, le camp, déserté de tout interné depuis plus de sept mois, ouvre ses portes à 26 nouveaux venus. Il s'agit de deux tribus de nomades français, jusque-là assignés à résidence dans le camp de Saliers (Bouches-du-Rhône). Ce dernier ayant été fermé en raison de la vétusté de ses installations, 26 de ses occupants sont transférés à Gurs, rebaptisé pour la circonstance *"centre de séjour*

2. Rapport n° 422/2 rédigé le 9 juin par le brigadier de gendarmerie, section de Lavaur (Arch. dép. Pyr. Atl., M. provisoire, 500/9). Les baraques mentionnées ici sont celles des quatre îlots habitables. Les femmes sont les 151 internées transférées du camp de Brens le 5 juin 1944.

3. La correspondance échangée entre le chef de camp et le préfet des Basses-Pyrénées montre les aspects du désintérêt que chacun manifeste envers le camp. *"Les moyens de défense dont je dispose sont trop faibles : 31 mousquetons, 11 revolvers et une centaine de cartouches pour 21 membres des services et 79 gardiens"* (rapport 1670/D du 15 décembre 1943, Arch. dép. Pyr. Atl., M provisoire, 500/9). *"Dans l'enceinte du camp, de nombreux vols ont déjà été commis"* (rapport 49/D du 7 mars 1944, Arch. dép. Pyr. Atl., M provisoire, 500/9). *"Depuis trois nuits, le camp est entièrement privé de courant électrique, ce qui rend toute protection impossible"* (rapport 56/D du 11 mars 1944, Arch. dép. Pyr. Atl., M provisoire, 500/16).

surveillé"[4]. Ils sont immédiatement conduits à l'îlot J. Leur arrivée est précédée d'un télégramme officiel du préfet précisant que Gurs est désormais spécialisé dans *"l'internement (des) nomades français et étrangers en provenance (des) départements (du) Sud-Est"*[4]. Le camp est donc réouvert en ce printemps 1944 dans un but précis : servir de résidence assignée à des tribus de bohémiens.

Mais, un mois plus tard, le chef de camp, devant l'arrivée de 15 nouveaux internés qui ne sauraient en aucune façon être assimilés à des tribus de nomades, puisqu'il s'agit d'Espagnols arrêtés en tentant d'entrer clandestinement en France, fait savoir au préfet qu'il éprouve quelquesdifficultés à comprendre qui doit être enfermé dans les îlots.

> *"D'après vos communications, les individus français ne doivent être dirigés sur le camp de Gurs que s'ils sont indésirables dans les départements d'accueil. Or les 26 nomades français ne remplissent pas cette condition (...). De plus, 15 étrangers non nomades, non juifs, dont 13 Espagnols, sont internés au camp, à tort semble-t-il. Que faut-il en faire ?"*[5].

Aucune réponse n'est fournie et nomades français et immigrés espagnols restent ensemble à l'îlot J. Le 5 juin, la situation se complique encore davantage : le personnel et les 151 internées du camp de Brens (Tarn) sont envoyés à Gurs. Les raisons du transfert résident, comme pour Saliers, dans l'état avancé de délabrement des installations. Dès leur entrée dans l'îlot, les 151 *"Brensoises"* explosent de colère en découvrant les logements qui leur sont proposés :

> *"Elles ont refusé d'entrer dans les baraquements et menacé de se livrer à des excès qui auraient pu amener des incidents regrettables. (...) Après avoir passé la nuit à la belle étoile, elles ont finalement été conduites à l'hôpital du camp où l'hygiène et la literie sont bonnes"*[6].

Les *"Brensoises"* sont donc logées à l'hôpital central. Elles y trouvent de vrais lits et un confort inconnu dans les îlots.

Les 151 *"Brensoises"* se répartissent en quatre groupes distincts qui, malgré leur différences, ont appris, après plusieurs mois d'internement conjoint, à cohabiter. Les plus nombreuses sont les *"politiques"* : elles sont 78, soit plus de la moitié de l'effectif. La plupart sont fichées comme communistes, quelques unes comme membres

4. Télégramme officiel n° 379/CAB adressé le 8 avril 1944 par le préfet des Basses-Pyrénées au sous-préfet d'Oloron (Arch. dép. Pyr. Atl., M provisoire, 500/16).

5. Rapport n° 1954 AA/HP adressé le 11 mai 1944 par le chef de camp au préfet des Basses-Pyrénées (Arch. dép. Pyr. Atl., M provisoire, 500/16).

6. Rapport n° 4397/GI adressé le 6 juin 1944 par le préfet des Basses-Pyrénées au ministre, secrétaire d'Etat à l'Intérieur (Arch. dép. Pyr. Atl., M provisoire, 500/55). En fait d'excès, les *"Brensoises"* mettent le feu à une baraque et menacent de faire brûler le camp tout entier.

de la Résistance. Parmi elles, Guillemette d'Astier de la Vigerie, nièce d'Emmanuel, le directeur de *Libération* et futur ministre de l'Intérieur du gouvernement provisoire. 44 sont françaises, 17 espagnoles et les autres proviennent d'autres pays européens comme l'Italie ou la Pologne. Aucune n'est d'origine juive. Ensuite viennent les 44 droit commun qui forment un groupe homogène volontiers opposé au précédent. Elles ont été condamnées à des peines légères pour vol, vagabondage, mendicité, coups et blessures, etc. Toutes sont signalées comme *"Aryennes"* par les services du camp. Le troisième groupe est composé de 14 prostituées dont la présence a parfois posé quelques problèmes de discipline, par les tentations auquelles elles soumettent certains gardiens. Enfin les 9 femmes condamnées pour marché noir, sont des trafiquantes imprudentes qui ont été surprises en possession de cartes d'alimentation falsifiées. Il faut ajouter à ces quatre groupes six enfants qui n'avaient d'autre choix que de suivre leur mère en prison ou en camp. Au total, 90 Françaises, 28 Espagnoles, 19 Italiennes, 6 Polonaises, etc.

Ainsi, au soir du 5 juin, 202 personnes se trouvent réunies à Gurs : 36 nomades français, 15 passagers clandestins de la frontière espagnole et les 151 *"Brensoises"*, elles-mêmes séparées en plusieurs groupes hétérogènes. Le camp est alors devenu, du fait des circonstances plutôt qu'à la suite d'une politique répressive quelconque, le lieu de rassemblement de toutes les catégories d'hommes ou de femmes que le régime vichyssois considère *"dangereux pour la sécurité publique"*.

Dès le lendemain de l'arrivée des *"Brensoises"*, les premières évasions sont signalées. Il est d'ailleurs impropre d'employer le terme d'évasion puisque *"l'îlot-hôpital"* est gardé, principalement la nuit, de façon tellement laxiste que n'importe quel interné peut se glisser à l'extérieur. 23 femmes s'évanouissent dans la nature entre le 6 et le 27 juin : les 14 prostituées, 6 *"politiques"* et 3 droit commun. Aucun avis de recherche ne sera lancé à leur encontre.

A la fin du mois, le 27 juin, la confusion se transforme en panique lorsque les troupes allemandes, parties en campagne au Bager d'Oloron contre les maquis de Mauléon et de L'Hôpital-Saint-Blaise, pénètrent dans le camp[7]. En quelques minutes, la plupart des occupants du centre, agents, gardiens et internés, saisis de terreur, disparaissent dans les bois environnants. Tous, ou presque, reviendront à la fin de la journée, soit que les soldats allemands les aient fait prisonniers et ramenés dans les îlots, soit qu'ils réintègrent de leur propre chef la baraque qu'ils avaient précipitamment quittée le matin même. Mais cet épisode tragi-comique en dit long sur le climat d'abandon régnant au camp.

7. Voir ci-dessus, p. 68. Cette opération fait 6 morts, 5 blessés et 10 prisonniers chez les maquisards, comme le précise Honoré Baradat, *Pays Basque et Béarn sous la botte allemande,* op. cit. p. 45.

Après cette journée, où seuls quelques rares agents surent garder la tête froide, tout est laissé à vau-l'eau à Gurs. Les internés ne restent dans leur îlot que parce qu'ils le veulent bien ou qu'ils ne savent pas où aller. Les gardiens abandonnent fréquemment leur poste et rejoignent les F.F.I., les uns pour se dédouaner de leurs activités passées, les autres par conviction. Le chef de camp ne sort plus de son pavillon particulier ; le 2 août, il assiste impuissant au vol d'un camion par un groupe de résistants et se contente d'en rendre compte à ses supérieurs[8]. Pendant la journée, des internés sont rencontrés se promenant dans les villages des alentours ; il n'est pas rare d'apercevoir dans les bois des couples enlacés. Bref, les mois de juillet et d'août s'égrènent dans la confusion, chacun se rendant compte que les *"terroristes"* du moment seront demain les véritables maîtres. 27 personnes, 19 nomades français et 8 étrangers sont encore conduits à l'îlot J en juillet, mais on ne sait plus rien d'eux : au secrétariat du premier quartier, on ne remplit plus de fiches, on ne constitue plus de dossiers. Mieux, dans les statistiques envoyées au préfet, une nouvelle catégorie d'internés apparaît, les *"sans motif"* dont l'administration elle-même reconnaît ne pas savoir pourquoi ils sont enfermés.

Un indice permet de se rendre compte jusqu'à quel point la gestion du camp n'a plus rien de commun avec ce qui était pratiqué auparavant : les distributions de denrées alimentaires. Alors que les internés ont vécu pendant plusieurs années dans une incroyable pénurie, que les oedèmes de carence étaient monnaie courante et qu'il en résultait une véritable hantise de la faim[9], tout se modifie à partir de l'arrivée des *"Brensoises"*. Le régisseur comptable du camp note même :

> *"La circulaire n° 1987 CD/RI du 26 octobre 1943 du ministre secrétaire d'Etat à l'Agriculture nous prescrivait d'aligner les rations des hébergés sur celles des détenus des prisons, c'est-à-dire de leur fournir par jour 125 g de légumes secs (ou 750 g de légumes frais) et 400 g de pain, par mois 400 g de sucre, 360 g de fromage (...). Or il a été distribué journellement à Gurs depuis le 1er juin, 125 g de légumes secs, 1 kg de légumes frais, du café, du vin, du riz et d'autres*

8. Le 2 août au soir, il envoie le rapport 173/D au préfet des Basses-Pyrénées (Arch. dép. Pyr. Atl., M provisoire, 500/16) : *"Ce matin à 3 heures, une douzaine d'individus se déclarant membres des F.F.I. se sont introduits dans le camp et chez moi pour couper les fils du réseau téléphonique (...). Ils sont partis avec l'un des camions du camp (...). Les mêmes individus sont revenus à 5 heures 30 ramener le camion. (...) Cet incident confirme l'impossibilité actuelle, étant donné la mentalité du personnel et l'armement dérisoire dont il dispose, de s'opposer à un coup de main sur le camp de Gurs".*

9. Voir chapitre dixième p. 309 et suivantes.

denrées non prévues par la circulaire précitée. 125 kg de pâtes ont été distribuées au lieu des 59 kg prévus"[10].

Ainsi, pour la première fois depuis l'ouverture du camp, le gestionnaire se plaint de ce que les internés soient... trop nourris à son gré. L'origine de tels changements réside moins dans l'attitude conciliante adoptée par le chef de camp à l'égard des internés que dans la pression que ceux-ci exercent sur les services gursiens. Il est vrai que le personnel français ne songe pas à résister.

Le 25 août, trois jours après la libération du Béarn, les nouvelles autorités administratives font parvenir à Gurs l'ordre d'élargissement de toutes les Françaises internées[11]. Il y a belle lurette déjà que bon nombre d'entre elles ont disparu des îlots. La plupart des *"politiques"*, certaines ayant même trouvé asile chez des sympathisants de la région, et des droit commun se sont évadées. Il ne reste plus alors au camp que 95 internés : 63 Français dont 55 nomades, 20 Espagnols et 12 autres immigrés[12]. L'ordre officiel ne vient que légitimer une situation depuis longtemps entrée dans les faits.

Du 9 avril au 25 août 1944, le camp vichyssois connaît la dernière phase de son histoire. Elle est en tous points différente de la précédente : un nombre d'internés très réduit dont la plupart sont Français (141, toutes catégories confondues, sur 229), une discipline insignifiante, une alimentation décente, des rapports cordiaux avec les services du camp et un séjour de quelques semaines, à la belle saison. Pourtant, il serait malvenu d'affirmer que cet internement n'est qu'un épisode divertissant de l'histoire de Gurs. Durant le mois de juin, les troupes allemandes mènent plusieurs expéditions meurtrières contre les maquis de la région et les résistantes internées au camp ont parfaitement conscience d'être des otages risquant d'être fusillées par l'occupant. Une réelle inquiétude a rongé pendant plusieurs semaines les femmes logées dans *"l'îlot-hôpital"*.

Mais le plus marquant n'est pas là. C'est l'extraordinaire déliquescence qui envahit progressivement tous les compartiments de la vie du *"centre de séjour surveillé"*. Avant même le débarquement en Normandie, les services administratifs fonctionnent au milieu d'une confusion croissante. Après, et surtout à partir de juillet, c'est l'anarchie. Si toute forme d'autorité a disparu à Gurs plus tôt que dans n'importe quelle autre administration, c'est parce que le camp

10. Rapport n° 794/G adressé le 3 juillet 1944 par le gestionnaire régisseur comptable du camp au chef de camp (Arch. dép. Pyr. Atl., liasse non cotée, 266).

11. Circulaire départementale n° 23 datée du 25 août 1944 (Arch., dép. Pyr. Atl., liasse non cotée 272).

12. Rapport n° 3657 adressé le 26 août 1944 par le chef de camp au préfet des Basses-Pyrénées (Arch. dép. Pyr. Atl., M provisoire, 500/16).

était apparu, pendant plusieurs années, comme le symbole de la réaction vichyssoise en Béarn et que le naufrage du régime rendait dérisoire la moindre vélléité de discipline ou de coercition.

CHAPITRE HUITIEME

SEPTEMBRE 1944 - DECEMBRE 1945
LES INTERNÉS DE LA LIBÉRATION

Le 22 août 1944, le Béarn est libéré. Sans tarder, les troupes allemandes évacuent, ne laissant dans la région que quelques centaines d'hommes affectés à la surveillance de la *"zone interdite"*, proche de la frontière. Ils seront rapidement faits prisonniers par les maquisards et internés, le 30 août, à Gurs. Avec eux commence une nouvelle page, la dernière, de l'histoire du camp.

L'étude de cette ultime étape qui s'achève avec l'année 1945 soulève plusieurs difficultés. D'ordre technique, d'abord, puisque, si les archives sont nombreuses pour le *"camp civil"*[1] placé sous l'autorité du préfet Jean Baylot, on ne peut en dire autant du *"camp militaire"* où sont rassemblés les prisonniers de guerre. On ne sait à peu près rien de ces derniers[2]. D'ordre psychologique aussi : la période postérieure à la Libération a vu, en effet, l'internement des *"collaborateurs"* qui n'ont rien de commun avec les hommes et les femmes qui les ont précédés dans les baraques. Aujourd'hui encore, lorsque les anciens internés ou les Béarnais parlent des 60 000 personnes enfermées avant l'été 1944, ils leur donnent le nom générique de *"Gursiens"* ; les autres ne sont que les *"collabos"*. Il n'est donc pas question de placer les uns et les autres sur le même plan.

1. Un fichier spécial (incomplet) et 113 liasses de dossiers individuels fournissent sur chaque détenu une abondante masse de renseignements (Arch. dép. Pyr. Atl., M provisoire, 500 48 à 500/180).

2. Nous ne connaissons d'eux que leur effectif, les archives du *"camp militaire"* ayant disparu.

On ne saurait néanmoins en tirer argument pour gommer purement et simplement toute la période postérieure à la Libération. L'histoire de Gurs ne s'arrête pas le 24 août 1944. Est-ce pratiquer un amalgame obscur qu'énoncer une telle évidence ? D'ordre historique enfin : l'examen des catégories de détenus remet en cause nombre de schémas développés parfois sur cette période. S'il est exact, par exemple, que des partisans de l'ancien régime sont alors conduits dans les baraques, ils sont loin cependant d'avoir été les seuls. Mieux, *"les collaborateurs"* français ne rassemblent même pas la moitié de l'ensemble des internés : 1 585 sur 3 394 (46,7 %). En fait, ils sont à peine plus nombreux que les Espagnols fuyant l'Espagne franquiste : 1 475 hommes (43,5 %). Or ces réfugiés, héritiers directs des combattants républicains parqués dans les mêmes îlots en 1939, n'ont rien à voir avec les Français rassemblés à quelques dizaines de mètres d'eux. Leur présence ne s'accorde guère avec l'idée largement répandue selon laquelle Gurs, à partir de l'été 1944, serait exclusivement destiné à la détention des tenants du système de Vichy.

Il faut, par ailleurs, souligner les différences profondes existant entre l'appareil répressif dont disposent, après la Libération, les nouvelles autorités administratives et celui de la période précédente. Le camp de Gurs n'y tient plus qu'une place secondaire à côté de ceux d'Idron, dans la banlieue est de Pau, et de Polo de Beyris, au sud-est de Bayonne. Sa vétusté et son immensité n'en font, jusqu'à la fin de la guerre, qu'une annexe des deux autres centres mieux conçus, mieux construits et plus faciles à surveiller.

On peut même penser que si Gurs n'a pas été fermé en 1945, c'est surtout pour laisser encore quelque temps en terre béarnaise le symbole même de l'arbitraire vichyssois et y enfermer les partisans du régime déchu.

Les 310 prisonniers de guerre allemands de l'îlot J.

Le 30 août 1944, une trentaine de F.F.I., dirigés par un ancien gardien-chef en service à l'époque précédente, investissent le camp. Après avoir obtenu le ralliement de la plupart des gardiens, ils s'octroient tout pouvoir sur l'ensemble des installations. Le chef de camp, mis devant le fait accompli, se borne à demander une pièce écrite attestant la régularité de l'opération[3]. Les F.F.I. cependant

3. Le texte, intitulé *"ordre de réquisition"*, daté du 31 août, est le suivant : *"Par ordre de l'Autorité Militaire, tout le matériel et les vivres se trouvant au camp de Gurs sont réquisitionnés au profit de l'Intendance Militaire FFI"*. Il est signé de l'intendant militaire et adressé directement au chef de camp. Le préfet n'est pas avisé de la décision mais ne la contestera pas ouvertement avant plusieurs mois.

ne réquisitionnent pas le camp tout entier : ils laissent aux *"civils"* le premier et le cinquième quartier. Ils se réservent le reste, qu'ils baptisent *"la section militaire du camp de Gurs"*.

C'est là que sont enfermés les prisonniers de guerre allemands arrêtés le 22 dans la zone interdite. En fait, seuls les quatre îlots dont les baraques ont été couvertes de tôles ondulées en 1942 (îlots D, F, H et J) sont encore habitables. Eux seuls seront désormais utilisés.

Les soldat allemands, enfermés à l'îlot F puis à l'îlot J, sont arrivés à Gurs par petits groupes, dans les quinze jours qui ont suivi la libération du Béarn et du Pays basque, au gré des captures effectuées par les maquisards. Le 22 septembre, l'une des uniques statistiques dont nous disposons à leur sujet indique qu'ils sont 310, dont une trentaine d'officiers[4]. Affectés à la surveillance de la zone-frontière, ils occupaient des fonctions plus administratives et policières que proprement militaires.La plupart du temps, d'ailleurs, ce sont des hommes d'âge mûr, ayant largement dépassé la quarantaine, dont certains atteignent même la limite de la période pendant laquelle ils sont mobilisables. Surpris dans leurs postes frontières par des groupes de résistants, ils ont seulement appris alors que la région venait d'être évacuée et qu'ils restaient seuls face aux F.F.I. D'autres, qui avaient été informés de la retraite de leur armée, attendaient (vainement) que l'ordre de repli soit donné. Tous remettent leurs armes sans faire de difficultés. Ainsi, par exemple, les 170 hommes capturés à Gabas le 24 août par la 10e brigade des guerilleros espagnols[5].

Au camp, leur attitude semble parfaitement calme et résignée. Il est vrai qu'ils sont l'objet d'une surveillance étroite. Ils s'emploient à redonner aux quatre îlots un aspect correct en nettoyant le sol, curant les fossés, restaurant les baraques et déblayant les zones où s'étaient amoncelés planches, carcasses de voitures et objets les plus divers. Ils vivent coupés du monde extérieur et ne se nourrissent que de ce qui leur est fourni. Sans doute sont-ils particulièrement exploités par les services de garde, au point que le sous-préfet d'Oloron dénonce *"le véritable trafic de marchandises et de denrées diverses pratiqué entre les prisonniers allemands et les gardiens"*[6]. Sans doute les conditions d'hygiène régnant dans les baraques, surtout

4. Rapport N° EM 156/D du capitaine Jaureguiberry, commandant la compagnie F.F.I de la section militaire du camp de Gurs, adressé le 22 septembre 1944 au sous-préfet d'Oloron (Arch. dép. Pyr. Atl., M provisoire, 500/22).
Ce rapport est l'unique document provenant de la section militaire du camp qui soit conservé aux archives de Pau.

5. Voir Miguel Angel, *Los guerilleros espanoles en Francia (1940-1945)*, ed. de Ciencas sociales del Instituto Cubano del Libro, La Habana, 1971, p. 119.

6. Rapport n° 2944 IL/MH adressé le 15 septembre 1944 par le sous-préfet d'Oloron au directeur départemental de la police de Pau (Arch. dép. Pyr. Atl., M provisoire, 500/22).

au moment des pluies d'automne, sont-elles lamentables et directement responsables des trois décès survenus en novembre et décembre 1944 (en 1955, une délégation allemande fit exhumer les cendres et les achemina jusqu'au cimetière de Wissenburg où sont rassemblées les dépouilles mortelles des soldats allemands tombés en France). Mais nous ne savons presque rien de précis sur ces questions et les faits, rapportés la plupart de temps de mémoire, sont trop incertains pour qu'une relation certaine puisse en être présentée.

Le 15 janvier 1945, lorsque l'intendant militaire du département reconnaît que le camp de Gurs relève de la seule administration civile (voir ci-dessus), les prisonniers de guerre reçoivent une nouvelle affectation, la partie nord du camp de Polo de Beyris[7]. Ils y demeureront jusqu'à la capitulation.

L'internement des 310 prisonniers de guerre est, en définitive, assez mal connue. Plus que le fait lui-même, il faut en retenir le rôle joué par les militaires F.F.I. au lendemain de la libération du Béarn. Les hommes qui viennent de "nettoyer" la région en capturant une centaine de soldats allemands se considèrent comme les dépositaires de la nouvelle légalité. C'est au nom de ce principe qu'ils réquisitionnent le camp et y enferment leurs prisonniers. En face, les services administratifs du département, d'abord dépassés, cherchent à composer. Il faudra attendre plusieurs mois pour qu'ils parviennent à imposer leur autorité aux anciens maquisards et qu'ils puissent contrôler le camp tout entier.

Les 1 475 Espagnols antifranquistes

La présence du groupe espagnol, à quelques dizaines de mètres des prisonniers allemands et des *"collaborateurs"* français, est étonnante. Les Espagnols, en effet, n'ont rien de commun avec les autres détenus : leurs luttes, leurs convictions, leurs actions passées en faveur de la République ou des maquis français les situent aux antipodes des tenants des régimes totalitaires.

Et pourtant, du 12 octobre 1944 au 31 décembre 1945, 1 475 hommes, combattants ou réfugiés civils, antifranquistes militants, sont internés à Gurs.

7. Le camp de Polo de Beyris a été créé en 1942 pour servir de lieu d'internement aux prisonniers de guerre nord-africains et sénégalais. Il était alors administré par les Allemands. Libéré le 22 août 1944, il est vidé de tous ses occupants. Le 18 septembre 1944, il est transformé en centre de détention des *"politiques français"*. 765 civils, presque tous basques, y seront enfermés jusqu'au 20 avril 1945, date de la dissolution. La partie nord du camp, occupée par 15 grands hangars, est réservée aux prisonniers de guerre allemands. C'est là que sont envoyés les soldats venant de Gurs, entre le 15 et le 31 janvier 1945.

Le groupe des maquisards, pendant l'automne 1944

Le 12 octobre 1944, au moment où la section civile du camp de Gurs ne rassemble que quelques dizaines d'internés à l'intérieur de *"l'îlot-hôpital"* et de l'îlot A, arrivent au camp 105 Espagnols. Ils sont escortés par les F.F.I. de Saint-Jean-le-Vieux qui les ont arrêtés au moment où ils franchissaient clandestinement la frontière. Le directeur du camp, après les avoir conduits à l'îlot A, ne cache pas son embarras face à une situation qu'il comprend mal, d'autant que les nouveaux venus affirment être des résistants.

> *"Les 105 réfugiés espagnols seraient des hommes ayant appartenu à la Résistance. Après avoir prêté leur concours à la libération de notre région, ils auraient décidé de lutter contre le régime espagnol actuel. Ils auraient franchi la frontière à Larrau, le 1er octobre, avec leurs armes, après avoir détruit leurs pièces d'identité et leurs titres d'alimentation. En Espagne, ils se seraient heurtés à la police, qu'ils auraient combattue jusqu'à Pampelune. Au bout de quelques jours, ils auraient fait retraite vers la France et franchi clandestinement la frontière dans la région d'Arnéguy. (...) Ils sont actuellement dans un état d'épuisement physique évident"*[8].

De fait, il s'agit de maquisards qui, après avoir animé les réseaux de Mauléon et Tardets, ont vainement tenté de soulever la Navarre espagnole contre les autorités franquistes. Ils viennent de mener une véritable guerilla, attaquant les postes-frontières, organisant des embuscades et des attentats jusque dans la capitale de la province. D'autres, qui appartiennent à la 10e brigade des guerilleros espagnols, renouvellent de tels raids durant l'automne. Tous sont persuadés que, maintenant que le rapport des forces est défavorable aux régimes totalitaires, le régime franquiste tombera comme celui de Pétain. Il suffit de le harceler et de faire naître partout des foyers de résistance. Après chaque attaque, ils retournent en territoire français et se rendent à la police ou aux groupes de F.F.I. qui les conduisent provisoirement à Gurs.

Ainsi arrivent au camp, entre le 12 octobre et le 8 décembre 1944, 975 combattants républicains, dont 512 pendant le seul mois d'octobre[9]. Ils proviennent exclusivement des postes-frontières de la vallée des Aldudes (Saint-Etienne de Baïgorry), de la vallée de la Petite Nive (Saint-Jean-Pied-de-Port) et de la Haute Soule (Larrau, Licq-Athérey et Sainte-Engrâce). A Gurs, ils séjournent à l'îlot A, les plus faibles étant soignés dans une partie spéciale de l'hôpi-

8. Rapport n° 4396 RF/BB adressé le 12 octobre 1944 par le directeur du camp au préfet des Basses-Pyrénées (Arch. dép. Pyr. Atl. M provisoire, 500/51).

9. Les listes nominatives des *"guerilleros"* conduits à Gurs entre le 12 octobre et le 16 novembre 1944 sont conservées au Arch. dép. Pyr. Atl., liasse non cotée 265.

tal. Leur statut n'est cependant pas clairement établi. Au début, le directeur les classe dans la catégorie des *"internés préventifs"*[8]. Le 1er novembre 1944, il les désigne sous le terme encore plus vague d'*"internés de passage"*, mais, en même temps, il reconnaît qu'il s'agit d'*"Espagnols appartenant aux F.F.I."*[10]. Avec une certaine naïveté, il ajoute :

> *"Ces étrangers, dont les derniers sont arrivés dans un état physique et moral assez bas, après avoir erré plusieurs jours sans manger dans la montagne, ne sont pas patients. Ils ne veulent pas comprendre pourquoi ils ont été amenés au camp. Pourtant ils ne restent ici qu'un ou deux jours et sont ensuite remis à l'Union départementale des Espagnols à Pau"*[10].

Il est vrai qu'un fonctionnaire français, même après la Libération, a du mal à comprendre ce qu'éveille le seul nom de Gurs dans l'esprit d'un combattant républicain espagnol. Quant aux réfugiés espagnols, dont le rôle a été déterminant dans les maquis de la région, ils se refusent à être considérés autrement que comme des F.F.I. et se révoltent d'être assimilés à des internés. Il faut, le 8 novembre, une intervention du commandant des troupes F.F.I. du département auprès du directeur pour qu'il ne soit plus question à leur sujet d'internement, mais d'un simple "passage au camp" motivé par des considérations relevant uniquement de la police administrative des étrangers[11].

En dehors des listes nominatives ne comprenant qu'un nom et un prénom, on ne dispose d'aucun renseignement sur les combattants antifranquistes. On sait seulement que ce sont des hommes jeunes ou d'âge mûr parmi lesquels Basques et Aragonais sont nombreux. Le reste, à commencer par les conditions dans lesquelles ils ont survécu à l'Occupation, est inconnu.

En règle générale, leur passage à l'îlot A est bref : quelques heures, parfois davantage pour ceux qui sont arrivés à bout de forces. Ils bénéficient d'une nourriture améliorée par rapport aux détenus enfermés dans les îlots voisins, d'autant que l'intendance du camp perçoit une prime alimentaire spéciale qui leur est réservée (30 F par jour et par personne au lieu de 15 F pour les internés).

Au demeurant, ils ne se plaignent ni des conditions de séjour, ni de l'alimentation, mais seulement d'être à Gurs. Comment ne pas les comprendre ? Leur passage dans le camp béarnais, où ils ont été conduits davantage du fait de l'habitude prise depuis plusieurs années qu'au nom d'un quelconque motif, est une grossière erreur admi-

10. Rapport mensuel n° 4785 AA/BB adressé le 1er novembre 1944 par le directeur du camp au préfet des Basses Pyrénées (Arch. dép. Pyr. Atl., M provisoire, 500/48).

11. Lettre adressée le 8 novembre 1944 par le commandant des troupes FFI du département au directeur du camp (Arch. dép. Pyr. Atl., M provisoire, 500/48).

nistrative. Comment admettre, quand on a participé à la libération d'un pays, d'être envoyé dans un camp où sont enfermés ceux contre lesquels on vient de combattre ?

Une fois leur identité relevée, les fatigues dissipées et les blessures soignées, les guerilleros sont libérés. Ils sont accompagnés jusqu'au siège de l'Union nationale des Espagnols à Pau, où ils sont pris en charge par leurs concitoyens. De là, ils pourront, dan un premier temps, trouver un asile et refaire leurs forces, puis retourner à leurs occupations, professionnelles ou militaires, d'antan. Dans la majorité des cas, ils rejoindront la 10e brigade et continueront leur lutte contre le régime franquiste. En fin de compte, Gurs n'aura été pour eux qu'une étape inutile et malheureuse.

Le groupe des réfugiés, en 1945

Entre le 8 décembre 1944, date de l'entrée à Gurs des derniers maquisards espagnols, et la fin février 1945, aucun passager clandestin de la frontière n'est conduit au camp. Il est vrai que, surtout l'hiver, le franchissement de la frontière par des voies détournées est à peu près impossible et qu'il n'est pas question d'organiser alors des opérations de guerilla vers le territoire espagnol, comme pendant l'automne.

Mais, au printemps 1945, l'immigration clandestine vers la France reprend[12]. Elle recouvre cependant une forme plus traditionnelle que celle des mois précédents : il s'agit de réfugiés fuyant le régime franquiste pour des motifs au moins autant économiques que politiques. Une fois la frontière franchie, ils sont conduits au camp en vertu de l'arrêté préfectoral du 24 mars 1945[13]. Ils s'en montrent irrités, arguant qu'ils n'ont pas quitté le régime policier de leur pays pour tomber dans les filets de la gendarmerie française. Ils accusent même volontiers le nouveau préfet d'en revenir aux méthodes administratives de ses prédécesseurs. Sans doute imaginaient-ils que la France, ayant enfin retrouvé sa place parmi les démocraties, les accueillerait sans rechigner, eux qui refusaient de vivre sous une dictature. Toujours est-il qu'ils sont sans délai conduits à Gurs et que l'on n'entend plus parler de raids vers la Navarre et l'Aragon, comme au cours de l'automne précédent.

De février à décembre 1945, en onze mois, 505 hommes sont ainsi internés. Le mouvement atteint son apogée en juin (135 arrivées), au moment où la chute du régime franquiste semble inévitable, puis fléchit par la suite.

12. Voir l'étude de Maria Conchita Alonso, *La emigracion politica espagnola en Francia (1939-1945)*, T.E.R., Centre de recherches hispaniques, Université de Pau et des pays de l'Adour, Pau, 1973.

13. Arrêté n° 3182/CAB stipulant que *"tout passager clandestin de la frontière doit être immédiatement conduit au camp de Gurs par la brigade de gendarmerie qui l'a intercepté"*(Arch. dép. Pyr. Atl., M provisoire, 500/48).

Au camp, ces internements posent immédiatement des problèmes. D'abord, en avril, des heurts se produident avec les *"collaborateurs"* : altercations, insultes, bagarres. Pour éviter tout nouvel incident, le directeur décide, en mai, d'isoler les deux parties, ce qu'il aurait dû faire dès l'origine, et d'enfermer les Espagnols dans un îlot spécial, l'îlot D. L'apaisement revient pendant plusieurs semaines. Mais, en juin, de violentes disputes surgissent entre les Espagnols eux-mêmes, divisés par de fréquentes rivalités politiques : les uns affirment que le départ de France n'interviendra que si la guerre civile est rallumée, les autres que le dictateur ne saurait survivre à son isolement diplomatique actuel et qu'il est inutile de remettre le pays à feu et à sang. Les deux thèses, qui s'appuient sur des analyses opposées, provoquent des débordements de passion.

> *"A l'îlot D, une violente altercation a opposé les Républicains entre eux. Des coups ont été échangés et six Espagnols ont été contusionnés. (...) Profitant de la confusion née de la bagarre, quelques internés français de l'îlot F ont excité les adversaires pendant que les femmes de l'îlot H organisaient une farandole en poussant des cris séditieux : "Vive Hitler !". (...) Le départ de tous les Espagnols serait souhaitable au plus tôt"*[14].

Par la suite, d'autres incidents du même type se produisent à l'îlot D, à la grande joie des internés français. L'oisiveté imposée par les conditions de vie au camp et la diversité des opinions politiques républicaines ne les expliquent qu'en partie. Deux autres causes jouent un rôle déterminant dans leur déclenchement. D'abord, le nombre sans cesse croissant d'internés à l'intérieur de l'îlot : 62 le 1er avril, 121 le 1er juin, 221 le 1er août et 196 encore le 1er novembre. Ensuite, la composition même du groupe. Deux catégories de réfugiés doivent être, en effet, distinguées : d'une part, les appelés du contingent qui viennent de déserter[15] et, d'autre part, les hommes, souvent plus âgés, qui fuient leur pays parce qu'ils sont pourchassés par la police ou qu'ils se sentent en danger du fait de leurs opinions. Ces derniers prônent des solutions plus radicales que les jeunes déserteurs dont certains n'ont cherché, en quittant l'Espagne, qu'à trouver en France des conditions de vie plus avantageuses. Entre les deux groupes existent plus que des différences d'opinions politiques : ce sont deux conceptions de l'avenir qui s'affrontent.

En novembre, de nouveaux incidents se produisent, d'une tout autre nature cette fois. Constatant que, depuis quelques semaines, les *"collaborateurs"* français sont massivement libérés, les réfugiés

14. Rapport mensuel n° 9182 adressé le 4 juillet 1945 par le directeur du camp au préfet des Basses-Pyrénées (Arch. dép. Pyr. Atl., M provisoire, 500/48).

15. Le 18 avril 1945, le lieutenant-colonel commandant la subdivision militaire des Basses-Pyrénées demande au préfet que *"les déserteurs de l'armée régulière espagnole arrêtés lors de leur pénétration en France soient dirigés sur le camp des internés civils de Gurs"* (lettre n° 2405/Z, Arch. dép. Pyr. Atl., M provisoire, 500/49).

espagnols s'étonnent de se retrouver, quant à eux, toujours aussi nombreux au camp. Pour manifester leur mécontentement, ils entament une grève de la faim illimitée. Leurs revendications sont les suivantes :

> *"1. Que vienne le plus rapidement possible une commission antifasciste qui examine nos cas et nous mette en liberté immédiatement.*
> *2. Que la nourriture du camp soit améliorée (...) et que la ration de pain, actuellement de 350 grammes, soit augmentée.*
> *3. Qu'on construise une séparation entre l'îlot D et l'îlot F où se trouvent les collaborateurs français"*[16].

Le mouvement dure du 10 au 14 novembre. Il se termine, après la médiation du sous-préfet d'Oloron, par le transfert des cinq "meneurs" au camp de Mérignac (Gironde), la promesse d'augmenter les rations de pain et l'assurance qu'une commission de criblage sera réunie avant la fin du mois. Aucun journal n'a parlé de l'affaire mais, pour les services administratifs, la preuve est faite, une fois de plus, de l'indocilité des réfugiés espagnols.

L'autre caractéristique du groupe est son homogénéité sociale. Les 505 hommes sont plutôt originaires des provinces pyrénéennes : le Pays basque (31,2 %), l'Aragon (9,6 %) et la Navarre (7,5 %)[17]. Ils sont jeunes : les classes d'âges de 20 à 39 ans rassemblent 82,9 % d'entre eux ; les seuls 20-29 ans, c'est-à-dire la plupart des déserteurs des armées franquistes, constituent près de la moitié de l'effectif (47,3 %). Ils affirment, à 68,1 %, être célibataires. Rares sont ceux qui exercent une activité professionnelle précise ou peuvent justifier d'une qualification (77,9 % de sans profession, d'ouvriers agricoles et de manœuvres). Ce profil les rattache davantage au groupe des travailleurs clandestins d'après-guerre qu'à celui des réfugiés politiques d'avant-guerre.

Par rapport aux autres internés, ils quittent le camp tardivement. Si quelques dizaines d'entre eux ont été libérés pendant l'été avec un contact d'embauche pour les chantiers du département (Créziolles, Buzy...) ou se sont évadés, l'essentiel des sorties date du mois de décembre 1945 (205, soit 41 %). Leur destination se réduit presque toujours à une localité des Landes ou des Basses-Pyrénées dans laquelle ils sont tenus de résider, parfois à un centre spécialisé de la région bordelaise (centre Tivoli, hôtel Botorre) où ils sont pris en charge par l'Union nationale des Espagnols. D'une manière ou d'une autre, ils seront tous progressivement intégrés dans les circuits économiques du Sud-Ouest de la France.

16. Rapport n° 16 857 adressé le 10 novembre 1945 par le directeur du camp au préfet des Basses-Pyrénées (Arch. dép. Pyr. Atl., liasse non cotée 273).

17. La proportion des sans réponse est de 8,1 %.

En définitive, l'internement des réfugiés espagnols passés clandestinement en France en 1945 correspond à une mesure essentiellement administrative. Il s'agit pour le gouvernement provisoire de contrôler ses frontières plus efficacement qu'à l'automne 1944, afin de dissuader les maquisards républicains espagnols d'utiliser le territoire français comme base de leurs expéditions vers l'Aragon et le Pays basque. Il s'agit surtout d'imposer une autorité administrative légale dans une région qui était passée sous le contrôle effectif des militaires F.F.I. En ce sens, le séjour à Gurs des immigrés espagnols en 1945 n'a rien de commun avec celui des réfugiés de 1939, même si, dans les deux cas, les internés sont exclusivement des hommes partisans de la République.

Il n'en reste pas moins que le système répressif quelque peu anarchique des années 1944-45 a conduit à enfermer dans un même camp, à quelques mètres les uns des autres, des hommes dont les convictions politiques sont diamétralement opposées : les antifranquistes et les *"collaborateurs"*.

Les 1 585 "collaborateurs".

Avant même la libération du territoire français, le commissaire à l'Intérieur du Comité d'Alger, Emmanuel d'Astier de la Vigerie, avait fixé le réglement à appliquer dans les centres de séjour surveillé (C.S.S.) destinés à *"l'internement administratif des individus dangereux pour la défense nationale"* (arrêté du 14 mars 1944). Publié au *Journal officiel* le 29 août, quelques heures après la chute du régime de Vichy, ce texte, qui définit les modalités d'administration et de surveillance des camps, n'apporte dans l'immédiat aucun changement particulier à Gurs. Il faut attendre plus d'un mois pour que l'ordonnance du 4 octobre, qui donne au préfet le pouvoir de faire interner administrativement ceux qui se sont compromis avec Vichy, vienne modifier la nature du camp.

Le 26 octobre, le premier groupe de *"collaborateurs"* est effectivement enfermé à Gurs. Désormais le *"camp civil"* est exclusivement dénommé dans la correspondance officielle *"le C.S.S. de Gurs"*.

Il constitue, avec les deux nouveaux centres d'Idron et de Polo de Beyris, un des éléments du système répressif de la Libération[18]. Théoriquement, il est réservé aux personnes que la *Commission consultative du Conseil départemental de libération* a jugées *"indignes"*

18. Sur le camp de Polo de Beyris, voir la note n° 7.
Le camp d'Idron a été créé le 9 septembre 1941 pour servir de casernement à un régiment de la Légion étrangère. Il est transformé en 1942 en centre d'accueil réservé aux réfugiés d'origine polonaise, puis fermé en 1943. Le 1er septembre 1944, il est utilisé comme lieu d'internement des Palois suspectés de collaboration avec l'ennemi. Fermé le 1er mars 1945, il est ensuite remis à l'autorité militaire. Il abrite aujourd'hui le 1er R.C.P.

et que le préfet vient de frapper d'un arrêté d'internement. Théoriquement, les deux autres camps fonctionnent seulement comme camps de triage pour les détenus en instance de transfert devant l'autorité judiciaire ou en attente de l'arrêté préfectoral d'internement à Gurs. En fait, chacun des trois centres sert à la fois, jusqu'à la dissolution d'Idron et de Beyris, de lieu d'internement et de camp de triage. A Gurs, d'ailleurs, l'administration qualifie indifféremment la population des îlots F et H du terme de *"détenus"* ou de celui d'*"internés"*. En outre, il arrive fréquemment, durant le deuxième semestre de l'année 1945, qu'y soient assignés à résidence des *"collaborateurs"* qui viennent de purger plusieurs mois de prison[19].

Des "internés administratifs".

Avec 1 585 internements en quinze mois le nombre des *"collaborateurs"* détenus à Gurs apparaît dérisoire par rapport aux foules des périodes précédentes.

Jusqu'en janvier 1945, le rythme des arrivées est soutenu, de l'ordre de 80 par mois. Le camp est alors alimenté par les *"centres de triage"* du département, Idron et Polo de Beyris, ainsi que par la prison de Fort-Barraux (Isère) dans laquelle sont enfermés des *"collaborateurs"* lyonnais. Puis, de février à août 1945, est enregistré l'essentiel des *"entrées"* : 1 112, soit une moyenne mensuelle de 159. Il s'agit, en majorité, de transferts, comme auparavant, mais l'origine géographique est plus variée. Les internés proviennent, en effet, non seulement des camps d'Idron et de Beyris, fermés et transférés à Gurs respectivement le 1er mars et le 20 avril 1945, mais aussi d'autres C.S.S. aquitains dissous les uns après les autres : Seilhan (Gers), Carrère (Lot-et-Garonne), Mont-de-Marsan (Landes) et Eysines-Mérignac (Gironde). Gurs est alors la destination ultime imposée à ceux qui n'ont pas atteint, dans leur camp d'origine, la date d'expiration de leur peine. D'autres formes d'*"entrées"* apparaissent en outre : les mutations en provenance d'une maison d'arrêt et les arrivées directes de leurs domicile pour les trafiquants du marché noir. A partir de septembre 1945, les effectifs ne cessent de décroître, les internés étant peu à peu libérés et le rythme des arrivées tombant au plus bas.

Au total et sur toute la période envisagée, les modes d'internement se répartissent ainsi (tableau n° 15) :
1. Les transferts : 1 137 cas (70,9 %) qui correspondent à une période définie (d'octobre 1944 à août 1945) et concernent des hommes et des femmes venus, mis à part les 119 de Fort-Barraux, des dépar-

19. Louis Poullenot, *La répression à la Libération dans le département des Basses-Pyrénées*, fascicule dactylographié, Comité d'histoire de la Deuxième Guerre mondiale, Pau, 1981 (bibliothèque du département d'Histoire, Faculté des Lettres et Sciences humaines de Pau).

tements aquitains. Parmi eux, le contingent le plus nombreux provient du département des Basses-Pyrénées : 405 d'Idron et 259 de Beyris.
2. Les mutations des prisons de Pau et de Bayonne : 239 individus (14,9 %) internés uniquement après la fin des hostilités.
3. Les arrivées directes depuis le domicile même des intéressés : 122 individus (7,6 %) enfermés pour des motifs souvent économiques durant l'année 1945.
4. Les autres types d'entrées, c'est-à-dire les 86 reprises de détenus évadés et les 25 mutations de convalescents des hôpitaux de Pau et Orthez.

Les quatre cinquièmes des détenus sont des Français, mais tous résidaient en France au moment de leur arrestation.

En dehors des 119 hommes et femmes de Fort-Barraux, ils proviennent exclusivement des départements aquitains :
1. Les Basses-Pyrénées : 1 074, dont 664 des camps d'Idron et de Polo de Beyris, 239 des prisons de Pau et de Bayonne, les autres de leur domicile ou d'un établissement hospitalier.
2. La Gironde : 209 du camp de Mérignac-Eysines, transférés les 4 avril et 2 août 1945.
3. Le Lot-et-Garonne : 78 du camp de Carrère, transférés les 26 mars et 16 juin 1945.
4. Les Landes : 71, dont 46 transférés les 26 mars et 29 juin 1945 du camp de Mont-de-Marsan.
5. Le Gers : 34, dont 21 transférés le 16 avril 1945 du camp de Seilhan, près d'Auch.

Les 1 074 détenus des Basses-Pyrénées forment un échantillon à peu près complet du monde de la collaboration. D'origine surtout française (83,5 %), ils se caractérisent par une nette prédominance masculine (723 hommes pour 351 femmes), une proportion considérable de pères ou de mères de famille (85,7 %) et la surreprésentation de certaines tranches d'âges (20-24 ans et 45-54 ans). Mais le principal signe distinctif n'est pas là. Il réside dans la composition socio-professionnelle du groupe : presque tous sont actifs (91,1 %) et la majorité exerce une profession du secteur tertiaire (59,3 % des actifs). Deux professions reviennent plus fréquemment qu'à l'accoutumée : les militaires de carrière (288) et les artisans-commercants (215). En résumé, des hommes d'âge mûr, bons pères, bons maris, honnêtes travailleurs et réputés jusque là bons citoyens : la *"France profonde"*. Alors, de quoi se sont-ils rendus coupables, ces hommes que rien ou presque ne distinguerait habituellement de leurs voisins ?

L'étude du motif d'internement ne fournit pas une réponse parfaite à cette question. Le cinquième des dossiers (21,6 %), en effet, ne contient pas la moindre indication à ce sujet. Il est vrai que, pen-

Motif	Basses Pyrénées	Autres départements	Total
policier	51 (4,7 %)	38 (7,4 %)	89 (5,6 %)
politique	386 (35,9 %)	307 (60,1 %)	693 (43,7 %)
administratif	206 (19,2 %)	85 (16,6 %)	291 (18,6 %)
économique	199 (18,5 %)	54 (10,6 %)	253 (16 %)
sans réponse	232 (21,6 %)	27 (5,3 %)	259 (16,1 %)
Total	1 074 (100 %)	511 (100 %)	1 585 (100 %)

Tableau n° 15 - Motif d'internement des 1585 "collaborateurs" du camp de Gurs (1er septembre 1944 - 31 décembre 1945)

dant une trentaine d'années, les archives du camp sont restées entassées dans les greniers de la sous-préfecture d'Oloron et que certaines chemises ont été largement expurgées.

En tête, arrivent les motifs politiques qui rassemblent plus du tiers des cas (35,9 %). Ils se décomptent ainsi : 112 membres des organisations vichyssoises installées dans le département (*Parti populaire français, Rassemblement national populaire, groupe Collaboration, Comité anti-bolchevik, Mouvement social et révolutionnaire*), 106 indicateurs, 56 miliciens (ou membres de la *Légion des volontaires français*) et 111 partisans du régime qui, sans être affiliés à un mouvement précis, se sont notoirement compromis. Ensuite viennent les *"collaborateurs économiques"* et les *"petits collaborateurs"*. Les premiers sont coupables de s'être outrageusement enrichis par toutes sortes de trafics soit avec les Allemands, soit aux dépens de leurs concitoyens. Les seconds rassemblent les travailleurs volontaires en Allemagne et les *"femmes de mauvaise vie"*, c'est-à-dire maîtresses d'Allemands. Enfin, on trouve le petit contingent des 51 détenus pour motif policier, parmi lesquels nombre d'immigrés appréhendés pour défaut de titres de séjour ou d'alimentation.

Au total, les cas graves de collaboration (miliciens, gros trafiquants) ne dépassent pas la centaine. Un chiffre aussi réduit, pour un des départements les plus conservateurs de France, est surprenant. Il reflète surtout la position occupée par le camp dans le système répressif de la Libération : Gurs est spécialisé dans les petites affaires, celles qui sont traitées dans les "chambres civiques", où les intéressés sont frappés d'abord d'internement, ensuite d'indignité nationale. Mais la Cour spéciale de justice de Pau n'envoie pas à Gurs ou bien, lorsqu'elle le fait, c'est pour clôturer une peine de prison avant l'assignation à résidence dans un autre département.

Les 511 détenus originaires de la Gironde, du Lot-et-Garonne, des Landes, du Gers et de Fort-Barraux (Isère) présentent, dans l'ensemble, des caractères comparables à ceux du groupe des Basses-Pyrénées. La seule différence notable réside dans la proportion plus forte des motifs d'internement politiques (60,1 %, soit trois cas sur cinq environ). De fait, le nombre des membres du P.P.F et celui des miliciens étant plus élevé, les thèmes de la Révolution nationale sont plus fréquemment commentés que dans le groupe des Basses-Pyrénées.

Tous les détenus, ou presque, sont sortis libres du camp. En dehors. en effet, de 95 transferts et 46 évasions, tous les départs correspondant à des libérations (1 417 au total, soit 89,4 %).

Les libérations, dans le détail, recouvrent plusieurs formules. Elles s'accompagnent généralement de mesures restrictives dont la plus commune est la condamnation à l'indignité nationale. Elles sont accordées, dans la majorité des cas, soit avec une assignation à résidence (709 dont près de la moitié dans le domicile antérieur), soit avec une interdiction de séjour de plusieurs années dans le département où vivait l'intéressé (378). Les autres, qui concernent 330 internés, sont grevées d'une simple peine d'indignité nationale de 2, 5 ou 10 ans.

Dans l'ensemble, les libérations, quelles que soient les réserves qui les accompagnent, interviennent après la fin des hostilités : 1 124 entre le 8 mai et le 31 décembre 1945 (70,9 %). Elles correspondent aux vœux mêmes du gouvernement qui, le 24 août 1945, décide, dans un souci de paix sociale, de supprimer le régime de l'internement administratif. La circulaire promulguée le 30 août par le ministre de l'Intérieur en précise les modalités : les préfets doivent entreprendre sans délai la révision de tous les cas, déférer en justice les "*collaborateurs*" dont le dossier n'a pas encore été instruit et libérer progressivement les autres, en éloignant les plus compromis de leur département de résidence. A Gurs, le résultat ne se fait pas attendre : 232 libérations en septembre, 269 en octobre, le reste ensuite.

La quasi certitude pour chaque détenu qu'il sera, d'une manière ou d'une autre, élargi à l'issue de son séjour à Gurs, constitue, par rapport aux périodes précédentes, une des particularités fondamentales de l'époque 1944-1945. Jusqu'alors, les pires solutions ne pouvaient qu'être redoutées dès lors qu'on envisageait le départ du camp. Après la Libération, la question que les internés se posent ne porte plus sur la nature de leur sortie mais seulement sur sa date. La vie même des intéressés n'est donc pas en cause.

Autant dire que le séjour à Gurs n'est ressenti que comme un moment désagréable, au pire, une étape amère de son existence ; ensuite chacun pourra reprendre le cours à peu près normal de ses activités. La psychologie du "*collaborateur*" interné n'a donc, à quelque point de vue que ce soit, rien à voir avec celle des Gursiens des époques précédentes. L'internement lui-même non plus d'ailleurs.

Un internement somme toute supportable

Lorsqu'on dépouille la correspondance échangée entre l'administration du camp et les services préfectoraux, lorsqu'on lit les lettres interceptées par la censure ou qu'on écoute les récits des témoins, on est frappé par le changement de ton par rapport à la période de Vichy. Les conditions matérielles de l'internement apparaissent désormais, sinon satisfaisantes, du moins supportables.

L'état des baraques des îlots F et H constitue sans doute le côté le plus pénible du séjour au camp. Malgré les restaurations successives, les installations offrent, en effet, en septembre 1944 une allure lamentable : toitures trouées, panneaux disjoints, bas-flancs éventrés, planchers pourris, etc... Cependant les réparations effectuées à l'automne par les prisonniers de guerre allemands, puis surtout les travaux accomplis durant l'hiver par les services des Ponts et chaussées ont rendu au printemps 1945 les baraques habitables. Une trentaine seulement sont occupées, mais celles-là au moins sont correctement protégées des intempéries.

Or l'essentiel des *"collaborateurs"* a été interné après la fin de l'hiver et c'est seulement avec le retour des beaux jours que les effectifs augmentent sensiblement. Les quatre cinquièmes des détenus n'ont donc pas connu les tourments que l'hiver impose aux occupants des baraques. En outre, dans la chambrée, même au plus fort des installations, chacun dispose de deux, parfois trois ou quatre places qu'il aménage à son gré. Fait sans précédent, un abondant matériel de couchage, comprenant en particulier quatre couvertures, est mis à la disposition de chaque interné. Les paillasses sont systématiquement nettoyées et désinfectées, la paille régulièrement renouvelée. Deux *"grandes tables"* et quatre bancs sont disposés dans chaque baraque au cours du mois de janvier 1945[20]. Bref, il est incontestable que les *"collaborateurs"* jouissent de commodités matérielles jusqu'alors inconnues. Sans compter que, la plupart étant originaires de la région, ils reçoivent fréquemment la visite de parents ou d'amis qui leur portent les objets ou les vêtements dont ils manquent.

Leur alimentation n'a rien de commun avec celle des périodes antérieures. Théoriquement, les rations, dont les taux par individu sont fixés par circulaire ministérielle, sont légèrement supérieures à celles de l'époque de Vichy[21]. L'intendant reconnaît d'ailleurs qu'elles sont à peine suffisantes pour assurer une nourriture correcte :

20. Rapport mensuel n° 1282/RD du mois de janvier 1945 adressé le 7 février 1945 par le directeur du camp au directeur départemental de la police à Pau (Arch. dép. Pyr. Atl., M provisoire, 500/48).

21. Circulaire n° 106/RDAC promulgée le 14 décembre 1944 par le ministre du Ravitaillement. Le texte fixe ainsi les rations alimentaires quotidiennes de chaque interné : 350 g de pain, 40 g de viande, 40 g de légumes verts ou de pommes de terre, 12 g de fromage, 10 g de matières grasses et 18 g de sucre. A partir du 1er juin 1945, les rations des internés sont identiques à celles de la population civile des communes rurales.

> *"L'alimentation est un peu insuffisante en quantité comme en calories, mais les colis font l'appoint"*[22].
> *"Etant donné que Gurs est considérée comme une commune rurale productrice, il ne nous est plus fourni aucun légume sec ni aucune pâte. En conséquence, le régime alimentaire des détenus se dégrade et ils s'en plaignent encore davantage"*[23].

Ces considérations témoignent de l'attention que les services du camp prêtent désormais aux critiques qui leur sont faites dans les îlots. Or jamais, jusqu'alors, elles n'avaient été prises en compte. Elles apportent, en outre, la preuve *a posteriori* que la nourriture moins abondante et de qualité inférieure distribuée pendant l'Occupation était à tous points de vue, et contrairement aux affirmations du gestionnaire, insuffisante.

Cependant, et là réside la différence fondamentale avec les périodes précédentes, la nourriture effectivement consommée par les *"collaborateurs"* se compose en partie seulement des rations distribuées par l'intendance. Toutes sortes de surplus viennent en fait s'y ajouter. D'abord, ceux qui sont accordés par le gestionnaire lui-même. C'est ainsi qu'au lieu des 350 grammes réglementaires de pain fournis quotidiennement à chaque interné, il en est attribué en moyenne 412 grammes en mai, 430 en juin, 410 en juillet et 441 en août 1945[24]. De même, des légumes verts issus du jardin potager du camp viennent s'ajouter durant la belle saison aux portions officielles de vivres ; des *"plats supplémentaires"* sont octroyés aux plus déshérités par les deux Oeuvres installées à demeure au camp, la Croix-Rouge et le Secours social (aucun de ces deux organismes n'était présent dans les îlots à l'époque de Vichy ; aucun de ceux qui y étaient alors installés ne ressentira la nécessité d'y retourner après la Libération). Enfin, les colis reçus par la poste puis, à partir du moment où leur nombre est limité à un par mois, les paquets portés directement par les parents ou amis de l'intéressé.

Si l'on ajoute que certains détenus vont parfois se ravitailler eux-mêmes auprès des mercantis installés au bord de la route nationale, que les plus fortunés peuvent trouver à la cantine de leur îlot *"de la bière, du soda, de la limonade, des objets de toilette, des denrées*

22. Rapport mensuel n° 4303 du mois de mars 1945 adressé le 11 avril 1945 par le directeur du camp au préfet des Basses-Pyrénées (Arch. dép. Pyr. Atl., M provisoire, 500/48).

23. Rapport mensuel n° 9182 du mois de juin 1945 adressé le 4 juillet 1945 par le directeur du camp au préfet des Basses-Pyrénées (Arch. dép. Pyr. Atl., M provisoire, 500/48).

24. Ces chiffres moyens sont obtenus en divisant la quantité de pain distribuée par le nombre moyen d'internés durant les quatre mois considérés. Ils sont extraits des rapports mensuels n° 7427, 9182, 10947 et 12228 du directeur au préfet (Arch. dép. Pyr. Atl., M. provisoire, 500/48). D'autres surplus sont également fournis comme, par exemple, le *"pâté d'abats"* fabriqué au camp même.

alimentaires non contingentées, des produits de beauté"[25], on comprend que les questions relatives au ravitaillement n'aient jamais soulevé en 1944-1945 les difficultés qu'elles engendraient auparavant. Mieux, certains abus flagrants sont parfois dénoncés, comme ceux que relève, à la suite d'une visite d'inspection inopinée, une commission de déportés politiques, en juin 1945.

> *"Nous visitons presque toutes les baraques et beaucoup de paquetages. Presque partout, nous trouvons des œufs, du pain en abondance. Ce dernier traîne sur des planches ou dans les valises. Nous trouvons également du chocolat au lait, des biscuits, et même de la confiture auprès des malades. M.D. avait 8 kg de lard, 30 œufs, des conserves, du sucre et des friandises. (...) Des réchauds électriques permettent également d'adoucir la vie de ces bons Français. Ne faut-il pas les récompenser de leur belle conduite patriotique ? (...) Une cantine est installée dans l'îlot. A notre question, le gestionnaire de la cantine, un détenu, nous répond qu'il ouvre tous les jours et quand les prisonniers ont soif"*[26].

De même que les insuffisances alimentaires n'ont jamais menacé la vie des *"collaborateurs"* de Gurs, de même leur environnement médical et sanitaire n'a, à aucun moment, provoqué les problèmes considérables de l'époque précédente. En décembre 1944, une organisation rationnelle des services de santé est instaurée. L'hôpital central est rouvert ainsi que le cabinet dentaire ; des menus spéciaux y sont servis ; les places y sont en nombre suffisant puisqu'une centaine de personnes peuvent y être soignées ensemble. Les malades les plus sérieux sont transférés à l'hôpital de Pau. Le personnel soignant du camp (1 médecin et 7 infirmières) correspond largement aux besoins de la population internée. Des consultations quotidiennes sont prévues de 10 heures à midi ; en bénéficient tous ceux qui y sont inscrits. A son arrivée, chaque détenu est soumis à un examen médical et radiologique ; une fiche sanitaire est établie à son nom. Il est même prévu le cas des personnes *"dont l'état est incompatible avec la vie au camp"*. Le poids est contrôlé deux fois par mois et ceux qui accusent un poids inférieur à la normale habituelle sont dirigés vers l'hôpital et *"suralimentés"*[27].

Le résultat obtenu est non seulement la diminution du nombre des maladies endémiques sévissant dans les îlots, mais surtout la fin des grandes calamités à forme épidémique. Une seule invasion

25. Rapport n° 7570 adressé le 10 juillet 1945 par le directeur au préfet des Basses-Pyrénées pour répondre à l'article rédigé par les déportés politiques (voir ci-dessous, note 26). (Arch. dép. Pyr. Atl., liasse non cotée 272).

26. Enquête des déportés politiques sur la vie des détenus au camp de Gurs, publiée dans *La IVe République des Pyrénées,* 22-23 juin 1945, p.1, et dans *L'Etincelle des Pyrénées et des Landes,* 18 et 23 juin 1945, p.3.

27. L'analyse présentée ici s'inspire directement des rapports mensuels des mois de décembre 1944 et janvier 1945 (n° 179 et 1282/RD, Arch. dép. Pyr. Atl., M provisoire, 500/48).

de poux est signalée, en février 1945, rapidement stoppée par des mesures générales de désinfection[28]. Les punaises des lits disparaissent ou, du moins, leur présence n'est mentionnée ni par les services médicaux, ni par les détenus eux-mêmes. La gale n'affecte plus que quelques individus, aussitôt transférés à l'infirmerie de leur îlot et traités par des frictions au sulfure de benzyle. En outre, la principale maladie de Gurs à l'époque de Vichy, l'entérite, n'est signalée qu'épisodiquement. Provoquée par une alimentation uniforme à base de choux ou de navets, elle apparaît seulement sous sa forme la plus bénigne, les dérangements gastro-intestinaux. Encore faut-il préciser que ceux qui en sont atteints sont transférés à l'hôpital central où des menus spéciaux leur sont départis. En fait, la plupart des cas de maladies, comme le montrent le livre de visites et les carnets de soins du médecin-chef[29], sont ceux que l'on rencontre habituellement dans la population, à commencer par les angines et les bronchites. Seules les blennorragies semblent plus fréquentes à Gurs qu'ailleurs.

Rappelons enfin que les années 1944 et 1945 sont les seules de toute l'histoire de Gurs pendant lesquelles aucun décès n'est survenu.

Il ne fait donc aucun doute que les conditions matérielles de l'internement, malgré l'inconfort des baraques, n'ont jamais été aussi supportables qu'après la Libération. Les conditions morales, qui leur sont étroitement liées, s'en trouvent, elles aussi, transformées. Le seul fait de n'avoir pas l'esprit tourmenté par la faim, la maladie ou la mort constitue déjà un progrès considérable.

L'origine géographique de la plupart des *"collaborateurs"*, c'est-à-dire, pour les trois quarts d'entre eux, le département des Basses-Pyrénées, joue dans le même sens. Elle soulage, en effet, une des principales souffrances de la vie du camp, la solitude. De fait, tous les détenus, à un moment ou à un autre, ont reçu la visite d'un parent ou d'un ami (deux fois par semaine jusqu'au 1er mars 1945, deux fois par mois ensuite).

Le fait que les *"collaborateurs"* soient presque tous des Français internés par des Français en territoire français est également un facteur d'apaisement. Les problèmes de langue qui avaient jusqu'alors coupé les Gursiens du personnel d'encadrement ne se posent plus. Des relations directes s'instaurent, les unes inspirées par des motifs mercantiles, les autres, les plus fréquentes, gratuites et spontanées. Quelques mots sont échangés à l'occasion d'un

28. Rapport n° 1357 adressé le 9 février 1945 par le directeur au préfet (Arch. dép. Pyr. Atl., M. provisoire, 500/49). Ce rapport signale *"un commencement d'invasion de parasites qu'il est possible d'enrayer immédiatement"*.

29. Arch. dép. Pyr. Atl., liasse non cotée, 270 : un livre de consultation et 4 livres de soins. Dans un carton sont également conservées près de 2 000 fiches sanitaires.

événement politique, artistique ou sportif ; les journaux, une fois lus par les gardiens, sont laissés plus ou moins volontairement à la disposition des détenus ; les corvées de bois à l'extérieur du camp sont le prétexte de nombreuses rencontres, souvent terminées dans l'un des cafés des environs. Le sentiment d'isolement qui régnait dans les îlots à l'époque de Vichy s'estompe après la Libération et disparaît même complètement en certaines circonstances.

C'est sans doute ce qui explique l'attention toute particulière que les directeurs successifs portent aux plaintes qui s'élèvent dans les îlots. Il faudrait citer pour preuve tous les rapports mensuels. Le chef de camp y rapporte fidèlement que les *"collaborateurs"* se plaignent tantôt de l'alimentation, tantôt de l'état des installations, tantôt du froid, tantôt des lenteurs du courrier, tantôt de l'éloignement de leur famille, etc... En juin 1945, il notre qu'*"un groupe de travailleurs volontaires en Allemagne se plaint de la nourriture, prétendant être mieux traité au-delà du Rhin"* [30]; en juillet, il signale que *"les collaborateurs sont déçus ; ils espéraient des mesures d'élargissement à l'occasion de la fête nationale"* [31]; en septembre, il transmet au préfet la plainte d'un groupe de détenus qui *"s'insurgent de ne pas pouvoir prendre part à la consultation électorale"* [32].

L'environnement des détenus, de l'administration aux services médicaux, en passant par leur famille, contribue donc à soulager les conditions d'internement, à la différence de ce qui s'était passé jusque là. C'est pourquoi la vie au camp s'écoule sans sursaut. Les internés font preuve, dans l'ensemble, de résignation, acceptant leur sort d'autant plus volontiers que de sombres rumeurs leur parviennent : à Tarbes et à Toulouse, des miliciens auraient été exécutés sommairement ; dans l'Ariège, l'épuration spontanée ferait plusieurs victimes chaque semaine[33]. Pour certains, les rigueurs de la détention compensent largement les dangers qui les guetteraient s'ils étaient restés chez eux, en liberté.

Dans les îlots, chacun attend le jour de la libération, en faisant le décompte des jours qui lui restent à passer à Gurs. Peu d'activités accompagnent cette attente. La plupart du temps, c'est un indi-

30. Rapport mensuel n° 9182 du mois de juin 1945, op. cit.

31. Rapport mensuel n° 10947 du mois de juillet 1945, op. cit.

32. Rapport mensuel n° 14987 du mois de septembre 1945 adressé le 2 octobre 1945 par le directeur du camp au préfet des Basses-Pyrénées (Arch. dép. Pyr. Atl., 500/48). La consultation électorale dont il est question est le référendum constitutionnel du 21 octobre.

33. Pour Toulouse et Tarbes, les *"bruits"* reposent sur des bases exactes : en septembre et octobre 1944, l'épuration spontanée y fait une vingtaine de victimes. Pour l'Ariège, la rumeur est considérablement amplifiée par rapport à la réalité, comme le montre l'enquête du Comité d'histoire de la Deuxième Guerre mondiale sur l'épuration.

vidualisme intéressé qui caractérise les relations quotidiennes entre compagnons de chambrée. Le directeur finit même par s'en inquiéter :

> *"Une remarque s'impose, le manque d'entraide entre les internés. Ceux qui reçoivent des colis ne les partagent pas avec les nécessiteux de leur baraque (...). Je me propose de susciter l'organisation de soirées culturelles, conférences, relations de voyages, leçons de langues vivantes pour animer la vie communautaire"* [34]
>
> *"Un incident a éclaté lors d'une expérience tendant à répartir le contenu des colis entre les internés d'une même baraque, nécessiteux compris. La mesure a dû être rapportée"* [35].

De fait, rares sont les manifestations réunissant les détenus autour d'une activité commune : ni soirées, ni spectacles, ni rencontres sportives, ni célébrations religieuses ne viennent animer la grisaille quotidienne. C'est plutôt une forme d'égoïsme résigné avec, de temps en temps, ses accès de violence et ses moments de découragement. Au fond, les détenus de Gurs n'arrivent pas à comprendre pourquoi eux, qui se considéraient comme les *"véritables"* Français, se retrouvent tout à coup mis au ban de la société par les *"traîtres"* et les *"terroristes"* de la veille. Accablés par ce qu'ils considèrent comme une injustice ignoble, ils s'enferment dans leur mutisme, parfois dans leur orgueil, souvent dans leur hautaine médiocrité. Ils n'en sortent que rarement comme, par exemple, le 28 janvier 1945, lorsqu'ils apprennent la nouvelle de la grâce du chef départemental de la Milice, Dabadie : une brève manifestation salue l'événement aux cris de "Vive Dabadie !", "Vive la Milice !" et même... "Vive de Gaulle !"[36].

L'attente dans laquelle s'enferment les détenus de Gurs après la Libération n'a rien de comparable avec la crainte du rapatriement en 1939 ou la hantise du convoi en 1942 : elle ne se nourrit pas d'inquiétude, mais au contraire de la certitude de sortir libre du camp. Il est donc inexact d'affirmer que les souffrances morales des *"collaborateurs"* ont été aussi lourdes à supporter que celles des Gursiens qui les ont précédés dans les baraques. Car les déceptions ne proviennent pas de l'incertitude de l'avenir, mais seulement des lenteurs du processus de libération.

34. Rapport mensuel n° 179 du mois de décembre 1944, op. cit.

35. Rapport mensuel n° 4303 du mois de mars 1945, op. cit.

36. Rapport mensuel n° 1282 du mois de janvier 1945, op. cit.

APRES LA LIBERATION (1944-1945)

L'histoire de Gurs après la Libération se signale surtout par ses paradoxes et ses incohérences. Le camp devient une sorte de fourre-tout dans lequel cohabitent les catégories les plus diverses d'internés, au mépris de tout clivage idéologique. C'est un lieu à part dans lequel demeurent les détenus, non parce qu'il est impossible de s'en évader, mais parce que chacun sait qu'il en sortira libre. C'est un monde terne qui, longtemps symbole de la détresse, est devenu synonyme de médiocrité.

TROISIEME PARTIE

VIVRE A GURS (1939 - 1944)

CHAPITRE NEUVIEME

LE POIDS DE L'INTERNEMENT ET SES CONSÉQUENCES SUR LE COMPORTEMENT DES INTERNÉS

Etre enfermé dans un camp, c'est se plier inévitablement aux exigences particulières de la vie pénitentiaire : obligation de se conformer à des règles jusqu'alors inconnues, soumission aux décisions communes, impossibilité de s'isoler, etc... Etre interné à Gurs, c'est, en outre, endurer certains tourments auxquels peu d'hommes et de femmes sont préparés. C'est, d'abord, s'adapter à l'aménagement rudimentaire du camp, aux baraques fragiles, aux *"lavabos"* sommaires, aux tinettes répugnantes, à l'équipement sanitaire douteux. C'est aussi tenter de s'accommoder de l'humidité du climat béarnais qui transforme les îlots en un immense marécage et oblige les internés à se claquemurer dans l'obscurité et le froid de leur baraque. C'est surtout supporter bon gré mal gré le poids, parfois les sautes d'humeur et les incompétences des services de surveillance, d'administration et de gestion.

Ces contraintes constituent le cadre habituel de la vie du Gursien. Elles pèsent indistinctement sur chaque interné, soumettant les uns et les autres à la même loi, celle de l'exiguïté, de l'inconfort, de l'arbitraire aussi. Elles déterminent la plupart des activités quotidiennes et imposent à chaque instant leur carcan aux rapports sociaux.

Face aux épreuves auxquelles la vie gursienne soumet les personnes, les réactions sont d'une immense variété : abattement, résignation, repliement sur soi, exaltation, frénésie d'activités, etc... Certains révèlent dans le malheur une force de caractère qui étonne même leurs proches parents ; d'autres, que l'on croyait pourtant sociables et équilibrés, sombrent dans l'affolement et se montrent incapables de vivre en communauté. Bref, confrontés à une des situations les plus difficiles de leur existence, les internés manifestent les comportements les plus divers, parfois les plus imprévus. Les témoins en rendent compte dans leurs mémoires, s'attachant surtout aux attitudes généreuses et jetant un voile pudique sur ce que l'un d'eux appelle *"toute la bassesse humaine des camps"*[1].

Le poids des réalités quotidiennes

A Gurs, toutes les journées se ressemblent. Elles se déroulent inexorablement selon un scénario fixé de façon immuable : l'emploi du temps[2]. Sa précision ne doit cependant pas faire illusion, car les membres des services français n'entrant que rarement dans les baraques, rien ne permet d'avancer que les horaires soient effectivement respectés. On peut même raisonnablement supposer que, par temps de pluie, chacun cherchant à se protéger des intempéries à l'intérieur de la chambrée, ils n'ont d'autre valeur qu'indicative.

Le lever est fixé à l'origine à 6 heures 30. En 1939, avant la déclaration de guerre, il est annoncé dans les îlots par la sonnerie d'une trompette ou d'un clairon ; ensuite par quelques coups de sifflet. L'hiver, il est retardé d'une heure.

En fait, les occupants de la baraque attendent rarement l'heure officielle du réveil pour commencer la journée. On se lève tôt à Gurs. D'abord parce qu'on dort mal, ensuite parce qu'on a toujours une raison, lorsque le temps s'y prête, d'aller "dehors" : faire sa toilette sans être bousculé, contempler le ciel, discuter tranquillement avec un ami sans crainte de déranger les voisins, se promener, se glisser sous les barbelés jusqu'à l'îlot voisin, etc... Ceux qui font la grasse matinée ne sont pas nombreux. A la belle saison, il s'agit généralement de personnes âgées, de malades, ou de convalescents. L'hiver, en revanche, toute sortie étant périlleuse, on reste plus longuement emmitouflé dans ses couvertures, en attendant d'ouvrir une des lucarnes de la cloison et de voir enfin la lumière du jour.

1. Rapport Plastereck, op. cit., p. 25

2. Règlements intérieurs du camp (Arch. dép. Pyr. Atl., M provisoire, 500/6)

Les premières heures de la matinée, jusqu'à huit-neuf heures environ, sont consacrées à la toilette et au petit déjeuner. Habituellement, les *"lavabos"* sont assiégés par la foule des internés. Des files se constituent et chacun attend plus ou moins patiemment son tour. Pour beaucoup, la toilette est une des occupations essentielles : on y prête une attention d'autant plus grande que la propreté corporelle est un des indices de la bonne santé mentale.

Avant ou après s'être lavé, on prend le petit déjeuner. C'est une sombre mixture, confectionnée à base de chicorée et d'ersatz de café, distribuée bouillante dans chaque baraque. On la consomme précautionneusement avec quelque quignon de pain gardé depuis la veille.

Vers neuf heures commencent les activités de la matinée. En présenter un relevé exhaustif est impossible en raison de leur variété.

Habituellement, c'est le moment pendant lequel les responsables d'îlots et de baraques remplissent leurs fonctions respectives. Les équipes d'entretien nettoient les chambrées et les abords de la construction ; les chefs de baraques viennent rendre compte au chef d'îlot des éventuels incidents survenus depuis 24 heures : évasions, maladies, dégâts... ; le *"gestionnaire"* et ses acolytes se rendent aux *"subsistances"* pour *"toucher"* les rations alimentaires de la journée, puis retournent les préparer à la cuisine de l'îlot ; le vaguemestre collecte le courrier-départ, le porte à la censure où il reçoit le courrier-arrivée qui a été vérifié, et revient dans l'îlot le distribuer aux heureux bénéficiaires ; les médecins et infirmiers font leur tournée, s'enquièrent de la santé de ceux qui sont restés couchés, soulagent et rassurent les valétudinaires qui les assaillent.

Lorsque le temps le permet, la population du camp se déverse dans les îlots et vaque à mille occupations. On lave le linge, on aère les paillasses en les posant sur le toit des baraques, on assiste aux cours dispensés çà et là, on écoute la lecture du journal, on répète les spectacles ou les chants qui animeront une prochaine veillée, on fabrique des outils, des jouets, des ustensiles, des *"bijoux"*, on répare les installations défectueuses, on discute. On cherche toutes sortes d'occupations pour que le temps passe plus vite. On envie souvent ceux qui, ayant eu la chance d'être choisis comme plantons ou secrétaires d'un service du camp, partent chaque matin travailler au premier quartier.

Les jours de pluie, il faut bien se résigner à rester dans la baraque : on coud, on fait son courrier, on aménage "son" coin en se construisant des étagères et même des penderies pour éviter de laisser en permanence ses habits dans les valises, mais la matinée passe toujours plus lentement que d'habitude. De façon générale, le travail, quel qu'il soit, est recherché, non seulement pour ce qu'il permet de réaliser, mais aussi pour le soutien moral qu'il confère.

> *"Il nous faut souligner la valeur du travail en tant qu'appui moral. Ceux qui l'ont reconnu dès le début et qui ont inlassablement lutté pour que tout le monde soit occupé, ont su*

que c'est le seul remède pour oublier. Oublier le passé et le présent. Il s'est avéré que ceux qui travaillaient ne se laissaient jamais aller, se soignaient mieux et finissaient par obtenir quelques avantages : logements plus agréables, meilleure nourriture, etc."[3].

Le déjeuner a lieu vers midi. Il est pris en commun, chacun assis sur sa paillasse, sa valise ou un tabouret de sa confection. Il débute par le partage des rations de pain, exécuté sous le contrôle du chef de baraque. Puis l'équipe de service distribue à chacun sa part de soupe, plus ou moins claire, qui constitue l'essentiel du repas, et le morceau de fromage ou la cuillerée de confiture qui fait office de dessert. Aussi maigre soit-il, le déjeuner tient une place majeure dans les activités quotidiennes. De lui dépend le jugement que l'on portera, avant de s'endormir, sur la journée ; de lui dépend presque toujours l'état d'esprit sombre ou serein dans lequel est abordé l'interminable après-midi.

Max Lingner - Trois femmes derrière la clôture de barbelés
Gurs 1941

A moins qu'une activité de groupe ne soit organisée, l'après-midi constitue le moment le plus difficile de la journée. Il n'en finit pas lorsqu'on est condamné à rester enfermé dans l'îlot. Chacun n'a rien d'autre à faire, sauf les rares heureux qui jouissent de la chance d'être convoqués au parloir ou dans un des bureaux du premier quartier, que ce qu'il a déjà accompli pendant la matinée. En outre, l'été, il

3. Rapport Plastereck, op. cit., p. 26

fait chaud et dans ce camp sans arbre et sans ombre, on est sans cesse assailli par les mouches et les taons ; l'hiver, il vaut mieux rester à l'abri dans la baraque plutôt que d'aller s'enliser dans le bourbier, à l'extérieur. C'est pourquoi les chambrées sont toujours plus bondées que le matin, on s'y ennuie davantage et on sombre plus facilement dans la mauvaise humeur et la mélancolie.

Le dîner survient de bonne heure : vers six heures l'hiver, six heures et demi l'été. Il est rigoureusement identique au déjeuner.

La soirée, le moment le plus agréable à la saison chaude, puisqu'on peut la passer dehors sans être agressé par un essaim de mouches, est longue et insipide par temps de pluie. Dans la baraque, avec le retour des plantons et des secrétaires, l'exiguïté est à son comble. Parfois de petits spectacles sont montés, mais la plupart du temps on se contente d'écouter, dans la demi-obscurité, quelques chants ou quelque histoire. Cependant il y a toujours un groupe qui, dans un coin, n'est pas intéressé et préfère jouer avec les dés ou les cartes qui ont été fabriqués pendant la journée. Cela provoque des disputes jusqu'à ce que, le spectacle terminé, tout rentre dans l'ordre, chacun retournant à son ennui et à sa solitude.

A dix heures du soir, l'électricité est coupée dans les îlots : c'est l'extinction des feux et le signal du coucher. En fait, lorsque le temps est frais, il y a longtemps que chacun a rejoint son coin, s'est emmitouflé dans ses couvertures et a commencé sa nuit. Beaucoup d'internés tentent de trouver un refuge dans le sommeil. Peu y parviennent, comme l'explique Moussinac :

> *"Je dors très mal. La nuit, je ne peux pas me coucher sur le dos : j'occuperais trop de place et gênerais mon voisin. Comme la paille n'a pas été renouvelée et se trouve déjà menue et poussiéreuse, malgré les précautions que nous prenons, la hanche, à force d'appuyer sur les planches, me fait souffrir. Et puis, la nuit, il y a toujours quelqu'un qui se lève pour aller aux latrines, qui se heurte à des pieds dans l'obscurité, d'où des altercations, des jurons. Enfin, les rats circulent partout à leur aise et ne craignent pas de nous courir dessus. Il y a les parasites, plus les puces encore que les poux, qui vous éveillent. Quand on sort, on est tout étonné du nombre de détenus, quelle que soit l'heure"*[4].

Les insomnies sont fréquentes. Elles épuisent le nerfs car elles sont occupées à ressasser mille tourments : la faim qui contracte l'estomac, la maladie qui guette tout le monde, la vermine qui envahit coins et recoins de la chambrée et surtout l'isolement qui engendre les pires inquiétudes sur les êtres chers dont on est sans nouvelles. Parfois on fait le bilan de la journée ; on est alors frappé par l'incroyable vide du quotidien.

4. Moussinac, p. 170

> *"Jour comme tous les jours. Le matin, chasse aux poux et aux puces ; à 10 heures, louche de haricots ; à midi, chasse aux poux ; à 4 h 30, louche de bouillon et petit morceau de viande. Torpeur, fièvre, appel du soir. Songes interrompus par la chasse aux rats, par le froid de la nuit et les démangeaisons causées par les piqûres de parasites"*[5].

La réalité quotidienne, c'est aussi l'aménagement du camp. Si, à la saison chaude, les internés s'accommodent assez bien de l'austérité des installations, puisqu'ils ne vivent pas dans les baraques mais dehors, dans l'îlot, il n'en va pas de même lorsque le temps tourne à la pluie. Or rien n'a été prévu en avril 1939 pour un internement d'hiver. Les cloisons trop minces ne protègent pas contre le froid ; les lucarnes de bois des parois latérales doivent rester fermées pour éviter que les bourrasques de vent ne s'engouffrent dans la pièce, condamnant toute la chambrée à l'obscurité ; le papier bitumé qui recouvre le toit et les bas-flancs, trop fragile, se déchire avec le vent ; mais, même intact, il est incapable d'empêcher l'humidité de perler, après plusieurs journées de pluie. Bien sûr, par la suite, quelques améliorations seront apportées : "vitrex" posé sur les lucarnes, mélange de paille et d'argile plaqué aux interstices des cloisons, installation d'un réseau de voies pavées de boîtes de conserves puis de galets entre les baraques et jusqu'aux tinettes, fils de fer tenant lieu de garde-fous tendus le long de ces voies, tôles ondulées fixées sur les toits de quelques baraques, etc... Mais tout cela n'est que raccommodage grossier imposé par les insuffisances techniques du matériel et l'imprévision des services d'encadrement.

Et l'exiguïté. Comment décrire ces chambrées surpeuplées qu'on ne peut traverser sans buter sur un pied, s'entraver dans une valise ou une paillasse, heurter son visage au linge et aux vêtements que l'on a mis à sécher sur l'entrait des charpentes et qui pendent dans la pièce comme une forêt de stalagtites ? Comment raconter ces rangées de dormeurs qui, chaque nuit, se tournent les uns après les autres et changent de côté, afin de ne pas sentir sur leur visage la respiration du voisin ? La vermine qui, de paillasse en paillasse, a tôt fait d'investir tout le matériel de couchage entreposé dans la pièce ? Les rêves angoissés qui se transmettent de proche en proche et finissent par éveiller toute la chambrée ? Les dérangements intestinaux qui souillent ceux qui en sont atteints et incommodent leurs compagnons ? Les odeurs auxquelles on s'habitue au bout de quelques minutes mais qui suffoquent lorsqu'on pénètre dans la baraque ? Et surtout, comment donner ne serait-ce qu'une idée de ces foules d'hommes et de femmes entassés dans l'obscurité et le froid tout au long des interminables journées d'hiver ? Assis sur leurs valises ou leurs paillasses, ils attendent, transis et silencieux, occupant

5. Ibid., p. 204. L'auteur, interné du 21 juin au 26 octobre 1940 à l'îlot B, mentionne des horaires spécifiques à son îlot. Partout ailleurs, ils doivent être retardés de deux heures environ.

leur temps entre les travaux de couture et le courrier, sans pouvoir s'empêcher de ruminer de sombres pensées. L'exiguïté alors communique à chacun le sourd désespoir manifesté par quelques uns et décuple le sentiment de découragement.

De plus, il y a le règlement incarné par la présence des gardiens. Il est affiché en permanence à la porte de la baraque[6]. Il prescrit d'organiser des corvées d'entretien, de se raser au moins deux fois par semaine, de se couper les cheveux tous les mois, de surveiller le linge qui sèche, de parler à voix basse, d'avertir le chef de baraque lorsqu'on découvre des poux et des punaises, de curer les fossés, de planter des fleurs, de se montrer affable avec ses voisins et poli avec les gardiens ; il interdit de jouer aux dés, de trafiquer, d'utiliser le téléphone du camp, de demander une permission *"sauf cas d'une incontestable gravité"*, de se lever la nuit, de jeter des détritus, d'uriner dans les fossés, de faire ses besoins dans des seaux hygiéniques, de lire des brochures et des journaux avant que la censure ne les ait vérifiés, de brûler la paille des litières, de déchirer les couvertures, de s'évader, de se livrer à des actes obscènes, de faire de la politique, etc... C'est un incroyable enchevêtrement de contraintes et de prohibitions, d'évidences et de curiosités, dont la seule lecture stupéfie souvent les nouveaux venus.

En réalité, bien peu d'internés en tiennent compte, d'autant que les membres des services français ne viennent pratiquement jamais dans l'îlot. Mais le règlement est là, rappelant par son universalité et sa précision un peu malsaine que Gurs est un monde à part dans lequel les individus, intégralement pris en charge, peuvent vivre dans une relative sécurité s'ils respectent les consignes.

En outre, il y a l'environnement de l'îlot, ce que l'on voit derrière les barbelés et qui constitue pour un Gursien *"le monde extérieur"* : les gardiens, d'autant plus lointains qu'on ne parle pas leur langue, avec lesquels les contacts se réduisent à quelque menu trafic ; les travailleurs de la compagnie de travail qui viennent réparer les installations, colportent les informations et les rumeurs qui animeront les conversations de la journée, n'arrivent jamais dans les îlots de femmes sans quelque cadeau, du chocolat, un bonbon ou un morceau de pain ; les membres des Œuvres philanthropiques qui, à l'époque de Vichy, s'épuisent dans le combat qui les oppose à la faim, à la maladie, à la solitude des internés, parfois à l'étroitesse d'esprit du chef de camp ; les services français du premier quartier dont on redoute le contact, tout en se rendant compte qu'il faut nécessairement passer par eux pour obtenir une amélioration de sa situation ; plus loin, les Béarnais que l'on voit passer sur la route nationale ou qui travaillent aux champs, les mercantis qui ont installé leurs

6. Plusieurs règlements ont été appliqués à Gurs mais tous se ressemblent. Le plus précis, celui qui a directement inspiré notre analyse, est celui du 17 janvier 1941. Il est partiellement publié dans *Vivre à Gurs,* op. cit., p. 335-346.

buvettes à quelques dizaines de mètres des barbelés, les commerçants et les producteurs qui viennent livrer leurs marchandises aux "*subsistances*". Tout cet univers qui gravite autour des îlots vit du camp, tire sa raison d'être de la présence des internés. Et pourtant, il considère la plupart du temps les Gursiens comme des êtres à part, avec méfiance et souvent une nuance de mépris. Des sentiments immédiatement et violemment ressentis.

Enfin, il y a les Pyrénées. Barrant l'horizon, les superbes Pyrénées :

> *"Pendant de longs mois, pendant des années, nous n'avons eu d'yeux que pour les Pyrénées. Le matin, le soleil enveloppe les versants couverts de neige de couleurs aux nuances incomparables ; le soir, les sommets rougeoient d'un feu éclatant.*
> *Pour beaucoup d'entre nous, quelle douleur de contempler un tel paysage derrière les barbelés ! Comment ne pas comprendre la phrase si souvent entendue au camp : "O Pyrénées, jamais plus je ne pourrai vous revoir !"* [7].

En fin de compte, la pesanteur des réalités quotidiennes est considérable à Gurs. Tout ce qui avant semblait aller de soi, le travail, la vie de famille, une alimentation et une hygiène satisfaisantes, un intérieur agréable et bien tenu, un système de lois éprouvé, tout est remis en cause. Plus question de hiérarchie sociale, de rapports de production, il faut désormais s'accommoder de l'oisiveté forcée, de la faim, de la saleté, de l'exiguïté et, surtout, d'une absence à peu près totale de perspectives à long terme. Les internés se trouvent tout à coup confrontés aux problèmes fondamentaux qui forment la base même des relations humaines.

On ne saurait comprendre les comportements spécifiques du monde gursien si on les sépare des conditions de vie et si on oublie qu'ils répondent à une situation d'autant plus angoissante qu'elle concerne des personnes qui n'y étaient nullement préparées.

La mise à nu des personnalités.

Les anciens Gursiens ont coutume de dire qu'au camp, il n'y a pas de place pour les apparences. Les difficultés sont telles qu'il est impossible de feindre longtemps un attitude ou un sentiment qui ne corresponde pas à sa nature profonde. On ne triche pas à Gurs.

Dans la baraque, en effet, personne ne peut s'isoler durablement. A chaque instant, on est sollicité soit personnellement soit, le plus souvent, indirectement. C'est un voisin de chambrée qui, las de rumi-

7. Eugen Neter, "Erinnerungen...", op. cit., décembre 1961, p. 15.

ner quelque morne pensée, s'approche pour discuter et monologue interminablement sur ses activités passées, sa famille ou ses relations. C'est un parent ou un ami qui propose d'aller "rendre une visite", laver du linge, repriser des habits, jouer aux échecs, etc... C'est aussi une discussion animée qui, à quelques mètres de là, empêche les uns de rédiger leur courrier, force insensiblement les autres à abandonner leur petit travail pour prêter attention aux arguments développés. C'est une nouvelle lancée à la cantonade sur l'évolution des hostilités, sur un éventuel départ ou sur un changement dans l'administration du camp ; elle devient aussitôt le sujet de conversation de toute la chambrée. A l'extérieur, c'est le tour qu'il faut prendre chaque fois qu'on se rend aux *"lavabos"*, aux tinettes ou à la cantine de l'îlot. Bref, les sollicitations quotidiennes sont tellement nombreuses qu'elles sont généralement ressenties, au bout de quelques semaines, comme une sorte d'agression permanente.

A cela s'ajoute la misère dans laquelle chacun se débat. Misère autant psychologique que physique, tant l'épuisement des organismes finit par ronger les facultés de résistance nerveuse. C'est la faim dont les effets sont décuplés par l'oisiveté et l'inquiétude. C'est la vermine, symbole vivant de la déchéance dans laquelle on est tombé. C'est la nostalgie des amis disparus, des parents restés au pays, de son chez-soi, sa rue, son quartier. C'est l'angoisse surtout, la peur de l'inconnu vers lequel on glisse : l'éventuel rapatriement en 1939, la déportation *"vers l'Est"* à l'époque de Vichy.

Sous cette énorme pression des conditions matérielles et morales, le comportement des individus se modifie progressivement. Des perturbations de tous ordres apparaissent : manies, phobies, migraines, troubles du sommeil, de la digestion, éruptions cutanées, etc... Dans le meilleur des cas, l'organisme ne semble affecté par aucun trouble particulier, mais la personnalité se révèle peu à peu dans toute sa nudité.

> *"Chacun d'entre nous porte, dans la vie quotidienne, pour ainsi dire un masque qui dissimule notre véritable nature à ceux qui nous côtoient. Sous la protection du badigeon de la vie en société, la plupart d'entre nous apparaissons différents de ce que nous sommes vraiment. De même que le mariage fait tomber les masques et nous montre autrement que ce que nous laissons voir aux étrangers, de même la vie communautaire dans les baraques, enlève les badigeons et montre chacun d'entre nous dans toute sa nudité psychique.*
> *(...)*
> *Les forts se révèlent plus forts, et les faibles plus faibles. Celui qui était déjà chez lui intéressé devient égoïste, le mesquin devient avare, le mou sans consistance, le bon meilleur encore et le valeureux plus énergique"* [8].

8. Ibid., février 1962, p. 14

Cette véritable mise à nu des personnalités a de nombreuses conséquences. Nous nous attacherons ici aux trois principales, dont les effets affectent l'ensemble des relations quotidiennes entre internés.

La première est, dans le huis clos de la baraque ou de l'îlot, le bouleversement complet de la hiérarchie des valeurs héritées des activités professionnelles, sociales ou intellectuelles d'antan. La seule exception concerne les Brigades internationales au sein desquelles, en 1939, les grades continuent à régir l'essentiel des rapports individuels. Dans tous les autres cas, il est fait, au moins en partie, parfois totalement, table rase du passé.

Nombre d'hommes qui jouissaient jusqu'alors d'un certain prestige auprès de leurs concitoyens, du fait de leur profession, de leur position sociale ou de leur fortune, apparaissent tout à coup aux yeux de tous comme ce qu'ils sont vraiment : parfois des personnes faibles, mesquines et sans envergure ; parfois des hommes droits et honnêtes. Toute une humanité se dévoile peu à peu. Les uns, incapables de s'adapter, s'enferment en eux-mêmes et, sans le secours de la cuirasse que leur conférait leur notoriété ou leur richesse, s'effondrent et deviennent de véritables loques. Pourtant ils étaient, chez eux, estimés pour les responsabilités qu'ils exerçaient dans le cadre d'une association, d'un comité ou de leur municipalité. D'autres ne recherchent plus à chaque instant que leur propre intérêt et, tout en accusant leur entourage de les persécuter sans cesse, tentent systématiquement d'obtenir toutes sortes de faveurs ; ils se complaisent dans des tractations sordides sur *"leur"* portion de pain qu'ils jugent plus petite que celle du voisin, sur une couverture ou une valise qui empiète sur *"leur"* place et trouvent naturels les services qui leur sont rendus. Pourtant ils avaient jusque là la réputation de personnes affables et charitables, bien élevées et vertueuses. D'autres, dont la timidité semblait inguérissable, se lancent dans toutes les discussions, dans toutes les supplications pour obtenir un morceau de pain ou une cigarette. D'autres, enfin, que ni l'apparence physique ni le prestige social n'avaient jamais distingués de la masse de leur concitoyens, révèlent dans l'adversité une générosité et une force de caractère qui les portent immédiatement aux postes de responsabilité.

Une nouvelle hiérarchie sociale s'instaure peu à peu qui n'a, la plupart du temps, plus rien de commun avec la précédente, celle d'avant l'internement. Elle n'a plus pour moteur la recherche des honneurs ou l'appât du gain, mais le désintéressement et le dévouement. Elle n'inspire ni l'envie, ni l'irritation, mais seulement le respect.

La deuxième conséquence est ce que les détenus appellent *"la nervosité"*, *"l'irascibilité"*, *"la susceptibilité" ou "l'intransigeance"* [9]. Son effet communicatif a vite fait de gagner tous les occupants d'une baraque et, certains jours, de l'îlot. Il s'agit, en effet, d'un phénomène d'ensemble qui, à certains moments, empoisonne véritablement toutes les relations sociales.

Son origine est variable. Ce peut être les récriminations répétées des éternels mécontents qui finissent par excéder leurs voisins et provoquent des altercations. Ou bien la réaction brutale et inattendue d'un compagnon de chambrée jusqu'alors réputé pour sa modération et son humeur égale. Ou bien quelque sombre nouvelle qui plonge les uns dans la consternation, les autres dans la fureur. Ses manifestations sont d'une violence imprévue, sans rapports avec la ténuité de l'incident qui les a fait naître. Des disputes épouvantables, des crises nerveuses, des bagarres parfois éclatent pour des motifs d'apparence bénigne : le désaccord sur l'ouverture d'une lucarne, le soupçon porté sur un voisin d'avoir été avantagé au cours de la distribution de nourriture, l'agacement né d'une simple discussion tenue à côté de soi lorsqu'on préférerait se reposer, le reproche au sujet d'une corvée de nettoyage incomplètement faite, etc... Mais un incident peut-il être bénin pour des hommes et des femmes dont le système nerveux est sans cesse agressé par la faim, le manque de sommeil et l'inquiétude de l'avenir ?

> *"En général, l'intransigeance règne parmi nous, l'indulgence n'est guère acceptée. La raison est trop à l'épreuve. Il n'y a pas de place pour certaines réserves de sentiment non plus. Le sentiment est trop usé. On pleure par débilité physique. L'équilibre est rompu, la mesure est brisée. Seuls les extrêmes s'opposent. Combien de fois j'assiste à cette même scène où l'un est plaint jusqu'au désespoir, l'autre condamné sans discussion (...). La carcasse cède. Il est très difficile de rester humain parmi tant d'inhumanité (...). Qui sait jusqu'à quels abîmes cette situation, si elle se prolonge, pourrait nous précipiter ?"*[10].

Dans de telles conditions, la *"nervosité"*, non seulement ne peut être cachée longtemps, mais surtout éclate avec d'autant plus de force qu'elle est la forme privilégiée de l'expression de son angoisse.

9. Sur ce sujet, en dehors des témoignages de Léon Moussinac (*Le radeau de la Méduse,* p. 222-223), Eugen Neter ("Erinnerungen...", op. cit., janvier 1962, p. 16) et Hanna Schramm (*Vivre à Gurs,* op. cit., p. 43, 87 et 127), citons aussi Joseph Weill, *Contribution à l'histoire des camps...,* op. cit., p. 45, Maria Krehbiel-Darmstädter, *Briefe aus Gurs,* op. cit., p. 31-35 et M. et E. Liefmann, *Helle Lichter auf dunklem Grund,* Berne, 1966, p. 21 et suivantes.

10. Moussinac, p. 222-223.

En troisième lieu, se pose le problème, directement lié au phénomène précédent, de la dégradation des comportements individuels et de ce que Neter appelle *"la dépravation des mœurs"*. Il observe, en effet, que :

> *"de perpétuels spectacles d'infidélité conjugale étaient offerts, certains étalant leurs sentiments et ne voulant pas abandonner leurs habitudes, même devant les enfants. (...)*
> *Les occasions de s'enrichir furent trop souvent mises à profit et assurèrent parfois de substantiels bénéfices. Certains profitant de l'influence que leur conférait le poste qu'ils occupaient et grisés par "le pouvoir" auquel ils avaient accès pour la première fois, se comportaient en misérables petits chefs et jouaient au directeur"*[11].

Joseph Weill affirme que *"le nombre des jeunes et même des très jeunes filles enceintes, sans être catastrophique, augmente"*[12] et que *"les enfants s'émancipent dans une atmosphère de fausse liberté qui favorise le relâchement des mœurs"*[13]. Sigbert Plastereck déclare : *"Il faut voir comme les vieux se jalousaient pour un supplément de soupe ou de légumes"*, et ajoute : *"Il y en avait tant qui exploitaient leurs camarades et s'enrichissaient outre mesure !"*[14]. De tels faits sont également signalés avant l'époque de Vichy, entre Basques, *"aviateurs"* et *"Espagnols"*, à un moment pourtant où la misère psychologique et matérielle était moins lourde à supporter. La plupart des auteurs et des témoins en tirent argument pour conclure que le séjour à Gurs pervertit les individus et corrompt leur personnalité. Un tel raisonnement semble quelque peu hâtif.

Il convient, en effet, de se demander si cette dégradation de la moralité est une conséquence de l'internement ou si elle ne correspond pas plutôt à des tendances déjà existantes, mais que les contraintes de l'éducation et de la vie en société avaient en partie occultées jusque là. Nous suivrons volontiers Eugen Neter qui défend la deuxième thèse, arguant du fait qu'à Gurs, on n'apprend rien que l'on ne sache déjà, on ne fait rien que l'on n'ait déjà fait, au moins partiellement, auparavant. En outre, l'évolution individuelle des Gursiens ne conduit pas toujours à des résultats négatifs. Certaines personnes parviennent à préserver leur intégrité morale et d'autres se montrent plus généreuses que par le passé.

On ne saurait donc affirmer que l'internement, dans tous les cas, déprave les internés. Il est certain, en revanche, qu'il expose au vu et au su de tous un ensemble de comportements que l'on préférait

11. Eugen Neter, "Erinnerungen...", op. cit., février 1962, p. 14.

12. Joseph Weil, *Contribution à l'histoire des camps...*, op. cit., p. 46. Ce jugement n'est pas confirmé par les renseignements dont nous disposons.

13. Ibid., p. 47.

14. Rapport Plastereck, op. cit., p. 25.

auparavant ne pas dévoiler publiquement. Il cristallise et extériorise des pulsions jusque là plus ou moins refoulées. Il révèle les personnalités plus qu'il ne les pervertit.

Face aux excès, devant le mauvais exemple donné aux jeunes, l'attitude du groupe est variable. Cela va des discussions en tête à tête avec le *"fautif"* à sa mise à l'écart pure et simple, en passant par les malédictions des uns et les sarcasmes des autres. La plupart du temps, le chef de baraque intervient en brandissant toutes sortes de menaces d'autant plus vaines que les désordres constatés (indécence, émancipation précoce, jalousie débridée, autoritarisme brutal, avidité) relèvent davantage d'un manquement à un code moral que d'un délit caractérisé. En fait, au bout de quelques semaines, chacun finit par s'y habituer, les uns en fulminant intérieurement contre l'incorrigible, les autres en fermant les yeux avec indulgence.

Car, en fin de compte, le souci fondamental de chaque interné ne porte pas sur l'attitude de ceux qui l'entourent mais sur la sienne propre. Le principal danger ne réside-t-il pas dans la détérioration de son propre comportement ?

Quelques comportements d'internés.

A Gurs, on chercherait vainement un comportement-type, valable pour tous. C'est au contraire la diversité qui définit la psychologie de l'internement.

L'âge intervient de façon déterminante dans la conduite des individus. Les plus jeunes, enfants, adolescents ou jeunes adultes, s'adaptent rapidement aux conditions de la vie gursienne et semblent surmonter les difficultés sans même les remarquer. A l'opposé, les personnes âgées, limitées par leurs habitudes, leurs manies et une santé souvent plus fragile, s'accommodent mal du sort qui leur est fait, d'autant qu'elles n'arrivent pas à comprendre ce qui, dans leur existence, peut justifier un sort aussi funeste. Quant aux adultes, ils manifestent des comportements différents dont les plus caractéristiques sont présentés ci-dessous.

Les cas d'aliénation ont beaucoup frappé les Gursiens. Leur fréquence est pourtant limitée (200 cas environ sur toute la période considérée). Hanna Schramm en donne plusieurs exemples. Elle décrit ainsi un cas de mélancolie (psychotique) :

> *"Dans ma baraque, il y avait une jeune fille qui restait toute la journée assise sans bouger sur sa paillasse, à regarder dans le vide d'un air paisible et gentil. On ne lui arrachait qu'à grand peine quelques paroles. Elle mangeait à peine, ne se lavait pas, ne se peignait pas et, le soir, elle s'étendait tout habillée, vêtue de son manteau, sur sa paillasse. Au moment où la déportation des Badois à Gurs avait com-*

mencé, sa sœur se trouvait ailleurs et avait échappé à la déportation. Séparée de sa sœur qui avait toujours pris soin d'elle, cette jeune fille, qui lui était passionnément attachée, avait perdu toute vitalité (...). Pendant des mois elle vécut ainsi parmi nous sans s'intéresser à rien" [15].

Elle brosse, en outre, le tableau suivant d'une femme en proie à des épisodes délirants :

"Mme W. était de celles qui avaient perdu leurs bagages (...). Elle courait à travers les baraques, accusait n'importe qui au hasard, fouillait dans les valises des autres, inspectait le linge qui séchait dehors et s'emparait de tout ce qui ressemblait à ses biens perdus. Les femmes réclamaient naturellement les objets dont elle s'était emparée et voulaient les reprendre. Mais c'était impossible : Mme W... se précipitait l'écume aux lèvres sur les prétendues voleuses et frappaient sauvagement autour d'elle. (...) On lui mit la camisole de force. (...) Elle fut amenée dans un asile psychiatrique d'où elle revint guérie quelques semaines plus tard"[16].

Moussinac parle aussi d'un de ses compagnons de chambrée, surnommé *"le Négus"*, que l'on voit, au fil des jours, sombrer dans la paranoïa :

"Il est dévoré par les poux car il ne leur donne plus la chasse. (...) Il ne dort plus, court le camp et raconte à qui veut l'entendre que sa fille va lui apporter son non-lieu"[17].

De tels comportements, aussi douloureux soient-ils, ne concernent qu'une proportion infime des internés. Ils exercent cependant un effet considérable sur la chambrée, car chacun se rend compte qu'il est lui-même guetté par la folie.

Certains symptômes névrotiques sont largement répandus. L'hypocondrie apparaît avec les premières arrivées, en avril 1939 ; elle ne disparaîtra, malgré les paroles apaisantes que médecins et infirmiers prodiguent à juste titre, qu'avec la dissolution du camp. La boulimie est fréquente à l'époque de Vichy et stupéfie les médecins (*"L'appétit presque insatiable des personnes âgées était étonnant à voir. Il montre combien il est faux de croire que la faim est proportionnelle au besoin de nourriture"*[18]. Les phobies et les obsessions, fixées généralement sur les tinettes, les *"lavabos"* ou le matériel de cuisine, perlent encore aujourd'hui au détour de nom-

15. Hanna Schramm, *Vivre à Gurs,* op. cit., p. 85. L'auteur termine cette description en déclarant : *"On la transféra dans un asile psychiatrique où elle fut déclarée atteinte de mélancolie incurable"*.

16. Ibid, p. 86

17. Moussinac, p. 224. Trois semaines après, l'auteur note : *"Le Négus n'ouvre plus la bouche sinon pour insulter tout le monde. Il reste prostré dans son coin"* (p. 237).

18. Eugen Neter, "Erinnerungen...", op. cit., janvier 1962, p. 15.

breux témoignages. Les crises d'hystérie sont fréquentes.

Les épisodes dépressifs sont couramment observés au cours de l'automne et de l'hiver : ceux qui en sont atteints, d'autant plus nombreux que la période de pluie et longue, restent interminablement assis, immobiles dans leur coin, à attendre le déjeuner et le dîner, et ne s'animent qu'au moment de la veillée. Les angoisses morbides[19], enfin, généralement accompagnées de maux de tête et de troubles digestifs, sont signalées jusqu'aux derniers moments de l'histoire du camp. La fréquence de tels comportements s'explique essentiellement, par l'anxiété qui étreint en permanence la population des baraques.

Parmi les attitudes individuelles les plus typées, trois d'entre elles méritent une attention particulière. D'abord parce qu'elles se distinguent nettement des conduites psychotiques et névrotiques mentionnées ci-dessus, ensuite parce qu'elles constituent les réponses les plus fréquentes aux agressions nées de l'internement.

Le parasitisme, sous ses expressions les plus variées, est largement répandu. La plupart du temps, il prend l'allure de demandes insignifiantes qu'il semble impossible de repousser : céder un bout de fil, la première page d'un journal, un cachet contre les maux de tête, prêter un morceau de savon, un couteau ou un crayon, etc... Mais la quête se renouvelle plusieurs fois dans la journée et les quémandeurs sont toujours les mêmes. Il en résulte, au bout de quelque temps, de vives réactions et de violentes disputes : n'y tenant plus, certains finissent toujours par refuser en expliquant que leurs objets personnels leur appartiennent et que le demandeur n'a qu'à utiliser les siens. Celui-ci se vexe et déclare à qui veut l'entendre que c'est une honte de faire des scènes pour des choses aussi futiles et de se montrer aussi avare et égoïste. Il arrive même qu'un voisin, peu au fait des habitudes du parasite, prenne fait et cause pour lui dans la discussion. Bref, l'atmosphère de la chambrée se dégrade, des anathèmes sont jetés par les uns et les autres pour des vétilles, alors que l'origine de la querelle réside uniquement dans l'attitude exaspérante des perpétuels solliciteurs. Lorsqu'en retour, il leur est demandé quelque chose, il est rare qu'ils entendent la question la première fois et, s'ils consentent à rendre le service, c'est toujours après avoir pris à témoin leur entourage et leur générosité. Pourtant ils sont, dans les relations habituelles, bons camarades ou bons maris ; ce n'est pas par avarice qu'ils ne se servent pas de leurs propres affaires et ils sont de bonne foi lorsqu'ils s'élèvent contre *"l'étroitesse d'esprit"* de celui qui n'a pas voulu les aider.

19. La lettre adressée le 19 octobre 1940 par Sidonie Gottlieb à son mari, interné au camp de St-Cyprien, en constitue une bonne illustration : *"Notre seul espoir est dans un poison rapide et efficace. Notre déchéance est telle qu'il nous est impossible de remonter la pente. Jamais je ne me suis trouvée dans un tel état de dénuement, aussi sale, aussi tourmentée par la faim. Pourquoi les bombes ne nous ont-elles pas déchiquetés il y a quelques mois, sur la route ? Pourquoi a-t-il fallu que nous arrivions vivants ici ?"* (rapport n° 4263 du directeur de la police du territoire à Vichy, 7e bureau, au préfet des Basses-Pyrénées, Arch. dép. Pyr. Atl., M provisoire, 500/13).

Parfois cette attitude prend des proportions démesurées. Un cas extrême est décrit par Hanna Schramm :

> *"Pour un parasite, l'histoire du monde ne compte que dans la mesure où son propre destin en est affecté. Il considère son malheur comme tellement monstrueux et tellement unique qu'il réclame d'autrui avec le plus grand naturel qu'on lui rende des services, qu'on lui consacre son temps et qu'on lui abandonne ses biens. Le parasite ne demande pas, il exige, c'est là la clé de son succès. Il remercie à peine quand on lui donne et se retire ulcéré parce qu'il considère que c'est toujours trop peu. Il fait en sorte que le donateur soit confus de la modestie, voire de la mesquinerie de ce qu'il offre"* [20].

L'exaltation est un sentiment qui se situe à l'opposé. Stimulée par les privations et le malheur même, elle procède de besoins impératifs, mais impossibles à satisfaire du fait de l'internement : une nourriture satisfaisante, la présence d'un être cher, un amour enivrant, l'espoir en l'avenir, etc... Elle se manifeste par de violentes émotions à caractère mystique ou esthétique, telles que Friedrich Rückert, dans un texte fameux[21], l'illustre si bien.

Par exemple, au plus froid de l'hiver, alors que la maladie et la mort font des ravages dans chaque baraque, alors que chacun se sent menacé dans sa vie même, c'est un air de musique ou la récitation d'une poésie qui provoquent une brutale ivresse de l'esprit. En un instant, on se sent bouleversé, le cœur chavire et les larmes jaillissent, incontrôlables. De telles scènes sont fréquentes pendant les veillées, surtout lorsque quelque artiste d'occasion vient d'exécuter un solo de violon ou un mime à connotations religieuses. C'est souvent la nuit, ou du moins dans l'obscurité, que de telles émotions surgissent, sans doute parce que l'intéressé peut alors se laisser aller sans avoir l'impression d'être lui-même un objet de spectacle. Ainsi Hans O. qui note dans son journal de bord :

> *"10 août 1941. Il est minuit. Toute l'équipe des cuisines dort déjà. Seuls Théo, Jupp et moi sommes encore debout et lisons. Soudain, le son magnifique d'un violon entre dans la pièce. Un accordéon l'accompagne. Maintenant est jouée une véritable csardas. Nous sortons de la baraque. Voilées comme des fantômes dans le brouillard, les cheminées des baraques espagnoles se dressent près de nous. Quel calme ! L'admirable musique a envahi tout l'espace. Vers deux heures, elle s'éteint"* [22].

20. Hanna Schramm, *Vivre à Gurs,* op. cit., p. 25.

21. Rückert imagine un voyageur qui, pour échapper à un chameau furieux, se précipite dans une crevasse. Mais, au fond, l'attend un dragon. L'homme, avant de tomber, s'accroche à un buisson de ronces. Apercevant des mûres à portée de sa main, il s'en empare, les goûte et les trouve délicieuses, les meilleures qu'il ait jamais mangées. Il en oublie pendant un instant la mort qui l'attend.

22. Max Ludwig, *Das Tagebuch des Hans O.,* op. cit., p. 26.

Parfois, l'exaltation devient même une forme de défense contre les agressions de la vie quotidienne. L'exalté, face à une situation qu'il juge insupportable, se réfugie dans une attitude de type visionnaire qui lui permet, en fin de compte, de traverser les pires difficultés. Un exemple typique est constitué par Maria Krehbiel-Darmstädter, dont toute la correspondance reflète un vibrant mysticisme qui ne fait que se développer au fur et à mesure que sa santé se dégrade[23] : la misère stimule sa foi protestante qui elle-même transcende les dures réalités quotidiennes en préoccupations mystiques. Mieux, l'auteur identifie ses souffrances à celles que le Christ a endurées et, ce faisant, les supporte avec patience, aidant même ses voisins à ne pas sombrer dans la dépression.

Si les comportements d'exaltation religieuse sont fréquents, surtout à l'époque de Vichy, d'autres, tout aussi intenses, se manifestent par ailleurs sur des thèmes esthétiques ou scientifiques. C'est ce que rapporte Jeanne Merle d'Aubigné :

> *"Un jour que j'étais très déprimée, je dis au professeur Herbert Jehle mon horreur de ces baraques, ces odeurs, ces souffrances. Il me dit : "Ne regardez pas le camp, levez les yeux, contemplez ce ciel magnifique, ces mondes qui se poursuivent dans l'infini". (...) Il se mit à me décrire ce ciel constellé qui scintillait au-dessus de nous dans ce soir glacial. Puis il se mit à parler des théories d'Einstein. Cette leçon venant d'un homme qui avait tout perdu, et qui trouvait dans sa foi et dans sa science le moyen de tenir bon, me fit un bien incomparable"*[24].

Enfin, l'exaltation apparaît dans certains cas comme la seule expression possible de certaines pulsions vitales inassouvies. Ainsi, la continence forcée se manifeste dans toutes sortes de comportements passionnés, tous plus platoniques les uns que les autres. En 1939, à l'époque où seuls des hommes sont internés dans les îlots, il est rare qu'une veillée ne se termine pas par une chanson sentimentale composée au camp et écoutée dans le plus grand recueillement ; les conférences politiques portant sur le rôle des femmes dans la société, les exposés médicaux sur la grossesse ou les maladies vénériennes, les cours de littérature sur des poésies galantes ou simplement tendres, ont toujours un succès assuré. Par la suite, tant que les clôtures de barbelés séparant hommes et femmes sont maintenues, des attitudes comparables sont systématiquement signalées à l'intérieur de chacun des deux camps : *Plaisir d'amour* y est la chanson (ou la mélodie) la plus fréquemment entendue ; les poèmes dédiés à de beaux inconnus imaginaires se comptent par centaines ; le récit des rapports idylliques que l'on entretenait avec son con-

23. *Briefe aus Gurs*, op. cit.

24. *Les clandestins de Dieu*, op. cit., p. 72

joint est fait et refait sans cesse ; les discussions triviales sont rares et nombre d'internés se complaisent, en revanche, dans l'analyse des comportements amoureux les plus délicats, dans les exégèses des réactions d'un Werther, du lyrisme de Heine ou de Rilke. Hanna Schramm mentionne même les amours toutes platoniques qui unissent dans le silence les jeunes réfugiées allemandes aux Espagnols de la compagnie de travail.

> *"Toute jeune fille tant soit peu jolie avait "son" Espagnol. Il lui apportait tout ce qu'il pouvait glaner en fait de provisions ; il restait assis pendant des heures à ses côtés en lui tenant la main ; il lui volait des planches à l'intendance et lui fabriquait une sorte de cadre de bois pour mettre sa paillasse, afin de rendre sa couche aussi jolie et aussi confortable que possible. Il ne s'agissait pas de flirt, c'était quelque chose de si ardent et touchant qu'on aurait pu le comparer avec l'amour courtois des troubadours"* [25].

Par la suite, à partir du moment où les barbelés intérieurs sont supprimés et que, à la nuit tombée, les couples se retrouvent dans les parties désaffectées du camp, de tels comportements amoureux disparaissent complètement. Mais les ravissements mystiques, les extases d'origine esthétique demeurent. Aussi longtemps du moins que la misère et la privation de liberté sévissent dans les îlots.

Il est enfin une attitude rencontrée fréquemment à Gurs, c'est l'activité débordante dont font preuve, à chaque instant de la journée, certains groupes d'internés. Ils s'adonnent frénétiquement à toutes sortes de travaux, comme d'autres sombrent dans la dépression. Ils sont toujours volontaires pour réparer une serrure, construire un châlit, retourner un coin de terre, fabriquer des caillebotis ou installer une étagère. Ils accomplissent leur ouvrage sans se presser, mais toujours parfaitement. Une fois leur besogne terminée, ils se mettent en quête d'une autre, se renseignent auprès des chefs de baraques ou des *"gestionnaires"* d'îlots et finissent par trouver une activité. En règle générale, ils n'apprécient guère les corvées de nettoyage et s'en font facilement dispenser, compte tenu des services qu'ils rendent par ailleurs. Ils sont très estimés par le reste de la chambrée, d'autant que, la plupart du temps, ils ne sollicitent aucune récompense (mais il est rare qu'ils n'en reçoivent pas). Au bout de quelques temps, il leur est généralement confié un petit poste de responsabilité (jardinier, ou serrurier, ou charpentier de l'îlot) et c'est parmi eux que sont choisis la plupart des plantons affectés aux services du premier quartier.

En fait, le travailleur invétéré appartient à la même catégorie d'internés que l'exalté facilement détaché de la réalité. Tous deux sont d'une présence bénéfique et apaisante dans la baraque. Tous deux, pour surmonter les tourments quotidiens, se réfugient dans

25. Hanna Schramm, *Vivre à Gurs*, op. cit., p. 32

un système de conduites qui leur est propre et qui les sécurise. Tous deux ont souvent supporté plus aisément les contraintes de la vie du camp et n'ont qu'exceptionnellement été frappés par les sentiments de solitude et de déchéance qui minent les éternels dolents et les oisifs.

Derrière un ensemble de comportements aussi varié, apparaît en définitive un souci unique et constant : survivre, en sauvegardant l'essentiel de sa personnalité ou, mieux, en profitant des circonstances pour l'enrichir et la tremper. En ce sens, un ancien interné n'a pas hésité à parler de *"l'école de Gurs"*, c'est-à-dire de l'extraordinaire expérience acquise dans les îlots :

> *"Celui qui a surmonté un tel malheur devient sensible à tout ce qui l'entoure. Il a appris la valeur et le sens de la vie en société. Il a appris à renoncer à beaucoup de ce qui lui était offert auparavant"* [26].

26. *Das Tagebuch des Hans O.*, op. cit., récit du médecin-chef de l'hôpital des femmes, p. 19

CHAPITRE DIXIEME

L'ALIMENTATION

De tous les problèmes posés par l'internement à Gurs, celui de l'alimentation est le plus vaste, le plus complexe et, en fin de compte, le plus aigu. La nourriture occupe, en effet, une place fondamentale au cœur de la vie du camp : d'elle dépend la bonne santé physique et morale de chacun ; c'est elle qui conditionne les activités de la journée et l'état d'esprit dans lequel tout travail, même le plus infime, est abordé puis effectué ; autour d'elle tournent la plupart des discussions.

Les denrées distribuées

Théoriquement, les rations correspondent aux *"besoins nutritifs d'un homme d'âge mûr et de poids moyen"*, comme il est spécifié au moment de la création du camp[1]. Pour justifier l'ensemble de leurs commandes, les intendants doivent, en effet, se référer à une unité de compte fictive représentée par *"l'hébergé âgé d'une quarantaine d'années et pesant 65 kg environ"*[1]. C'est lui qui constitue, jusqu'à la Libération, la base de tous les calculs, malgré les retouches apportées au système en 1942.

Qu'est-il fourni à ce Gursien type ? Trois circulaires fixent les denrées alimentaires qui doivent lui être distribuées. La première, datée du 10 mai 1939, émane du ministre de la Défense nationale et de la Guerre ; elle reste valable, à quelques nuances près, jusqu'à

1. Rapport adressé le 13 mars 1939 par le général Ménard au général commandant la 18e région (Arch. dép. Pyr. Atl., 1 M 543).

l'armistice[2]. Les deux autres sont promulguées à Vichy par le ministre de l'Agriculture et du Ravitaillement le 26 septembre 1940 et le 10 mars 1942. Elles mentionnent l'une et l'autre des taux tellement voisins que nous ne retiendrons que les chiffres mentionnés dans la seconde[3].

De 1939 à 1944, les rations journalières de chaque interné sont donc calculées sur les bases suivantes :

(voir tableau page suivante).

Jusqu'à la fin du printemps 1940, les taux répondent, dans l'ensemble, aux objectifs fixés au moment de la création du camp : un homme de corpulence et de taille moyenne reçoit alors à Gurs une quantité de nourriture dont il peut se suffire, sans que sa santé ni ses jours soient mis en danger. Bien sûr, certaines protestations dénonçant les déficiences des rations s'élèvent dans les îlots. La plus fréquente concerne la portion de légumes secs. Celle-ci est jugée à peine passable par les services français d'encadrement eux-mêmes :

> *"Les rations prescrites sont à la rigueur suffisantes, en été, pour des hommes inactifs. Les autorités locales m'ont signalé cependant qu'elles étaient insuffisantes pour les travailleurs et même pour les oisifs pendant l'hiver"*[4].

En règle générale, cependant, les Gursiens, jusqu'en mai 1940, formulent peu de critiques. Dans les mémoires qu'ils ont rédigés plusieurs décennies après leur internement, ils ne consacrent guère de place à l'alimentation[5]. Un tel signe ne trompe pas. Il prouve que la nourriture était, dans l'ensemble, acceptable.

Tout change au cours de l'été 1940. Les nouvelles rations officielles correspondent aux deux tiers de ce qui était offert une année auparavant. La part de pain passe de 600 à 350 grammes et ne sera portée à 400 grammes qu'en 1942 ; la *"viande sans os"* de 200 à 125 grammes par semaine ; les matières grasses de 30 à 11 grammes quotidiens, etc. Pour les Gursiens, avec l'installation du régime de Vichy, commence le temps de la portion congrue.

2. Directive ministérielle n° 2302, adressée le 10 mai 1939 par le ministre de la Défense nationale et de la Guerre au directeur de l'Intendance de la 18e région (Arch. dép. Pyr. Atl., 1 M 543).

3. Directive ministérielle n° 1289/R, transmise le 10 mars 1942 par le directeur régional du Ravitaillement au préfet des Basses-Pyrénées (Arch. dép. Pyr., liasse non cotée 266). La population internée dans les camps est assimilée dans le texte purement et simplement à celle des détenus des établissements pénitentiaires.

4. Rapport n° 1307 S/4, adressé le 9 juin 1939 par le général commandant la 18e région au ministre de la Défense nationale et de la Guerre, 4e bureau (Arch. dép. Pyr. Atl., 1 M 572).

5. Eugenius Dworkin déclare que la nourriture du camp *"n'était pas mauvaise"* (*Od Manzaneres do Oki,* op. cit., p. 18), Pisu Ucesnici (*Spanija 1936-1939,* tome IV, op. cit., p. 328 et 412), qu'elle était *"supportable, sauf au cours de l'hiver"* et *"médiocre, mais mieux que dans d'autres camps"*, etc...

ALIMENTS	De mai 1939 à septembre 1940[1]	De septembre 1940 à août 1944[2]
Pain	600 g	400 g[3]
Viande (ou morue, ou hareng)	200 g par semaine	125 g par semaine
Légumes secs (ou riz)	150 g[4]	100 g[5]
Matières grasses	30 g	11 g
Sucre	21 g	13 g
Sel	16 g	16 g
Ersatz de café	16 g	3 g
Divers	3 g de thé jusqu'en septembre 1939	120 g de fromage par mois

Tableau n° 16 - Rations alimentaires théoriques distribuées quotidiennement à chaque interné du camp de Gurs, de mai 1939 à août 1944

1. Circulaire ministérielle du 10 mai 1939.
2. Circulaire ministérielle du 10 mars 1942.
3. 350 g dans la circulaire ministérielle du 26 septembre 1940.
4. Ou bien, une fois par semaine, 650 g de légumes verts ou 500 g de pommes de terre.
5. Ou bien 500 g de légumes verts ou 400 g de pommes de terre.

Kurt Löw - Une miche de pain pour six
Gurs 1941

Aujourd'hui encore, lorsqu'on évoque ces rations devant les vieux Béarnais, il est invariablement répondu : *"Certes, mais, nos rations à nous, Français, n'étaient pas plus abondantes !"*. Il est vrai que les taux sont les mêmes à l'extérieur du camp. Mais les situations n'ont rien de comparable puisque les rations distribuées aux Français ne constituent qu'une partie, souvent la plus petite, de leur alimentation, alors que les Gursiens ne peuvent consommer que ce qui leur est fourni. Pour eux, pas question de compléter les menus en ayant recours aux denrées supplémentaires que proposent les circuits parallèles de distribution. D'ailleurs, le chef de camp ne s'y trompe pas :

> *"Bien que reconnaissant l'impérieuse nécessité des restrictions alimentaires, il est nécessaire d'attirer votre attention sur la médiocrité en quantité de l'alimentation donnée*

aux internés. Les distributions journalières (...) correspondent aux taux imposés à la population civile, à cette différence près que la population civile peut faire appel à des produits de remplacement (conserves, poissons, volailles, œufs, fruits, farine, produits non contingentés), ce qui double pratiquement les quantités alimentaires journalières. En ce qui concerne les internés, l'intendance qui gère directement leur ravitaillement et effectue directement les répartitions de vivres, ne leur attribue que les produits contingentés. La dotation est insuffisante. De cet état de choses, découlent les faits suivants :
1. Mécontentement (...) risquant de provoquer des difficultés de tous ordres.
2. Marché noir avec les commerces locaux (...).
3. Trafics occultes entre les internés (...).
4. Inégalités de bien-être entre les internés"[6].

Ce rapport, dont le ton a quelque chose d'exceptionnel dans la littérature administrative du camp (à partir de 1941, on ne trouve plus que des statistiques sèches, sans commentaires ni explications[7]) expose les insuffisances du système alimentaire et relie la pratique du marché noir à la pauvreté des rations. A ce double titre, il constitue un document insolite dont on ne trouvera à aucun moment l'équivalent plus tard. Son auteur, le commissaire E., nommé quelques semaines auparavant, sera rapidement remplacé par un fonctionnaire moins pointilleux, le commissaire K. qui entre en fonction à Gurs le 1er janvier 1941.

Mais il ne s'agit là que des taux de rations théoriques, valables dans n'importe quel camp de la zone non-occupée. Les réalités gursiennes se situent bien en deçà. Les rapports mensuels du chef de camp, qui indiquent les quantités globales de produits distribués ainsi que le nombre de rationnaires, permettent, par une simple division, de calculer le poids des vivres offert à chaque interné. Les résultats obtenus, compte non-tenu des pertes liées aux opérations de découpage, de manutention et de transport, sont les suivants :

6. Rapport adressé le 11 décembre 1940 par le commissaire divisionnaire directeur du camp au préfet des Basses-Pyrénées (Arch. dép. Pyr. Atl., M provisoire, 500/12). Trois semaines après ce rapport, son auteur, nommé pourtant quelques jours auparavant (le 27 novembre), est muté et remplacé par un nouveau chef de camp.

7. Tous les rapports mensuels adressés par le chef de camp au préfet des Basses-Pyrénées (série continue d'octobre 1940 à août 1944, Arch. dép. Pyr. Atl., liasse non cotée 256) présentent une rubrique spéciale intitulée *"ravitaillement"*. Elle contient, d'une part, un relevé précis des denrées distribuées et, d'autre part, un état des stocks au dernier jour du mois. Aucune allusion n'est faite aux internés eux-mêmes.

Période	Pain	Légumes secs	Légumes verts	Matières grasses
Décembre 1941	271 g	12 g	1 022 g	10 g
Juin 1942	279 g	50 g	487 g	14 g
Décembre 1942	269 g	39 g	661 g	10 g
Juin 1943	287 g	23 g	916 g	12 g
Juin 1944	456 g	98 g	1 304 g	17 g

Tableau 17. Poids des rations alimentaires effectivement distribuées au camp de Gurs de 1941 à 1944

La lecture du tableau laisse une impression de malaise. Pendant trois ans, de 1941 à 1943, les rations officielles ne sont même pas respectées. Les parts de pain n'atteignent à aucun moment 300 g. Les matières grasses, dont le poids varie de 10 à 14 g, sont réduites. Les portions de légumes, inégales d'un mois à l'autre, se signalent surtout par la fréquence des légumes verts. Les légumes secs et le riz sont rares, en tous cas bien inférieurs aux taux prévus. Au total, l'ensemble des rations effectivement distribuées n'a qu'un lointain rapport avec ce qu'il aurait dû être si les directives ministérielles avaient été seulement appliquées. Le gestionnaire s'en vante, s'attribuant le mérite des économies ainsi réalisées :

> *"Les statistiques ci-dessous établissent une comparaison entre la consommation théorique autorisée et la consommation réelle. Elles démontrent l'apport réalisé par l'administration du camp pour obérer au minimum les ressources nationales. [Suit un tableau dont la dernière colonne indique les économies réalisées :] 35 % en janvier 1941, 47 % en février, 74 % en mars, 33 % en avril, 8 % en mai, 41 % en juin et 60 % en juillet"*[8].

Ainsi, pour le gestionnaire, les rations officielles (généralement perçues comme un minimum en dessous duquel on ne saurait descendre) indiqueraient le maximum de ce qui peut être accordé aux Gursiens (*"la consommation théorique autorisée"*). Le chef de camp lui-même s'en émeut, se plaignant auprès du préfet, en 1941, de ce que *"le crédit d'entretien fixé à 11,50 F par jour et par hébergé ne soit utilisé que pour moitié environ conformément à sa destination"*[9]. Mais son pouvoir, dans ce domaine, est nul puisque la régie comptable ne dépend pas de lui, mais du seul gestionnaire. La politique d'*"économies"* est donc soigneusement poursuivie. Une année après, la situation s'est encore dégradée :

8. Rapport adressé le 30 juillet 1941 par le gestionnaire du camp au chef de district du ravitaillement à Navarrenx (Arch. dép. Pyr. Atl., M provisoire, 500/13).

9. Rapport adressé le 9 juin 1941 par le chef de camp au préfet des Basses-Pyrénées (Arch. dép. Pyr. Atl., liasse non cotée 266).

> *"Le gestionnaire reconnaît qu'il doit ravitailler sur les crédits destinés aux hébergés une partie du personnel et de leurs familles et une partie de la 182e compagnie de travailleurs étrangers. (...) Le camp peut, en effet, trouver des lots de produits dont la vente n'existe pas dans le commerce local (confiture, sucre de raisin, etc.) (...). De plus, étant donné l'éloignement de tout centre commercial, les membres du personnel sont heureux de trouver auprès des services du camp la satisfaction d'un certain nombre de leurs besoins vitaux. Ceci offre des inconvénients car les sommes récupérées en contrepartie sont réversées au Trésor comme recettes accidentelles et donc perdues pour l'économie du camp"*[10].

Toutes les denrées achetées sur les crédits des internés ne sont donc pas effectivement distribuées dans les îlots. Une partie, la meilleure sans doute, sert au ravitaillement des personnels d'encadrement et de leurs familles et les recettes provenant de ce détournement ne profitent même pas au camp ! Une telle aberration, dont ni les internés, ni les responsables des Oeuvres, ni les gardiens ne semblent jamais avoir eu connaissance, révèle la duplicité du gestionnaire et l'étendue de son pouvoir. Pour lui, le Gursien n'est rien d'autre qu'une unité de compte aux dépens de laquelle on peut jouer, au gré des besoins des services français ou au nom du ravitaillement des populations environnant le camp. Peu importe la faim et les privations des uns, auxquels on explique avec sérieux que, même avec la meilleure volonté du monde, on ne peut faire davantage pour eux, que leur misère provient seulement de la pénurie sévissant dans le pays et qu'il faut penser à ceux qui souffrent des mêmes maux, à l'extérieur, si les autres, dans le premier quartier, sont satisfaits et vantent les mérites de l'intendance !

Le système de ravitaillement du camp sous Vichy se caractérise donc par deux vices fondamentaux : d'une part les rations, calculées au plus juste, ne sont pas toutes distribuées ; d'autre part, les économies réalisées alimentent un trafic organisé par le gestionnaire au bénéfice du personnel d'encadrement. Comment accepter, dès lors, l'excuse si souvent invoquée selon laquelle *"les difficultés d'une économie de guerre"* seraient les seules causes de la pénurie régnant dans les îlots ?

Le poids des rations ne constitue qu'un à côté du problème du ravitaillement. L'autre aspect réside dans la qualité des denrées distribuées.

10. Rapport adressé le 22 avril 1942 par le chef de camp au ministre secrétaire d'Etat à l'Intérieur, direction générale de la Police nationale, 2e bureau (Arch. dép. Pyr. Atl., liasse non cotée 266).

Pas de problème jusqu'à l'été 1941. A aucun moment on ne trouve mention, dans la correspondance du commandant du camp, dans les lettres adressées aux autorités militaires ou administratives par les comités de soutien aux internés ou dans les mémoires des Gursiens eux-mêmes, de denrées avariées ou impropres à la consommation. Les premiers indices de ce genre apparaissent en juin 1940, mais ils proviennent seulement de quelques témoignages[11] et on ne saurait affirmer leur authenticité.

A partir du mois de septembre 1940, en revanche, les maladies se multiplient. D'abord, pendant l'automne, dans les îlots B et D occupés par les *"indésirables français"*. Elles proviennent des internés[12] comme du sous-chef de camp qui note, le 11 décembre 1940, que *"la nature et la qualité des aliments distribués laissent à désirer"*[13]. Ensuite, dans tout le camp, avec l'internement des Badois, fin octobre 1940. N'est-il pas révélateur de trouver dans les *"commandements de l'hygiène du camp"*[14] rédigés par le médecin-chef français les conseils suivants :

> *"III. Ne bois pas d'eau crue, elle peut occasionner des diarrhées. (...)*
> *IV. Sois prudent dans l'usage de la viande et des conserves. Dès que tu perçois un goût douteux, essaie de cuire ou de rôtir le contenu de la boîte.*
> *V. L'usage des fruits et des conserves occasionne par temps très chaud des éruptions cutanées douloureuses. Ne te gratte pas. (...)"*[14].

Le caractère douteux de la nourriture servie est évoqué par les services du ministre de l'Intérieur :

> *"Il m'a été signalé que la viande livrée au camp de Gurs serait parfois tuberculeuse, bien que le cachet du vétérinaire de Navarrenx y soit apposé. (...) Ce cachet serait placé dans l'abattoir à la disposition du premier venu et utilisé soit par le boucher et tueur, soit par le concierge de l'abattoir. Une infirmière aurait constaté la mise en consommation de poumons tuberculeux, constatation confirmée par un chef d'îlot, un brigadier et le médecin-chef du camp"*[15].

11. Hanna Schramm parle à plusieurs reprises de *"courges qui commençaient à pourrir"* (*Vivre à Gurs,* op. cit., p. 103), Edwige Kämpfer, de *"viande avariée striée de taches bleues et vertes"* (Ibid, p. 154).

12. Voir ci-dessus, chapitre cinquième, p. 159 et suivantes.

13. Rapport adressé le 11 décembre 1940 par le sous-chef de camp au chef de camp (Arch. dép. Pyr. Atl., M provisoire, 500/12).

14. Ce texte, intégralement reproduit en annexe (p. 365 et suivantes), a été rédigé par le médecin-chef du camp vers le mois de juin 1940 et approuvé par le préfet des Basses-Pyrénées le 24 juillet 1941 (Arch. dép. Pyr. Atl., M provisoire, 500/6).

15. Lettre n° 4730 POL CAB, adressée le 7 août 1942 par le conseiller d'Etat secrétaire général à la Police au préfet des Basses-Pyrénées. (Arch. dép. Pyr. Atl., M provisoire 500/15).

Dans sa réponse, le chef de camp reconnaît les faits, mais ajoute que *"les morceaux de viande étaient passés mais non avariés"* et qu'une telle erreur *"ne s'est produite qu'une fois"*[16].Il est sur ce dernier point en contradiction totale avec les habitants de la vallée du Gave d'Oloron qui sont unanimes à reconnaître que des charrettes entières de citrouilles, de choux et de navets, dont certains etaient déjà corrompus, étaient chaque semaine acheminés au camp.

Quant aux internés, les témoignages qu'ils ont écrits soit au camp, soit immédiatement après leur sortie de Gurs, ne laissent aucun doute sur le sujet. En voici un, au milieu de plusieurs dizaines :

> *"La qualité de la nourriture était au début [hiver 1940] tout à fait insuffisante. (...) La période la plus dure était celle où on n'avait que des topinambours, des navets et des citrouilles. Ces légumes, mangés pendant des mois à l'exclusion de tous les autres, attaquaient la santé la plus robuste. Ils étaient d'ailleurs souvent en mauvais état quand on les distribuait, conséquence d'achats trop massifs ou d'approvisionnement sans installations de conservation adéquates"*[17].

Le médecin-chef de l'hôpital des femmes en 1941 en tire la conclusion suivante :

> *"Nous avons de nombreuses fois calculé la ration moyenne en calories que contenait la nourriture du camp et nous sommes arrivés à des chiffres variant de 980 à 1 250 calories par interné. (...) L'être humain utilise, le corps entièrement au repos, de 30 à 32 calories par kilo, soit, pour un homme de 60 kilos, une moyenne de 1 800 calories. Il en manquait un bon tiers à Gurs"*[18].

En définitive, la qualité des denrées offertes aux internés à l'époque de Vichy appelle de nombreuses réserves. Non seulement certains produits corrompus sont distribués dans les îlots, mais les propriétés nutritives des rations apparaissent des plus réduites. Certes, il n'est pas sûr que de tels abus aient été constamment renouvelés d'octobre 1940 à novembre 1943. Certes, l'hiver est toujours le plus rude moment de la vie du camp et la situation s'améliore avec

16. Rapport 1357/D adressé le 16 septembre 1941 par le chef de camp au secrétaire général à la Police, par l'intermédiaire du préfet des Basses-Pyrénées (Arch. dép. Pyr. Atl., M provisoire, 500/15).

17. Rapport Plastereck, op. cit., p. 10 et 11. Ces jugements sont confirmés par Hanna Schramm, Max Ludwig et Marie Krehbiel-Darmstädter, op. cit.

18. Max Ludwig, *Das Tagebuch...*, op. cit., p. 18. Le poste de médecin-chef de l'hôpital des femmes est occupé en 1941 par un médecin interné.
Joseph Weill note, dans un rapport présenté en mai 1941 au comité de coordination pour l'assistance des camps que *"après un examen approfondi, la ration journalière (...) n'atteint plus 500 calories par jour et par personne. Si cette situation se perpétue, le nombre des survivants n'atteindra qu'un faible pourcentage"* (*Contribution...*, op. cit., p. 38).

les beaux jours. Mais, dans l'ensemble, il apparaît que, pendant toute la période de Vichy, la qualité des produits consommés par les Gursiens est insuffisante.

L'alimentation se caractérise donc durant plus de trois ans, sauf peut-être pendant les mois fastes de l'été, par sa pauvreté. Les rations effectivement distribuées sont maigres et leur valeur énergétique limitée ; au bout de quelques semaines elles entraînent, chez ceux qui ne disposent d'aucun complément de nourriture, les symptômes caractéristiques de la sous-alimentation. En outre, le recours systématique à un type uniforme de denrées (les légumes verts) étant érigé dans les faits en règle quasi absolue, il en résulte une altération rapide des organes de la digestion et des dérangements intestinaux fréquents. Enfin, la qualité douteuse des produits et l'impossibilité matérielle de les préparer correctement rendent stériles la plupart des efforts dépensés par les cuisiniers d'îlots ; elles ont pour corollaire une inquiétante malnutrition. En bref, la faim, avec son cortège de conséquences : l'amaigrissement, l'affaiblissement physique et nerveux, la maladie, parfois la mort.

A l'époque de Vichy, la faim.

Elle devient, à partir de l'arrivée des Badois, une des caractéristiques de la vie quotidienne à Gurs.

Elle pèse de tout son poids au cours de l'hiver 1940-1941. Le hasard veut que nous soyons aujourd'hui bien renseignés sur cette période au cours de laquelle l'administration du camp est tranférée des militaires aux civils, provoquant un flottement passager dans l'organisation des services et, en particulier, dans le fonctionnement de la censure. En novembre et décembre 1940, les Gursiens peuvent correspondre presque librement avec le monde extérieur. Ils en profitent pour lancer partout où ils le peuvent de véritables appels au secours.

> *"5 décembre 1940. (...) Je me trouve dans le terrible Gurs, privé de toute liberté, attendant la mort par famine. Torturé par la faim et le froid (...). J'ai maigri jusqu'à devenir un squelette. (...) Je ne peux presque plus tenir sur mes jambes"*[19].
>
> *"Comme nourriture, nous avons le matin un verre de café noir ersatz. A midi, une assiette de soupe dans laquelle nagent 20 à 25 pois chiches et quelques morceaux de carot-*

19. Lettre du Dr. Rudolph Buchholz à M. le consul général de France à Zurich. Cette lettre est reproduite dans le rapport 540 BMA/17 de la commission de censure postale, adressé le 20 décembre 1940 par le général commandant la 17e division au préfet des Basses-Pyrénées (Arch. dép. Pyr. Atl., M provisoire, 500/12).

> *tes sans graisse et sans goût. Le soir, exactement la même chose. 350 g de pain constituent la ration journalière. Il n'y a aucun supplément"*[20].
>
> *"Je me sens au plus mal, tout près du désastre total de mon âme et de l'écroulement de mon corps, ayant perdu 56 livres depuis le début de mon internement"*[21].

A vrai dire, on pourrait citer tout le courrier intercepté en décembre 1940 et en janvier 1941 par les services de censure : il n'est pas une lettre qui ne fustige l'alimentation déplorable du camp. Puis, à partir de février, les plaintes se font moins nombreuses et les critiques moins vives : sans jamais disparaître complètement, on ne les rencontre plus que de façon endémique. C'est que, désormais, les internés pratiquent une rigoureuse auto-censure de peur que leur courrier ne soit intercepté et n'arrive plus à destination. A moins qu'ils n'utilisent des moyens détournés pour parler du problème qui les obsède :

> *"Jour et nuit, la faim constituait notre principal sujet de discussion. Dans le courrier, on parlait d'elle sous le nom de "l'oncle Raaf". La censure, surprise de constater que presque tous ceux qui écrivaient avaient un oncle portant ce nom, interdit en fin de compte l'emploi de ce terme hébraïque"*[22].

Mais la faim provoque dans les îlots de tels dégâts qu'elle ne peut passer inaperçue. Pendant trois années, son spectre se rencontre dans la plupart des documents. A une époque où les intéressés eux-mêmes n'ont plus la possibilité de s'en plaindre, les preuves proviennent de toutes les autres directions.

Des services administratifs français d'abord. A commencer par le ministère de l'Intérieur, d'où l'inspecteur général des camps, le 29 janvier 1942, note que *"la sous-alimentation est sur le point de provoquer à Gurs un grand nombre de décès"*[23] ; le 17 août suivant, qu'il est *"indispensable de procéder à la sur-alimentation des cachectiques"*[24]. Du chef de camp, également, auquel échappe parfois, au détour d'un rapport, une remarque sur *"la nette amélioration actuelle*

20. Lettre citée dans *Basler Nachrichten,* n° 44, du 12 février 1941, p. 2.

21. Lettre du Dr. Johan Papez, îlot D, baraque 4, adressée le 14 décembre 1940 à Melle S.R. (Arch. dép. Pyr. Atl., M provisoire 500/12).

22. Eugen Neter, "Erinnerungen...", op. cit., janvier 1962, p. 15.

23. Rapport n° 163/Pol. Camps, reproduit intégralement dans Joseph Weill, *Contribution à l'histoire des camps...*, p. 117-119.

24. Rapport d'inspection adressé le 17 août 1942 par l'inspecteur général des camps au chef du gouvernement, ministre secrétaire d'État à l'Intérieur (Arch. dép. Pyr. Atl., M provisoire, 500/15).

Max Lingner - Distribution de la soupe au camp de Gurs

de la situation alimentaire des hébergés''[25], alors que rien, dans ses communications précédentes, n'avait laissé filtrer la moindre difficulté dans ce domaine. Du médecin-chef, enfin, duquel émanent plusieurs documents, comme les *''commandements de l'hygiène du camp''*[14], qui ne laissent pas l'ombre d'un doute sur le sujet. Ainsi écrit-il le 26 décembre 1941 :

> *''Il y a trois mois, beaucoup d'hébergés, les hommes surtout, fouillaient dans les poubelles pour y rechercher des vestiges alimentaires, en particulier des troncs de choux, et je n'ai rien fait ni recommandé aux médecins allemands qui puisse s'opposer à la croyance du danger que représentait cette pratique. Nous étions en pleine épidémie de dysenterie et les médecins étaient unanimes à en voir une des causes principales dans la malpropreté des aliments ingérés par toute une catégorie d'hébergés''*[26].

Les preuves proviennent, en outre, des rapports des Œuvres philanthropiques installées au camp (voir chapitre douzième) dont la principale occupation réside dans la préparation de plats supplémentaires.

25. Rapport mensuel du mois de septembre 1942, adressé par le chef de camp au préfet des Basses-Pyrénées le 3 octobre 1942 (Arch. dép. Pyr. Atl., liasse non cotée 256). Voir aussi les rapports mensuels des mois d'octobre et novembre 1941.

26. Rapport adressé le 26 décembre 1942 par le médecin-chef au chef de camp (Arch. dép. Pyr. Atl., M provisoire, 500/13).

Dans les îlots, les ravages causés par la faim sont de tous ordres. Du point de vue psychologique, ils détruisent peu à peu tout ressort moral et peuvent conduire jusqu'à l'aliénation mentale (voir chapitre précédent). Du point de vue physique, ils se manifestent par des symptômes précis, que décrit ainsi Eugen Nater :

> *"Au début, il en allait seulement de la diminution du poids. Moi-même, je perdis pendant les 6 premiers mois 26 % de mon poids habituel d'avant-guerre, mais je n'avais pas de motif de me plaindre de ces kilos perdus. Mais, parfois, l'insuffisance de l'alimentation conduisait à une diminution pouvant atteindre le tiers du poids primitif. Alors apparaissaient les premiers symptômes de cette maladie que nous désignions du terme d'*"œdème de la faim"*, sorte d'hydropisie. (...) Le corps par endroits présentait des protubérances pleines d'eau qui conféraient à ceux qui en étaient atteints des allures monstrueuses. (...) Le traitement de ces oedèmes présenta des difficultés inouïes puisque la seule thérapeutique résidait dans une nourriture variée et suffisante"*[27].

Entre les premiers signes d'amaigrissement et l'apparition des oedèmes, généralement aux mains, aux jambes et au visage, les stades intermédiaires se succèdent inexorablement. D'abord, pendant plusieurs semaines, des spasmes de l'appareil digestif, accompagnés de nausées et d'insuffisances hépatiques. Puis viennent les tendances à la léthargie : une sorte de somnolence malsaine envahit peu à peu le corps, au point que les gestes les plus simples exigent un réel effort de volonté. La nuit, on n'en dort pas mieux pour autant ; au contraire, les périodes d'insomnie sont plus longues et plus fréquentes. En même temps se manifeste un désir constant de boire, destiné à compenser l'absence de nourriture. Si l'on n'y prend pas garde, cette surconsommation d'eau augmente encore la faiblesse et l'engourdissement général. A ce stade, il est indispensable d'envisager une hospitalisation rapide car la dernière phase, la plus grave, est imminente. Elle se manifeste par l'apparition d'œdèmes qui boursouflent le visage et déforment les mains. Lorsqu'ils envahissent les membres inférieurs, ils empêchent le malade de se chausser, de marcher et rendent la station debout très pénible, puis quasiment impossible. Si aucun soin n'est prodigué (hospitalisation et suralimentation), une issue fatale est prévisible qui prend la forme, chez les personnes âgées, d'une insuffisance cardiaque ou d'un accident vasculaire.

Conjointement avec la *"maladie de la faim"*, se déclarent et se développent d'autres affections directement liées à la nourriture du camp. Ce sont les avitaminoses dont les conséquences immédiates sont, soit l'affaiblissement de l'acuité visuelle, soit l'aménorrhée, soit les rhumatismes articulaires, soit la chute des dents, soit les ecze-

27. Eugen Neter, "Erinnerungen...", op. cit., janvier 1962, p. 15

mas, etc., plusieurs de ces symptômes apparaissant souvent en même temps. C'est l'entérite gastro-intestinale, souvent qualifiée de *"dysenterie"*, qui épuise ceux qui en sont atteints, incommode la chambrée et engendre, surtout l'hiver, des situations dramatiques. Ce sont les troubles de la croissance, chez les adolescents surtout (les nourrissons et les jeunes enfants font l'objet de soins particuliers et ne semblent pas avoir été touchés). C'est, chez les adultes, une sorte de sénescence précoce qui s'accompagne de douleurs articulaires et osseuses, d'artériosclérose et de troubles multiples des appareils cardio-vasculaire, rénal et respiratoire[28].

En définitive, la faim est redoutable par sa conséquence directe, l'affaiblissement de toutes les facultés de l'organisme. En ce sens, c'est jouer sur les mots que d'affirmer qu'on ne meurt pas de faim à Gurs, puisqu'il ne s'agit pas, à proprement parler, d'une maladie mais d'un état pathologique favorable au développement de toutes sortes de maladies. De ce point de vue, les bulletins de décès, sur lesquels le médecin-chef mentionne seulement, comme cause du trépas, la *"déficience cardiaque"* ou la *"sénilité"*, sont profondément trompeurs même s'ils sont, en apparence, exacts.

L'indispensable marché noir

Pour qu'apparaisse et prospère le marché noir, trois conditions doivent être réunies. D'abord, la demande pressante de produits, la plupart du temps alimentaires, par un groupe social incapable de se les procurer directement ; ensuite, la disponibilité de ces produits entre les mains d'un petit groupe de fournisseurs ; enfin, l'existence d'une valeur d'échange, généralement de l'argent liquide, que les premiers sont susceptibles d'offrir aux seconds. L'expérience montre que, quels que soient les obstacles que l'on puisse élever entre les deux groupes, dès lors que les trois conditions sont réunies, le marché noir devient inévitable.

A Gurs, la période de Vichy illustre ce schéma de façon parfaite. De mai 1940 à octobre 1943, le trafic entre internés et producteurs (ou intermédiaires) connaît un prodigieux développement.

Avant mai 1940, il n'est pratiquement pas signalé. Ce serait, d'ailleurs, une erreur de déduire de cette absence que l'attitude des premiers Gursiens a été plus vertueuse que celle de leurs successeurs. C'est seulement que les conditions nécessaires ne sont pas rassemblées : la recherche de suppléments alimentaires n'est pas indispensable et, surtout, les internés ne disposent d'aucune mon-

28. Les livres de soins et les fiches d'hospitalisation des internés mentionnent les affections fréquemment constatées dans les îlots (Arch. dép. Pyr. Atl., liasse non cotée 290).

naie d'échange, ou peu s'en faut. La seule mention de marché noir qui apparaisse dans les archives date du 8 juin 1939 : elle concerne *"des tractations effectuées au parloir entre les ex-miliciens et leurs visiteurs, concernant parfois des objets de prix tels qu'appareils photo, montres et bijoux"*[29]. Mais le fait est exceptionnel et les témoignages que nous avons recueillis auprès d'anciens Gursiens comme d'habitants de la vallée s'accordent sur ce point.

Les filières par lesquelles circulent les produits ont toujours été connues des paysans de la vallée et du personnel administratif du camp. Peu nombreuses, elles sont empruntées sans discontinuer de 1940 à 1944 malgré les condamnations et les punitions qui pleuvent sur les hommes et les femmes qui se font prendre.

En premier lieu, la filière, dont on peut presque dire qu'elle est officielle, des internés sortant du camp. Dans le détail, elle peut prendre toutes sortes de formes.

Pendant l'été et l'automne 1940, ce sont, par exemple, les cantinières d'îlots auxquelles le commandant du camp a accordé la permission de prospecter dans les fermes environnantes ; elles achètent directement aux producteurs les denrées qui seront revendues dans les îlots ; théoriquement, leurs transactions sont contrôlées par les services du gestionnaire ; en fait, une bonne partie des produits qu'elles rapportent sont cachés aux environs du camp, récupérés à la nuit tombée et revendus au prix fort. Comme les achats sont pratiqués au dessus des cours légaux, les paysans réservent aux cantinières une part importante de leur production, s'assurant ainsi une marge bénéficiaire confortable. Il en résulte la raréfaction des denrées mises en vente aux marchés hebdomadaires de Navarrenx et d'Oloron où il n'est pas question de vendre au dessus des prix officiels. Les habitants de la vallée voient de ce fait leurs possibilités de ravitaillement diminuer, s'en plaignent amèrement et dénoncent ce trafic qui les lèse directement. C'est pour y mettre fin que le chef de camp décide, le 3 décembre 1940, la suppression provisoire des cantines d'îlots[30].

Ce sont aussi les quelques privilégiés qui, en 1942 et 1943, bénéficient de permissions de sortie et en profitent pour faire des achats dans les fermes-auberges des environs ; à leur retour dans l'îlot, ils disposent souvent de précieuses denrées acquises soit pour eux-mêmes, soit pour un compagnon d'internement. Ce sont encore les intrépides qui, en 1942 surtout, rejoignent *"le chemin du côteau"*

29. Lettre du sous-préfet d'Oloron adressée le 8 juin 1939 au préfet des Basses-Pyrénées (Arch. dép. Pyr. Atl., 1 M 543).

30. Sur cette affaire, voir supra, p. 204.

qui relie Castetnau à Geüs en passant par Gurs et qui correspond à l'ancienne voie médiévale doublant la route de la vallée. Le courrier des internés révèle qu'il est *"très fréquenté pendant la nuit"*[31].

Lorsqu'un trafiquant est arrêté, certains journaux en font des gorges chaudes et laissent libre cours à leur antisémitisme :

> *"Tribunal correctionnel. Paul S., Autrichien d'origine, appartient à la belle colonie d'apatrides qui forment actuellement l'élément principal du camp de Gurs. Colonie de race qui en porte l'empreinte entre les yeux et la bouche et dont les barbelés n'arrivent même pas à paralyser les agissements (...). Il a incité un gardien à lui fournir des denrées en lui vendant un collier de perles"*[32].

Les exemples d'affaires de marché noir pratiquées par les internés sont innombrables. En voici quelques unes, relevées dans les comptes rendus des tribunaux correctionnels d'Oloron et de Pau, et mentionnées dans *L'Indépendant des Basses-Pyrénées.* Elles montrent la variété du trafic et la misère des Gursiens :
- 10 septembre 1941 : condamnation de deux internés *"qui vendaient des cigarettes à 1 F 50 la pièce, le fromage à 130 F le kilo et un pain de 2 kilos 110 F".*
- 14 mars 1942 : condamnation de neuf internés pour *"trafic de denrées alimentaires non contingentées : huile, poissons, haricots, pommes de terre, etc".*
- 17 avril 1942 : condamnation de deux internés *"qui s'étaient livrés à la vente de haricots au dessus de la taxe".*
- 15 juin 1942 : condamnation de quatre internés pour *"achat de denrées contingentées"* (œufs, graisse, riz).
- 4 novembre 1942 : condamnation d'un interné pour *"hausse illicite et trafic de cigarettes".* Il revendait des cigarettes qu'il fabriquait à partir de mégots récupérés.

La seconde filière est celle des Espagnols de la 182e compagnie de travail. Cette compagnie, logée dans les baraques de l'îlot A, rassemble environ deux cents hommes chargés de l'entretien des installations. Presque tous sont des Espagnols, Gursiens de la première heure. En échange de leur labeur, ils touchent des suppléments de nourriture ainsi qu'une *"prime de rendement".* Il peuvent circuler dans le camp tout entier et sortent fréquemment pour effectuer certains travaux (corvées de bois, ramassage des fougères, nettoyage des abords, etc.) ou, en fin de journée, pour se restaurer et discuter dans les baraques de mercantis jouxtant la route nationale. Ils cons-

31. Compte rendu de la censure adressée le 15 avril 1942 par le chef de camp au préfet des Basses-Pyrénées. Extrait d'une lettre d'interné (Arch. dép. Pyr. Atl., M provisoire, 500/14).

32. *L'Echo d'Oloron,* 21 mars 1941, compte rendu d'audience du tribunal correctionnel d'Oloron, p. 2.

tituent donc les intermédiaires *"naturels"* entre, d'un côté, les internés et, de l'autre, les Français qui fréquentent les gargotes environnant le camp.

C'est pourquoi on les retrouve au cœur de la plupart des affaires de marché noir. Pourtant on a parfois le sentiment que leur rôle est, sinon surestimé, du moins systématiquement mis en avant par les inspecteurs de la Sûreté en poste à Gurs ; ils ne dénoncent presque qu'eux. Il existe même à leur encontre une sorte d'unanimité : dans les rapports de gendarmerie ou de police, dans les comptes rendus d'audience du tribunal correctionnel d'Oloron, dans le courrier échangé entre le chef de camp et ses supérieurs hiérarchiques, les membres de la compagnie de travail sont presque toujours les premiers cités ; ce sont d'abord eux qui fréquenteraient *"le chemin du côteau"*, qui solliciteraient et relanceraient les paysans, qui donneraient le mauvais exemple aux gardiens, qui pratiqueraient les hausses les plus scandaleuses, etc... Au point que l'on peut se demander si, en les accusant de tous les maux, on ne cherche pas à blanchir quelque peu leurs fournisseurs, c'est-à-dire les Français en service au camp ou résidant dans la région.

Mais l'évidence est là ; les travailleurs étrangers occupent une place centrale dans le trafic prospérant autour du camp. Il n'est donc pas étonnant que, le 28 juillet 1942, la dissolution de la 182e compagnie soit prononcée, motivée par les scandales dans lesquels ses membres sont sans cesse impliqués[33].

Parmi les affaires jugées en correctionnelle et évoquées dans *L'Indépendant des Basses Pyrénées,* on peut retenir, à titre d'exemple, les cas suivants :
- 25 novembre 1941 : condamnation de trois *"journaliers espagnols employés au camp de Gurs"* pour *"vente sans ticket, à des prix excessifs"* de pain (30 F le kilo), œufs (35 F la douzaine) et farine (10 F le kilo).
- 30 mars 1942 : condamnation de deux travailleurs espagnols qui *"ont rejoint le camp bien lestés de pain, de graisse et d'autres denrées contingentées"*.
- 15 mai 1942 : condamnation de deux travailleurs espagnols pour *"trafic de cigarettes qu'ils coupaient en deux et revendaient 1 F le bout"*.
- 7 août 1942 : condamnation de deux travailleurs espagnols pour *"trafic de cartes d'alimentation"*.

La troisième filière est celle du personnel du camp : les employés et les gardiens.

33. Voir chapitre deuxième, p. 50.

Les employés des services administratifs, installés dans leurs bureaux du premier quartier, ne sont pas directement en rapport avec les internés. Théoriquement, les seuls Gursiens qu'ils rencontrent sont ceux qu'ils ont convoqués auprès d'eux et les quelques privilégiés qui font l'office de plantons ; d'un côté comme de l'autre, les possibilités de trafic (fausses cartes d'alimentation, petit commerce...) sont limitées et les opérations de petite envergure. En revanche, les employés côtoient sans difficulté les Espagnols de la compagnie de travail et peuvent aisément les ravitailler en denrées que ceux-ci se chargeront de vendre dans les îlots à leur compte. Ce genre d'opération est d'autant plus tentant qu'ils n'interviennent pas directement dans la transaction et que les risques de se faire prendre sont, de ce fait, réduits (sans compter qu'il est toujours possible de nier toute responsabilité dans l'affaire).

Avec les gardiens, dont l'effectif est en permanence de 250 individus environ et qui perçoivent les salaires les plus bas, le trafic atteint, semble-t-il, des proportions comparables à celui des Espagnols de la compagnie de travail. D'un côté, en effet, ils sont directement en contact avec les internés ; ils entretiennent avec eux des rapports de toutes natures, parfois étroits. De l'autre, ils ont de multiples occasions de rencontre avec les producteurs de la région : soit aux marchés hebdomadaires de Gurs, à l'entrée du camp, de Navarrenx ou d'Oloron, soit dans les cafés et les auberges de la vallée, soit à la ferme ; en outre, comme près de la moitié d'entre eux sont d'origine béarnaise et que certains rentrent chaque soir chez eux dans leur village, ils disposent d'évidentes facilités d'approvisionnement. Là encore, les exemples d'affaires dans lesquelles ils sont impliqués sont légion. Citons, par exemple, quelques jugements du tribunal correctionnel d'Oloron, évoqués dans *L'Indépendant des Basses-Pyrénées :*
- 5 novembre 1941 : condamnation d'un gardien qui, après avoir reçu 1000 F de deux internés pour les laisser s'évader, *"fut pris de remords, signala les deux fuyards mais garda l'argent qu'il dilapida"*.
- 27 avril 1942 : condamnation d'un *"inspecteur"* (gardien) *"trouvé en possession de trois cartes d'alimentation"*.
- 15 juin 1942 : condamnation d'un gardien pour *"vente de denrées contingentées au dessus de la taxe"*.
- 10 septembre 1942 : condamnation de deux gardiens pour *"trafic de vêtements appartenant à l'Etat"*.

La dernière filière connue est celle des mercantis, dont les baraques sont installées le long de la route nationale. A l'origine, ce ne sont que des gargotiers auprès desquels les ouvriers employés à la construction des baraques et les hommes de troupe chargés de la surveillance des îlots viennent parfois passer leurs moments de repos. Puis, très vite, leurs misérables abris, élevés en toute hâte et bien souvent dans l'illégalité la plus totale, fleurissent autour du camp. Le préfet, afin de les contrôler et de limiter les désordres qui s'y produisent fréquemment, se résout, le 29 août 1939, à fixer par arrêté les conditions de leur fonctionnement[34]. A l'époque de Vichy, cinq ou six baraquements subsistent, dûment patentés. Théoriquement, ils font office de débits de boissons ou de restaurants. En pratique, ils sont utilisés, au gré des circonstances, tantôt comme maisons de rendez-vous, tantôt comme salles de bal, tantôt comme fonds de commerce, presque toujours comme centres de ralliement de tous les trafiquants. Ils sont considérés par les habitants de la vallée comme de véritables bouges et leur réputation ne semble pas surfaite.

Les mercantis sont en effet des intermédiaires inévitables dès lors qu'il s'agit d'organiser un trafic d'envergure. Chez eux se rassemble tout ce que Gurs engendre de petits malfaiteurs parmi les travailleurs espagnols, les gardiens et les employés des services administratifs ; on y rencontre aussi les mauvais garçons de la région et même, le dimanche, des curieux, des badauds qui, par familles entières, viennent étancher leur soif après avoir contemplé le camp. Les baraquements constituent donc un lieu de passage et de rendez-vous idéal pour la mise en place de tous les trafics.

Pourtant les mercantis sont rarement inquiétés dans les affaires de marché noir tramées autour de Gurs, sans doute parce qu'ils s'entourent davantage de précautions que les autres trafiquants. Mais lorsqu'ils sont mis en cause, l'entreprise se révèle considérable. Tous les journaux de la région ont titré, à la fin du mois de janvier 1942, sur l'arrestation d'une bande organisée qui depuis plusieurs mois orchestrait le marché noir dans les îlots des hommes ; le groupe rassemblait autour du mercanti L., surnommé *"l'estampeur"*, deux autres mercantis, un fermier cultivateur, un charcutier, deux gardiens et trois internés[35]. L'importance de l'affaire contraste avec celles qui sont habituellement jugées au tribunal correctionnel d'Oloron.

34. Arrêté préfectoral du 29 août 1939. Les débits de boisson reconnus par les services préfectoraux doivent être aménagés à plus de 100 mètres des limites du camp ; ils ferment à 21 heures durant la semaine et à 22 heures le dimanche (Arch. dép. Pyr. Atl., 3 Z 242).

35. *L'Indépendant des Basses-Pyrénées,* 26 janvier 1942, p. 1, *Le Patriote des Pyrénées,* 26 janvier 1942, p. 2, *L'Echo d'Oloron,* 30 janvier 1942, p. 1. Ce dernier journal présente ainsi l'affaire : *"Le camp de Gurs dont la création constitue dans l'histoire de notre région l'une des plus grandes plaies morales, l'une de celles qui aura porté la plus grande atteinte à la politique économique oloronaise, continue à demeurer l'antre des gangsters, la caverne des exploiteurs de la misère du moment. Une nouvelle rafle vient d'être opérée qui porte sur dix arrestations (...). Il s'agit comme toujours de tristes individus qui vendaient de la marchandise à des prix exorbitants aux internés. Le lot comprend un cantinier et sa femme, un agriculteur qui s'était mué en "chourineur" clandestin, un charcutier qui favorisait les évasions et faisait le commerce des cartes d'alimentation, 2 gardiens du camp qui servaient d'intermédiaires et de pourvoyeurs, un débitant-restaurateur et 3 internés"*

Parmi les autres affaires dans lesquelles interviennent les mercantis, signalons, le 15 juin 1942, la condamnation d'un *"débitant possesseur d'un titre de 12 500 pesetas qu'il essayait d'écouler à des particuliers".*

L'essentiel du trafic passe nécessairement par l'une des quatre filières exposées ci-dessus. Mais il n'est pas impossible qu'il y en ait eu d'autres, sur lesquelles nous ne disposons guère d'informations. Peut-on croire par exemple que certaines fermes de la vallée, transformées en partie en auberges et rebaptisées pour la circonstance *"villa X"*, ou *"restaurant Y"*, ou *" Au panier fleuri"* ou *"Les trois célibataires"*, n'aient toujours abrité que d'innocentes activités ? Que faut-il penser des producteurs qui, pendant l'été 1940, avaient le droit d'entrer dans le camp et de vendre directement aux *"intendants d'îlots"* ?

On ne peut pour autant en déduire que tout le monde, à Gurs, faisait du marché noir avec les internés. Les individus qui tiraient l'essentiel de leurs revenus de ces pratiques étaient certainement peu nombreux par rapport à l'ensemble de la population vivant au camp. Mais, si peu de gens se sont outrageusement enrichis, rares sont ceux qui n'ont jamais succombé à la tentation de faire quelque menu profit aux dépens (et souvent, à la demande) des internés.

Les transactions portent presque exclusivement sur les denrées alimentaires. Le reste (bois de chauffage, vêtements, médicaments, etc.) n'apparaît que de façon annexe car la demande est moins pressante et, dans l'ensemble, les Œuvres y subviennent. Une règle fondamentale préside à tous les échanges : le produit doit être peu volumineux ; sinon le trafic risquerait d'être rapidement repéré, tant à l'extérieur du camp que dans les îlots.

Les internés recherchent surtout les produits à haute valeur énergétique, c'est-à-dire les aliments riches en calories. En premier lieu, ceux qui contiennent des lipides dont l'alimentation gursienne est souvent dépourvue. Les œufs, de préférence à la douzaine qu'à la pièce, la charcuterie (les *"tranches"*, c'est-à-dire les morceaux de jambon, le lard, ou même la simple graisse de porc que l'on étale sur une tartine de pain, la mortadelle, le boudin, etc.), le fromage et le beurre, sont une aubaine que l'on ne peut se permettre de laisser passer lorsque l'occasion se présente. On s'efforce aussi de se procurer des aliments riches en protéines. En dehors de la plupart des produits déjà cités, on demande surtout des boîtes de sardines ou de thon, du pâté, de la volaille, du riz ; sans parler, bien sûr, des miches de pain ou des *"pastèches"* (sorte de crêpes faites avec la farine de maïs). En revanche, les légumes verts et les fruits, de valeur énergétique moindre et surtout difficiles à cacher, ne sont guère recherchés. Cette liste, enfin, serait incomplète si l'on ne mentionnait pas la quête constante de produits à base de sucre, des confitures aux pastilles de saccharine, en passant par le pain d'épice ou les dattes.

Il s'agit là des denrées les plus demandées. Mais souvent, avec la faim qui leur tenaille le ventre, les internés sont prêts à acheter n'importe quoi. On le sait si bien dans la région qu'on leur vend parfois n'importe quoi : abats, os, fanes de légumes, choux réservés aux cochons etc... Toutes sortes d'animaux sont abattus et découpés, puis vendus en morceaux : chiens, chats, renards, genettes. Lors des transactions, les vieux chevaux passent pour du bœuf, les ânes pour du veau, les chiens, les chats, les rats même pour du lapin.

En définitive, si les Gursiens cherchent en priorité les produits de bonne qualité à haut degré nutritif, ils sont susceptibles d'acquérir, en pleine connaissance de cause ou à leur insu, les denrées les plus inattendues. Il n'est donc pas exagéré d'affirmer que le marché noir de Gurs concernait à peu près tout, pourvu que ce soit consommable.

Les prix connus couramment pratiqués sont dans l'ensemble connus. Ils sont étalés dans les journaux, sous la rubrique *"Comptes rendus d'audience des tribunaux correctionnels de Pau et d'Oloron"*, aux regards de tous les lecteurs. En voici quelques uns, extraits pour 1941 et 1942, de *L'Indépendant des Basses-Pyrénées* et pour 1943, d'un rapport de l'officier chargé de mission au camp par le ministre du Travail[36] (sont mentionnées entre parenthèses les hausses moyennes par rapport aux prix légaux).

	1941-1942	**Printemps 1943**
1 œuf	3 à 5 F (x 4 à 7)	12 à 18 F (x13 à 19)
1 kg de lard	50 à 80 F (x 4 à 6)	500 F (x 20)
1 "tranche"	50 F	
1 kg de graisse	150 F (x 5)	500 F (x 17)
1 kg de pain	20 à 50 F (x 5 à 12)	100 F (x 23)
1kg de fromage	100 à 300 F(x4 à 12)	
1 kg pommes/terre	25 à 40 F (x7 à 10)	40 à 50 F (x14 à 17)
1 kg haricots blancs	30 à 50 F (× 3 à 4)	120 à 150 F(x10 à 12)
10 pastilles de sacharine	7 à 10 F (x 7 à 10)	20 F (x 18)
1 paquet de cigarettes	25 à 50 F (x3 à 6)	60 à 200 F (x8 à 20)

Tableau n° 18 - Les prix du marché noir au camp de Gurs

36. Rapport du commandant D., inspecteur des formations de travailleurs étrangers, chargé de mission au camp de Gurs par le ministre du Travail. Ce rapport est annexé au rapport n° 2846/G1 adressé le 5 avril 1943 par le préfet des Basses-Pyrénées au ministre secrétaire d'Etat à l'Intérieur (Arch. dép. Pyr. Atl., M provisoire, 500/16).

Les hausses sont considérables. Avant l'hiver 1942-1943 et l'invasion de la zone non-occupée, elles sont comprises entre 3 et 10 fois le prix légal. Après, entre 10 et 20 fois. Le niveau des prix du marché noir gursien apparait donc exceptionnellement élevé. Si on le compare au niveau des prix parisiens, qui a alors la réputation d'être le plus haut de tous, on constate qu'il lui est très supérieur : presque le double.

Comment, dans de telles conditions, le marché noir a-t-il pu connaître le développement extraordinaire qu'on lui prête habituellement ? Qui parmi les internés, dont les comptes bancaires sont contrôlés par les services postaux du camp, avait la possibilité de consacrer une telle fortune à sa seule alimentation ? Ces questions suscitaient déjà, en 1942, toutes sortes de réponses. *"Il faut être Juif pour pouvoir se permettre de telles largesses !"* lançait le représentant du ministère public à l'occasion d'un procès de Gursien[37]. Ce faisant, il reprenait un thème largement répandu dans la vallée : les Juifs de Gurs sont des Allemands et ils sont riches ; cela fait deux bonnes raisons de les faire payer.

Or, après l'été 1941 durant lequel les plus fortunés ont réussi à émigrer, il ne reste plus au camp qu'une population de plus en plus misérable. Les justifications purement xénophobes et antisémites ne tiennent donc pas ; elles ne servent au fond qu'à cacher une sordide cupidité.

Une autre attitude consistait à affirmer que le volume du trafic réalisé autour du camp était bien loin d'atteindre l'importance qu'on lui prêtait. Mais, là encore, la seule lecture des journaux de la région suffit à balayer l'objection : il ne se passe pas une semaine en 1942, sans qu'une affaire concernant le camp ne soit jugée en correctionnelle[38] ; et en toute logique, on peut penser qu'il ne s'agit là que de la partie visible d'un trafic qui, dans l'immense majorité des cas, demeurait clandestin.

Il faut donc se rendre à l'évidence : d'une part, la pratique du marché noir est constante ; d'autre part, les prix gursiens sont exorbitants. Il est vrai que tous les paiements ne se font pas en espèces : bagues, bijoux, montres, stylos sont souvent troqués contre la nourriture ; nombre de femmes paient avec le seul bien "monnayable" dont elles disposent, leur corps.

Sans doute ne saura-t-on jamais exactement le volume des affaires négociées. Sans doute ne connaîtra-t-on jamais la proportion des trafiquants par rapport à l'ensemble des Français, des travailleurs

37. *L'Echo d'Oloron*, 1er mai 1942, p. 1.

38. Le 25 décembre 1942, *L'Echo d'Oloron*, présentant le bilan annuel des activités du tribunal correctionnel d'Oloron, révèle que 591 affaires ont été jugées au lieu de 412 en 1941. La conclusion de l'article est la suivante : *"C'est 179 affaires en plus par rapport à 1941 qui ont été apportées par la clientèle du camp de Gurs"*.

étrangers ou des Gursiens. Sur de tels sujets, les langues sont encore nouées et les traces écrites, lorsqu'elles ont existé, ont été détruites. Mais le fait demeure, incontournable : de 1940 à 1943, le marché noir a fleuri à Gurs, faisant du camp un des endroits les plus chers du pays.

Le trafic de Gurs ne saurait être réduit à une banale fraude, comme il s'en produisait alors couramment. Car si chacun, en Béarn, n'avait pas une pleine conscience de la déchéance dans laquelle l'internement avait fait tomber les Gursiens, tous savaient qu'en trafiquant avec eux, on spéculait d'abord sur leur malheur.

CHAPITRE ONZIEME

L'HYGIENE

Une des raisons pour lesquelles il fut décidé, en mars 1939, de construire le *"centre d'accueil de Gurs"* tient aux conditions sanitaires exécrables qu'avaient dû supporter les réfugiés espagnols, dès leur entrée en France, sur les plages du Roussillon. Il est donc, en quelque sorte, naturel que les autorités françaises aient prêté, dans le camp béarnais, une attention particulière aux questions d'hygiène. De fait, la situation est correcte pendant les premiers mois de l'histoire du camp (voir chapitre quatrième, page 86 et suivantes), mis à part le problème des parasites qu'aucune campagne n'a jamais pu définitivement éliminer.

Après la déclaration de guerre, la situation sanitaire se détériore. L'instauration d'une économie de pénurie dans le pays l'explique en grande partie mais d'autres raisons, plus spécifiquement gursiennes, doivent être également évoquées : le froid, qui oblige les internés à rester chaudement vêtus le jour comme la nuit, et l'humidité, qui interdit, certaines semaines, toute sortie hors de la baraque. Confinés dans l'atmosphère exigüe et malsaine de leur chambrée, les internés font alors connaissance avec la faim, la misère psychologique et la maladie qui sont habituellement les corollaires d'une hygiène insuffisante.

Mais c'est surtout à partir du mois de mai 1940, c'est-à-dire avec l'arrivée des *"Gursiennes"*, que commence le temps des difficultés. L'analyse développée ci-dessous s'attache exclusivement à cette période qui correspond dans l'ensemble, à l'époque de Vichy (les questions d'hygiène posées aux *"indésirables français"* des îlots B et D en 1940, étant présentées par ailleurs[1]).

1. Voir supra, p. 157 et suivantes.

Des conditions d'hygiène déplorables

Lorsque, le 21 mai 1940, le premier convoi de femmes *"indésirables"* est conduit à l'îlot M, la plupart des installations sont déjà usées sous l'action cumulée du climat froid et humide et des quelques 27 000 internés qui se sont succédés dans les baraques. Désormais, il n'est plus question pour l'administration militaire de prêter une attention particulière aux questions d'hygiène, de renouveler les coûteuses campagnes de vaccination ou de désinfection ou d'accorder les mêmes soins qu'auparavant aux malades en traitement. Le Gursien doit, plus que tout autre, se soumettre à la vague des restrictions et remettre à plus tard ses doléances ; d'ailleurs, en cette période où la campagne de France bat son plein, l'armée a d'autres soucis dont l'urgence ne saurait être discutée.

C'est pourquoi rien n'est fait avant plusieurs semaines pour adapter les installations sanitaires des îlots de femmes aux besoins particuliers d'une population féminine. Et encore, seuls deux îlots sur cinq seront dotés, à la fin du mois de juin, de *"lavabos"* fermés[2]. Il faut attendre le mois de juillet pour que la lutte contre les poux soit reprise, pour que les toitures et les bas-flancs des baraques soient réparés, pour que les infirmeries d'îlots soient restaurées, etc.

Ces retards, ainsi que le délabrement des installations, sont lourds à supporter mais leurs effets demeurent limités. Les chaleurs de l'été permettent aux femmes de passer le plus clair de leur temps hors de la baraque, de profiter du soleil en évoquant les souvenirs d'avant la guerre, de laver leur corps et leurs habits à grandes eaux, de dormir à la belle étoile et d'adopter, sans que leur santé en souffre, les tenues les plus légères. Au bout de quelques jours, la plupart des "*Gursiennes*" se sont acclimatées. Elles ne remarquent même plus le regard des gardiens lorsqu'elles font leur toilette et s'habituent à l'absence d'intimité. Même les poux sont supportables quand on sait qu'on sera bientôt libéré.

Bref, l'été 1940 est sans doute une époque éprouvante pour les Gursiennes, d'autant qu'une épidémie d'entérite se déclare alors, mais, du seul point de vue de l'hygiène, la situation n'est pas catastrophique.

L'hiver 1940-1941 voit, en revanche, s'accumuler toutes les difficultés pour rendre inopérants les soins les plus dévoués. D'abord, les intempéries. Aux fortes pluies d'automne succède une des saisons les plus glaciales de la guerre ; pendant plusieurs mois, les internés n'ont donc d'autres possibilité que de rester claquemurés dans l'espace exigu de leurs baraques ; la promiscuité à laquelles ils se trouvent astreints entraîne nécessairement une propagation rapide de la vermine et des microbes pathogènes. Ensuite, le dénuement. La soudaineté qui avait caractérisé l'opération Bürckel n'avait guère

2. Voir supra, p. 52.

laissé le temps aux Badois de prendre avec eux une provision de linge, d'habits et de médicaments suffisante pour qu'ils puissent y puiser pendant plusieurs mois. En outre, parmi les Gursiennes arrivées en mai comme parmi les *"Cypriennais"*, rares sont ceux qui disposent de vêtements chauds, de chaussures de pluie, d'habits simplement adaptés aux rigueurs de l'hiver ou de médicaments. Pour certains, la pénurie est totale. Enfin, la fatigue et la maladie. Déjà, les privations endurées depuis de longs mois avaient altéré les constitutions les plus robustes ; l'exil, les transferts incessants d'un camp à un autre avaient attaqué leurs capacités de résistance nerveuse ; parfois même, des convalescents, venus des camps de Tence[3] (Haute-Loire) ou de Septfonds (Tarn-et-Garonne) étaient arrivés dans le centre béarnais à peine remis de leurs fièvres ou des ulcères qu'ils avaient contractés auparavant et qu'on attribuait généralement aux colonies de puces régnant en maîtres dans la plupart des *"centres d'accueil"*. Cette seule situation était déjà génératrice d'épidémies. Dès lors qu'apparaissent les premiers froids de l'hiver, chacun sent bien que les semaines à venir seront terribles.

Elles le sont effectivement. Dans les derniers jours d'octobre 1940, quinze personnes, des Badois, meurent au camp. En novembre et décembre, le rythme des décès s'accélère. Les médecins internés, devant l'impéritie et l'incompétence de l'administration française, complètement débordée, tentent de réagir. Chaque matin, ils délèguent l'un d'eux (ils sont une douzaine) dans les baraques pour détecter d'éventuels symptômes ; ils groupent les contagieux, ou du moins essaient, et s'épuisent à prôner la propreté. Leur lutte n'empêche guère la vermine et la maladie d'envahir le camp tout entier. Une moyenne de 52 Gursiens meurent alors chaque semaine[4].

> *"Paralysés par l'absence totale d'hygiène, nous avons dû, nous, les médecins, nous contenter de constater en grinçant des dents comment la maladie se propageait de proche en proche. L'absence de tout local qui aurait permis la mise en quarantaine, l'incroyable saleté de toutes les parties du camp, baraques et latrines, le manque de désinfectants, de médicaments et, bien sûr, d'une nourriture adaptée au traitement des maladies, anéantirent tous les efforts du personnel soignant"*[5].

Dans leur correspondance, les internés dénoncent unanimement une situation qu'ils jugent à peine supportable. Les exemples sont

3. Le camp-hôpital de Tence, destiné exclusivement aux malades de sexe masculin, est fermé en novembre 1940. Tous les hommes qui y étaient en traitement sont alors dirigés sur Gurs.

4. Voir supra, p. 228 et suivantes.

5. Max Ludwig, *Das Tagebuch...*, op. cit., rapport du médecin-chef (interné) de l'hôpital des femmes, p. 16.

légion, d'autant que la censure, en cette fin d'année, n'exerce pas encore son effet dissuasif.

Le rapport de synthèse de la commission de contrôle du courrier en donne une idée :

> *"La majorité des hébergés se plaint de ne pouvoir maintenir une hygiène acceptable dans les baraques, (...) signale la présence de rats, de puces et de poux. Les lavabos et les toilettes sont presque inaccessibles aux plus âgés par temps de pluie. (...) De nombreuses chutes sont signalées, dont une avec rupture de la colonne vertébrale"*[6].

Les preuves proviennent également d'administrations vichyssoises comme, par exemple, l'inspection départementale de la Santé. Dès le 26 octobre 1940, le médecin inspecteur avait noté : *"Il faut détruire les rats qui pullulent à Gurs"*[7]. Le 21 janvier 1941, son successeur accompagné d'une commission de trois médecins, visite le camp et envoie au préfet un rapport dans lequel on peut lire :

> *"Il est à souhaiter que l'hygiène du camp soit meilleure, afin d'éviter la propagation des épidémies. Il est à noter que les grabats se touchent dans les baraques et que les internés sont porteurs de parasites de tous ordres. Des locaux d'isolement devraient être prévus. (...) Dans ce même but prophylactique, l'épouillage au moins de l'îlot A devrait être tenté. (...) Dès maintenant, une réserve convenable de médicaments devrait être préparée"*[8].

Le 15 avril 1941, le docteur Schneider, délégué départemental de la Croix Rouge polonaise, rédige le compte-rendu de la visite qu'il vient de faire dans les îlots. Se penchant sur le cas d'un de ses compatriotes, il écrit :

> *"Le Polonais Wojczynsci était un homme plein de santé et de forces il y a quelques mois. Il est maintenant complètement usé par les souffrances et la famine. Il était étendu sans connaissance dans sa baraque sur un grabat malpropre (...). Depuis plusieurs semaines, c'est dans le fumier qu'il demeurait. L'expression n'est pas exagérée puisqu'il demeurait chaque jour, pendant plusieurs heures et même parfois pendant la journée toute entière dans ses vomissements et ses déjec-*

6. Rapport adressé le 4 décembre 1940 par le président de la commission de contrôle postal au ministre de la Guerre (Arch. dép. Pyr. Atl., M provisoire, 500/6). Une vingtaine d'extraits de lettres sont cités, dénonçant tous la crasse et la misère du camp.

7. Rapport adressé le 26 octobre 1940 par le médecin inspecteur départemental de la Santé au préfet des Basses-Pyrénées (Arch. dép. Pyr. Atl., M provisoire, 500/6).

8. Rapport adressé le 21 janvier 1941 par le médecin inspecteur départemental de la Santé au préfet des Basses-Pyrénées (Arch. dép. Pyr. Atl., M provisoire, 500/6).

tions. (...) La nouvelle de sa mort nous est parvenue peu après"[9].

Un texte auquel il a déjà été fait allusion, les *"commandements de l'hygiène du camp"*, révèle, sous la plume du responsable des questions sanitaires du centre béarnais, l'extrême misère dont les internés doivent s'accommoder. Nous en extrayons les *"commandements"* suivants :

> *"II. La consultation est là pour t'aider quand tu es malade. La consultation n'est cependant pas une annexe d'un dépôt de vivres permettant d'obtenir un supplément de nourriture. (...)*
> *III. Ne bois pas l'eau crue, elle peut occasionner des diarrhées. (...)*
> *VII. Ne te gêne pas et ne le cache pas quand tu as des poux. Les conditions de vie au camp ne peuvent que les provoquer. (...)*
> *VIII. On ne doit pas jeter les détritus dans les coins ou par les fenêtres. On s'étonne après qu'il y ait affluence de rats. Une fois tous les quinze jours, la baraque doit être vidée et lavée à l'eau de Javel ; de cette façon, on évite les punaises et les rats et on ne patauge pas dans sa propre saleté"*[10].

De fait, entre le mois d'octobre 1940 et l'été 1941, la saleté et la vermine étendent leur empire dans la plupart des îlots. Contre elles, la lutte s'avère d'autant moins efficace que le désespoir empêche certains internés, principalement les personnes âgées, de manifester l'énergie suffisante. Plusieurs baraques, d 'hommes le plus souvent, sont véritablement infestées de puces, de poux et de punaises (*"le pire des fléaux. Elles sortent victorieuses de tous les combats qu'on leur livre" dit E. Neter),* parfois de rats. La crasse y exerce une profonde torture physique et morale. Elle explique pour l'essentiel la déchéance dans laquelle sombrent quelques Gursiens.

Il est vrai que pour la majorité d'entre eux, qui n'avaient auparavant jamais vu la moindre tinette et n'en soupçonnaient peut-être même pas l'existence, qui jouissaient depuis de longues années d'un confort et d'une hygiène assurés, qui s'y étaient habitués au point que le bien-être matériel leur semblait aller de soi, les changements intervenus dans leur vie semblent insupportables. Et, si sévère que soit la discipline exercée à leur encontre, il est parfois impossible

9. Compte rendu de la visite faite par le Dr. Schneider, délégué départemental de la *Croix Rouge polonaise*, le 15 avril 1941. Texte transmis au préfet des Basses-Pyrénées (Arch. dép. Pyr. Atl., M provisoire, 500/10).

10. *"Commandements de l'hygiène du camp"*. Texte adopté par le préfet des Basses-Pyrénées dans la lettre CD 1483/G2 adressée le 24 juillet 1941 au chef de camp (Arch. dép. Pyr. Atl., M provisoire, 500/6). Le document est intégralement reproduit en annexe.

d'obtenir d'eux l'indispensable effort de volonté et de propreté qu'exigent les circonstances.

Avec le retour des beaux jours, au printemps 1941, quelques améliorations sont enregistrées, d'autant que l'effectif interné connaît alors une diminution sensible. Pourtant, malgré la bonne volonté déployée, malgré les chasses aux poux et aux rats, malgré les désinfections réitérées, les conditions sanitaires demeurent mauvaises. La vermine reste présente, cachée partout, dans les paillasses et les habits, à l'intérieur des valises, aux jointures des planches, entre le carton bitumé et la volige, sous le plancher, etc. Jamais, après l'hiver 1940-1941, la situation ne redeviendra correcte.

Que d'efforts vainement dispensés dans ce combat inégal ! Par les internés, bien sûr, mais aussi par l'intendance et l'administration qui, à partir de novembre 1941, distribuent des désinfectants, des flacons de *"Marie-Rose"*, des balais, et qui acceptent de mettre certaines baraques à la disposition des diverses catégories de malades ; par les services médicaux qui prêtent un soin particulier à l'hygiène des enfants[11], par les délégués des Œuvres qui procèdent à d'incessants achats d'eau de Javel et de désinfectants qu'ils distribuent dans les îlots. En regard, les résultats sont dérisoires : avec les premières pluies d'automne, le fléau réapparaît et envahit tout.

Une conclusion s'impose donc : après l'hiver 1940-1941, l'hygiène du camp ne peut plus, à aucun moment, être considérée comme satisfaisante. A la belle saison, les conditions atmosphériques permettent de l'améliorer. Mais, même au cours de ces périodes fastes, on ne saurait la qualifier de correcte. Le reste du temps, elle est déplorable : puces, poux et rats règnent en maîtres à Gurs. Il n'est pas exagéré d'affirmer que tous les hommes et toutes les femmes enfermées à l'époque de Vichy ont été, à un moment ou à un autre de leur internement, des pouilleux[12].

11. Rapport de l'infirmière-chef sur l'hygiène générale des îlots adressé le 21 décembre 1941 par le chef de camp à l'inspecteur général des camps sous le n° 835/D (Arch. dép. Pyr. Atl., M provisoire, 500/13). Le texte précise notamment : *"la pouponnière est une baraque isolée, baignée de toutes parts par le soleil, divisée en trois parties : la salle à manger des mamans, la salle des bébés de un an et demi à trois ans (avant un an et demi, les nourrissons sont hébergés à la maternité ; après trois ans, ils vont dans les baraques) et la salle des mamans. (...) Tous ces bébés ont des mines réjouies et superbes et sont soumis à un même régime alimentaire, soit 4 repas par jour : à 8 heures, 250 g. de bouillie de Blédine ; à midi, légumes, soupe ; à 15 heures, bouillie de Blédine ; à 18 heures, riz et bouillie de flocons d'avoine ou 250 g. de cérélactose"*.

12. La plupart des chefs de camp, des directeurs de centre d'accueil ou d'émigration du Midi de la France ne voient pas arriver sans appréhension les internés de Gurs car ils les soupçonnent systématiquement (souvent à juste titre) d'être porteurs de poux et de vermine. Aux Milles, le directeur commence, avant toute chose, par les diriger sur la baraque de désinfection.

Les maladies

Une hygiène médiocre offre un terrain favorable à la circulation et au développement des agents pathogènes (microbes, virus, champignons, etc.). A Gurs, un autre facteur joue un rôle déterminant : le temps. L'été, les hôpitaux et les infirmeries se vident et les affections à caractère épidémique cessent presque totalement. L'hiver, en revanche, dès les premières pluies, la maladie resurgit. C'est qu'elle est étroitement liée aux quatre caractéristiques fondamentales de l'internement à la mauvaise saison : impossibilité de se promener dans les îlots fangeux, oiseveté forcée, froid et obscurité des baraques. Tout Gursien devient alors un malade potentiel.

Les maladies les plus couramment observées au camp sont directement liées aux déficiences de l'alimentation. La plus fréquente, que médecins et internés appellent souvent dysenterie, parfois typhoïde, parfois gastro-entérite, présente les symptômes suivants :

> *"La maladie se manifestait au début par une fièvre élevée, accompagnée de fortes diarrhées mêlées de sang et de douleurs au ventre. Les malades étaient prises si brusquement de coliques qu'elles souillaient le linge, la paillasse et le sol. Dans les cas graves, on observait également des nausées ; par la suite, toutes les muqueuses se desséchaient, on éprouvait une soif intense, on perdait conscience et il y avait une incontinence intestinale totale"*[13].

Rares sont les témoignages qui ne mentionnent cette maladie. Tous s'accordent pour lui reconnaître les caractères suivants : diarrhées violentes accompagnées de saignements, soif inextinguible, rapide chute de poids, anorexie, contagion. Le journal de Moussinac montre qu'il suffit de quelques jours à cette infection pour envahir l'îlot[14]. Neter affirme que les personnes âgées sont les premières touchées et que la *"dysenterie"* est la cause essentielle de la vague de décès qui s'abat sur le centre béarnais pendant l'hiver 1940-1941[15].

Face à ce mal, l'administration médicale du camp porte l'essentiel de son effort sur des querelles de terminologie.

> *"Après analyse des matières fécales effectuée au laboratoire de l'armée, il a été conclu à l'absence de bacilles dysentériques. Il ne s'agit donc pas de la dysenterie"* .
>
> *"La rumeur circulant dans les îlots selon laquelle une épidémie caractérisée de fièvre typhoïde, dûe à l'impureté de l'eau de camp, aurait déjà fait de nombreuses victimes, ne*

13. Hanna Schramm, *Vivre à Gurs*, op. cit., p. 51.

14. Moussinac, op. cit., p. 200 à 204.

15. Eugen Neter, "Erinnerungen...", op. cit., p. 51.

repose sur aucun fondement. Les symptômes de la fièvre typhoïde n'ont rien de commun avec ceux que j'ai pu observer ici. (...) L'eau fournie aux hébergés est parfaitement potable''[16]

En outre, les services médicaux du camp comme ceux du département sous-estiment de façon quasi systématique la gravité de la situation :

''La seule maladie constatée au camp ayant un caractère épidémique, en août 1939 et en septembre 1940, a été la diarrhée''(26 octobre 1940)[7].

''La diarrhée dysentéiforme (...) a également sévi dans de nombreuses communes du département. (...) Le nombre des malades ne paraît pas anormal étant donné leur âge moyen''(24 janvier 1941)[16].

''L'entérocolite observée cet hiver dans certains îlots n'a pas présenté le caractère désastreux que décrivent les extraits de presse mentionnés'' (13 mars 1941)[17].

Quant aux Gursiens, il leur importe peu d'apprendre que la maladie qui menace leurs jours est une gastro-entérite ou une entérocolite. En revanche, ils attendent des médecins du camp qu'ils leur dispensent des soins appropriés. En 1940 et 1941, c'est rarement le cas. Moussinac affirme qu'à la consultation, le praticien lui conseille pour guérir de *''manger des pois chiches''*[14], Hanna Schramm, que *''l'intendance fournissait un peu de créosote et d'eau de Javel, et c'était tout''*[18], Eugen Neter que la pénurie en médicaments et en matériel, ainsi que l'absence de toute possibilité d'isolement, rendaient vains la plupart des efforts.

En vérité, il semble que, sous Vichy, rien de sérieux n'ait été entrepris. Les responsables de l'hygiène, soit qu'ils aient réellement été convaincus d'avoir affaire à une mauvaise diarrhée, soit qu'ils n'aient pas disposé de moyens matériels suffisants, prescrivent des thérapeutiques insignifiantes (infusions, décoctions, mais les plantes manquent ; hospitalisation dans les infirmeries d'îlots, mais elles sont déjà bondées) ou se cantonnent dans de bonnes paroles. Par-

16. Rapport adressé le 24 janvier 1942 par l'inspecteur départemental de la Santé au préfet des Basses-Pyrénées (Arch. dép. Pyr. Atl., M provisoire, 500/6).

17. Rapport adressé le 13 mars 1941 par le médecin-chef au chef de camp et transmis par ce dernier le 15 mars, sous le n° 7971 au préfet des Basses-Pyrénées (Arch. dép. Pyr. Atl., M provisoire, 500/6). L'allusion à l'extrait de presse concerne un article très critique du *Basler Nachrichten* n° 44 du 12 février 1941, dans lequel on peut lire : *''Dans le camp de Gurs, 45 personnes meurent par semaine. (...) Souvent, des ''ambulances'' arrivent qui emportent les mourants de leur baraque à l'hôpital central. C'est un vulgaire camion dans lequel on transporte les cadavres. On a fait un calcul duquel il résulte que, si une épidémie n'éclate pas, et si les décès continuent à la même cadence, il ne restera plus personne au camp d'ici deux ans.''*

18. *Vivre à Gurs*, op. cit., p. 53.

fois, certains médicaments sont donnés (bismuth, tannalbine) mais, la plupart du temps, les pharmacies sont vides et aucun remède ne peut être fourni[19]. Aussi n'est-il pas étonnant de constater les dégâts, graves et fréquents, causés par cette affection intestinale : amaigrissement, épuisement, lésions diverses, pertes de conscience, etc...

Reste la nature de la maladie elle-même. Les Gursiens en voyaient l'origine parfois dans un virus porté et propagé par les rats, parfois dans les impuretés contenues dans l'eau du camp. Ces deux hypothèses sont certainement inexactes car elles n'expliquent pas pourquoi la maladie apparaît toujours en période d'intense occupation des baraques, ni pourquoi elle cesse généralement avec le retour des beaux jours. Ses causes doivent plutôt être cherchées dans l'alimentation déficiente, particulièrement en hiver, servie dans les îlots. L'absence de vitamines, principalement les vitamines B1 et B2, et l'uniformité des menus imposent à l'organisme de telles carences qu'il en résulte, chez les personnes déjà affaiblies, des troubles digestifs et intestinaux. Il n'est besoin pour cela ni de virus, ni de bacilles. D'ailleurs, les symptômes disparaissent rapidement dès que des mesures de *"suralimentation"* sont prises, c'est-à-dire au printemps 1941 puis, de façon régulière, à partir du printemps 1942.

D'autres maladies, liées directement à la nourriture déficiente du camp, sont également signalées. Nous ne reviendrons pas ici sur les fréquents oedèmes de carence dont il a déjà été question par ailleurs[20]. Notons, en revanche, les allusions innombrables aux pertes de poids qui peuvent atteindre, aux dires des intéressés eux-même, le tiers du poids habituel[21], aux dires de l'inspecteur général des camps, le quart[22]. Notons également la fréquence anormale des maladies de la vue (atrophie du nerf optique), des chutes de dents, de l'aménorrhée, de l'anorexie, sans parler des crampes stomacales et des hémorragies[23]. Toutes ces altérations momentanées ou durables de la santé trouvent leur origine dans les déséquilibres (malnutrition) et les insuffisances (sous-alimentation) de la nourriture du

19. Rapport adressé le 27 novembre par l'infirmière-chef au médecin-chef du camp (Arch. dép. Pyr. Atl., liasse non cotée 269).

20. Voir supra, p. 313 et 314.

21. Arthur B., interné à l'îlot A, écrit dans une lettre adressée à sa famille le 31 octobre 1941 : *"J'ai perdu 42 kilos et demi de mon poids et suis devenu très faible"* (rapport de la censure du camp pour le mois de novembre 1941, Arch. dép. Pyr. Atl., M provisoire, 500/6). Si ce cas semble extrême, les personnes ayant perdu de 20 à 25 kilos sont, en revanche, nombreuses.

22. Le *"rapport sur les besoin alimentaires des hébergés au camp de Gurs"*, rédigé par le Dr Jean Roche, professeur à la Faculté de Médecine de Bordeaux, contresigné par l'inspecteur général des camps et adressé au ministre de l'Intérieur le 17 août 1942, contient les phrases suivantes : *"Le quart de la population du camp environ est constitué par des sujets ayant perdu une partie importante de leur poids, pouvant dépasser 25%. Ils sont actuellement cachectiques ou menacés de cachexie"* (Arch. dép. Pyr. Atl., M provisoire, 500/15).

camp. Toutes ne sont ni graves ni irréversibles, mais les pénibles conditions de séjour dans les baraques et le sentiment d'abandon ressenti à juste titre par les internés les ont souvent conduits à surestimer leurs effets.

A côté des maladies liées aux insuffisances de l'alimentation, d'autres, que signalent les rapports mensuels du médecin-chef au chef de camp (dont bien peu, d'ailleurs, nous sont parvenus[24]), doivent être évoquées. Il n'est pas question d'en faire ici le catalogue, mais il faut souligner la fréquence inhabituelle des méningites et des tuberculoses, comme le remarque le médecin responsable de l'hôpital des femmes :

> *"Une deuxième [après l'entérite] maladie infectieuse atteignit le camp vers la fin de l'hiver : l'inflammation du cerveau (méningite). Elle toucha les jeunes, parmi ceux qui étaient restés jusque là en bonne santé. J'ai ainsi rencontré une trentaine de cas dont l'issue fut presque toujours fatale. (...) La tuberculose fut, comme on pouvait s'y attendre du fait des mauvaises conditions de logement et d'hygiène, beaucoup plus fréquente que dans des circonstances normales"*[25].

En fin de compte, l'apparition de la maladie est à Gurs directement liée aux déficiences alimentaires.

La lutte contre la saleté et la maladie

Avant l'été 1941, elle est menée, pour l'essentiel, par les internés eux-mêmes. Après, l'administration gursienne fait un incontestable effort.

Les autorités sont censées fournir le matériel médical, des médicaments aux instruments chirurgicaux. En réalité, d'octobre 1940 à juin 1941, rien n'est fait. Les médecins sont unanimes à constater l'ampleur et l'urgence des problèmes :

> *"L'épuisant travail des médecins et les fatigues accumulées par les infirmières furent vains : les médicaments, les régimes, la nourriture et le matériel médical faisaient trop cruellement défaut. Dans les froides baraques-infirmeries, il n'y avait qu'une seule alèse pour 30 ou 40 personnes atteintes*

23. Joseph Weill, *Contribution...*, op. cit., p. 41 et p. 58-61.

24. D'octobre 1940 à novembre 1943, seulement quatre rapports mensuels sont conservés. Le nombre des hospitalisations et leurs causes sont mentionnés (Arch. dép. Pyr. Atl., liasse non cotée 269).

25. Max Ludwig, *Das Tagebuch...*, op. cit., p. 17-18. Ce témoignage concerne la seule période comprise entre octobre 1940 et mars 1941.

de diarrhées (Eugen Neter)[26].

"Nous aurions pu arracher beaucoup de malades à la mort par des mesures de prophylaxie dans un camp mieux aménagé et avec des instruments d'analyse disponibles. Mais lorsque nous arrivâmes, nous ne trouvâmes aucun instrument. On nous promit beaucoup, on réalisa peu" (le médecin responsable de l'hôpital des femmes)[27]

"Les stocks médicamenteux sont extrêmement pauvres. (...) Ainsi l'insuline, les opiacés et les calmants (...). Tout aussi grave est le problème de l'appareillage orthopédique (Joseph Weill)[28].

De fait, la pénurie de médicaments et d'instruments médicaux paralyse les efforts du personnel soignant. Si on n'avait pas systématiquement utilisé les réserves personnelles des internés puis, celles-ci étant épuisées, les colis envoyés au camp par les Œuvres philanthropiques alertées en toute hâte, il est certain que la misère aurait conduit à la mort un contingent très supérieur aux quelques 700 Gursiens décédés alors.

A partir de l'été 1941, une notable amélioration intervient. L'évacuation de près de 3 000 vieillards, enfants et malades, en février-mars 1941, vers d'autres camps mieux aménagés[29], avait déjà procuré aux restants une liberté de mouvement inimaginable quelques semaines auparavant. Le progrès devient prodigieux, en mai-juin 1941, lorsque deux infirmières françaises diplômées sont affectées à chaque îlot. Comble du confort, au cours de l'été, une vaste campagne de restauration du camp est menée : les baraques-infirmeries sont nettoyées, meublées de châlits et dotées d'un stock de médicaments de première urgence ; des chambres sont spécialisées à l'hôpital central dans l'accueil de tel ou tel type de contagieux ; la pharmacie centrale du camp est reconstituée. Bref, l'ensemble des services est réorganisé de façon cohérente et le matériel médical ne fait plus cruellement défaut[30]. Certes, tout n'est pas parfait désormais, mais on ne se heurte plus, après l'été 1941, à l'indigence sanitaire qui avait caractérisé les premiers temps de l'époque vichyssoise.

Un des aspects les plus notables des efforts entrepris par les services français concerne la lutte contre les poux. Depuis des mois,

26. Eugen Neter, "Erinnerungen...", op. cit., décembre 1961, p. 16.

27. Max Ludwig, *Das Tagebuch...*, op. cit., p. 17.

28. Joseph Weill, *Contribution à l'histoire des camps...*, p. 42. Le rapport cité par l'auteur concerne essentiellement le camp de Gurs au printemps 1941.

29. Voir supra, p. 220 et suivantes.

30. Rapport adressé le 31 juillet 1941 par le médecin-chef au chef de camp (Arch. dép. Pyr. Atl., M provisoire, 500/6).

les internés s'étaient attelés à ce problème sans pouvoir y trouver une solution définitive. Le chef de camp ne la trouvera pas davantage, mais au moins a-t-il le mérite (le fait est suffisamment rare, sous Vichy, pour être noté) d'avoir entrepris quelque chose. En juillet 1941, il décide d'affecter une baraque de chaque îlot à la désinfection des pouilleux ; toute personne trouvée porteuse de vermine est tenue d'y séjourner jusqu'à la désinfection complète d'elle-même comme de son linge[28]. Cette mesure se révèle rapidement, sinon efficace, du moins dissuasive. Pour éviter d'être ainsi placé dans une sorte de quarantaine humiliante, les Gursiens s'attachent davantage à la propreté de leur corps et de leurs habits ; ceux qui n'en ont cure, toujours les mêmes, sont en quelque sorte forcés à la propreté. Mais les poux et les punaises n'en disparaîtront pas pour autant.

En fin de compte, si le matériel mis à la disposition du personnel soignant à partir de l'été 1941 est, dans l'ensemble, acceptable (dès lors que les cas les plus graves ne sont pas traités à Gurs, ce qui n'est pas toujours vrai), avant cette date et surtout pendant l'hiver 1940-1941, c'est bien de pénurie qu'il s'agit. Quant au personnel médical français, on aimerait pouvoir affirmer qu'il a fait son possible pour soigner consciencieusement les malades. De l'avis des internés et des délégués des Œuvres, rien n'est moins sûr.

Décrire la lutte quotidienne menée par les médecins en faveur de l'hygiène est difficile, tant leurs activités touchent à des compartiments différents de la vie du camp. A la mauvaise saison, ils sont constamment sur la brèche. Dans les baraques : visites, consultations, premiers soins, paroles d'apaisement, heures entières passées à écouter les doléances des uns et des autres, arbitrages rendus sur les discussions que fait naître la nécessité de réserver les meilleures places de la chambrée aux malades, appel à toute heure du jour et de la nuit. A l'infirmerie d'îlot : surveillance et traitement des malades, interventions simples, consignes au personnel soignant. A l'hôpital central : réunions-bilans sur l'état sanitaire de l'îlot, négociations avec les représentants des services français en vue d'obtenir tel médicament ou tel instrument, parfois soins aux malades, opérations. Sans parler des allées et venues entre l'îlot et le premier quartier, des innombrables formulaires à remplir, des consultations souhaitées par le personnel français, etc. Travail éreintant qui justifie la confidence faite à Hanna Schramm par le médecin de son îlot :

> *"J'ai merveilleusement bien dormi cette nuit ; c'est la première fois que personne ne m'a envoyé chercher"*[31].

Infirmiers et infirmières internés, confrontés aux situations les plus inattendues, sont contraints de se dépenser sans compter. La façon dont ils s'acquittent de leur tâche leur vaut généralement

31. Hanna Schramm, *Vivre à Gurs...*, op. cit., p. 108.

l'estime et la reconnaissance de leurs compagnons. Pourtant rares sont ceux qui avaient déjà exercé une telle activité avant leur arrivée à Gurs. Il s'agit presque exclusivement de volontaires formés sur le tas, au contact des médecins internés, des malades, puis, plus tard, des infirmières françaises d'îlots. Hanna Schramm décrit leur travail, en août 1940, dans les termes suivants :

> *"Nos quatre infirmières formaient une équipe magnifique. Doris, vingt ans, distribuait les médicaments et accompagnait les médecins lors des visites. Paula, petite et rondelette, toujours en mouvement, était d'une gentillesse extrême. Annie était la femme d'un chef d'orchestre et elle-même chanteuse débutante. Toutes deux allaient et venaient sans arrêt entre les lits et les toilettes, lavaient les malades, vidaient les bassins, nettoyaient le linge sali ; c'était à l'époque un travail de Sisyphe. Quant à Steffi, elle faisait la cuisine. Elle savait préparer avec rien ou presque des repas savoureux"*[32].

La lutte n'est pas seulement le fait du personnel soignant. Il faut aussi souligner le rôle fondamental des chefs de baraques. Ce sont eux qui animent, en fait, l'incessant combat mené contre la saleté et les parasites. L'étendue de leurs compétences est considérable : ils organisent les tours de nettoyage, désignent les équipes de service, contrôlent leur besogne, stimulent ceux qui rechignent, tentent de convaincre les récalcitrants, surveillent la propreté des paillasses et des couvertures, interdisent, sauf cas de force majeure, l'usage du seau hygiénique, inspectent régulièrement les couvertures et les habits, coordonnent les chasses aux puces et aux punaises, rappellent à l'ordre ceux qui se négligent et ravivent leur énergie, adressent à l'intendance les demandes de fournitures de balais, savons, eau de Javel, etc. En un mot, ils assument l'essentiel de l'obscur et difficile travail qu'exige le maintien d'un minimum d'hygiène. Par temps de pluie, leur tâche est d'autant plus ingrate que les résultats sont à peine perceptibles : le plancher de la baraque est toujours souillé et des trésors de fermeté sont indispensables pour venir à bout de la torpeur qui engourdit la chambrée. Par temps sec, la propreté des locaux est inégale d'une construction à l'autre : elle est fonction de l'influence qu'exerce le chef de baraque sur ses compagnons. En règle générale, cependant, les îlots de femmes sont mieux tenus que les îlots d'hommes.

Les efforts conjoints des médecins, infirmiers et chefs de baraques, même s'ils n'ont jamais abouti à une situation vraiment saine, ont au moins permis aux internés de ne pas vivre en permanence dans la crasse et la vermine. De ce point de vue, on peut dire que les résultats obtenus n'ont pas toujours été mauvais.

32. *Ibid.*, p. 54.

Contre la maladie, la lutte des Gursiens se heurte longtemps à la pénurie de matériel et de médicaments. L'essentiel des efforts réside donc dans la recherche et dans l'envoi au camp de ces précieuses fournitures.

Là encore, s'opposent deux périodes. Avant la création par le rabbin Leo Ansbacher, en février 1941, du système de secours ordonné autour du Comité central d'assistance (C.C.A.)[33], il faut faire avec les moyens du bord. Les solutions adoptées, destinées à parer au plus pressé, sont anarchiques et soulèvent d'innombrables difficultés. Par exemple, il faut bien prendre les médicaments où ils sont, c'est-à-dire dans les réserves personnelles des internés puisque les pharmacies d'îlots sont vides. D'où les violentes disputes qui surgissent entre les possesseurs des médicaments et les médecins qui les incitent à partager. De même, lorsqu'arrivent dans une baraque des stocks de médicaments en provenance de Suisse ou des Etats-Unis, à la suite d'appels de tel interné, qui désire les conserver par devers lui. Les désordres qui résultent de tels marchandages viennent encore ajouter au désarroi et à la misère du moment.

C'est pour mettre fin à ces situations sordides que, dans un premier temps, les envois des organisations juives sont exclusivement adressées aux rabbins internés. Plusieurs colis de médicaments, provenant du rabbin David Feuerwerker, replié à Brive, parviennent ainsi, fin décembre 1940, au rabbin Leo Ansbacher. D'autres suivront, venant des comités de parrainage de Périgueux et de Limoges[34]. Parallèlement, les responsables des Œuvres philanthropiques qui s'installent alors au camp procèdent à des distributions gratuites de médicaments qu'ils remettent aux chefs d'îlots. Dans tous les cas, les bénéficiaires des envois sont expressément chargés de la répartition des précieuses marchandises auprès de leur compagnons.

La création du C.C.A., qui fonctionne de façon régulière du printemps 1941 à la dissolution provisoire du camp (novembre 1943), ouvre la seconde période[33]. Désormais, le comité des frères Ansbacher devient le cœur de tout le système d'entraide. Son but est de coordonner la demande et la distribution des produits de première nécessité que l'administration française ne fournit pas. En ce qui concerne les médicaments, des stocks sont achetés par des organisations juives du Sud-Ouest, envoyés à Gurs où ils sont contrôlés par les services administratifs et entreposés au siège du C.C.A. De là, ils sont soit mis à la disposition des médecins internés, soit distribués dans les infirmeries d'îlots, soit même, pour les produits les plus courants, dirigés par l'intermédiaire de la Coopérative d'achats vers les cantines d'îlots où chacun peut en faire l'acquisition. Ce

33. Voir supra, p. 207.

34. René Kapel, *"J'étais aumônier..."*, op. cit., *Le Monde Juif* n° 87, p. 110-111.

système simple, qui présente l'avantage de supprimer le marché noir, permet à tous les Gursiens, quel que soit leur niveau de fortune, de recevoir des remèdes adaptés au traitement prescrit.

Il est donc clair que les internés ont su pallier en partie les lacunes que l'administration médicale du camp avait laissé s'accumuler depuis le mois de mai 1940. Les améliorations survenues en 1941, auxquelles les services français n'ont guère participé, sont directement liées à leur action. Par la suite, la baisse des effectifs assurant aux Gursiens restés dans les baraques de meilleures conditions d'internement, le matériel et les médicaments du camp s'avèreront suffisants. Mais la pénurie des années 1940 et 1941 avait déjà produit ses funestes effets.

Le bilan de la lutte menée contre la saleté et la maladie est sombre : la vermine dont on n'a jamais pu se débarrasser durablement, l'inévitable crasse envahissant les chambrées par temps de pluie, l'impossibilité de mener une politique sanitaire cohérente en raison de la précarité des installations, le développement exceptionnel de certaines maladies, la déchéance dans laquelle ont sombré, faute de soins, certains internés, la vanité des efforts dispensés par le personnel soignant. Sans oublier les conséquences psychologiques que l'absence de perspectives d'avenir engendre chez les malades, le désespoir des médecins qui assistent impuissants au naufrage. Et puis, au bout du compte, les 1 067 décès.

CHAPITRE DOUZIEME

LES RAPPORTS AVEC L'EXTERIEUR

Les Gursiens, confinés derrière les barbelés, éprouvent une véritable fascination pour le monde extérieur. Plusieurs dizaines d'années après, les survivants avouent qu'ils ressentent encore, toujours aussi présente, cette angoisse, née de l'internement, de ne pas tout à fait appartenir au monde des vivants. L'ancien de Gurs c'est encore un reclus qui s'étonne parfois d'évoluer aujourd'hui *"à l'extérieur"*.

Nous ne reviendrons pas ici sur les rapports avec le personnel français ou sur le marché noir (voir p. 314 et suivantes). Nous aborderons seulement les autres formes de contacts quotidiens : les visites, le courrier et l'action des Œuvres philanthropiques.

Des rapports peu fréquents et soumis à un contrôle étroit

Un même souci anime à tout instant les préfets qui se sont succédés à la tête du département de 1939 à 1944 : limiter autant que faire se peut les conséquences de la présence des Gursiens en terre béarnaise. Pour cela, il convient non seulement de contrôler étroitement les internés, mais aussi de réglementer leurs possibilités de contact avec d'éventuels visiteurs. Tout un arsenal de décisions administratives est adopté en ce sens...

Le 24 mars 1939, c'est-à-dire une dizaine de jours avant l'ouverture des premiers îlots, un premier arrêté préfectoral *"interdit le stationnement de tout véhicule au droit du camp de Gurs, sur une longueur de deux kilomètres de la RN 636"*[1].

Cette mesure s'avère rapidement insuffisante car, si les véhicules s'arrêtent plus loin, les badauds demeurent toujours aussi nombreux le long de la route. C'est pourquoi, quelques mois après, elle est étendue aux personnes extérieures au camp : *"le stationnement des piétons aux alentours du camp de Gurs est interdit"*[2]. La législation s'efforce donc de tenir à l'écart du camp curieux et badauds.

En fait, les deux arrêtés préfectoraux sont souvent pris comme prétexte pour éloigner les proches des internés. Ils ne visent guère les habitants de la région qui, au lieu de stationner d'un côté de la route, ont tout loisir de faire halte de l'autre côté, où prolifèrent les gargotes des mercantis. Les visiteurs étrangers, en revanche, décontenancés par les injonctions des gardiens et peu enclins à demander conseil aux mercantis, sont directement touchés. Ce sont eux, d'abord, qui sont éloignés du camp.

Les relations des Gursiens avec le monde extérieur, même si elles sont réduites par la législation ou restreintes par l'interprétation qui en est faite sur le terrain, sont, du moins, possibles avant la guerre. Elles prennent habituellement la forme de visites au parloir, plus rarement de permissions dominicales chez l'habitant[3]. Dans tous les cas, elles sont brèves : quelques dizaines de minutes au parloir, une demi-journée pour les permissions de sortie. De plus, la réglementation administrative qui les entoure constitue un carcan étroit et difficile à contourner. D'autant que, depuis le mois de juin, les familles de Gursiens sont tenues à l'écart du département, le préfet estimant qu'il ne lui *"est plus possible d'accepter les demandes de transfert de réfugiées espagnoles dans le département"*[4].

Après la déclaration de guerre, un régime draconien est instauré. Il est justifié par l'ouverture des hostilités et la sombre rumeur qui enveloppe désormais le camp. Gurs, où une masse d'étrangers est entretenue dans l'oisiveté aux frais du contribuable n'est-il pas le point de ralliement de tous les comploteurs de la *"cinquième colonne"* (communistes, anarchistes, suspects, apatrides, etc.) ? Les permissions sont donc supprimées et les visiteurs tenus de montrer patte

1. Arrêté préfectoral du 24 mars 1939, article premier (Arch. dép. Pyr. Atl., 1 M 543).

2. Article premier de l'arrêté préfectoral du 22 août 1939 (Arch. dép. Pyr. Atl., 3 Z 242).

3. Voir chapitre IV, p. 89. .

4. Rapport adressé le 26 juin 1939 par le préfet des Basses-Pyrénées à *"Messieurs les préfets des centres d'accueil des réfugiés espagnols"* (Arch. dép. Pyr. Atl., 3 Z 242). Les *"demandes de transfert"* désignent ici l'envoi des familles de Gursiens dans les refuges de Pau et d'Oloron.

blanche. Mieux, l'interdiction de communiquer avec les Gursiens depuis la route nationale est appliquée de la façon la plus stricte : les soldats qui assurent la surveillance et la garde du camp reçoivent, en effet, la consigne de *"disperser et de faire circuler"*[5] les groupes de badauds. Il en résulte une coupure profonde entre les internés et le monde extérieur. Les rares Béarnais qui auparavant n'hésitaient pas à manifester ouvertement leurs sympathies pour les Gursiens font preuve désormais d'une grande discrétion. Pourtant, le camp n'est pas encore le ghetto qu'il deviendra par la suite. On peut encore y pénétrer, accéder au parloir, parfois, même, organiser une évasion à l'occasion d'une corvée de bois ou d'un transfert.

Avec l'armistice, la situation change une nouvelle fois. Les *"Gursiennes"* qui avaient été enfermées en mai 1940 sont peu à peu libérées. Elles s'installent où elles le peuvent, c'est-à-dire, la plupart du temps, dans les villages environnants. Dans la vallée, en juillet et en août, on les rencontre partout : sur les routes, dans les hôtels, à la ferme où elles sont fréquemment employées comme faneuses ou moissonneuses, sur les sentiers forestiers, dans les salles d'attente des gares, dans les granges et les cabanes[6].

Comme, au même moment, les services préfectoraux passent sous l'autorité de nouveaux fonctionnaires et qu'il en résulte un incontestable flottement au sein des services administratifs du camp, les rapports des internés avec l'extérieur connaissent un prodigieux développement : ouverture permanente du parloir, visites de commerçants béarnais dans les îlots de femmes, reprise des permissions journalières, sorties quotidiennes des cantinières d'îlots, etc. Gurs apparaît alors comme un camp qui sombre progressivement dans l'anarchie, où les femmes ne demeurent que parce qu'elles n'ont pas d'autre possibilité d'hébergement ailleurs[7].

A la fin de l'été 1940, le système répressif vichyssois enferme peu à peu le camp dans un véritable carcan. Les arrêtés antérieurs sont exhumés et l'interprétation la plus étroite en est retenue. Les possibilités de contact avec le monde extérieur s'en trouvent réduites à leur plus simple expression. Elles le resteront jusqu'en 1944, d'autant qu'un nouveau texte vient encore les restreindre. L'arrêté préfectoral du 10 janvier 1941 stipule en effet :

> *"Les ressortissants étrangers et les individus suspects séjournant dans les zones non-occupées des départements des Lan-*

5. Note de service n° 412 rédigée le 3 septembre 1939 par le commandant du camp, à l'usage des sous-officiers responsables de la surveillance du camp (Arch. dép. Pyr. Atl., 3 Z 242).

6. Voir chapitre V, p. 149.

7. Ce tableau ne concerne pas les îlots B et D dans lesquels sont enfermés les *"indésirables français"*. Pour eux, la discipline, assurée par les gardiens des prisons parisiennes et bordelaises, reste d'une sévérité inflexible.

des et des Basses-Pyrénées doivent être refoulés dans un rayon de trente kilomètres autour du camp de Gurs"[8].

Il en résulte, du point de vue juridique, une situation tout à fait exceptionnelle dans le pays. Le département des Basses-Pyrénées se trouve, en effet, divisé en quatre parties : la zone occupée à l'ouest, la zone non-occupée à l'est, la zone interdite au sud et la zone de Gurs au centre. Du point de vue des familles d'internés, la mesure se révèle dramatique car les villes de Navarrenx, Oloron et Orthez, qui leur servaient habituellement de lieux de résidence, sont désormais incluses dans cette sorte de seconde zone interdite. Pau, en revanche, est en dehors, ce qui explique qu'un nombre important d'anciens internés espagnols tentent alors de s'y cacher. Mais les familles juives sont désormais tenues à l'écart ; les visites au parloir leur sont à peu près impossibles en raison de la distance qu'il leur faudrait parcourir pour se rendre jusqu'à Gurs. L'arrêté du 10 janvier 1941 exerce donc un effet dissuasif évident sur les réfugiés installés à demeure dans la région de Pau puisqu'ils sont, en cas d'infraction, menacés d'être eux-mêmes immédiatement internés.

Gurs devient donc, à partir de 1941, une sorte de ghetto à la mode de Vichy. Il le restera jusqu'en 1943, date de la première dissolution du camp.

En définitive, d'avril 1939 à août 1944, seuls quelques mois se dégagent pendant lesquels les Gursiens ont effectivement la possibilité d'entrer directement en rapport avec l'extérieur : les premiers temps de l'histoire du camp, jusqu'à l'été 1939, et juillet et août 1940. En tout et dans le meilleur des cas, six mois sur près de cinq ans. Le reste du temps, les visites sont, sinon interdites, du moins entravées par un tel faisceau d'obstacles psychologiques, matériels et administratifs qu'elles sont difficilement envisageables et partant, peu fréquentes.

Les rapports que les internés entretiennent avec le monde extérieur, pendant les quelques mois où cela leur est possible, sont de trois types : les visites au parloir, les permissions et l'échange de correspondance, l'action des Œuvres étant étudiée séparément.

Les visites au parloir font l'objet d'une réglementation stricte. Théoriquement, elles ne sont permises qu'à certaines heures de la journée, généralement de 10 heures à midi et de 14 à 16 heures, et sous certaines conditions (être un proche parent de l'interné, avoir reçu l'autorisation préalable du chef de camp ou, à défaut, de l'officier ou du gardien-chef de semaine, être accompagné d'un surveillant).

8. Arrêté préfectoral du 10 janvier 1941, article premier (Arch. dép. Pyr. Atl., M provisoire, 500/13). Auparavant, un arrêté promulgué le 7 juillet 1940 avait astreint les anciens internés libérés à quitter le département.

Avant la guerre, les visiteurs sont nombreux et le parloir est souvent bondé. Il faut parfois crier pour se faire entendre de son interlocuteur, placé de l'autre côté d'une sorte de guichet[9]. La confusion qui règne la plupart du temps dans la pièce et qui rend difficile la poursuite d'une conversation suivie, présente néanmoins l'avantage, pour les internés, de permettre toutes sortes de trafics : des objets de première nécessité (couteaux, fil, clous, etc.), mais aussi des outils, des vêtements, des journaux, des brochures, de la nourriture, des médicaments, etc. Le 27 avril 1939, le député communiste de Paris Charles Michels réussit à remettre à l'un des responsables du *"camp international"* une liasse de 4 000 imprimés tirés par l'*Amicale des volontaires des Brigades internationales* et destinés à faciliter leur démobilisation[10]. Une telle pratique qui, il est vrai, porte rarement sur des colis aussi volumineux, semble courante et quasi quotidienne. C'est elle qui explique le matériel varié dont disposent les *"Internationaux"* dans leurs îlots, et la confection des journaux quotidiens, contenant des coupures de presse originales, affichés à la porte de certaines baraques. Il est même probable que la plupart des gardes devaient fermer les yeux devant ce trafic qui ne prêtait guère à conséquence quant à la discipline intérieure des îlots.

Après la déclaration de guerre, tout change. La discipline devient plus sévère au parloir comme dans le reste du camp. Il est peu probable cependant que le trafic d'objets divers s'en soit trouvé tari, même si tout indique qu'il est alors moins voyant et surtout moins fréquent.

Avec Vichy, les précautions prises à l'encontre des visiteurs sont telles (elles vont jusqu'à la fouille) et le parloir est si rarement utilisé, que les possibilités d'échanges sont réduites, par ce canal, à néant, ou peu s'en faut. Il est vrai que d'autres circuits, souterrains et illicites, l'ont désormais remplacé.

Les permissions, plus encore que les visites au parloir, sont soumises à un contrôle étroit. Mais là encore, il faut considérer plusieurs phases.

Jusqu'à la déclaration de guerre, un système de type militaire commande l'octroi ou le refus des permissions. Les demandes, qui sont déposées plusieurs jours à l'avance, doivent obligatoirement mentionner le nom et l'adresse de la personne chez laquelle le permissionnaire veut se rendre, le mode de transport utilisé, la durée

9. Voir chapitre IV, p. 89.

10. Lettre adressée le 27 avril 1939 par le sous-préfet d'Oloron au préfet des Basses-Pyrénées (Arch. dép. Pyr. Atl., 3 Z 242). Charles Michels avait fondé quelques jours auparavant un comité, siégeant à Oloron (Hôtel du Béarn), en vue d'organiser le départ de Gurs des *"Internationaux"*. Il sera interné par Vichy puis fusillé comme otage le 21 octobre 1941, à Châteaubriant, par les Allemands.

du congé et l'heure de retour au camp. Lorsque l'ensemble de ces conditions est réuni, le commandant se réserve le droit d'accepter ou de refuser la demande. Il va de soi que, ces dispositions étant draconiennes, le nombre des bénéficiaires est limité. Le seul fait d'exiger le nom et l'adresse de l'hôte se révèle particulièrement dissuasif, car rares sont les Gursiens qui connaissent, autour du camp, des Français prêts à les recevoir. Et, quand bien même ce serait le cas, des *"enquêtes de moralité"* sont entreprises sur les éventuels permissionnaires comme sur leurs correspondants, et l'appréciation des résultats est laissée à la guise de l'administration militaire. Des permissions sont malgré tout accordées. Il s'agit de congés brefs, n'excédant jamais la demi-journée, décernés généralement le samedi ou le dimanche pour un village des environs comme Gurs, l'Hôpital-Saint-Blaise ou Navarrenx, à la condition que les bénéficiaires soient attendus par leurs hôtes à l'entrée du camp. Les Français qui ouvrent ainsi leur maison aux internés sont soit des Béarnais sympathisants de la cause républicaine, soit des Basques attentifs aux malheurs de leurs compatriotes d'outre-Pyrénées, soit d'anciens immigrés naturalisés. Quelques centaines de congés ont ainsi été accordés par le commandant du camp durant les cinq premiers mois de son histoire.

Après l'ouverture des hostilités, les permissions de courte durée disparaissent. Elles sont remplacées parfois par d'autres formes de sorties que l'on peut assimiler à des permissions. Ainsi les congés des cantinières d'îlots qui, pendant l'été et l'automne 1940, sillonnent les villages environnants pour trouver des suppléments de nourriture. Ou bien, en juillet et août 1940, ceux de certaines Gursiennes autorisées à se promener aux abords du camp et dont Hanna Schramm déclare qu'*"il y en avait presque tous les jours une dizaine"*[11]. Tous sont accordés par le commandant du camp et sont justifiés par un bulletin de sortie officiel. Soulignons néanmoins qu'ils correspondent à une période limitée, l'été 1940, et concernent exclusivement les îlots de femmes. Leur importance ne saurait donc être surestimée, d'autant que les contacts avec l'extérieur se réduisent soit à des relations commerciales, soit à des rencontres hâtives et superficielles.

A partir du 1er janvier 1941 et jusqu'à la Libération, c'est-à-dire pendant tout le temps où le camp est administré par les civils, les permissions de courte durée ne sont plus accordées, sous quelque prétexte que ce soit. Le réglement les interdit d'ailleurs *"sauf cas d'une incontestable gravité"*[12]. En revanche, une nouvelle catégo-

11. Hanna Schramm, *Vivre à Gurs,* op. cit., p. 62.

12. Réglement du camp du 17 janvier 1941. Le texte est reproduit intégralement dans *Vivre à Gurs,* p. 335-346.

rie de sorties apparaît : les congés de longue durée. Généralement d'un mois, ils sont plusieurs fois renouvelables et correspondent presque toujours à de pures et simples libérations[13].

Au total, les permissions de courte ou de longue durée ne concernent que quelques privilégiés, à quelques périodes privilégiées. Le courrier reste donc le plus sûr moyen d'entrer en contact avec le monde extérieur. Pourtant, là encore, les obstacles administratifs ne manquent pas : d'abord la censure, qui retarde la remise effective de la correspondance d'au moins une semaine, ensuite l'interdiction, à partir de 1941, d'envoyer plus de trois lettres hebdomadaires, enfin l'emploi obligatoire, pendant presque toute la période vichyssoise, de *"cartes de correspondance"* pré-timbrées et à moitié pré-rédigées.

Malgré ces contraintes, le trafic postal de Gurs est tellement important entre 1939 et 1943 qu'il arrive en troisième position sur l'ensemble du département, après ceux de Pau et de Bayonne. Avant la guerre, le bureau installé dans le premier quartier reçoit et distribue jusqu'à 8 000 lettres ou colis par jour. Le nombre tombe à 5 000 environ en mai-juin et en octobre-décembre 1940, pour fluctuer ensuite entre 2 000 et 3 000[14]. Encore ne s'agit-il là que du courrier acheminé par le canal officiel de la poste du camp. Car des filières clandestines, qui présentent l'avantage d'éviter la censure et les autres contraintes administratives, fonctionnent parallèlement : par le biais des visiteurs admis au parloir, par l'intermédiaire des délégués des Oeuvres, des travailleurs étrangers du 182e G.T.E. ou du personnel français. Il semble même qu'un véritable réseau d'acheminement du courrier ait fonctionné en 1941 et 1942, organisé autour de Jeanne Merle d'Aubigné, responsable du *Secours protestant*, et Ruth Lambert, déléguée de l'O.S.E.[15].

Le contenu des lettres est contrôlé par les services de censure fonctionnant au camp même. Si tout le courrier-arrivée n'est pas vérifié (seule une proportion de lettres variable, pouvant aller de une sur deux à une sur cinq, est retenue), l'ensemble du courrier-départ est théoriquement censuré. Après une période de contrôle étroit au moment de la *"drôle de guerre"*, cette censure se relâche, notamment pendant le second semestre de l'année 1940, à cause de la confusion de l'été et des difficultés liées au remplacement des militaires par les civils à la tête du camp. Les lettres les plus désespérées peuvent alors sortir normalement de Gurs ; certaines d'entre

13. Voir chapitre VI, p. 232.

14. Ces chiffres nous ont été indiqués par B. Alonso, employé comme auxiliaire au bureau de poste du camp d'avril 1939 à janvier 1944. Ils sont, dans l'ensemble, confirmés par les rapports des services de censure.

15. L'une et l'autre ont été expulsées de Gurs pour le même motif : *"acheminement clandestin de fonds et de courrier au profit des hébergés"*.

elles, publiées dans les journaux suisses et américains, soulèvent une telle émotion que le ministère de l'Intérieur en est averti et exige la mise en place immédiate d'un contrôle impitoyable. Il sera effectivement organisé en janvier 1941. Dès lors aucune nouvelle tant soit peu alarmante ne parvient à filtrer au dehors. Le contenu des lettres devient parfaitement neutre et souvent insignifiant.

Le bilan, en fin de compte, est des plus réduits. En dehors de l'été 1940 dans les îlots de femmes et, dans une moindre mesure, des quelques mois précédant la déclaration de guerre, les visites et les permissions sont exceptionnelles. Quant au courrier, il ne saurait contenir la moindre allusion aux rigueurs de la vie gursienne. Or les autres possibilités de contact avec l'extérieur sont nulles. Par exemple, avant la guerre, il a toujours été interdit à la remarquable équipe de football du camp de rencontrer un quelconque club du département ; en 1941, la troupe d'Alfred Nathan est confinée dans les îlots malgré les propositions qui lui sont faites par les municipalités des environs ; à l'époque de Vichy, toute somme d'argent destinée à un interné doit être obligatoirement versée sur le compte de l'intendant du camp, ce qui entraine un tarissement presque total des envois de fonds, du moins par le canal officiel. Dans ces conditions, il est compréhensible que les rares survivants gursiens de cette période affirment que le *"le ghetto de Gurs"* n'était pas moins hermétique que certains autres, officiels, instaurés en Europe centrale[16].

A l'époque de Vichy, les Œuvres

C'est dans ce contexte d'isolement à peu près total, auquel s'ajoute la suspicion des populations locales à l'égard des rares personnes qui manifestent leur sympathie, ou simplement leur compassion, devant la misère du camp, qu'il faut situer l'action des Oeuvres. Leur entreprise est pénible, car il faut supporter les dures réalités gursiennes. Elle est, en outre, dangereuse, puisque le moindre écart ne saurait être admis par la direction du camp. De ce double point de vue, il n'y a rien de commun entre les Oeuvres de l'époque vichyssoise et les comités de soutien d'avant-guerre. Ceux-ci, constitués dans quelques pays d'Amérique du Sud et d'Europe, n'ont jamais été en contact direct avec les internés et se sont toujours cantonnés à des tâches précises (aide financière, démarches en vue de faciliter les rapatriements, etc.). Ils ne peuvent donc être placés sur le même plan que les délégués des Oeuvres qui, de l'intérieur, tentèrent d'améliorer tous les aspects de la vie gursienne.

16. C'est du moins ce qu'affirment les témoignages de V. Simons et L. Hertzmann.

La première Œuvre à s'installer au camp est le *Secours protestant*. Son admission doit beaucoup à l'un des Béarnais les plus éminents de l'époque, le pasteur d'Oloron Henri Cadier.

Dès le 6 décembre 1939, celui-ci obtient des services préfectoraux l'autorisation permanente de pénétrer dans les îlots pour y célébrer le culte protestant[17]. Il est alors, avec le curé de la paroisse de Gurs, le seul homme extérieur au personnel à pouvoir franchir la porte séparant le premier quartier des îlots. En mai 1940, au moment de l'internement massif des *"Gursiennes"*, il se fait aider par Madeleine Barot, secrétaire générale d'un mouvement récemment créé, le CIMADE[18]. Celle-ci, jouant du fait qu'elle est à la fois l'acolyte du pasteur et, comme femme, plus à même que quiconque de soulager les difficultés des internées, multiplie les allées et venues entre Navarrenx, où elle a installé son bureau, et le camp. Elle finit par se faire admettre *de facto* par l'administration militaire. Il lui a fallu pour cela montrer beaucoup de tact, puisque toutes les demandes officielles formulées jusqu'alors en vue de pénétrer à Gurs, y compris celle de l'Y.M.C.A. (*Young men Christian association*), mouvement protestant spécialisé depuis longtemps dans l'assistance aux internés, avaient été rejetées par le préfet. Ensuite, à l'automne 1940, au moment de l'arrivée des Badois et des *"Cypriennais"*, Madeleine Barot et sa jeune adjointe, Jeanne Merle d'Aubigné, assistante sociale, s'installent à demeure dans une baraque désaffectée, située au fond de l'îlot M, et y fondent le *Secours protestant*[19].

Après le départ, en mars 1941, de Madeleine Barot, désireuse d'élargir son action en l'étendant aux autres camps de la zone non-occupée, Jeanne Merle d'Aubigné devient l'animatrice de l'Œuvre à Gurs. Elle le reste jusqu'à son expulsion, le 12 octobre 1942, pour son attitude jugée par le chef de camp trop favorable aux internés[20]. A ses côtés ont travaillé d'autres assistantes sociales,

17. Lettre adressée le 6 décembre 1939 par le préfet des Basses-Pyrénées au commandant du camp (Arch. dép. Pyr. Atl., 1 M 573).

18. Le CIMADE *(Comité inter-mouvements auprès des évacués)* a été créé en septembre 1939 par plusieurs mouvements de jeunesse protestants afin de porter secours aux Alsaciens et Lorrains évacués au début des hostilités de la zone frontalière et dirigés vers la Dordogne et la Haute-Vienne. Madeleine Barot, élue secrétaire générale en mai 1940, oriente le comité vers l'aide à toutes les catégories de réfugiés ou d'expulsés. Du 23 au 26 octobre 1980, le palais de l'UNESCO a accueilli une exposition célébrant le 40ème anniversaire du mouvement et rappelant son action. Un panneau entier était consacré à Gurs.

19. Les activités de Madeleine Barot sont résumées dans le témoignage qu'elle a publié dans *Les clandestins de Dieu*, op. cit., p. 29-38. Il est à noter que, de toutes les Œuvres installées à Gurs, le CIMADE est la seule pour laquelle on n'ait pas retrouvé, dans les archives, d'autorisation préfectorale.

20. Décision communiquée le 12 octobre 1942 par la lettre n° 3307 P adressée le même jour par le secrétaire général à la police du territoire au préfet des Basses-Pyrénées (Arch. dép. Pyr. Atl., M provisoire, 500/10). Le motif indiqué est *"l'acheminement clandestin de fonds aux hébergés"* et le *"rôle d'intermédiaire dans des correspondances tendancieuses d'hébergés"*. La décision concerne aussi le pasteur André Morel.

comme France Perrier et Jeanne Tendil, et les pasteurs Pierre Toureille, Jacques Rennes et André Morel.

Durant l'été 1943, après que Jeanne Tendil, la nouvelle responsable, ait été menacée d'expulsion par le préfet pour avoir *"acheminé clandestinement la correspondance d'un hébergé"*, le *Secours protestant* quitte le camp. Il est vrai qu'à cette époque, les îlots n'abritent plus que quelques centaines d'internés.

Dans la brèche ouverte par Madeleine Barot s'engouffrent, en décembre 1940 et janvier 1941, la plupart des autres Œuvres : d'abord le *Secours suisse*, puis l'*American friends service committee* (les Quakers américains) et le *Service social d'aide aux émigrants.* L'absence des Œuvres juives peut surprendre. Elle n'est qu'apparente puisque le C.A.R. *(Comité d'assistance aux réfugiés)* et les comités de parrainage font alors directement parvenir au rabbin Max Ansbacher leurs subsides et leurs secours en nature. Mais il est vrai que les principales Œuvres groupées en novembre 1941 au sein de l'U.G.I.F. *(Union Générale des Israélites de France)* ne seront présentes à Gurs que dans le courant de l'année.

Le *Secours suisse* est animé par Elsbeth Kasser, infirmière d'une qualité exceptionnelle, qui s'était déjà signalée par son dévouement au cours de la guerre d'Espagne, puis de l'occupation de la Finlande par les troupes soviétiques. Il est installé depuis le 20 décembre 1940 dans une baraque du premier quartier pour l'ouverture de laquelle le préfet a donné son autorisation[21]. Aux côtés d'Elsbeth Kasser, dont l'activité inlassable est célébrée par tous les témoignages d'internés de l'époque vichyssoise[22], travaillent d'autres infirmières suisses comme Elsa Ruth, Emmy Ott et Rosa Lauper. Les délégués du *Secours suisse* ne quitteront Gurs qu'en novembre 1943, c'est-à-dire au moment de la dissolution provisoire du camp.

La *"Société des amis"*, plus connue dans les îlots sous le nom de *Secours quaker*, est, sans nul doute, l'Œuvre dont l'action est la plus décisive. On ne saura jamais combien d'internés lui doivent d'avoir survécu aux lamentables conditions de séjour dans les baraques. Les Quakers se manifestent pour la première fois le 28 décembre 1940 par une distribution massive de nourriture[23], à une épo-

21. Lettre n° 741 D adressée le 29 mars 1941 par le chef de camp au préfet des Basses-Pyrénées (Arch. dép. Pyr. Atl., M provisoire, 500/10). Cette lettre contient l'historique de l'installation du *Secours suisse* à Gurs.

22. Siegbert Plastereck note en particulier (rapport Plastereck, p. 29) : *"Si nous abandonnons ici le principe de ne donner aucun nom, c'est pour rendre hommage à une personne qui, par son dévouement, son courage, son travail, ses capacités, (...) a laissé un souvenir inoubliable à ceux qui l'ont connue, et il y en a des milliers, Mlle Elisabeth Kasser"*.

que où la pénurie sévit au camp. S'ils agissent en leur nom propre à Gurs, il faut cependant rappeler qu'ils reçoivent une partie de leurs revenus de l'*American joint distribution committee,* avec lequel ils collaborent étroitement. Ils sont représentés au camp par une équipe animée par Miss Helga Holbeck et Alice Resch, au sein de laquelle se relaient MM. Ross, Richtie et Mac Clelland. Comme Elsbeth Kasser, avec laquelle ils coordonnent leur action, ils restent au camp jusqu'à sa première dissolution, en novembre 1943[24].

Le *Service social d'aide aux émigrants* délègue en février 1941 une *"équipe d'entraide et de service social"* composée de trois membres. Il est placé sous la responsabilité de Ninon Haidt et Elisabeth Hirsch, jeunes assistantes sociales. Il ne fonctionne que peu de temps, car ses rapports avec l'administration se détériorent rapidement. Il est vrai que le but que s'est fixé ce mouvement (tenter de grouper les familles et les faire sortir du camp) est à l'opposé des soucis de l'encadrement français. C'est sans doute ce qui explique l'agressivité du chef de camp à l'encontre de Ninon Haidt (*"Elle enquête dans les baraques pour savoir qui doit être transféré. Encore un peu et elle serait capable de remplacer complètement le chef de camp"*[25]). A partir du mois de juillet 1941, on n'en trouve plus la moindre mention dans les archives.

Dans le courant de l'année 1941, arrivent plusieurs délégations d'Œuvres juives. La H.I.C.E.M., spécialisée dans la constitution des dossiers d'émigration, est entièrement organisée vers le mois de février par Siegbert Plastereck. L'O.S.E. *(Organisation de secours aux enfants)* reçoit le 15 février la permission de s'établir au camp ; elle est animée par Ruth Lambert, jeune institutrice dont les démêlés avec l'administration la feront finalement expulser, en 1943, ainsi que son adjointe Dora Werzberg. L'union O.R.T. *(Organisation reconstruction-travail)* ouvre dans le premier quartier, en 1942, quatre ateliers destinés à occuper utilement les internés. L'ensemble de ces Œuvres juives est financé par les fonds propres à chaque association, et par le C.A.R. Celui-ci, dès l'automne 1940, avait consacré l'essentiel de ses ressources à soulager les souffrances endurées dans le centre béarnais et avait passé en ce sens un véritable contrat d'association avec les Quakers et le *Joint*[26].

23. Le rapport adressé le 28 décembre 1940 par le directeur du camp au préfet des Basses-Pyrénées précise que *"2 000 kg de haricots, 2 000 kg de riz, 2 000 kg de lentilles, 10 kg de lard, 100 kg de graisse, 100 kg de pâtes (...) ont été distribuées ce jour par les Quakers américains au profit des personnes âgées, des adultes débilités et des convalescents"* (Arch. dép. Pyr. Atl., M provisoire, 500/10).

24. Les rapports concernant l'activité des Quakers sont rassemblés dans la liasse M provisoire, 500/10 aux Arch. dép. Pyr. Atl.

25. Rapport adressé le 17 mars 1941 par le chef de camp au préfet des Basses-Pyrénées (Arch. dép. Pyr. Atl., M provisoire, 500/6).

Quant aux autres Oeuvres, ce n'est que tardivement, vers l'été 1942, qu'elles se manifestent. Comme, à partir de ce moment, le camp n'abrite plus qu'un nombre limité d'internés, leur rôle est restreint et leur action brève. Ainsi, la *Croix Rouge française* et le *Secours national*, qui ne sont mentionnés ici que dans un souci d'exhaustivité. Une place différente doit être réservée aux *Amitiés chrétiennes* de l'abbé Glasberg car ce mouvement, présent au camp de juin 1942 à avril 1943 sous la responsabilité de l'abbé Gross, semble avoir pris beaucoup de risques pour sauver les Gursiens des déportations[27].

Au total, une dizaine d'Oeuvres philanthropiques se manifestent. Leur coordination est assurée, dans le camp, par le C.C.A. des frères Ansbacher, rouage indispensable au développement de leurs activités ; à l'extérieur, elles sont rassemblées sous l'égide du *Comité de coordination pour l'assistance dans les camps* (dit *"Comité de Nîmes"*). En 1943, après les déportations de février, leur rôle se réduit progressivement et devient quasiment négligeable.

Mais quelle activité déployée pendant deux années ! Tous les secteurs de la vie gursienne sont touchés.

D'abord l'alimentation, pour l'amélioration de laquelle des efforts considérables sont dispensés. Dès le mois de décembre 1940, pour les fêtes de Noël, les Quakers procèdent aux premières distributions de vivres. Par la suite, ils les renouvellent sans cesse au point que Joseph Weill a pu écrire en mai 1941 :

> *"Des faits indiscutables ont été enregistrés, qui démontrent que cette alimentation supplémentaire a sauvé de la mort bon nombre d'internés et que l'îlot G du camp de Gurs, dénommé "l'îlot de la mort", a pu être sauvé de la décimation"*[28].

Cette affirmation peut paraître exagérée. Elle doit être cependant, sinon exacte, du moins très proche de la réalité. En effet, un rapport du chef de camp lui-même révèle que, à la date du 7 septembre 1942 :

> *"Les divers malades nécessiteux ont reçu des suppléments des Quakers : 55 581 kg de légumes secs et verts et de fruits distribués entre janvier 1941 et août 1942*[29].

26. Cf. plusieurs rapports groupés dans la liasse M provisoire, 500/10, aux Arch. dép. Pyr. Atl. En particulier, un rapport dactylographié sur les activités du C.A.R. en France pour l'année 1940 montre que plus de la moitié des versements est consacrée au seul camp de Gurs, le reste étant partagé entre Saint-Cyprien, Brens, Septfonds et Le Vernet.

27. C'est ce qu'affirme Nina Gourfinkel, une des responsables du mouvement, dans *L'autre patrie,* op. cit., p. 120.

28. Joseph Weill, *Histoire des camps d'internement...*, op. cit., p. 37.

Plus tard, le 5 avril 1943, l'inspecteur des travailleurs étrangers chargé de mission au camp précise que *"depuis le mois de décembre 1940, les Quakers ont distribué 800 000 rations de 60 grammes de légumes secs"* et conclut :

"On peut se demander ce que seraient devenus les milliers d'étrangers qui sont passés à Gurs s'ils n'avaient pas eu les Oeuvres pour leur venir en aide"[30].

A côté d'eux, le *Secours suisse* concentre l'essentiel de ses ressources à assurer aux enfants de moins de 18 ans, aux jeunes mères et aux femmes enceintes une nourriture suffisante et équilibrée. Il travaille de concert avec l'O.S.E. qui lui fournit une partie des denrées.

Des goûters sont préparés et servis dans la *"baraque suisse"*, aménagée pour l'occasion en réfectoire. Si nous ne connaissons pas exactement le volume des rations ainsi distribuées, nous savons néanmoins que tout le lait distribué au camp provient exclusivement du *Secours suisse* et que les goûters, au cours desquels est généralement servie une soupe de légumes, parfois aussi du pain, de la confiture et du fromage, rassemblent quotidiennement, en 1941, environ 300 personnes[31].

En définitive, une partie de l'alimentation des internés repose sur les distributions des Œuvres. Si le *Secours quaker* et, dans une moindre mesure, le *Secours suisse* fournissent presque toutes les denrées supplémentaires, les autres mouvements participent également à l'entreprise[32]. Les délégués du *Secours protestant* ou du *Service social*, les envoyés des Œuvres juives, les visiteurs éminents admis dans les îlots, le curé de la paroisse de Gurs et bien d'autres encore, disposent toujours d'une petite réserve de boîtes de conserves, d'œufs ou de pâtes qu'ils distribuent çà et là. Nous avons calculé que le poids total des rations distribuées par les Œuvres entre janvier 1941 et novembre 1943 correspond sensiblement à celui des denrées alimentaires servies par les *"subsistances"* aux internés pendant toute l'année 1943.

29. Rapport n° 1358/DI adressé le 7 septembre 1942 par le chef de camp à l'inspecteur général des camps (Arch. dép. Pyr. Atl., M provisoire, 500/15). Ce rapport contient une série statistique mensuelle complète de toutes les distributions de vivres effectuées en supplément par les Quakers et, pour les derniers mois, par le *Secours national*.

30. Rapport n° 2846/G1 adressé le 5 avril 1943 par l'inspecteur des formations de travailleurs étrangers, chargé de mission au camp par le ministre du Travail, au secrétaire d'Etat à l'Intérieur (Arch. dép. Pyr. Atl., M provisoire, 500/16).

31. Rapport dactylographié adressé le 10 juillet 1941 par Elsbeth Kasser au chef de camp (Arch. dép. Pyr. Atl., M provisoire, 500/10). Ce rapport montre que le *Secours suisse* fournit le lait à l'hôpital et à la maternité.

32. Il est impossible de présenter dans le détail l'action de chacune des Œuvres puisque, en dehors des Quakers, spécialisés dans la distribution de plats supplémentaires, toutes jouent le même rôle d'assistance et servent d'abord à répondre aux besoins les plus urgents (Arch. dép. Pyr. Atl., M provisoire, liasse 500/10 dans son ensemble).

Un autre secteur de la vie quotidienne concerné par l'activité des Oeuvres embrasse les problèmes d'ordre matériel. Aucun n'y échappe : distribution de vêtements, de chaussures, de médicaments, d'instruments médicaux, d'ustensiles de cuisine, de vaisselle, de couvertures, de matériel de couture, etc... Une liste exhaustive serait interminable. Contentons-nous de dire qu'il n'y a probablement pas un seul objet indispensable aux internés qui n'ait été, à un moment ou à un autre, fourni par les Oeuvres.

Enfin, c'est par leur soutien moral qu'elles jouent la plupart du temps leur rôle majeur. Les divers volets de ces activités sont innombrables. Ils vont des simples visites à l'intérieur des baraques, qui ont le mérite de rompre la monotonie quotidienne, tout en montrant aux Gursiens que leur isolement n'est pas total, à l'organisation d'occupations élaborées. C'est, par exemple, la recherche d'un membre de la famille dont on est sans nouvelles depuis plusieurs mois ; les démarches, parfois couronnées de succès, en vue de doter tel îlot d'un instrument de musique, objet précieux entre tous lorsqu'on vit coupé du monde ; l'organisation de cours, de conférences ou de tables rondes ; l'installation de bibliothèques, comme celle du *Secours protestant*, qui réunit plus de 4 000 volumes, ou celle, plus modeste, de l'O.S.E. Au total, c'est une multitude d'activités qui, chacune prise séparément, représente peu de chose, mais dont l'addition peut transformer les conditions d'internement. Trois initiatives doivent être particulièrement signalées.

D'abord, l'enseignement. Une école pour enfants internés est installée dans le premier quartier sous la responsabilité des deux mouvements spécialisés dans l'aide aux jeunes, l'O.S.E. et le *Secours suisse*[33]. Elle fonctionne de façon assez cahotique puisque les enseignants et les enseignés se renouvellent sans cesse, au gré des transferts et des mutations. Du moins les enfants sont-ils occupés et ont-ils le sentiment de n'être pas trop différents des jeunes Français qui fréquentent l'autre école du camp, de l'autre côté des barbelés.

Ensuite le jardinage. Les premiers travaux horticoles, qui datent du printemps 1941, sont une initiative des *Secours suisse* et *protestant*. Ils sont entrepris sur les friches qui s'étendent derrière chacune de leurs baraques et portent essentiellement sur les légumes verts et les pommes de terre. En 1942, le chef de camp reprend l'idée à son compte et confie à une section du groupe de travail le soin

33. Un article paru dans le n° 257 du 18 juin 1941 de *Der Bund*, hebdomadaire de Berne, précise : "*Il y a une classe pour les petits et une pour les grands. Dans la classe des grands, trois langues sont enseignées : l'anglais, le français et l'espagnol. A l'école des petits, on fait des dessins et on s'amuse. (...) Il existe un emploi du temps, avec des professeurs et des devoirs*".

de mettre en culture les sept hectares de landes sur lesquels avait été aménagé, en 1939, le terrain de sports. Si bien qu'en 1943, plusieurs jardins potagers, plantés d'arbres fruitiers, sont exploités dans les environs immédiats du camp (et parfois même à l'intérieur des îlots)[34]. Les résultats sont cependant médiocres : la terre est trop lourde et, surtout, les rats détruisent des plans entiers de tomates, de haricots et de pommes de terre. Il n'empêche que certains légumes sont produits, servis en supplément des rations officielles, et que les Oeuvres y ont largement contribué.

Enfin "l'artisanat", pour reprendre le terme employé au camp. L'organisation de cette activité, tardive puisqu'elle date de 1942, incombe entièrement à l'O.R.T. C'est lui qui a construit et aménagé les quatre ouvroirs à l'intérieur desquels les Gursiens viennent tenter d'oublier leur internement en occupant leur oisiveté.

> *"Première salle : des adolescents apprennent la coupe et le confectionnement de pantalons destinés à leur propre usage. (...) Puis c'est l'atelier de menuiserie d'où sortent déjà des tables et des chaises d'une fabrication impeccable. Plus loin, le "salon de coiffure" où les infirmières du camp confient leur chevelure à la "permanente" de mains expertes. Et là, guidés par une décoratrice réputée de Vienne, des jeunes gens et des jeunes filles exécutent des remarquables dessins publicitaires avec des diagrammes illustrant les tâches et les écoles de l'O.R.T."*[35].

L'action des Oeuvres à Gurs se développe à deux niveaux. L'un, apparent et officiel, correspond à l'assistance aux internés ; c'est en quelque sorte un prolongement du C.C.A. des frères Ansbacher, sans lequel rien n'aurait pu être fait de cohérent à l'intérieur des îlots. L'autre est souterrain et clandestin. Il est, par définition, mal connu, même si on l'entrevoit fréquemment aux détours des rapports de l'administration vichyssoise. Les rappels à l'ordre du préfet à Elsbeth Kasser (*Secours suisse*) et à Jeanne Tendil (*Secours*

34. Rapport n° 1513/DIR adressé le 17 mars 1943 par le chef de camp au préfet des Basses-Pyrénées (Arch. dép. Pyr. Atl., M provisoire, 500/16). Les produits habituellement cultivés sont, en dehors des pommes de terre et des petits légumes, du maïs, des topinambours, des betteraves et des choux.

35. Article extrait du *Bulletin de la fédération des sociétés juives d'Algérie*, n° 77, février 1942, p. 13-14 (CDJC, CCXIV - 10a).

protestant), les expulsions de Ninon Haidt *(Service social)*, de Jeanne Merle d'Aubigné *(Secours protestant)* et Ruth Lambert (O.S.E.), les reproches qui leur sont continuellement adressés sur leurs relations avec les internés, les accusations portées sur leur attitude peu respectueuse des réglements du camp (acheminement clandestin de fonds ou de courrier), montrent bien que le personnel des Oeuvres n'est guère docile.

Peut-on en déduire l'existence d'un véritable réseau de résistance ? Rien de précis ne permet d'aller jusque là, du moins dans l'état actuel des recherches. Notons pourtant que des témoignages d'anciens gardiens affirment que certaines évasions étaient préparées par les Quakers et par les Oeuvres juives, principalement l'O.R.T.[36], et que Siegbert Plastereck, si prudent par ailleurs, déclare :

> *"La tâche des Oeuvres était bien souvent compromise par une activité trop pro-hébergés. Beaucoup d'entre elles rendaient aux internés tous ces petits et grands services contraires au réglement du camp, avec comme conséquence que souvent les dirigeants de ces Oeuvres étaient obligés de partir, laissant parfois un vide très sensible"*[37].

En résumé, l'action des Oeuvres à Gurs est fondamentale à l'époque de Vichy. Elles ont souvent redonné aux internés la volonté de combattre et le goût de vivre. Les visites dans les baraques, qu'il s'agisse de celles des délégués détachés à Gurs ou de celles de personnalités éminentes comme le pasteur Boegner, président de la *Fédération protestante de France*, Julien Samuel, président de l'O.S.E., ou Alec Kramer, président de la *Croix Rouge internationale*[38], ont souvent rendu l'espoir et fortifié le courage de toute une chambrée. En outre, les responsables des Oeuvres ne peuvent être en aucune façon présentés comme soumis aux volontés de l'administration française ; ils se sont, au contraire, souvent opposés à elle et ont sans cesse tenté d'atténuer les rigueurs du règlement ; lors des convois, ils ont caché des déportables et sont intervenus pour sauver l'un ou l'autre des internés.

36. Témoignages de MM. Turrier et Guerre. Quant à l'O.R.T., son rôle dans les évasions de Gurs est signalé dans Adam Rutkowski, *La lutte des Juifs...*, op. cit., document 18, p. 65.

37. Rapport Plastereck, op. cit., p. 29.

38. Le pasteur Marc Boegner parle de sa visite à Gurs dans *"Chasse à l'homme"*, article paru dans *La Revue de Paris*, avril 1968 ; Jeanne Merle d'Aubigné affirme qu'il en sortit *"muet d'horreur" (Les clandestins de Dieu*, op. cit., p. 66). La responsable du *Secours protestant* mentionne aussi, quelques lignes plus loin, la visite d'Alec Kramer et de bien d'autres encore. Quant à Julien Samuel, il fit plusieurs visites au camp d'où il réussit à faire sortir une centaine d'enfants placés dans les maisons de l'O.S.E de la Creuse et la Haute-Vienne.

Comment ne pas éprouver un sentiment d'admiration devant une telle générosité et un tel dévouement ? Comment ne pas souligner qu'au Vernet, où les Oeuvres n'ont jamais été admises, la misère et le désespoir ont toujours été plus insupportables qu'à Gurs ?

Mais cette action pose évidemment un autre problème que l'abbé Glasberg résumait en une célèbre formule :

> *"Envoyer des colis aux gens des camps, n'est-ce pas d'abord accepter le système des camps ?"*[39].

Question à laquelle Joseph Weill donnait, en 1946, la réponse suivante :

> *"Les Oeuvres, prises au rythme du mouvement qu'elles avaient créé elles-mêmes avec tant de peine et au prix d'un effort de tous les instants, croyaient voir renaître la vie là où leur action avait ranimé passagèrement les pulsations des agonisants"*[40].

Car cette action admirable et épuisante n'a, en effet, la plupart du temps, évité aux Gursiens ni la déchéance, ni la déportation.

39. Cette question a toujours été au centre des réflexions dont l'abbé Glasberg faisait part à ses visiteurs, tant en ce qui concerne la Deuxième Guerre mondiale que les décennies suivantes. Elle restera posée dans les mêmes termes lorsque, par la suite, ce prêtre d'exception fondera le *Centre d'orientation sociale* et *France - Terre d'asile.*

40. Joseph Weill, *Contribution à l'histoire...*, op. cit., p. 101.

Conclusion

Aujourd'hui, le visiteur qui désire observer sur le site même du camp de Gurs quelque trace ou quelque vestige antérieur à 1945 ne trouve pratiquement plus rien.

Venant d'Oloron, il aperçoit, à l'intersection de la route nationale et de la voie menant à L'Hôpital-St-Blaise, un grand panneau commémoratif de bois, érigé en 1979, et presque aussitôt profané[1]. Il peut y lire : *"Ici se trouvait l'ancien camp de concentration français de Gurs"* (les derniers mots ont été martelés) ; la suite de l'inscription énonce succinctement les principales catégories de Gursiens internés entre 1939 et 1944. Il est généralement fort surpris de découvrir que 60 000 hommes, femmes et enfants ont été enfermés à l'endroit même où il se trouve. Qui soupçonnerait, il est vrai, qu'une contrée aussi paisible ait pu abriter le camp de Gurs ?

Il s'aventure parfois sur l'ancienne route centrale dont il a entrevu l'entrée, à quelques dizaines de mètres du panneau. La plupart du temps, il renonce rapidement, constatant que les ronces et les fougères envahissent à moitié la chaussée. S'il s'obstine, il se heurte, tout au bout, à la fondrière marécageuse qui barre le passage et doit alors faire demi-tour.

De part et d'autre du chemin, toute trace du camp a disparu. Les baraques *"obliques"* et *"droites"* ont été détruites ou vendues, les îlots sont occupés par une forêt humide, les quartiers des gardiens et les dépendances retombés en friches. Plus personne ne pénètre dans cette lande broussailleuse, en dehors de quelques chasseurs ou des chercheurs de champignons, tout étonnés de découvrir ici une voie pavée de galets, là une dénivellation inexplicable, unique vestige d'un bâtiment aujourd'hui disparu, plus loin des blocs de béton enfouis sous les feuilles mortes. La nature a presque totalement effacé l'emplacement des voies, des îlots et des baraques.

1. Il a été posé à l'occasion du quarantième anniversaire de la création du camp et réalisé par la M.J.C. d'Oloron.

A l'autre extrémité du camp, s'étend le cimetière. Il ne ressemble en rien à celui dans lequel étaient enterrées, de 1939 à 1944, les victimes de l'internement[2]. Il a, en effet, été entièrement restauré en 1962 par le Consistoire des Isréalites du pays de Bade qui, à l'occasion des travaux de réfection, en a reçu la concession[3]. Son accès, desservi par une voie piétonnière adjacente à la route nationale, n'est pas libre. Le visiteur, une fois admis à l'intérieur, est généralement stupéfait. 1 067 stèles rectangulaires, toutes identiques, parfaitement alignées et soigneusement entretenues, s'élèvent devant lui sur une centaine de mètres à la ronde. Sur chaque plaque, un nom, un prénom, la mention d'une ville et deux dates, la seconde étant presque toujours 1940 ou 1941. L'impression ressentie est terrible.

Un panneau commémoratif profané, une route qui ne mène nulle part, un cimetière, c'est tout ce qui reste aujourd'hui de Gurs, sur l'emplacement du camp.

Mais la mémoire collective n'a pas oublié. En Béarn, le sujet, tenu longtemps pour tabou en raison des innombrables affaires de marché noir qu'il soulevait immanquablement, revient à la surface. Les jeunes s'intéressent à la question, d'autant qu'ils en ont toujours vaguement entendu parler. Au-delà des limites du département, en revanche, les Français ne connaissent pas, à quelques exceptions près, le camp de Gurs. Il est vrai que la presse et les moyens d'information ne l'ont mentionné que pendant quelques mois, en 1939, puis qu'un véritable mur de silence s'est abattu sur le sujet pendant près de quarante ans. Curieusement, Gurs est plus connu à l'étranger qu'en France : dans le Pays basque espagnol, à Mannheim, à Karlsruhe et jusque dans les moindres villages du Pays de Bade, en Israël, aux Etats-Unis dans certains quartiers de New-York et de Chicago, on n'a pas oublié.

La lecture des livres d'or, déposés dans la ferme faisant face à l'entrée du cimetière, montre que, depuis 1945, des visiteurs venant de tous les pays d'Europe et des quatre coins du monde se sont inlassablement succédés à Gurs. Presque tous ceux qui ont tenu à écrire quelques mots ne sont pas français. D'ailleurs, pendant près de quarante ans, l'assistance participant aux cérémonies gursiennes de la journée de la Déportation était composée pour l'essentiel d'Allemands et d'Espagnols. Les Français, jusqu'à ces dernières années du moins, n'étaient guère présents, en dehors de quelques notabilités locales.

2. Le cimetière primitif a lui-même été restauré en 1945-1946 par les services départementaux des Ponts et chaussées tant son état, à la fin de la guerre, était pitoyable. Il est ensuite resté à l'abandon pendant de longues années. En 1957, les familles des défunts entreprirent de le restaurer une nouvelle fois.

3. L'ouvrage a été mené à bien grâce à Werner Nachmann, président du Consistoire, et Gunther Klotz, maire de Karlsruhe. Ce sont eux qui, après de longues démarches, ont obtenu la concession du terrain, ont financé l'ensemble des travaux et conçu le chantier.

En 1979, un véritable événement a porté Gurs au premier plan de l'actualité de la région : la célébration du quarantième anniversaire de la création du camp. Dans toute la vallée, la Maison des Jeunes et de la Culture d'Oloron a organisé une série de manifestations auxquelles se sont joints d'anciens internés et quelques historiens. Une exposition, des conférences, un film[4] ont été proposés aux Béarnais qui, dans l'ensemble, y ont largement répondu. La presse locale et nationale, mais aussi espagnole, allemande, suisse, etc., s'est fait l'écho de ces activités, diffusant à l'occasion nombre de témoignages et d'appels.

La conséquence immédiate de ces manifestations fut la création de l'Amicale du camp de Gurs. Curieusement, en effet, et contrairement à ce qui s'est passé dans la plupart des autres camps, aucune association d'anciens internés n'avait encore été fondée. Le congrès constitutif de l'Amicale s'est réuni au village de Gurs, les 20 et 21 juin 1980. Rassemblant plus d'une centaine d'anciens internés venus de nombreux pays d'Europe, il fut un incontestable succès. Pour la première fois se sont côtoyés en Béarn des Républicains espagnols et des *"indésirables français"*, des Juifs allemands ou autrichiens et des Français, Yougoslaves, Tchèques, anciens volontaires des Brigades internationales, les animateurs de la Résistance locale et les survivants des camps d'extermination.

Dans la séance de clôture, le congrès a adopté, à l'unanimité, *"l'appel de Gurs"*. Le texte, adressé partout où un correspondant pouvait en assurer la diffusion, est une invitation expresse non seulement à se souvenir des événements survenus dans le camp béarnais, mais surtout à faire vigilance *"pour que l'homme puisse vivre digne et libre"*[5].

Gurs, en effet, ne concerne pas seulement les anciens internés. L'existence du camp pose, en fait, un problème beaucoup plus vaste : celui de la dignité humaine bafouée. En France, pays des droits de l'Homme cité en exemple, en 1939, à travers le monde entier, le problème prend une dimension particulière.

Les jeunes qui participaient aux cérémonies du 20 juin 1980 en avaient confusément conscience lorsqu'ils demandaient : *"Comment cela a-t-il pu se produire dans un pays comme le nôtre ?"*. A cette question, nous en ajouterons volontiers une autre, qui est son corol-

4. Une exposition a été réalisée en 1979 par une équipe d'historiens et d'anciens Gursiens à laquelle nous avons activement participé. Elle a été offerte à l'Association du musée de Gurs.
Parallèlement, nous avons fait une dizaine de conférences à Pau, Bayonne, Oloron, Gurs, etc. De nombreux articles de presse sont parus à cette occasion, ainsi qu'un numéro spécial de *Libération*.
Un film d'une heure a été tourné par la M.J.C. d'Oloron.

5. Ce texte est reproduit en annexe.

laire : pourquoi un telle chape de silence s'est-elle abattue sur le camp pendant près de quarante ans ?

Pour l'historien, Gurs offre une sorte de résumé, sous un éclairage particulier, des événements qui ont agité l'Europe entre 1939 et 1945. Il met, en outre, en lumière un phénomène mal connu, la déportation dans les camps français. Il apporte, comme toute monographie, sa contribution au travail considérable réalisé par le Comité d'histoire de la Deuxième Guerre mondiale.

Quant à nous, nous ne considérons pas seulement Gurs comme un thème de recherches sur l'une des périodes les plus troublées du XXe siècle. C'est surtout un sujet de réflexion qui n'a rien perdu de son actualité.

ANNEXE I
EFFECTIFS INTERNÉS AU CAMP DE GURS

I REFUGIÉS VENANT D'ESPAGNE

(du 5 avril 1939 au 31 août 1939)

- Basques 6 555
- *"Aviateurs"* 5 397
- *"Espagnols"* 5 760
- *"Internationaux"* 6 808

Total 24 530

II REFUGIÉS "EN SITUATION IRRÉGULIERE"

(du 1er septembre 1939 au 30 avril 1940)

Total 2 820

III "INDÉSIRABLES"

(du 1er mai 1940 au 24 octobre 1940)

- Espagnols 3 695
- *"Gursiennes"* 9 771
- Français 1 329

Total 14 795

IV INTERNÉS A L'ÉPOQUE DE LA LÉGISLATION ANTISÉMITE

(du 25 octobre 1940 au 31 octobre 1943)

- Badois 6 538
- *"Cypriennais"* 3 870
- Espagnols 1 515
- Autres internés 6 262

Total 18 185

V DERNIERS INTERNÉS DE L'ÉPOQUE DE VICHY

(du 9 avril 1944 au 29 août 1944)

Total 229

VI INTERNÉS DE LA LIBÉRATION

(du 30 août 1944 au 31 décembre 1945)

- Prisonniers de guerre allemands 310
- Espagnols antifranquistes 1 475
- *"Collaborateurs"* 1 585

Total 3 370

Total avant la Libération : 60 559
Total après la Libération : 3 370

ANNEXE II
EXTRAITS DU REGLEMENT DES INTERNÉS

Centre
~~CAMP~~ DE GURS

REGLEMENT DES ~~INTERNÉS~~ Hébergés

EMPLOI DU TEMPS

Horaire

	Eté	Hiver
Réveil	6 h 30.	7 h. 30
Café	7 h.	8 h.
Appel	7 h.30	8 h. 30
Corvées, travail, occupations diverses	8 h.	9 h.
Rapport	11 h.30	11 h.30
Repas du matin	12	12 h.
Corvées, travail, occupations diverses	14	14 h.
Repas du soir	18 h.30	18 h.
Appel	21 h.30	21 h.
Coucher	22	21 h.30
Extinction des feux (dans les ilôts)	22	22

L'horaire des Dimanches est identique à celui des jours ouvrables mais seuls sont exécutés les corvées de nettoyage et les travaux urgents.

Corvées.- Les corvées diverses (nettoyage, chargements, déchargements, etc....) sont commandées par les brigadiers de surveillance qui désignent à tour de rôle les ~~internés~~ hébergés chargés de les exécuter et de veiller à leur bonne exécution. Tout manquement pourra être sanctionné par la privation de vin à un repas.

Travaux.- Les travaux d'entretien des jardins sont exécutés par les ~~internés~~ hébergés choisis à cet effet selon les directives d'un surveillant spécialisé.

Tous les autres travaux, y compris ceux des ateliers, sont commandés par l'Ingénieur T.P.E. ou ses préposés.

Les travailleurs sont dispensés de corvées.

ANNEXE III
LES COMMANDEMENTS DE L'HYGIENE DU CAMP

MINISTÈRE
DE L'INTÉRIEUR

DIRECTION GÉNÉRALE
DE LA
SURETÉ NATIONALE

CAMP DE GURS
(Basses-Pyrénées)

N° 443/D

ÉTAT FRANÇAIS

CAMP DE GURS, le 7 Juillet 1941.

Le Commissaire spécial,
Chef du centre de GURS,

à Monsieur le Préfet des Basses-Pyrénées
Cabinet
à PAU

Objet: L'Hygiène au camp - texte portant sur les règles à observer par les hébergés -

Pièces-jointes: dossier se composant de douze feuilles -

J'ai l'honneur de soumettre à votre haute approbation le texte en langue française et allemande portant sur les règles à observer par les hébergés pour maintenir un bon état sanitaire au centre. Ce texte m'a été communiqué par M. le Dr. JACQUOT, médecin-chef au camp de Gurs, dont ci-inclus copie de sa transmission.

A mon avis, il n'y a pas d'inconvénients à ce que ces recommandations soient diffusées, par les medecins hébergés en question, parmi les internés.

Le Commissaire spécial,
Chef du centre de Gurs,

1er COMMANDEMENT

N'utilise pas le médecin comme "moyen d'entretien" mais comme ton premier aide, quand tu es malade, et suis strictement ses prescriptions, sans vouloir les modifier de ton propre chef. Il connait son métier, mais toi, tu es ignorant dans ce rayon.
Il s'agit cependant de ta santé, peut-être de ta vie et du bien-être de beaucoup d'autres. Ta maladie constitue souvent un danger pour beaucoup, et tu n'as aucun droit de les exposer par égoïsme personnel ou entêtement.

II

La consultation est là pour t'aider quand tu es malade, soit par médicaments ou soins continus à l'îlot, soit qu'on t'hospitalise dans le cas où ta maladie ne peut être soignée à l'îlot même.
La consultation n'est cependant pas une annexe d'un dépôt de vivres permettant d'obtenir, sous couvert de ridicules influences, du supplément de nourriture.
Le médecin est ton plus proche ami, aide et conseiller, et tu ne dois pas le tromper :
1°. parce que c'est vilain de mentir,
2°. parce que, par la visite médicale, il constate le bien fondé de tes plaintes,
3°. parce que les médicaments et éventuellement les vivres qui sont à sa disposition sont fort rationnés et que ses provisions sont fort insuffisantes.
Si le médecin te donne aujourd'hui quelque chose dont tu n'as pas absolument besoin, c'est autant qui manquera demain à celui qui en aura grand besoin.

III

Ne bois pas d'eau crue, elle peut occasionner des diarrhées. Ne la bois que bouillie, et n'utilise également que de l'eau bouillie pour la fabrication de limonades ou d'autres boissons.
A la cuisine et au .... tu trouveras également des récipients avec de l'eau stérilisée, ne présentant aucun danger.
L'eau prise directement au robinet n'est jamais pure et peut occasionner des maladies intestinales, des épidémies.
Après absorption de fruits et aussi immédiatement avant d'en manger (au minimum 1/2 - 3/4 d'heure) ne bois pas d'eau, sinon vous vous exposez à de graves désordres intestinaux (coliques, diarrhées, hémorroïdes).

IV

Sois prudent dans l'usage de la viande et de conserves de viande, si la boîte est ouverte depuis plus de 24 heures (par ces temps de chaleur, il faut moins de temps).
Dès que tu perçois un goût douteux, essaye de cuire ou de rôtir le contenu de la boîte ; ne jamais l'absorber directement tel qu'il sort de la boîte.
Si après cuisson, le goût a disparu, on peut le manger, mais tout de suite, sans danger.

V

L'usage de fruits et de conserves occasionne par temps chaud, très facilement des éruptions cutanées douloureuses.
Ne te gratte pas alors, car, tu n'es plus un enfant et tu sais que de là proviennent des infections qui demandent des soins de plusieurs mois, et laissent sur la peau des traces désagréables.
Employer un peu de poudre pour calmer les irritations, et va voir le docteur aux heures de visite ; il t'aidera si tu es docile à ses prescriptions.

VI

La propreté corporelle doit être, après l'amour du prochain, ta plus grande préoccupation. De ta propreté corporelle dépendent ta santé et ta tranquillité morale.
Un corps sale amène des éruptions cutanées, des poux et d'autres parasites qui sont des suceurs et des empoisonneurs du sang. Quand tu es sale, tu te sens déprimé et tu vois tout en noir. Essaye une douche et tu verras combien tu te sentiras soulagé.

Mais tu ne peux pas rester propre, si ton voisin est sale et pouilleux. Voilà pourquoi surveille-le et signale-le au chef de baraque.
Pour le moins une fois par quinzaine, prends une douche chaude ; c'est ton avantage et celui de la baraque.

VII

Ne te gêne pas et ne le cache pas quand tu as des poux ; les conditions de vie du camp ne peuvent que les provoquer ; cherche-les dans tes habits et le linge du corps.
Aux douches, laisse-toi visiter par le docteur ou la sœur ou bien va entre temps chez la sœur Nelly à la baraque 12.
Eruptions cutanées avec plaies purulentes sont surtout dangereuses. On peut attraper des poux, ce n'est pas une honte, mais ne pas les détruire à fond est une faute et une honte.
Les poux, non seulement sont désagréables, mais peuvent devenir dangereux pour la vie, car :
typhus, empoisonnement, maladies cérébrales peuvent venir d'une surabondance de poux.
Veille donc sur toi, sur tes visiteurs, sur tes voisins, car le maintien de la propreté corporelle en dépend.

VIII

Là où se ramassent poussières et impuretés, là se plaît le parasite. Appartiens-tu au parasite ?
Alors pourquoi tolères-tu que ta baraque soit malpropre ?
Pour que ta baraque soit propre, il faut 3 fois par jour la balayer et la nettoyer ; chacun n'a qu'à nettoyer la place qu'il occupe. Dans chaque baraque il faut 2-3 boîtes à ordures.
On ne doit pas jeter des détritus dans les coins ou par les fenêtres ; on s'étonne alors qu'il y ait affluence de rats.
Une fois tous les 15 jours, la baraque doit être vidée de son mobilier et frottée à l'eau de Javel ; de cette façon, on évite les punaises et les rats, et on ne patauge pas dans sa propre saleté.

IX

La propreté de l'îlot seule peut éloigner les rats. Le poison ne chasse pas les rats, il en tue seulement quelques-uns.
S'il traîne partout des restes de légumes ou d'autres détritus, les rats y trouvent bonne cuisine et s'y multiplient rapidement.
Papiers, écorces, boîtes de conserves etc, doivent être recueillis dans des caisses à ordures, munis de couvercles.
Cela n'exige un grand effort de personne et ce peu d'effort de chacun peut délivrer l'îlot de la plaie ratière.
Défense absolue de jeter des détritus, restes de légumes, épluchures dans les fossés et autour des baraques.
Les chefs de baraques veilleront à ce que le nettoyage des fossés se fasse journellement.

X

Pour que l'îlot soit épargné de toute épidémie, il faut creuser davantage les fossés, les désherber soigneusement. Hommes et femmes peuvent et doivent s'y intéresser, et le chef d'ilot donnera des ordres en conséquence. L'herbe dans les fossés attire mouches et rats. Est-il admissible d'uriner dans les fossés ou même d'y satisfaire d'autres besoins ? Ne sommes-nous pas tous menacés par le même danger d'épidémie ? Qu'en penses-tu ? Et que fais-tu pour en préserver autrui ? Y as-tu pensé ? Si non, fais le de suite, puis plus tard et toujours !

XI

Pour se procurer fraîcheur, joie, plaisir pour les yeux et l'esprit, faites des plantations de fleurs et de légumes autour des baraques, semez du gazon, et vous serez ravis. L'effort physique que vous y déployez retournera à votre avantage, car, 1 à 2 heures par jour avec pelle et pioche fortifie et entretient la santé. Jeunesse des îlots et tous ceux qui se sentent jeunes, il y va de votre honneur. Fleurs, gazons et légumes autour des baraques vous procurent tous avantages. La direction de l'îlot vous aidera. On ne peut pas toujours réclamer d'autrui ce qu'on peut faire soi-même.

XII

Veille à la propreté des W.C. car tu dois plusieurs fois par jour t'en servir toi-même. Les cabinets seront nettoyés 3 fois par jour. Si tu y veilles, tu les saliras moins, car toi aussi, tu devras les nettoyer à ton tour. Signale au chef d'îlot tout laisser-aller de ce côté.

XIII

Chacun peut utiliser les W.C. Des cas exceptionnels, par très mauvais temps de nuit, peuvent excuser l'usage de récipients. Pour éviter en cela tout abus, il faut que celui et celle qui se sentent incapables d'utiliser les W.C. se fassent délivrer par le médecin de l'îlot un certificat signé du chef d'îlot et renouvable tous les 10 jours. Ne tolère pas que des paresseux ou des pédants amènent insolemment des odeurs d'urine dans les baraques. La tranquilité personnelle ne dépend que de nous-mêmes.

XIV

Ne te plains pas constamment de la faim et ne prétends pas toujours que ta faiblesse t'empêche de travailler, car au dehors la nourriture reste la même que celle que tu reçois, tant en quantité qu'en qualité. Travaille dur pour gagner l'argent nécessaire, car tout est très cher, et souvent il faut faire la queue pendant des heures, pour se procurer le nécessaire. Réfléchis bien qu'au dehors on peine dur pour un morceau de pain, à peine plus gros que le tien. Des visites médicales systématiques ont révélé que l'état général de la majorité est bon (il y a aussi des exceptions et des malades au dehors). Chacun peut produire le travail commandé, à moins d'avis contraire du médecin. Va au médecin, mais sois docile à ses conseils. L'état de faiblesse chez la plupart est souvent originaire et dû, pour une grosse part, au souvenir des embonpoints d'antan, d'ailleurs très peu propices à la santé.

XV

Travail, sport, livres, études donnent distraction et force. Si tu t'occupes à du travail utile, tu sens moins la faim que quand tu flanes toute la journée et que tu penses au rendez-vous. Travail et occupation écartent faiblesse et faim.
Les plus nécessiteux recevront un supplément utile. Dans le pays tout est restreint et rationné.

XVI

C'est malsain de porter sur soi trop de linge de corps, car :
1°. on le salit plus vite,
2°. on l'abîme par la vermine,
3°. on entrave la respiration cutanée et on favorise des éruptions et la faiblesse.
Un habillement léger est recommandé à tout le monde par ces temps de chaleur.

XVII

Si tu es malade, va au médecin ou fais le appeler. Si cependant ton état de santé nécessite des soins plus minutieux, le médecin ne peut pas le faire dans la baraque. De même il pourrait y avoir danger de contagion. Comme il n'y a pas d'infirmerie dans chaque îlot pour les malades, il faut que le médecin fasse transporter le patient à l'hôpital pour y recevoir les soins nécessaires. Viens régulièrement aux consultations et prends régulièrement tes médicaments car le personnel sanitaire a beaucoup de travail.

Attitude au soleil

Ne t'assieds jamais directement au soleil. Aie toujours la tête couverte. En cas de besoin, fais-toi une coiffure avec un journal. Il protège bien contre l'ardeur du soleil. Pense qu'un coup de soleil peut avoir des suites mortelles. Prends donc de précautions. Enduis la peau de crème, ou laisse la brunir lentement. Tu t'épargnes de très douloureuses brûlures. Ne reste pas durant des heures entières en plein soleil. Une sueur excessive peut t'occasionner des dérangements graves. Le soleil est sain et fortifiant. Ton imprudence peut le rendre néfaste.

Conduite à tenir en cas de pluie ou de temps humide

Les vieilles gens ne doivent sortir qu'en cas de besoin, toujours avec bottes, bien protéger le cou, tenir chaud les genoux. Les jeunes gens n'ont pas de précautions spéciales à prendre, parce que l'endurance corporelle supplée au reste.

Dormir dehors

N'est permis que par très beau temps. Le brusque changement de température de nuit peut amener des refroidissements dangereux. Par un temps chaud mais incertain, ouvrir toutes portes et fenêtres pour atténuer une atmosphère intenable.

Conduite à tenir en cas de diarrhée

La chaleur, l'usage de fruits et de conserves vont augmenter les cas de diarrhée sans pour cela les aggraver. Signale si ta selle est liquide ou ferme, si elle est pénible (ventre ou anus). Combien de fois en 6 heures tu vas à la selle ? Si tu te trouves mal à l'aise, étourdi, couche-toi et ne mange rien, 24 heures durant, bois du thé ou du café chauds. Pas de cure de pommes sans ordonnance médicale. Pose-toi sur le ventre une bouteille avec eau chaude. Tu dois sentir la chaleur te traverser le corps. Appelle le médecin, il ordonnera le reste.

Texte bilingue (en français et en allemand) rédigé par le médecin-chef français du camp et destiné à être affiché dans les baraques.
Document adopté par le préfet des Basses Pyrénées dans sa lettre CD 1483/G2 adressée le 24 juillet 1941 au chef de camp (Arch. dép. Pyr. Atl., M provisoire, 500/6).

ANNEXE IV
"L'APPEL DE GURS"

Gurs, camp construit en 1939 sur la terre de France, où 60 000 personnes, hommes, femmes, enfants et vieillards furent internés d'avril 1939 à septembre 1944.

Gurs, où furent jetés combattants républicains et réfugiés espagnols, volontaires des Brigades internationales, patriotes français, émigrés antifascistes, Juifs de Bade, de Palatinat et de France, avant leur déportation pour les chambres à gaz d'Auschwitz.

Gurs, symbole du combat et de la souffrance des peuples d'Europe pour leur indépendance et la liberté, contre la capitulation et la trahison devant le fascisme agresseur et oppresseur.

Gurs, camp de concentration, appelle à la vigilance.

Les rares survivants des 60 000 internés et les familles des morts, réunis en ce lieu en cette année du 35ème anniversaire de la victoire sur le nazisme, s'inclinent avec respect devant la mémoire de tous ceux qui périrent ici, victimes du fascisme et de la guerre.

Alors que nous assistons en France et dans plusieurs pays européens à la recrudescence des activités et des attentats racistes et fascistes, les survivants appellent à la vigilance pour la défense des droits démocratiques, des libertés, et le respect des droits à l'existence et à l'indépendance des peuples reconquis sur le fascisme, au prix de cinquante millions de morts.

Alors que la détente internationale et la coopération pacifique entre les nations européennes sont menacées par l'intensification de la course aux armements atomiques, qui peuvent mettre en péril l'existence de l'humanité, ils réclament des négociations sérieuses pour mettre fin à la course aux armements et amorcer le désarmement, dans le respect de la sécurité de tous les états. Ils soutiendront toute mesure allant dans ce sens. Ils approuvent toute recherche de dialogue constructif, toute négociation ayant pour objet la détente et la coopération internationale.

Gurs appelle à se souvenir qu'il n'y a pas de liberté et de progrès sans le respect de l'indépendance nationale et sans la paix.

Gurs appelle à la vigilance, à l'union, à l'action, pour que l'homme puisse vivre libre et digne.

Gurs vivra dans la conscience des hommes grâce à la jeunesse qui entretiendra la flamme du souvenir et bâtira le monde nouveau de justice et de fraternité pour lequel sont morts nos camarades.

Gurs, le 21 juin 1980

ANNEXE V
INTERNÉS DECEDES AU CAMP DE GURS

ETAT NUMERIQUE DES DECEDES DU CAMP DE GURS
pendant la période du II Mai 1939
au 2I Août I943.

° de .a ombe	Noms et Prénoms	Date et lieu de naissance		Date de décés
1	ECHARRY-CULUAGO Jésus		LASARTE (Esp.)	9. 7.39
2	ALBUIN-GONZALEZ Dorothée	3. 5.0I	LUGO	I3. 6.39
3	JUNG Joseph		BUDAPEST	I7. 6.39
4	BREROVOSKY Jean	9. 4.02	BRESLEK	9. 6.39
5	KUSTI Esau	86	(Esthonie)	I9. 5.39
6	PEREZ-CATIVIELLA Francisco	I3. 3.88	ANSO	II. 5.39
7	DURO-GOMEZ Antonio			II. 5.39
8	BANCELS Joseph			I2. 5.39
9	GRANDO-CHACO Miguel			8. 6.39
I0	OLCVAR-LOPEZ Eduardo			7. 6.39
II	GYERTYAC Joseph	26. 9.I0	LEMEKMARNO	9. 7.39
I2	MENDEL née KARLEBACH Martha	29. 8.86	FRANCFORT S/M	5. 6.40
I3	GOMEZ-SANTAMARIA Frédérico	II.07	SANTANDER	7. 3.40
I4	ARANA-IMAZ Vinancio			9. 2.40
I5	GROST Siegmond	I0. 5.90	FIESZABO	6. I.40
I6	PEREZ-PEREZ Julien	26. I.78	FUENTELSPIED	30.I2.39
I7	LOPEZ-DOMINGUEZ Rafaël	26 ans		30.I2.39
I8	VILLARAY-SUAREZ Florencio	I9. 2.85	CUBA	I9.I2.39
I9				
20				
2I	MARTINEZ-MORCIDA José	I9.I0.I4		26.II.39
22	DURA-CAMPCS José	I.CC.I8	ASCUNCION	8. 9.39
23	APPEL Joseph	27.I2.98	GRAZ	23.I0.39
24	LEVY Jacob	3I. 3.68	NEUSTADT	3I.I0.40
25	REICHENBERGER Adolf	5.I2.67	BRUCHENBRUCKEN	3I.I0.40
26	SILBERSTEIN Albert	I6. 5.63	GLEIWITZ	3I.I0.40
27	ARON Gustav	I9.II.55	STEINBACH	3I.I0.40
28	KAUFMANN Eugène	27.I0.67	MANNHEIM	3I.I0.40
29	HAAS Barbara	5. 2.64	RUELSHEIM	2.II.40
30	KAHN Franciska	II.I2.88	WOODWIL	2.II.40
3I	EPSTEIN Emma	24. 6.64	FLAKENSTEIN	2.II.40
32	FRANTZ Elise	I. 9.78	KARLSRUHE	30.I0.40
33	GUGGENHEIM Emma	I8. 5.58	GOELICHSHEIM	29.I0.40
34	KAUFMANN Sofie	I7. 3.67	ERBESLEISHEIM	28.I0.40
35	JEREMIAS Bertha	I5. 4.67	INGENHEIM	30.I0.40
36	GRODISKA Francisek			I6. 6.40
37	BENOIT Charles, Joseph	9. 3.88	MARMANX	I. 7.40
38	KNAPP née BULTMANN Martha	22. I.9I	HAMMELWARDEN	5. 7.40
39	RAMUCHINGER Laura	27.II.76	KRACOVIE	I0. 7.40
40	PAPERNIK Karoline, Sarah	29.I2.74	OBRITZ	3. 8.40
4I	ADLER Fanny	2. 6.99	URSPRINGEN	I8. 8.40
42	BARTSCH née BODE Maria	22. 5.94	TREVES	I8. 8.40
43	LOEB Léo	8.II.64	ODERNBACH	28.I0.40
44	LUNA-FERNANDEZ Grégorio	I. 3.I8	SARAGOZA	27.I0.40
45	DULACHER Simon	28. 2.60	OSCHBBEIER	28.I0.40
46	ISRAEL Einrich	I4. 8.55	STRUEMPFELBRUNN	29.I0.40

- 2 -

47	WEILLER Samuel	II.II.75	DIEFLEN	3I.I0.40
48	KAUFMANN Emil	27. 9 58	FRANKENTAL	3I.I0.40
49	BLUM Julius	28. 3.72	MAYENCE	I.II.40
50	WUERZBURGER Hermann	8.II.67	BINAU	I.II.40
5I	BAER Hermann	8. 9.60	REINGEN	2.II.40
52	WERTHEIMER Arthur	I0..8.7I	OESTRINGEN	3.II.40
53	SCHWEIZER Adolf, Max	I8.II.80	KARLSRUHE	4.II.40
54	NATHAN Nathan	I8. 4.63	ALTENSDADT	4.II.40
55	STERN Richard	I0. 2.7I	MANNHEIM	3.II.40
56	HAMBOURGER Moritz	I6.I2.67	DINKELSBUEHL	5.II.40
57	BLOCH Max	II. 9.94	RANDEGG	5.II.40
58	GUNZBURGER Maier	8.I0.64	SCHMICHEIM	5.II.40
59	STRUPP Bernhard	20. 2.68	HEMMINGEN	5.II.40
60	MYRWIES Léopold	I4. 6.74	SCHADOW-KOWNO	6.II.40
6I	LEDERMAN Moritz	I9. 6.65	WEILER	6.II.40
62	KOCH Julius	I5. I.63	OFFENBACH	7.II.40
63	ROSENFELD Albert	30. I.77	KONSTANZ	5.II.40
64	ROTHSCHILD Julius	5. 5.67	WEINHEIM	5.II.40
65	SILBERLICHT Joel	2. 7.66	ROWA-RUSKA	7.II.40
66	WACHENHEIMER Zadik	II. 3.7I	ZWINGENBERG	9.II.40
67	SCHARFF Lazarus	I5. 8.54	SPEYER	I0.II.40
68	NACHMANN Anna	25. 7.72	NIEDEROLM	II.II.40
69	SAFRIN Pepi	I. 6.97	ROZDIN TOV	II.IIK40
70	WOLF Richard	II. 6.70	BUCHAU	I0.II.40
7I	FLECHNHEIMER Bertha	I2. 4.66	MANNHEIM	II.II.40
72	BAER Hélène	23. 7.65	ESSINGEN	II.II.40
73	DREYFUSS née SPRINGEN Bertha	25. 6.73	FURERTH	7.II.40
74	BUCH Joséphine	3. 7.65	COLOGNE	6.II.40
75	EMMERY Rosa née HEYMANN	20. 6.60	MANNHEIM	II.II.40
76	MAYER Johanna	6. 7.68	HOEHEINOED	I0.II.40
77	DREYFUSS Bertha	20. 6.70	KREUTSNIG	7.II.40
78	HOFFMANN Karoline	2I.III.63	STEIN	6.II.40
79	LYON Fanny	3I.I0.59	KARLSRUHE	5.II.40
80	LENEL Luise	25. 2.57	WORMS	7.II.40
8I	SEBALDI Selma	2. 8.74	MANNHEIM	7.II.40
82	GRUENBAUM Victoria	2. 3.88	KARLSRUHE	6.II.40
83	STERN Lina	2. 2.7I	DREIXEN	8.II.40
84	HESS Thérèse née KAUFMANN	24.II.88	FRUDENHEIM	8.II.40
85	ALTSCHUELER Henriette	24. 3.6I	ZWEUBRUECKEN	9.II.40
86	ACKERMANN Hélène	26. 5.75	WALLHALBEN	I2.II.40
87	KAUFFMANN Thérèse	7.II.57	FLEHINGEN	II.II.40
88	GROSSBERGER Amalie	I0.II.64	HEIDELBERG	I2.II.40
89	NEUMANN née KAHN Clara	2. 7.74	MANNHEIM	9.II.40
90	REINHEIMER Emmanuel	I4. I.52	HOEHEINOED	II.II.40
9I	SACHS A Lfred	4. I.63	MANNHEIM	I0.II.40
92	FUERTH Simon	9. 3.63	NONNWEIER	I2.II.40
93	WIENHEIMER Bernhard	8. 9.68	ADELSBERG	II.II.40
94	STERN Bertha	4. 9.8I	FRIEDENBERG	I.II.40
95	FRIEDHEBER Minna	I2. 6.66	PREZOZISZOW	3.II.40
96	HILB Justina	29. 7.63	ODENHEIM	3.II.40
97	ULLMANN Teckla	6. 5.65	EICHTERZHEIM	5. 5.40
98	OPPENHEIMER Clara	26. I.62	MANNHEIM	5.II.40
99	LOEWE Rosa	I6. 2.59	INGOLSHEIM	4.II.40
I00	SCHLESINGER Ida	27.II.74	PFORZHEIM	5.II.40

../

- 3 -

I0I	TOBIS Anna	26. I.54	KARLSRUHE	5.II.40
I02	METZGER Rachel	88	KAHL	5.II.40
I03	WOLF née STERN Ricka			
I04	MESHEIMER Blondine	23. 9.53	BOECHINGEN	6.II.40
I05	LOEB Karoline	4. 3.62	COLOGNE	6.II.40
I06	MAY Elisabeth	24. 9.65	KAISERSLAUTERN	6.II.40
I07	JOACHIM Hermann	5. 5.65	ZERKOW	I0.II.40
I08	MAYER-GERNGROSS Hélène	I9. 4.66	MANNHEIM	II.II.40
I09	LAZARUS Elisabeth	9. 6.64	WOLFSKEHLEN	II.II.40
II0	LOEWENBERG Johanna née SAMUEL	I8. 5.67	DUSSELDORF	I2.II.40
III	BREINTENBACH Alice	II. 4.74	MANNHEIM	I2.II.40
II2	MARSCH Thérèse	24.II.88	HEIDELBERG	I2.II.40
II3	MAIER Minna	I7. I.69	KOCHENDORF	I2.II.40
II4	MULLER Mauses	9.I0.56	ZUELPICH	I2.II.40
II5	ODENHEIMER Isidore	I6. 9.83	ODENHEIMER	I2.II.40
II6	KEILER Jenny Sarah	24.I0.78	MANNHEIM	I3.II.40
II7	BLOCH Joséphine née WERTHEIMER	9.II.75	HASSLACH	I4.II.40
II8	ALEXANDER Bertha	9. 2.59	BILLIGHEIM	I3.II.40
II9	BERNHEIM Julius	I8. 6.57	WANGEN	I2.II.40
I20	MAINZER Hélène	I4. 2.56	MANNHEIM	I3.II.40
I2I	GUT Samuel	I4. 5.73	GEILINGEN	I6.II.40
I22	ROTHSCHILD Jacob	I7. 6.57	ESSWEILER	I6.II.40
I23	STAUB Sarah	2I. 7.74	DIRMSTEIN	I5.II.40
I24	SIMON Flora	4. 6.68	MANNHEIM	I5.II.40
I25	WOLLMANN Rosa	I8. 4.46	MANNHEIM	I5.II.40
I26	MAIER Nanette	I6. 3.75	MALSCH	I6.II.40
I27	KAHN Hermann	28. 9.64	HALBACH	I4.II.40
I28	MESHEIMER Louis	I2. 7.65	HAGENBACH	I5.II.40
I29	BREISACHER Mathilde	I3. 4.72	BREISACH	I4.II.40
I30	SCHIFF Pauline	5. 7.6I	MOENCHSTERLIN-GEN	I5.II.40
I3I	EMMERICH Karoline	26. 3.7I	MERCHINGEN	I6.II.40
I32	KOHLMANN Pauline	I9. 2.6I	MANNHEIM	I5.II.40
I33	JOSEPH Julius	II. 7 70	INGENHEIM	I8.II.40
I34	ROSENTHAL Fanny	I7. 7.6I	BUEHL	I6.II.40
I35	GUNZBURGER Philippe Israël	3.I2.57	EMMENDINGEN	I6.II.40
I36	BLOCH Baruch	8. 2.63	EICHSTAETTEN	I7.II.40
I37	MAIER Simon	5.II.57	MASCH	I7.II.40
I38	FUCHS Nanette née BLUM	2I.II.64	WEINGARTEN	I7.II.40
I39	WIMPFHEIMER Thérèse, Rudolphine	2I. 5.55	ITTLINGEN	I6.II.40
I40	SPEISR Emma	28. 3.75	MANNHEIM	I7.II.40
I4I	BAER Salomon	3I. 5.70	OBENDORF	I6.II.40
I42	WEIL Emma	I8.I2.80	LOERRACH	I6.II.40
I43	ROTHSCHILD Adèle	I7. 2.60	RANDEGG	I8.II.40
I44	HIRSCH Emilie	9. 8.85	WIERSEN	I8.II.40
I45	KAELBERMANN Max	I5.I2.65	GROSS-LICHOLZHEIM	I8.II.40
I46	HOFFMANN Bertha	26.I0.59	HEILDELBERG	I7.II.40
I47	BLOCH Charlotte	9. 6.48	KONSTANZ	I7.II.40
I48	KRAEMER Wilhelm	I0. 3.04	DUSSELDORF	I8.II.40
I49	SUSSMANOWITZ Isaac	20.II.70	GARSCHEL	20.II.40
I50	BIRNABUM Gustav	30. 7.83	FULDA	I8.II.40
I5I	BLUM Eveline	II.II.36	SPEYER	I9.II.40
I52	HELLER Klara	I4.I2.76	LANDAU	I9.II.40
I53	DECKER Hélène	II. 6.60	MANNHEIM	I8.II.40
I54	HERZ Edwige	I3. 8.66	BOCKENHEIM	I9.II.40
I55	ZWANG Fanny	22. 5.62	SENNFELD	I9.II.40
I56	HAIMEL Gustav	I2. ..6I	NEUSTADT	20.II.40

../

- 4 -

I57	HERZ Siegmund	23. 2.56	KOCHENDORF	I8.II.40
I58	TRAUB Simon	I3.I2.67	RAPPENAU	I9.II.40
I59	STERN Adolf	I5. 6.62	ZIMMERN	I8.II.40
I60	MASS Ludwig Rolf	5. I.78	MANNHEIM	20.II.40
I6I	BLOCH Bertha	I5. 5.66	LOERRACH	I9.II.40
I62	SCHRIESHEIMER Emma	25. 8.88	LEUTERSHAUSEN	20.II.40
I63	ROSENBERGER Lina	I6. 8.70	FREIBURG	I9.II.40
I64	LOEB Samuel	2I/ 3.62	INGENHEIM	2I.II.40
I65	SELIGMAN Sophie	28.I0.54	EBERBACH	20.II.40
I66	HELLER	venant de	Mannheim	20.II.40
I67	BERG née DELLHEIM Paula	3I. 8.9I	MUTERSDADT	2I.II.40
I68	FELDMANN née FISCHEL Rosa	20.I0.77	ALTZEDLITZ	I9.II.40
I69	KALTER Rébecca	I5. 8.55	HETTENLEIDENHEIM	20.II.40
I70	JOSEPH Julius			
I7I	HIRSCHEIMER Aron	3I.I2.66	BERWANGEN	2I.II.40
I72	HOFELER Isaac	I4. 6.48	EICHSTETTEN	2I.II.40
I73	KUHN Adolf	29. I.6I	ILVESHEIM	2I.II.40
I74	TRAUB Ludwig	7. 8.79	MANNHEIM	20.II.40
I75	SACK Arnold	4. 6.63	ODESSA	2I.II.40
I76	FREUND Hedwig	I2. 8.77	MANNHEIM	20.II.40
I77	MAYER Meta	29. 3.87	MERGENTHEIM	22.II.40
I78	LURCH Heinrich	I8.I0.55	EDIGSHEIM	22.II.40
I79	SICHEL Joséphine	29. I.55	BAD-HOMBURG	22.II.40
I80	OPPENHEIMER Ludwig	4. 9?93	SCHREISHEIM	2I.II.40
I8I	FULDLER Bernardt	24. I.66	TUENGEN-MEIRNGEN	2I.II.40
I82	ZARNICER Samuel	8.I2.7I	KRACOVIE	2I.II.40
I83	LEWIS Joséphine	22. 5.48	METTENHEIM	22.II.40
I84	HAUSER Adolf	27. 6.62	LADENBURG	23.II.40
I85	NECKARSUNMER Max	29. 7.73	MANNHEIM	23.II.40
I86	MUELLER Emilie	I0. 7.60	GELDEN	23.II.40
I87	SIEGEL Gustav	2I. 5.58	GOECKLINGEN	25.II.40
I88	KAHN Johanna	3. 5.76	FRANCFORT	24.II.40
I89	FRAENKEL Isidor	II. 6.7I	URSPRINGEN	24.II.40
I90	STEINER Julius Jacob	5. 9.7I	WURZBURG	25.II.40
I9I	MAYER Michel	4. 4.58	IGGELHEIM	24.II.40
I92	WEIL Moritz	5. 3.62	EICHSTETTEN	25.II.40
I93	WEIL Lina	7. 5.68	BOECHINGEN	24.II.40
I94	WILMERSTORFER Sidonia	2. I.23	FLOSS	23.II.40
I95	BLOCH Salomon	II. 4.67	KIRCHEN-GRENZACH	24.II.40
I96	OPPENHEIMER Léopold	II.II.75	NECKARSTEINACH	24.II.40
I97	GOTTSCHO Lina	22. 4.62	NIEDERHOCHSTADT	25.II.40
I98	BECK Samuel	2. 9.72	LOERRACH	27.II.40
I99	KERN Bertha	8. 4.77	KAISERSLAUTERN	25.II.40
200	SIEGEL Marcus	I9. 2.6I	ALZEY	25.II.40
20I	WERTHEIMER Clara née STRAUSS	I2. 6.8I	GOELLHEIM	25.II.40
202	KAHN Minna	6. 2.82	KLEINEICKOLZHEIM	25.II.40
203	ALEXANDER Mauses	24.II.55	LANDAU	25.II.40
204	BOTTENWIESER Bernard	24. I.72	ODENHEIM	25.II.40
205	AUBERACH Emilie	I9. 4.66	PARIS	25.II.40
206	TUTEUR Karl	3. 3.68	WINNWEILER	25.II.40
207	PICKARD née GUNSBURGER Ninette	I3. 9.60	EMMENDINGEN	28.II.40
208	SCHUELET Justin	I4.II.74	TALMESSING	26.II.40
209	ADLER Gina	60 ans	GRUNSTALDT-FRANKENTHAL	25.II.40
2I0	MENDEL née MARX Jenny	I0. 7.67	RHEINGESENNHEIM	26.II.40
2II	MACHOL Benno	22. 4.75	BERGZABERN	26.II.40

- 3 -

2I2	WAITZFELDER Otto	7. 7.76	MANNHEIM	27.II.40
2I3	SCHWEIZER Sophie	23.II.7I	MUNZESHEIM	27.II.40
2I4	GOTTEIEB Julius	24.I2.52	EBENBURG	26.II.40
2I5	ABEL Walter	9. 6.72	HEIDELBERGT	27.II.40
2I6	BEHR née NETTER Amélie	I6. 9.76	GEUNRSBACH	27.II.40
2I7	WAHL Minna	I6. 6.73	SANDHAUSEN	26.II.40
2I8	NEUBERGER Abraham	30. 9.73	HAISTADT	27.II.40
2I9	SCHWEIZER Théodor	I7. 6.59	KARLSRUHE	27.II.40
220	JOHL Heinrich	26.I0.70	RUST	28.II.40
22I	MAYER Joseph	3.I0.8I	FREIBURG	28.II.40
222	UNGER Hermann	24.II.99	BERLIN	29.II.40
223	WEIL Hermann	25. 5.65	MERZIG	29.II.40
224	BENJAMIN Benni	I6. 3.62	LUTZELSACHEL	29.II.40
225	AUERBACHER Hermann	9. 9.67	KIPPENHEIM	29.II.40
226	BLUM Emilie	24. 4.66	BERGZABERN	27.II.40
227	NEUMANN Rolf	7. 2.34	SENNFELD	29.II.40
228	BOUER Henriette	30. 9.67	BUTTENWIESEN	28.II.40
229	ROSENTHAL Salomon	27.I2.66	RANDEGG	28.II.40
230	HAAS Lina Sarah	I5. 7.64	HERXHEIM	28.II.40
23I	ROSENBERG Willy	2I.I0.67	NURENBERG	28.II.40
232	GOLDMANN Hélène née KAUFMANN	II. 8.73	GROSSACHSEN	29.II.40
233	JACOBI Albert	II. I.55	ILVESHEIM	30.II.40
234	WILDBERG Johanna née GUTPRECH	20. 9.79	KARLSRUHE	30.II.40
235	LANG Sarah née HERN	24. 3.67	BERWANGEN	27.II.40
236	LIND Sarah	22.I2.73	KRANFELD	29.II.40
237	HAAS Ferdinand Philippe	I. 5.7I	BOEDIGHEIM	30.II.40
238	FALK Max	I7. 3.67	OBERGROMBACH	30.II.40
239	SINSHEIMER Julius	I4. 3.65	HARDHEIM	30.II.40
240	HELLENBOGEN Sophie	30. 8.62	HOPPENHEIM	30.II.40
24I	DREYFUSS Samuel; Emmanuel	I2. 9.65	SCHLIEHEIM	30.II.40
242	SCHLESINGER née BAER Sophie	20.I2.75	UNTERGROMBACH	29.II.40
243	STERN Emile	6. 4.70	GIESSEN	30.II.40
244	SEELIGMANN Bertha	2I. 7.58	SPEYER	29.II.40
245	MAY Jacob	2. 5.72	SELIGENSTADT	20.II.40
246	ETTLINGER Julius	I5. I.70	EPPINGEN	I2I2.40
247	HOMBOURGER Fritz	20. 7.67	GOLDBURG	I.I2.40
248	KAHN Joseph	26. 6.62	THALEICHWEILER	I.I2.40
249	OPPENHEIMER Louis	5.I2.64	BIRKENAU	30.II.40
250	GOETZEL Michael	2. 7.69	KLOSTERNEUBURG	I.I2.40
25I	MAYER Salo	4. 7.40	VLEMET	I.I2.40
252	HEIDELBERGER Elias	I5. 2.69	FLEHINGEN	I.I2.40
253	KAHN Siegmund	II. 6.76	OFFENBURG	I.I2.40
254	LOEWE Emma	3.II.66	ALDORF	2.I2.40
255	BARTH Sophie	I. I.66	DETTENSEE	2.I2.40
256	EPPSTEIN Betty	9. 7.82	RICHEN	I.I2.40
257	DECHSLER Robert	6. 4.60	PIRMASNES	I.I2.40
258	DEUTSCH Albert	I6.I2.64	INGENHEIM	I.I2.40
259	BRUECK Isaac	II.II.68	FEILBINGERT	2.I2.40
260	HOFMANN Hermann	3I. I.70	KALZINBORSDORF	2.I2.40
26I	FRANK Adèle	4. 8.65	MANNHEIM	4.I2.40
262	NATHAN Adolf	9. 4.83	HAMBOURG	3.I2.40
263	HEINEMANN Edwig	8. 8.70	RIEDE	30.II.40
264	OPPENHEIMER César	I5. 6. 9	HASBACH	3.I2.40
265	WEIS née GERDE Emilie	24. 9.69	GRUBSTADT	2.I2.40
266	BENJAMIN Max	I4. 5.58	LUETSELSACHSEN	3.I2.40
267	MAZER Sophie née HILBERD	4. 4.62	MALSCH-RASTADT	2.I2.40
268	WEIL Elisa	3. 2.76	EMMENDINGEN	2.I2.40
269	FROELICH Sarah	I. 7.60	ROCKENHAUSEN	2.I2.40

../

- 6 -

No.	Nom	Né le	Lieu	Date
270	MAIER née WINTER Rosalie	12. 4.76	FRANCFORT	2.I2.40
27I	ADELSBERGER Charlotte	I.II.7I	WILHELSMSDORF	2.I2.40
272	MAYER Johanna née WOLF	I5. 8.56	LAMBSHEIM	2.I2.40
273	ALSBERG Paula	I0.II.54	LIPPSTADT	3.I2.40
274	LUSTGARTEN Liba, Charlotte	26.I2.75	OSWIECZIN	3.I2.40
275	MOCH Abraham	20. 5.66	NONNENWEIER	4.I2.40
276	ERLANGER Karoline	3. 4.76	KARLSRUHE	4.I2.40
277	HIRSCH Hermann	I4. 2.68	MERGENTHEIM	3.I2.40
278	HIRSCH Hermann, Théodor	3. 5.68	FRUDENHEIM	3.I2.40
279	BENJAMIN Félix	9..7.68	COLOGNE	3.I2.40
280	SCHLOSS Emile	25. 2.60	TRIER	2.I2.40
28I	SELIG Abraham	I7. I.69	HARDHEIM	4.I2.40
282	SALMON née KATZ Rosa	I0.I0.67	HAMBURG	4.I2.40
283	HIRSCH Julius	3. 9.76	MANNHEIM	4.I2.40
284	WEIL Emma	20. 4.75	BOECHINGEN	3.I2.40
285	KUHN Moritz	2.I0.55	SCHORENWEISEBACH	4.I2.40
286	MAY David	6. 2.58	HERSCHBERG	3.I2.40
287	OLESHEIMER née WEIL Emma	7. 4.57	EMMENDINGEN	3.I2.40
288	LOEB Sophie née LEVY	23. 2.82	PHILIPPSBURG-FISCACH	3.I2.40
289	RUBEN Léopold	I.II.64	FREYSTADT	3.I2.40
290	BENSINGER née KAHN Fanny	8. 6.86	BODESWEIER	4.I2.40
29I	GUTMANN née HESS Ernestine	8. 7.57	ROT-MALACH	4.I2.40
292	BENJAMIN David	I. 7.7I	LUETZELSACHSEN	6.I2.40
293	MARMORSTEIN Anna née STRASSBURGER	I5. 3.64	MANNHEIM-BARFELD	4.I2.40
294	KERN Alfred	3I. 7.03	NEUSTADT	4.I2.40
295	LICHTENBERGER Hélène	6. 9.62	BRETTEN	3.I2.40
296	GRAU Johanna	24. 4.64	BRETZENHEIM	3.I2.40
297	DREYFUSS Heinrich	I2. 7.76	ROCKENHAUSEN	6.I2.40
298	KERN Lina	2. 2.67	NEU-HEMSBACH	5.I2.40
299	WERTHEIMER Léo	I4. I.62	BUEHL	5.I2.40
300	AUERBACHER Mathilde	25. 5.57	KIPPENHEIM	6.I2.40
30I	WEISHAUS Siegfried	7. I.89	BERLIN	5.I2.40
302	KLEIN Clémentine	II..4.64	OSTHOFEN	6.I2.40
303	HOCKENHEIMER Sophie	I6. 8.57	LADENBURG	6.I2.40
304	MARX Mathilde	I0.II.6I	PARKERSDORF	5.I2.40
305	LOENING Edgard	I7. 6.92	BERLIN	5.I2.40
306	ROSENBAUM Gustav	26. 6.79	NEUSTADT	5.I2.40
307	BAER Salomon	I5. I.66	STRUEMPFELBRUNN	6.I2.40
308	GUTMANN Joseph	I6. 3.08	IMPFINGEN	7.I2.40
309	MAYER Hans	26. 6.I4	FRANCFORT	6.I2.40
3I0	LEVY Berthold	3I. 3.7I	KAISERSLAUTERN	7.I2.40
3II	WERTHEIMER Léo			
3I2	MENDEL Abraham	I4. 5.67	BIRKENFELD	6.I2.40
3I3	ROSSMANN Anselm	8. I.65	MASSBACH	7.I2.40
3I4	PICARD Moritz	29.II.6I	WANGEN	7.I2.40
3I5	MUELLER née WITZENHAUSEN Anna	I4. 6.7I	HEIDELBERG	7.I2.40
3I6	KLOTZOWER née WELZTER Charlotte	II.I0.6I	WISCHNITZ	7.I2.40
3I7	VALFER Louis	26.II.66	GENGENBACH	6.I2.40
3I8	HANAU née ALEXANDER Rosa	I4. 9.75	RHELINGEN	6.I2.40
3I9	ROEDELSHEIMER Lina	I3. 9.83	BOETIGHEIM	6.I2.40
320	KAUFMANN née MARX Mathilde	I5.II.50	MALSCH	7.I2.40
32I	MENDERSHAUSEN Emma	I5. 7.69	DISPECK	7.I2.40
322	MOCK Jenny	4. I0.74	OBERGRUMBECH	8.I2.40
323	ROSENTHAL Erna	22. 4.96	KONSTANZ	8.I2.40
324	BURGER Edwig	23. 4.8I	FREIBURG	9.I2.40
325	HERZE Anne-Laure	I9. 7.33	KAISERSLAUTERN	8.I2.40
326	WEIL Michael	20. 5.78	GAILINGEN	8.I2.40

- 7 -

No.	Nom	Né le	Lieu	Date
327	MAYER née MAYER Laura	I3.II.77	NIEDERHOCHSTADT	8.I2.40
328	MAYER Sarah	I9. 9.58	KARLSRUHE	8.I2.40
329	KAUFMANN née MARX Frédéricke	30.I2.77	SANDHAUSEN	9.I2.40
330	VEIT Julius	I7. 7.67	FREIBURG	8.I2.40
33I	NEUBURGER Auguste	29. 7.79	KLEINOERDLINGEN	9.I2.40
332	FREUNDENBERGER Wolf	25. 5.6I	ANGELDUEREN	9.I2.40
333	GUEGGENHEIM Siegfried	26. 7.79	RANDEGG	8.I2.40
334	LEVY Jacob	25. I.65	RUCHEIM	9.I2.40
335	HECHT Frieda née ETTLINGER	3. 2.88	GONDELSHEIM	I0.I2.40
336	ULLMANN Nathalie	I0. 6.79	GAIGELIENGEN	I0.I2.40
337	NEUMANN David	I0. 9.83	KROJANKE	9.I2.40
338	MARX Siegmund	I5. 3.68	KOENIGHEIM	9.I2.40
339	VALFER Isaac	I2. 9.65	FRIESENHEIM	I0.I2.40
340	GOSLAR Eugène	2I. 5.84	COLOGNE	9.I2.40
34I	WEIL née KASSEWITZ Betha	2. 2.72	SCHMIEHEIM	9.I2.40
342	SCHWALZ Babette	8. I.67	MALSCH	9.I2.40
343	WOLF née SPERNER Frieda	30. I.57	OEYNHAUSEN	9.I2.40
344	GROSS née GUGGENHEIM Pauline	I7.II.77	KARLSRUHE	9.I2.40
345	DAVID Adolf	I6. 9.60	EBERBACH	9.I2.40
346	BOEHM Ernst	28. I.99	BRIEG	9.I2.40
347	FURD Emilie	26.II.67	BAD-HOMBURG	9.I2.40
348	STERNER Jenny	5. 8.78	MANNHEIM	9.I2.40
349	ROTHSCHILD Berbard, Baruch	27. 4.59	MOERCHINGEN	9.I2.40
350	MARUM Emma	5. 3.57	ESTERFELD	II.I2.40
35I	PINNER Ida	30.I2.77	NECKARZIMMERN	II.I2.40
352	ETTLINGER Emilie	4. 8.58	KARLSRUHE	II.I2.40
353	HAMBURG née BUNKALSBUHL Jenny	25. 7.58	MANNHEIM	I2.I2.40
354	KAHN Hermina	6. 2.69	HESSHEIM	II.I2.40
355	LISSBERGER née BENJAMIN Hékène	7.II.73	KOENIGSBACH	I2.I2.40
356	HEINRICH Jacob	3.I2?65	BADEN-BADEN	I2.I2.40
357	BREISACHER Benjamin	6. 5.72	BREISACH	II.I2.40
358	HAASS Oscar	3I.I2.75	KANDEL	II.I2.40
359	MOSES née ROTHSCHILD Robertine	I6.I0.77	GEILIGEN	I2.I2.40
360	FLEGENHEIMER Moses	23.II.69	ODENHEIM	I2.I2.40
36I	BAER Julius	I7. 5.8I	UNTERGROMBACH	II.I2.40
362	BLUM Elise, Thérèse	25. 4.70	STEINBOCKENHEIM	I3.I2.40
363	HIRSCH Lina	I6. 8.56	BUDTENHAUSEN	I3.I2.40
364	JUDAS née HEILBRUNNER Bertha	20. 5.6I	RUST	I2.I2.40
365	BLOCH Joseph	27. 7.70	SCHMIEHEIM	I3.I2.40
366	WOLF Lina	29. 5.6I	BESINGEN	I3.I2.40
367	FRANK Salomon	28.I0.73	OBERLUSTADT	I3.I2.40
368	GUTMANN Martha	9. 7.09	PHILIPPSBURG	I3.I2.40
369	NEUBURGER née HOLZ Nanette	28.I2.67	PHILIPPSBURG	I2.I2.40
370	SCHWEIZER Léopold	2. 2.63	LAMBSHEIM	I2.I2.40
37I	GEISMAR Salomon	26.II.76	EMMENDINGEN	I3.I2.40
372	GRUMBACH Fanny	26.I2.64	BREISACH	2. I.4I
373	HASS Rosa née CASTARI	I5. 5.78	LAUTERBURG	I. I.4I
374	[illegible] BAUM née BLOCH Sarah	2I/II.58	SULZBURG	I. I.4I
375	UFFENHEIMER née ROOS Anna	3. 3.73	LICHTENAU	I. I.4I
376	KAHN Léopold	I5. 9.52	BROTDORF-MERZIG	2. I.4I
377	METCKLENBURG Herbert, Heinrich	29. 8.86	LUEBECK	I. I.4I
378	STRAUSS Albert	25.I0.7I	ELLERSTADT	I. I.4I
379	APFEL Simon	26. 6.74	SIEGELSBACH	2. I.4I
380	KAUFMANN Ernst	24. 2.9I	MANNHEIM	I. I.4I
38I	HANAU Sarah	22. 9.67	LAUFERBWIELR	3I.I2.40
382	ETTLINGER Emilie	I6. 4.68	MANNHEIM	3I.I2.40
383	CRISPIEN Ludwig	25. 8.98	UFFORD	30.I2.40

..

384	WEIL Emma	2. 3.79	WAILDORF	25.I2.40
385	KAUFMANN Jeannette	I2. I.63	SCHMIEHEIM	24.I2.40
386	SCHWARZWAELDER David	28. I.65	SCHLUECHTERN	25.I2.40
387	HALLE Jeannette	I5. 5.68	HOCKENHEIM	I3.I2.40
388	KUNST née WEDLS Edda	22. 7.64	MUNICH	I3.I2.40
389	SAMSON Karl	I7.I2.75	EDENKOBEN	I3.I2.40
390	SAMSON Julius	9.I0.74	EDENKOBEN	I3.I2.40
39I	REIS née BARUCH Rosa	7. 5.68	BURGHUNDSTADT	I4.I2.40
392	KAHN Aron	I2. 3.6I	LIEDOLSHEIM	I4.I2.40
393	KATZ Teckla née DEUTSCH	24. 9.3I	VENNINGEN	I4.I2.40
394	HEIL née WOLL Recha	I7. 8.67	LUETZELSACHSEN	I4.I2.40
395	MORITZ Klara	I. 4.65	LAMBSHEIM	I4.I2.40
396	KLAUBER née LEVY Bertha	I3. 7.77	MANNHEIM	I4.I2.40
397	BORGENICHT Mayer	29.I2.75	HAYBROT	I3.I2.40
398	BLUMBERG née EISENBERG Sarah	9. I.64	KITZINGEN	I3.I2.40
399	SEELIGMANN Siegmund	22. 5.79	SPAYER	I5.I2.40
400	OPPENHEIMER Siegmund	24. 7.77	GEMMINGEN	I4.I2.40
40I	JACOBI Jenny	29. 6.73	BENSHEIM	I5.I2.40
402	BAER Alfred	3.I2.64	BRUCHSAL	I5.I2.40
403	TRAUB Joseph	I7.I2.6I	BERGRAFFACH	I5.I2.40
404	REINER Joel	20. 9.80	DEUTSCHKREUTZ	I2. I.4I
405	EICHTERSHEIMER Samuel	I0. 4.60	ETTLINGEN	I. I.4I
406	SEIDENBERGER Joseph	6. 7.66	SCHWETZINGEN	3I.I2.40
407	HEINEMANN née STERN Henriette	3. 3.59	SCEST	30.I2.40
408	GRUMBACHER Frieda	5. 9.73	LICHTENAU	3I.I2.40
409	STRAUSS Rosa	I6. 9.8I	METEHOLZ	30.I2.40
4I0	HERMANN Heinrich	2I. 5.62	VIENNE	3I.I2.40
4II	WERTHEIMER Josef	2I. I.59	BODERSWEIER	3I.I2.40
4I2	JOSEPH née METZGER Dora	27. 6.73	DEIKENHEIM	30.I2.40
4I3	LION née BERGHEIMER Julie	I9. 6.78	OFFENBURG	30.I2.40
4I4	WOLF Eugène	II. 5.73	BAD-DURKHEIM	29.I2.40
4I5	GRABOWER Ernst	I7. 4.96	BRESLAU	29.I2.40
4I6	GOLDSCHMIDT Eugénie	2I. 2.85	MANNHEIM	29.I2.40
4I7	KERN Ferdinand	4. 2.67	LANDAU	26.I2.40
4I8	ORZCIKOWSKI Jenny	I5.I2.68	WIRBALLEN	24.I2.40
4I9	RUBEL Wilhelmine	II. 3.64	FUSSGOENNHEIM	25.I2.40
420	WOLF Wilhelm	8. 4.89	KOENIGSBACH	I5.I2.40
42I	WEIL Moritz	8. I.64	HAGENBACH	I6.I2.40
422	BODENHEIMER Sarah	4.I0.57	NEIDENSTEIN	I6.I2.40
423	HAMMEL Simon	I5.I2.67	FREISTETT-KEHL	I6.I2.40
424	KAHN Fanny née KAUFMANN	I9. 6.73	KLEINEICHOLZHEIM	I6.I2.40
425	BECK Walter	2I. I.I2	LOERRACH	I6.I2.40
426	DREYFUSS Emil	I9.I2.65	KENZINGEN	I6.I2.40
427	SCHOSTAL Oskar	9.5. 78	VIENNE	I6.I2.40
428	STERN née LOEWENSTEIN Johanna	I8.I2.62	LAUTENBACH	I6.I2.40
429	KRAEMER Sannchen	29. 6.69	WALLDORF	I6.I2.40
430	STRAUSS Sophie	27. 8.66	MAINZ	I7.I2.40
43I	MARX née HOMBURGER Berthe	I9. I.6I	KARLSRUHE	I6.I2.40
432	SIMON née LOEB Karoline	24. 9.62	ILVESHEIM	I6.I2.40
433	STEINER Moritz	4. 4.42	MASSENBACH	I7.I2.40
434	MAYER née SELIGMANN Eva	4. 9.6I	ICHENHAUSEN	I7.I2.40
435	STRAUSS Ida née STRAUSS	I2.II.62	MEISENHEIM	I7.I2.40
436	NATHAN née STRAUSS Johanna	I7. 3.73	MEISENHEIM	I7.I2.40
437	MAYER Julius	27. 8.96	MAINZ	I8.I2.40

../

438	FRANKENBERGER Babette née GORDMANN	26. 5.58	SCHWEINSHAUPTEN	30.I2.40
439	FALK Bernard	I0. I.6I	OBERGROMBACH	30.I2.40
440	ALEXANDER Emil	I8. 3.93	ADELSHEIM	29.I2.40
44I	MONATT Joseph	I9. 5.5I	STRUEMPFELBERUNN	"
442	BENSINGER Emil	29. I.65	MANNHEIM	28.I2.40
443	BART Siegmund	23. 6.93	BERLIN	29.I2.40
444	HERZ Nathan	30.II.57	KUPPENHEIM	29.I2.40
445	EICHEL Heinrich	I2. 6.68	BURGER-OFFENBACH	29.I2.40
446	SELIGMAN née MAYER Rosy	7. 9.72	MAINZ	28.I2.40
447	FREUND Adolf	26. 6.87	SNIATZEW	28.I2.40
448	NACHMANN Florine	7. 4.74	BREISACH	27.I2.40
449	NEU née FALKENBERG Anna	I3. 3.77	RUELZHEIM	28.I2.40
450	WOLF Ida née MARCUS	II. 8.6I	KREUZNACH	27.I2.40
45I	HEINEMANN Sally	23. 2.78	BIELEFELD	26.I2.40
452	RAU Fanny	2. I.68	NECKARZIMMERN	24.I2.40
453	TIEFENBRONER Régine	9. I.74	KOENIGSBACH	25.I2.40
454	BLOCH Mathilde	I3. 2.76	OFFENBURG	I8.I2.40
455	WOLFF Fanny	I2.I0.86	KOENIGSBACH	I8.I2.40
456	GUTTMANN née DREYFUSS Bertha	5. 6.76	SCHMIEHEIM	I8.I2.40
457	MAYER Frieda née LOEB	I9.I0.63	MALSCH	2I.I2.40
458	NEUBERGER Augusta	25. 7.69	HEIDELBERG	I9.I2.40
459	BAUM née WESTHEIMER Hélène	I. 5.65	BRETTEN	I9.I2.40
460	ROTHSCHILD Mathilde	30. 8.62	NORDSTETTEN	2I.I2.40
46I	BLUMBERG Isidor	II. I.65	TRESHEIM	20.I2.40
462	BAER David	II.I2.69	WEINGARTEN	2I.I2.40
463	KLENFELD née KLEIN Mathilde	I3. 6.59	EMMENDINGEN	20.I2.40
464	WERTHEIMER Julius	28. 2.82	OESTRINGEN	I9.I2.40
465	GUTTMANN Joseph	23. 6.80	HEIDENHEIM	20.I2.40
466	WEISSMANN Robert	25. 4.64	WIERHHEIM	I9.I2.40
467	MAYER née BAER Rosalie	I4. 6.6I	BRUCHSAL	20.I2.40
468	GOLDNER Gudna	II. 8.72	GOESTIN	20.I2.40
469	DREYFUSS née GUNZBURGER Rosa	25. 9.76	EMMENDINGEN	20.I2.40
470	ALTSCHUELER Ferdinand	I6. I.65	MEISENHEIM	22.I2.40
47I	SPITZ Josef	I3. 3.7I	STEYER	22.I2.40
472	BECK Ludwig	2. 7.69	LOERRACH	26.I2.40
473	AUERBACHER Ludwig, Joseph	I3.I2.63	KIPPENHEIM	27.I2.40
474	FUCHS Jeannette	24.I2?64	WEINGARTEN	27.I2 40
475	SAALFELD Kurt	I9. 7.83	RAMMIN	27.I2.40
476	SIEGEL Simon	4. 6.66	MOSBACH.	27.I2.40
477	WUERZBURGER née HESS Hannchen	I6. 2.62	AUFHAUSEN	27.I2.40
478	APFEL Lipmann Ludwig	27. 6.64	SIEGELBACH	27.I2.40
479	GOLDSCHMIDT Julius	20. 9.62	HILDESHEIM	27.I2.40
480	OPPENHEIMER Gustav	28. 9.57	SCHMIEHEIM	27.I2.40
48I	KAHN Anna	29.I0.58	KIRSCHEIM	27.I2.40
482	FEILSCHUS Moritz	7. I.09	VIENNE	26.I2.40
483	SCHMIDT Léon	I9. 9.88	LEIPZIG	26.I2.40
484	WORMSER KAUFMANN KARL	28.II.65	KARLSRUHE	26.I2.40
485	NEU Arthur	I8. 6.82	MESSEL	25.I2.40
486	LOCH Alphonse	28.I2.90	ESCHOLLBRUCKEN	26.I2.40
487	LION Karoline	I. 4.54	ETTENHEIM	25.I2.40
488	DREYFUSS Frieda	2. 6.70	MANNHEIM	25.I2.40
489	BLUM Josef	25. 2.67	KAISERSLAUTERN	2I.I2.40
490	REITER Bertha	2. 2.75	LUDWIGSHAFEN	2I.I2.40
49I	BAER Emilie	2I. I.60	INGENHEIM	20.I2.40
492	FALK David	20. 3.70	OBERGROMBACH	22.I2.40
493	OPPENHEIMER née BAER Flora	I7. 5.95	SINSHEIM	22.I2.40
494	SAMSON Klara	I8. 6.72	NUSSBACH	22.I2.40
495	ALTSCHULER Lina	I6.I2.74	SPEYER	2I.I2.40
496	NETTER Alfred	I3. 8.83	MANNHEIM	22.I2.40

../

497	MIELZINER Léo, Israël	I5. I.83	THORN	23.I2.40
498	KAUFMANN Ludwig	3.I2.78	MANNHEIM	23.I2.40
499	SEIDEN Sarah née DRESCHER	I8. 2.67	WISCHNITZ	24.I2.40
500	KARLEBACH Hélène	4. 5.87	MANNHEIM	24.I2.40
50I	HIRSCHLER Babette	6. 6.58	BIENAU	22.I2.40
502	LEVY Heinrich	24. 7.70	GRABEN	24.I2.40
503	WEISS Karl	II. 4.82	CZERLORINCE	24.I2.40
504	FRIEDMANN née WERDINGER Rosa	20. 6.66	SADAGURA	23.I2.40
505	RADZIWILLER Ernst	2I. 7.05	VIENNE	25.I2.40
506	LEHMANN Wolf	6.II.76	WEITARSDADT	7. I.4I
507	WIERTH née HECKMANN Rosa	I7. 5.83	BURGHASSLACH	5. I.4I
508	ZELENKA Flora	20. 7.66	BORCA	4. I.4I
509	SEEMANN Klara	27. 3.56	BERNHEIM	5. I.4I
5I0	REUTLINGER Marie	II.II.67	AUGBOURG	3. I.4I
5II	EMDEN Fritz Samuel	26. 6.87	FRANCFORT	3. I.4I
5I2	HAAS TECKLA	I6. I.84	F EIBURG	5. I.4I
5I3	KAUFMANN née JEREMIAS Karoline	I8.I0.66	HAINSTADT	2. I.4I
5I4	ORZOLKOWSKI Henriette	I8. 7.70	WIERBALLEN	3. I.4I
5I5	ROTHSCHILD Grete	I6. I.96	LEIPZIG	2. I.4I
5I6	REIS née DAVID Franciska	8.I2.62	HEIDELBERG	2. I.4I
5I7	LEVY Siegmund	6. 3.53	FREUNDALTHAL	30.I2.40
5I8	LEHMANN Thérèse	2I. 8.74	WENKHEIM	26.I2.40
5I9	LEWIN Zacharie Gottfried	2I. 6.75	KOSCHLIN	25.I2.40
520	LOEB Sophie	3I. 5.55	STEIBACH	7. I.4I
52I	BARACH Bruno	29. 7.78	GLATZ	6. I.4I
522	HIRSCH née ESCHELBACHLER Babette	22. 6.69	KARLSRUHE	7. I.4I
523	CAHN Siggmund	I6. 4.74	JEHRAUB	6. I.4I
524	ROTHSCHILD Salomon	23.I0.65	HOCHHAUSEN	6. I.4I
525	WEIL Isidor	27.I0.80	OBERLUSDAT	6. I.4I
526	HIMEISTERN Rosalie	3. I.76	DITTIMGHEIM	6. I.4I
527	HOCKENHEIMER Flora	24. 4.8I	KOCKENHEIM	5. I.4I
528	GOLDBAUM Auguste	I. 7.54	KOSCHLIN	6. I.4I
529	WERTHEIMER Mélanie	2I. 6.80	BUHL	4. I.4I
530	WILHEIMSDORFER Ella	4. 9.78	RAISCHTADT	3I.I2.40
53I	HAMBURGER Wolf	5.I0.70	MANNHEIM	26.I2.40
532	GEIMAR Adolf	I3. 5.72	KIRSCHEN	25.I2.40
533	MACHOL Karl	5.I2.8I	MANNHEIM	9. I.4I
534	MAYER Josef, Julius	8. 6.65	RASTADT	9. I.4I
535	LOEB Elise née KAHN	7. 3.6I	WORMZ	8. I.4I
536	DREYFUSS Babette	22. 6.63	ALTDORF	9. I.4I
537	BEHR Emile	3I. 7.57	LEIMERSHEIM	8. I.4I
538	LANDSBERGER Hans	20. 8.90	BERLIN	8. I.4I
539	HEFELLER Auguste	22. 4.52	EICHSTETTEN	8. I.4I
540	HALLE née LEHMANN Jeannette	27. I.6I	WENKHEIM	8. I.4I
54I	BLOCH née DREYFUSS Amalie	I0. I.66	UFFENHEIM	9. I.4I
542	CAHNMANN Anne	6.II.80	ULMBISCHOFESHEIM	8. I.4I
543	NIEDERMANN Jettehen	I3. 6.84	SINDOLSHEIM	5. I.4I
544	CZECHER Beeré	3. 4.8I	BRODY	26.I2.40
545	METZGER Siegmund	7.I2.68	PFORZHEIM	25.I2.40
546	STEINBERG Julius	I. 5.68	STEIBACH	II. I.4I
547	MAY Pauline	8. 4.70	WIELSTEIN	I0. I.4I
548	NEU Rosalie	I7. I.60	DAMSDADT	I0. I.4I
549	DAVID Julchen	27.II.59	BEHINGEN	I0. I.4I
550	NEU Fanny	28.I2.63	BUTTENHAUSEN	9. I.4I
55I	STERN Klara	29. 2.68	LAUTERSHAUSEN	I2. I.4I
552	ROOS Heinrich	28.II.74	LICHTENAU	I2. I.4I
553	MAYER Johanna	2. I.69	GRUNSTADT	I0. I.4I

554	FRIEDMANN Léopold	7. 9.66	KIPPENHEIM	II.I .4I
555	DEUTSCH Ludwig	7. 8.57	VELMINGEN	I0. I.4I
556	AUGUST Emma	I7. 7.85	ILLINGEN	4. I.4I
557	KAUFMANN née WOLF Ida	I. 4.76	BUCHEN	27.I2.40
558	KAUFMANN Herbert	15. 8.84	MANNHEIM	25.I2.40
559	KATS Oskar	I0. 8.58	DESSAU	I8. I.4I
560	SIMON Hermine née BARTH	9. I.90	FLEHINGEN	I6. I.4I
56I	BEHR Hermann	9. 3.76	BREISACH	I6. I.4I
562	VASEN Sally	I6. 7.8I	NEUSS	I6. I.4I
563	MEIER Ernst	27. 7.82	TRIER	I5. I.4I
564	SCHOENSAEDT née STRAUSS Lina	25. 3.78	BINSWANGEN	I5. I.4I
565	MEIER Auguste	I9.I2.8I	BODENWEIER	I4. I.4I
566	REISS Karl	30.I0.62	STUTTGART	I4. I.4I
567	KAHN née BERG Lina	I7. 6.64	WEILER	I3. I.4I
568	ROSENFELD Max	4. 7.66	MODRINGEN	II. I.4I
569	MAYER Josef	I4. 4.I4	BERLIN	3. I.4I
570	SCHWEIZER Ludwig	27.I0.83	COLOGNE	26.I2.40
57I	ZIMMERN Babette	4. 3.70	GROSSEICHHOLZHEIM	26.I2.40
572	LEHMANN Babette	28. 2.65	KIESKENHEIM	I4. I.42
573	KANDER Kurt	2I. 8.09	HEIDELBERG	24. I.42
574	HERBST Berthold	29. 9.88	JOEHLINGEN	I4. I.42
575	BERNHEIM Sabine	5. 9.89	BREISACH	26. I.4I
576	WERTHEIMER Jacob Heinrich	3I. 3.66	BAUERBACH	25. I.4I
577	LEBACH Rosa	I7. 4.72	MANNHEIM	24. I.4I
578	OPPENHEIMER Flora	I9. 3.70	OFFENBACH	24. I.4I
579	SELIGMAN Oskar	2. 6.76	KARLSRUHE	22. I.4I
580	DREYFUSS Emma	5. 6.58	EMMENDINGEN	23. I.4I
58I	DUEHRENHEIMER Alfred	27. 8.72	NEIDENSTEIN	23. I.4I
582	BAER Flora (Rosa)	I6. I.63	NEUENBURG	I9. I.4I
583	STER Anna née NEUSTEDTER	I0.I0.75	WOLFSKEHLEN	20. I.4I
584	BRUECK Adolf	3. I.70	FEILBINGEN	20. I.4I
585	KULLMANN Léo	I.II.77	LODTAG-GROWE	20. I.4I
586	HIRSCH Karoline née LICHTENSTEIN	7.I0.6I	NEUWIED	I7. I.4I
587	JOEHLINGER née HIRSCH Ida	20.I0.53	LADENBURG	I6. I.4I
588	ROTHSCHILD née BIERIG Rosa	2I.I2.77	EDELFINGEN	I8. I.4I
589	SCHORSCH Bonna	30. I.76	HORB	I8. I.4I
590	BRUCHSALER Fanny	I. I.86	DIERSBRUG	I4. I.4I
59I	DREYFUSS Else	30.I2.08	ALEBREISACH	II. I.4I
592	MAER Jacob	I3.II.65	NONNENWEIER	4. I.4I
593	SALOMON Hans	22.II.85	KAMLIN	26.I2.40
594	STERN Gisela	2I.I0.09	VIENNE	25. I.42
595	GOLDBERG Johanna	4. 6.96	EMMENDINGEN	I3. I.42
596	BLOCH Max	24. 6.24	GEILINGEN	30. I.4I
597	OPPENHEIMER Moritz	4.II.69	NECKARSTEINACH	29. I.4I
598	GOLDSCHMIDT Rosalie	29.II.78	SARRBRUECKEN	30. I.4I
599	SIMON Jeannette	I4. 6.62	UNGSTEIN	29. I.4I
600	FROELICH Ricka	I6. 5.72	GRAIZENHAUSEN	27. I.4I
60I	HOMBURGER Ferdinand	28.I2.60	KARLSRUHE	26. I.4I
602	ARNHEIM Paul	5.II.73	MANNHEIM	26. I.4I
603	HESS Samuel	I0. 7.63	WIDTMUND	28. I.4I
604	MOSES Moritz	I0. 4.82	HERSCHBERG-ILINGEN	27.I.4I
605	NUSSBAUM Albert	20. 8.94	VIENNE	22. I.4I
606	BLOCH Minna	I3. I.57	IHRINGEN	23. I.4I
607	LAZARUS Lina	I0. 7.66	BREISACH	22. I.4I
608	GROMBACHER Elise	24. 6.63	RHEINBISCHOFHEIM	23. I.4I
609	KAUFMANN Heinrich	22. 9.84	FRANKENTHAL	2I. I.4I
6I0	NEUBERGER née STRAUSS Lise	25.II.64	BRUCHSAL	2I. I.4I
6II	BINDER Wilhelm	I5.I0.7I	VIENNE	I0. I.4I

6I2	STULENKA Marjana	I. I.8I	AUNLIN	6.I. 4I
6I3	LICHTENSTEIN Carl	26.I2.77	MANNHEIM	5. I.4I
6I4	WEIL Rosa	7. 9.57	EMMENDINGEN	26.I2.40
6I5	KACZINSKI Alexandre	2I. 2.89	WOSCHONOSCHELSK	24. I.42
6I6	BAUERNFREUND née ERLEBACHER Auguste	7. 5.66	DIEDELSHEIM	I4. I.42
6I7	SILBERMANN Léopold	I4. I.64	BOBRUISK	20. 2.4I
6I8	WERTHEIMER née BLUM Frieda	29. 3.69	WEINGARTEN	5. 2.4I
6I9	BERG Ferdinand	8. 5.72	SEMBACH	II. 2.4I
620	FRANKENTHAL Johanna	25. 9.54	HOERINGSHAUSEN	2.2.4I
62I	EISLER Victor	27. 8.85	VIENNE	3. 2.4I
622	LAZARUS Auguste	30.I0.80	MANNHEIM	I. 2.4I
623	ECKHAUS Osias	23. 3.97	VASILAU	I. 2.4I
624	HARBURGER Simon	I9. 2.63	GAILINGEN	2. 2.4I
625	ROSENBERG Rosa	6. 9.6I	BREISACH	30. I.4I
626	SCHWARZ Léopold	27.I0.74	EGERNAUSEN	3I. I.4I
627	SIEGEL Bertha née FUCHS	9. 7.73	EPPINGEN	30. I.4I
628	HARKE Hermann	29. 6.86	LEOPOLDSHALL	30. I.4I
629	KAUFMANN Léopold	28. 6.7I	MANNHEIM	30. I.4I
630	UHL Siegmund	28. 6.76	FLEHINGEN	30. I.4I
63I	BLOCH Adolf	I7. 4.69	SULZBURG	23. I.4I
632	SCHMITT née ROSE Hedwig	7. 7.72	NIEDERHTUDORF	I6. I.4I
633	EPPLER Isidor	26. 3.68	MUTTERSTADT	II. I.4I
634	HOLZAPFEL Sally	6. 9.84	ZIERENBERG	5. I.4I
635	LEVY Alma	I9. 9.88	LUDWIGSHAFEN	26.I2.40
636	BLOCH Max	I7.II.72	METZLINGEN	22. I.42
637	LITTMANN Julius	4.I2.86	BUKARETS	I3. I.42
638	ECKHARDT Johann	9. 4.74	ESSEN	2I. 2.4I
639	VOSS Caroline	I6.I0.69	PUTZWEILER	I9. 2.4I
640	GITTLER Rosa née ZATZKI	25. 4.80	SLARO-KONSTANTIKOW	I3.2. 4
64I	ROOS Simon	I8. 9.65	HOLZHAUSEN	I6. 2.4I
642	NEBENZAHL Simon	I2. 4.85	TARNOW	II. 2.4I
643	DZIZA Anna	I0. 4.80	RIGA	I2. 2.4I
644	BEUTLER Martin	I3.II.9I	FRIEDLAND	I2. 2.4I
645	HILLER Joseph	2?. 4.94	HUSSIATYN	I0. 2.4I
646	LOEWENSTEIN Léopold Loebl	9. 8.50	WEINGARTEN	9. 2.4I
647	HAUSER Ernst	22. 2.98	MANNHEIM	I9. 2.4I
648	ISAAC Simon	9. 6.69	EDESHEIM	8. 2.4I
649	MARX Anna	I6. 6.64	NUERNBERG	8. 2.4I
650	STRASS Ida	7.I2.65	BERGZABERN	I0. 2.4I
65I	BERNHEIM Fanny	30. 3.6I	WANGEN	I0. 2.4I
653	WOLF Mathilde	24. 5.56	KOENIGSBACH-STEIN	I0. 2.4I
653	EBERHARD Dora	I4.I2.89	MASSBACH	I6. I.4I
654	MAYER née SPIESS elma	26. 2.89	GERNSHEIM	I0. I.4I
655	MARX Daniel	I0. 8.60	SCHRIESHEIM	4. I.4I
656	METZGER Lazarus	20.I2.50	JOEHLINGEN	27.I2.40
657	MOSER Max	9. 6.86	BERLIN	2I. I.42
658	COLSEN Hans	I7. I.05	BERLIN	I3. I.42
659	FRAENKEL Minna Wilhelmine	27. 7.86	ROXHEIM	5. 3.4I
660	WEISS née KESTER Babette	I3. 4.5.	WATTENHEIM	8. 3.4I
66I	STERN Samuel	26. 7.6I	KOENISBACH	3. 5.4I
662	LAY Siegmund	3I. 8.60	ETTENHEIM	I. 3.4I
663	STIEFEL Ferdinand	I. 3.78	BIRKLAR	I. 3.4I
664	WERTHEIMER Heinrich	2I. 2.63	BAUERBACH	27. 2.4I
665	HAMMEL Babette	28. 8.65	DIERSBURG	27. 2.4I
666	SCHAFFNER née WOLFF Christine	I7.I0.57	WOERRSTADT	24. 2.4I
667	STRAUSS née KLEIN Fanny	8. 8.90	WALLDORF	26. 2.4I
668	TRAUB Bertha	27. 4.68	GROETZINGEN	25. 2.4I

669	WEIMANN Edouard	20. 3.68	MANNHEIM	25. 2.4I
670	MUENZ Karl	2I.I2.8I	ALTENGRONAU	26. 2.4I
67I	WALENSTEIN Isidor	II. 5.77	WOHNBACH	22. 2.4I
672	SCHAEFER Herbert	29. I.88	BERLIN	22. 2.4I
673	WEINBERG Siegmund	9. 5.79	REUENDEN	22. 2.4I
674	TELL Martin	2I.II.83	BERLIN	I8. I.4I
675	WIRNER née SCHMALZMANN Elvira	20. 7.8I	FRANKFURT	II. I.4I
676	STERN Louis	7. 9.66	PFORZHEIM	5. I.4I
677	HENLE Mathilde	2.I2.52	LANDAU	27.I2.40
678	MAYER Emmanuel	74	OSTHOFEN	2I. I.42
679	GRUENEBAUM Samuel	26. 4.82	WENKHEIM	I2. I.42
680	WERTHEIMER Flora	2I. 8.60	ALTBREISACH	7. 3.4I
68I	MICHAELIS Richard	27. 6.56	DANZIG	I0. 3.4I
682	GUMTRICH Albert	9.I0.86	KARLSRUHE	II. 3.4I
683	STEIN Richard,Hans	25. 2.80	MESERITZ	I7. 3.4I
684	MOSES Dina	7. 7.54	JUELICH	I6. 3.4I
685	LEVI Joseph	3. 4.82	WALDORF	I8. 3.4I
686	OPPENHEIMER Babette	29. 6.74	KIRSCHBROMBACH	7. 3.4I
687	SCHWARZSCHILD Léo	20. I.7I	WEINHEIM	I6. 3.4I
688	ELSNER Julius	29.I0.79	FREIBURG	22. 3.4I
689	STERN Léopold	9. 3.72	MALSCH	22. 3.4I
690	GOTTLIEB Johanna	24. 5.59	EBENBURG	27. 3.4I
69I	WULCZINSKI Vincens	2I. 2.72	THRAMADOW	2?. 3.4I
692	MEIER August	27. 6.8I	STEINHEIM	28. 3.4I
693	MAYER Lehmann	20.I0.55	NEIDENSTEIN	2. 4.4I
694	LINDHEIMER Bertha	29. 9.6I	LUETZELSACHSEN	4. 3.4I
695	WEILDER Isaac	I7. 5.6I	MUENCHWEILER	I4. I.4I
696	SANDHERR Salomon	28. 8.62	OPPENHEIM	3. I.4?
697	BINDER Isidor	I0.I0.8I	VIENNE	27.I2.40
698	GINSBERGER Daniel, David	3. 4.69	FRANCFURT	I7. 7.4I
699	MEIER Sophie	27. 3.78	GENGENBACH	I3. I.42
700	SCHNURMANN Johanna	I.I0.60	SCHMIEHEIM	I. 4.4I
70I	MEIER Frieda	23. 4.62	MEHLINGEN	3I. 3.4I
702	REGENSBURGER Edouard	I3. 3.60	EPPINGEN	2. 4.4I
703	HERZBERGER Marcus	3I.I0.66	THALEICHWEILER	2. 4.4I
704	STOFIN Frantz	I0. 5.87	MARIANOW	7. 4.4I
705	LICHTENBERGER Moritz	5. 6.65	BRETTEN	6. 4.4I
706	ENGEL née SAUER Rosa	30. I.68	TAUBERBISCHOFSHEIM	8.4.4I
707	APFEL Hermann	28. 7.54	SINSHEIM	I0. 4.4I
708	KANDER Bernard	7. 7.78	HEIDELBERG	I2. 4.4I
709	WEISSMANN Elisabeth	I. 9.6I	MUTTERSTADT	I5. 4.4I
7I0	SCHMALZ Max	2. I.66	GROETZINGEN	I6. 4.4I
7II	SELIG Henri	I4.I2.74	MANNHEIM	I5. 4.4I
7I2	WESTHEIMER née OPPENHEIMER Adélaïd	3. 8.58	REILINGEN	I9. 4.4I
7I3	HERZE Jacob	I3. 2/0I	NEUKIRSCHEN	27. 4.4I
7I4	STEINBERG Minna	3. 8.68	MANNHEIM	I9. 4.4I
7I5	LEVI Benjamin	I6. 5.55	BRACHT	I4. I.4I
7I6	LURCH Jacob	20. 9.7I	FRANKENTHAL	26.I2.40
7I7	KRAEMER Martine	I0.I0.69	LUBSFELD	20. I.42
7I8	SCHIFF Wilhelm	I4.I2.75	GLANDEBACH	2I. I.42
7I9	BODENHEIMER Heinrich	26.II.66	REHENBISCHOFSHEIM	29. 4.4I
720	ISAACSOHN née MANDEL Tekla	22. 7.67	LIPPSTADT	5. 3.4I
72I	STEINEM Sophie née BREITENBACH	9. 4.70	MARKTHEIDE	I2. 5.4I
722	MERKLINGER Rosa	I6. 6.96	BODERWEIER	I3. 5.4I
723	KLEIN Siegmund	2.I0.80	WALDORF	I2. 5.4I
724	DREYFUSS Johanna	3I. 3.60	MARSCHWEILER	I3. 5.4I
725	LOEB Léopold	I8. 3.69	LUETZELSACHSEN	I5. 5.4I

726	KRAEMER Richard	27. 4.98	KARLSRUHE	I8. 5.4I
727	LADENBURGER Lazarus, Léopold	I5.I0.7I	ITTLINGEN	20. 5.4I
728	HABERER Emil	4. 2.74	OFFENBURG	20. 5.4I
729	ADLER Max	25. 5.78	RUSSELSHEIM	26. 5.4I
730	WEINBERG Betty née STERN	7.I2.78	XANDEN	26. 5.4I
73I	EINSTEIN Jacob	I0. 7.6I	BUTTENWIESEN	28. 5.4I
732	MARX née AUFHAUESER Bertha	20. 7.69	HEINSFURTH	26. 5.4I
733	SCHEIBE Elga	I5. 7.4I	GURS	5. 8.4I
734	MARX Rodriguez Manuel	6. 3.42	GURS	22. 3.42
735	VOGELSANG (Mort né)	4.I2.40	GURS	4.I2.40
736	KLING Rose née STRAUSS	2. 3.6I	LUDWIGSHAFEN	7.I2.40
737	STEIN Lina	25. 6.7I	NEUSTADT	I9. 4.4I
738	WEIL Moritz	I3. 5.8I	EMMENDINGEN	I2. I.4I
739	HAEGER Anton	23. 3.8I	ERADORF	27.I2.40
740	STRAUSS Julius	3.II.7I	SCHOELLKRIPPEN	I9.I.42
74I	MAYER Bernard	II.II.70	MAYEN	I3. I.42
742	JOSEPH Brunno	20. I.84	RESTENBURG	I9. 5.4I
743	WEIL Louis	I7. 6.58	BUEHL	29. 5.4I
744	KIEWE Julius	2I.I2?63	GOLLUP	3I. 5.4I
745	STERN Max	9. 7.68	BORBOCK	29. 5.4I
746	BRILL Jacob	5. I.88	BORISLAW	30. 5.4I
747	HECHT ~~Emma~~ Ida	5.I2.78	WEISSENHEIM	3. 6.4I
748	LINGERT Albert	I8. 7.80	KARLSRUHE	II. 6.4I
749	MASS Fridrieh	4.II.74	HEMSBACH	I6. 6.4I
750	WESTHEIMER Isaac	9.II.67	BAUERBACH	I9. 6.4I
75I	COHNMEIN Ernst	7. 9.9I	BERLIN	I9. 6.4I
752	SCHORSCH Suzanne	30. 5.72	SINDOLSHEIM	24. 6.4I
753	MASUR Siegfried	2I. 8.66	LISSA	25. 6.4I
754	REICHMANN Teckla	20. 9.75	UNTERGROMBACH	27. 6.4I
755	KATZ Herbert	24. 3.I2	BERLIN	27. 6.4I
756	HOCHSTAETTER Albert	5. 2.72	LAMPERTHEIM	I. 7.4I
757	SAMUEL Félix	8. 4.72	DUSSELDORF	5. 7.4I
758	PALM Teckla	I9.II.85	KARLSRUHE	I0. 7.4I
759	ETTLINGER Jenny	7. 5.65	TRIER	2I. I.42
760	LIEBBERGER Max	12. 9.88	KLEINEICHHOLZHEIM	I2.I.42
76I	DREYFUSS Klara	en I865	MOERINGEN	I3. 7.4I
762	MEYER Sophie	4. I.63	MALSCH	I4. 7.4I
763	ERLEBACHER Gustav	30. 9.65	DIEDERLHAUSEN	I3.7.4I
764	WEINBERG Alfred	2I. 2.66	SALZKOTTEN	I6. 7.4I
765	KOHN née MARX Anna	22. 9.79	MANNHEIM	I7. 7.4I
766	GINSBERGER Daniel, David	3. 4.69	FRANCFORT	I7. 7.4I
767	WEILHEIMER née WETZLER Lily	24. 4.02	LUDWIGSHAFEN	I8. 7.4I
768	FALBEIMANN Hermine	9. 9.75	RUELSHEIM	2I. 7.4I
769	DARNBACHER née STRAUSS Hélène	I3. 3.67	MANNHEIM	23. 7.4I
770	SELIGMANN Arnold	I9. 8.6I	KARLSRUHE	28. 7.4I
77I	MERZBACHER Karoline	I9. 6.66	BELLICHINGEN	2. 8.4I
772	WESTFRIED Mundi	I7.I2.90	VIENNE	8. 8.4I
773	OTTENHEIMER Hannahen	24. 8.68	NEIDENSTEIN	8. 8.4I
774	HECHT Joseph	I0.I2.87	LEMBERG	I0. 8.4I
775	GUTTMANN Nathan	I4. 5.65	PHILIPPSBERG	I2. 8.4I
776	PRODALKO Georges	23. 4.89	ALEXANDROVSK	II. I.42
777	KAHN Bertha	29. 7.78	SULZBURG	I8. I.42
778	HERNANDEZ-DORREGO	42 ans	Portugais	22. 7.4I
779	GOLDSCHMIDT Klara	7. 9.77	KARLSRUHE	4. 8.4I
780	WEIL Wilhelm	I7.II.82	OBERLUSTADT	I7. 8.4I
78I	SCHARF Frieda	3. 9.64	BIDESHEIM	I9. 8.4I
782	HEILBRUNNER née BUCHAU Nanette	24. 5.58	BACHAU	2I. 8.4I
783	BAER Léopold	25.II.56	HOHENEIDCED	2I. 8.4I

784	HEIM Sophie	20. 3.66	ETTLINGEN	22. 8.4I
785	FRIEDMANN Johanna	29. I.64	EPPINGEN	25. 8.4I
786	CAHN Albert	24. 6.77	RUTIZHEIM	22. 8.4I
787	BENZINGER née BLOCH Rosa	30.I0.59	LOERRACH	24. 8.4I
788	STRUPP Bertha	73 ans		29. 8.4I
789	KULLMANN Louis	5. 4.55	BUSENBERG	29. 8.4I
790	LOEB Gunda	II. I.79	ETTWEILER	3I. 8.4I
79I	JEREMIAS Lazarus	26. I.79	WALDORF	3I. 8.4I
792	HECHT Dora	I9.I2.75	DODENSTEIN	3. 9.4I
793	HERZBERGER Anna	28. 6.69	LAMBSHEIM	I8. I.42
794	PFEIFFER Emilie	4. 4.62	BINGEN	II. I.42
795	HEIDELBERGER Gustav	29. 8.88	MANNHEIM	I. 9.4I
796	WOLF Louis	6. 5.79	ROOS	I. 9.4I
797	TIEFENBRONNER Rosa	25. 2.77	KOENIGSBACH	I3. 9.4I
798	WEIGERT Agena née LEVYSOHN	II. 5.54	BRESLAU	4. 9.4I
799	WOLF Mathilde	I6. 5.56	MANNHEIM	5. 9.4I
800	SCHWARZ Joseph	2I. 5.89	SARRLOUIS	4. 9.4I
80I	BENEDIK Ludwig	I3. I.83	NEUSTDT	4. 9.4I
802	LION née GUNZBURGER Ida	I. 4.55	EMMENDINGEN	5. 9.4I
803	MAIER Max	II.I2.67	MALSCH	5. 9.4I
804	MEHLINGER Flora	I3. 3.73	WACHENHEIM	8. 9.4I
805	ROSENBERG Hilde	6.II.6I	OBERLANGEN	9. 9.4I
806	LOEB Babette	I4. 6.69	EBERSTADT	8K 9.4I
807	MAYER Minna	23. 3.75	MALSCH	8. 9.4I
808	BAUM Feist	I5. 2.70	KUELSHEIM	I0. 9.4I
809	GEISMAR Théodor	29. 6.69	BREISACH	7. 9.4I
8I0	KAUFMANN Gustav	6. 9.76	WIESLOCH	7. 9.4I
8II	GOLBERT Moritz	I4. 4.98		I0. I.42
8I2	WEIL Isaac	25. I.66	EICHTAETTEN	8. 9.4I
8I3	HABERER Marie	9. 5.56	FRIESENHEIM	I3. 9.4I
8I4	LOEB Fanny	6. 4.90	HOCKENHEIM	I3. 9.4I
8I5	BEHR née KLEIN Johanna	27. 4.64	WALLDORF	4. 9.4I
8I6	WEIL Alfred	22. I.77	BUEHL	I9. 9.4I
8I7	SCHUSTER Betty	I7. 2.90	ZEIDELOWCZ	I4. 9.4I
8I8	MAYER Klara	28.I0.75	MALSCH	I3. 9.4I
8I9	FREUND Johanna Emma	I3. 9.68	KIRSCHEIM	I6. 9.4I
820	ADLER Gottlieb	20. 5.8I	LINGENFELD	I5. 9.4I
82I	WEILHEIMER Karl	20. I.85	LUDWIGSHAFEN	I6. 9.4I
822	OESTREICHER Joseph	23. 6.75	MANNHEIM	I5. 9.4I
823	PINNER Hans	4. 3.86	SOMMERFELD	I6. 9.4I
824	TOMBERG Ferdinand	20. 3.93	VIENNE	I5. 9.4I
825	OPPENHEIMER Emil	26. 8.8I	DOSSENHEIM	I7. 9.4I
826	PORITZKY Hermann	I8. 8.86	OLBIGHEIM	I7. 9.4I
827	GEISMAR Wilhelm	26.II.73	BREISACH	I8. I.42
828	LOEWENBAUM Franciska	3I. 8.68	KOBLENTZ	II. I.42
829	TRAUB Léopold	3.II?73	GROETZINGEN	I7. 9.4I
830	WIENER Eugen	30. I.74	PFORZHEIM	I8. 9.4I
83I	SALMON Alfred	I4. 6.90	LAMBSHEIM	I8. 9.4I
832	BORNSTEIN Alexander	I0. 8.98	VIENNE	2I. 9.4I
833	NATHAN Jules	I2. 6.86	ALTDORF	I9. 9.4I
834	SCHEESINGER Ludwig	I0. I.70	PFORZHEIM	I9. 9.4I
835	STEIN Ludwig	4. 6.89	GROSSEISCHOLZHEIM	2I.9.4I
836	BAER Rosa née ALTHOFF	25. 5.72	HOMBURG	23. 9.4I
837	LEHMANN Bianca	I8. 3.84	FRANKENTHAL	25. 9.4I
838	FEDERGRUEN Isaac	I0. 7.70	ZAPANOW	29. 9.4I
839	ROOS Teckla	28.II.68	LICHTENAU	25. 9.4I
840	WEIL Ida	4. 2.76	EMMENDINGEN	27. 9.4I
84I	MAYER Marie née MAYER	9.I2.63	MUEHLHEIM	I.I0.4I
842	DAVIDSOHN Norbert	5. 3.74	DANZIG	25. 9.4I

No.	Name	Born	Place	Date
843	VEIT Simon	27. 6.52	EMMENDINGEN	25. 9.4I
844	METZGER Josef	I. 5.60	BERWANGEN	I.10.4I
845	WINPFHEIMER Thérèse	2I. 5.55	ITTLINGEN	I5. I.42
846	WEIL Frantz	25.I2.89	FRANCFURT	30. 9.4I
847	KAUFMANN Paul	8. 4.84	MANNHEIM	I.10.4I
848	ROSENTHAL Suzanne	24. 8.73		5.10.4I
849	WALTER Edwig	29. 8.90	LANDAU	I.10.4I
850	BOETTINGHEIMER Wolf	5. 4.69	ANGELSHEIM	2.10.4I
85I	MAYER Minna	29. 9.60	RIMBACH	4.10.4I
852	STEIN Hermine née WULDBERG	I8.10.74	KLEINBALDORF	4.10.4I
853	REICHMANN Sally	20. 8.76	HERLINGHAUSEN	3.10.4I
854	STERN Salomon	4.10.64	MALSCH	7.10.4I
855	PREIS Alexander	3. 4.82	KAISERSLAUTERN	5.10.4I
856	BODENHEIMER Ludwig	3.II.83	ETTLINGEN	9.10.4I
857	FREUND Kaufmann	20. 9.65	SANDHAUSEN	I7.10.4I
858	WILLSTAEDTER née MAYER Elise	I9. 3.56	MUEHLHEIM	I6.10.4I
859	NEUBERGER Edouard	I5.II.69	SENNFELD	I6.10.4I
860	MARX Ricka	5. 6.67		22.10.4I
86I	BLOCH Moritz	6.II.79	SCHMIEHEIM	23.10.4I
862	JACOBI Paul	30.I2.95	HEIDELBERG	24.10.4I
863	FROELICH Auguste	I8. 3.88	KANERSHEIM	23.10.4I
864	KAHN Johanna	26. 4.76	FUSSGOENNHEIM	28.10.4I
865	HEMERDINGER Bertha	I5. 3.83	MANNHEIM	30.10.4I
866	ROSENBERG Johanna	4.I2.70	NONNENWEIER	27.10.4I
867	MAY Bertha	5. 9.68	WEMKHEIM	2.II.4I
868	WEILER Mathilde	5. 9.7I	WEINWEILLER	I.II.4I
869	MAYER Cecilie	6.10.66		4.II.4I
870	HERZOG Siegmund	23. 5.80	NIEDERWIESEN	I.II.4I
87I	HEILBUT Oswald	8. 4.99	HAMBURG	I.II.4I
872	LEVI Paula	3. 5.84		4.II.4I
873	HICHSTETTER Simon	5. 6.79	RANDEGG	3I.10.4I
874	KAUFMANN née BLOCH Flora	6. 3.83	LOERRACH	3.II.4I
875	STERN Léopold	I5. 7.8I	MANNHEIM	4.II.4I
876	STRAUSS Irma	26. 4.88	ELLERSTADT	5.II.4I
877	MANE Emilie	9. 3.75	GO MERSHEIM	6.II.4I
878	SCHORSCH Jette	28. 5.67		7.II.4I
879	SINSHEIMER née STEIN Ida	27. 5.76	HARDHEIM	8.II.4I
880	KAMM Hans	24. 8.84	HAMBURG	4.II.4I
88I	NEUBERGER Emilie	4. 9.6I	OTTENSTADT	5.II.4I
882	NEUBERGER Salomon	27. 4.72	SENNFELD	8.II.4I
883	METZGER Henriette	28.10.57	BOECHINGEN	8.II.4I
884	SIMON Isaac	3I.I2.73	LAMBSHEIM	10.II.4I
885	HILB Isaac	2.II.65	MALSCH	7.II.4I
886	STERN Berthold	5. 6.87	HOCHDTADT	10.II.4I
887	BORGENICHT Johanna	I8. I.70	NEUSTADT	II.II.4I
888	BLAU ERNST	26. 5.92	FRANCFURT	I2.II.4I
889	SCHARF Lina	I4. 5.93	LUDWIGSHAFEN	I6.II.4I
890	HEIMANN Adolf	I5.I2.93	BERLIN	I3.II.4I
89I	GOLDSTEIN Anna	5. I.78	KOENIGSHUETTE	I4.II.4I
892	FUCHS Julius	23. 5.76	FRANKFURT S/M	I8.II.4I
893	LOEB Nathalie	I3. 8.57	LEIMERSHEIM	I7.II.4I
894	SPINNER Joseph	10. I.7I	LEMBERG	I6.II.4I
895	MAI Goetz	27. 2.68	MERCHINGEN	I8.II.4I
896	BLUM Emil	I4. 8.66	WEINGARTEN	2I.II.4I
897	FROEHLICH Ferdinand	I4.10.79	DURLACH	22.II.4I
898	SCHLESINGER Selma	28. 5.93	EPPINGEN	24.II.4I
899	NAGELSTEIN Begine	6.I2.68	HEIDELBERG	26.II.4I
900	HIRSCH Alexander	I7K 4.67	HOMBURG	28.II.4I

No.	Name	Born	Place	Date
901	MATZNER Richard	I7. I.93	VIENNE	26.II.4I
902	BLOCH Siegmund	23. I.8I	SCHMIEHEIM	26.II.4I
903	GOLDBAUM Hermann	29. 5.64	KOSCHMIN	29.II.4I
904	FRIEDMANN Chiel Mandel	10. 6.66	TARNOBRZEG	25.II.4I
905	DREYFUSS Johanna	I5. 9.60	SIERSBURG	4.I2.4I
906	WURMSER Caecilie	5. 6.73	MANNHEIM	3.I2.4I
907	ABRAHAM Rosa	5. 7.65	SULZBURG	6.I2.4I
908	DAVID Julie	8. 8.73		5.I2.4I
909	ELIKANN August	29.I2.75	HACHENBACH	5.I2.4I
910	KERN Siegmund	I7. 7.69	EDENKOBEN	7.I2?4I
9II	WIMPFHEIMER Moritz	29.II.84	ITTLINGEN	7.I2.4I
9I2	MODEL Jacob	I6. 6.84	FREIBURG	I7.I2 4I
9I3	SPITZER Alexander	8.I2.69	MATTERSDORF	7.I2.4I
9I4	BEHR Karl, August	2.II.6I	LEIMERSHEIM	8.I2.4I
9I5	MAYER Julius	6.I2.84	MANNHEIM	3.I2.4I
9I6	THAUMANN Karl	26. 8.83	MANNHEIM	7.I2.4I
9I7	SALOMON Klara	10. 7.78	KALRSRUHE	8.I2.4I
9I8	SCHUMACHER Oskar	7.II.83	VIENNE	I8.I2.4I
9I9	HERZ Emil	I8. 3.78	LUDWIGSHAFEN	10.I2.4I
920	TEPRICH Frantz	I7. 3.82	BERLIN	I2.I2.4I
92I	WERTHEIMER Wilhelm	7. 9.66	KIPPENHEIM	I9.I2.4I
922	BRAHY Henri	I8.II.78	ANSERREKE	I8.I2.4I
923	DREYFUSS Mickael	6. 7.64	SIERSBURG	2I.I2.4I
924	HOCHERR Gustav	2. 3.72	BERWANGEN	2I.I2.4I
925	SCHWARZ Isidor	II. 5.80	MARIENTHAL	23.I2.4I
926	LEVINGER Hortense	I6. 4.69	FRANKFURT	2I.I2 4I
927	ROTHSCHILD Bertha	23.II.69	KARLSRUHE	22.I2.4I
928	WEIL Frida	I5. 9.77	EMMENDINGEN	25.I2.4I
929	BAER Ludwig	I8. 3.72	HILDESHEIM	22.I2.4I
930	STRAUSS Lida	I. I.75	ELLERSTADT	23.I2.4I
93I	FROELICH Marie	I6.10.80	EMMENDINGEN	26.I2.4I
932	NEUMANN Wilhelm	24. 8.72	ZABZEG	26.I2.4I
933	RAK Philémon	26. 6.00	SABOVICHT	I2.I2.4I
934	PERSITSKY Isidor	I3. 5.86	ODESSA	20.I2.4I
935	KOSS Koyl	22. 5.98	RYMANOW	25.I2.4I
936	SCHMIDT Ida	I6. 4.76	NEULEIMINGEN	27.I2.4I
937	OPPENHEIMER Josef	2I. 4.76	BUCHEM	24.I2.4I
938	SPATZ Karoline	7. 2.70	GROSSEICHOILSHEIM	d°-
939	OPPENHEIMER Sarah	29. 5.74	GEMMINGEN	28.I2.4I
940	GROMBACHER Emma	25. I.90		25.I2.4I
94I	ROTHSCHILD Emil	2I/10.74	GEINLINGEN	29.I2.4I
942	DORNBERGER Suzanne	3. 3.64	GEINSHEIM	30.I2.4I
943	WEINHEIMER Klara	20. 7.72	KARLSRUHE	I. I.42
944	BERKHEIMER Emilie	28..6.90	BREISACH	3I.I2.4I
945	STERN Régina	4. 3.62	KAISERSLAUTERN	2.I.42
946	LEVY Hedwig	2. 9.67	TRIER	3I.I2.4I
947	LOEWENSTEIN Arthur	24.10.89	BERLIN	I. I.42
948	ADLER Josef, Max	I9.10.83	SCHIECHOFFEN	3.I.42
949	STEINITZ Franciska	5. 4.75	ROSENBERG	2. I.42
950	NEUBERGER Emil	I5. 9.74	SENNFELD	2. I.42
95I	DORNBERGER August	I. 8.6I	GEINSHEIM	4. I.42
952	KAUFMANN Karl	10. 7.66	BINAU	3. I.42
953	HASS Ida	I4.10.74	KANDAL	7. I.42
954	REIMANN Recha	I3. I.84	MANNHEIM	5. I.42
955	MEIER Meier	I. 8.66	NONNENWEIER	7. I.42
956	ETTLINGER Sophie	2I. 6.75	FREIBRUG	9. I.42
957	SIMON Siegmund	I2.10.78	TELSCH	7. I.42

J58	HABERER Berthold	I3. 2.82	OFFENBURG	7. I.42
959	KATZ Siegmund	4. I.84	OBERHAUSEN	9. I.42
960	KIRSCHHEIMER Siegmund	20.II.85	BERWANGEN	8. I.42
96I	ABERLE Moritz	29. 8.79	MANNHEIM	7. I.42
962	GROMBACHER Adolf	20.27.80	OBERGRIMPEN	II. I.42
963	STEINITZ Paul	25. 3.69	ROSENBERG	9. I.42
964	KATZ Emma	I7.I2.8I	OBERHAUSEN	I0. I.42
965	LOEB Fritz	3I. 5.8I	MUTTERSTADT	9. I.42
966	GOLDBERG Olga	I5. 2.68	OSTROWO	II. I.42
967	METZGER Mina	II.I2.64	BAD-RAPPENAU	28. I.42
968	HEITELBERG Walter	3I.I0.I4	NUREMBERG	28. I.42
969	KAHN Bella	I. 8.87	SULZBURG	28. I.42
970	HASS Rosa	29.I0.73	MANNHEIM	25. I.42
97I	BENDER Flora	8. I.75	KAISERSLAUTERN	26.I.42
972	EMMERICH Moritz	2.I0.74	DIEMEND	I9. 3.42
973	SAMUEL Rosa	30.II.73	WIELOCH	I6. 3.42
974	MARCUSE Julius	I6. 6.90	BERLIN	I4. 3.42
975	WEIL Julius	3. I.8I	OFFENBURG	7. 3.42
976	KERN Mata	I9.I2.89	CHEMNITZ	8. 3.42
977	LEVI Maier	I3. 2.69	PFUNGSTADT	5. 3.42
978	MOUTAVIAN André	25. 5.02	DELIGAN	2. 3.42
979	REINELT Helmut	I0. 7.05	BERLIN	25. 2.42
980	BLOCH Hermann	30. 3.76	BUEHL	25. 2.42
98I	GOTTSCHALK Arthur	5. 2.03	HERNE	28. 2.42
982	SIMON Sarah	26. 3.76	HANDHEIM	26. 2.42
983	WERTHEIMER Minna	I8. 8.70	BODERSWEIER	26. 2.42
984	GUNSTZBURGER Johanna	5. 7.87	EMMENDINGEN	28. 2.42
985	WENRIEB Eva	I4. 2.67	LEMBERG	26. 2.42
986	VASQUEZ Aniceto	I0/ 2.75	BADAJOZ	24. 2.42
987	MAYER Max	30. 7.79	GROSSGUCKENHEIM	20.2.42
988	HOFFELER Siegmund	I0.II.56	EICHSTETTEN	24. 2.42
989	ROSENBERG Henri	I4. 2.78	NEUDENAU	22. 2.42
990	SIEGEL Lina	5. 8.80	HERXHEIM	23. 2.42
99I	HIRSCH Rosa	6. I.66	EBERSTADT	22. 2.42
992	WERTHEIMER Lina	25. I.7I	MICHELFELD	23. 2.42
993	KAUFMANN Max	2. 6.83	MANNHEIM	20. 2.42
994	BLUM Ludwig	I6. 6.73	RHEINGOENHEIM	I7.2.42
995	STRAUSS Nathan	I8.I0.68	BILLIGHEIM	20. 2.42
996	GOLDSCHMIDT Adolf	22. 2.84	HILDENBERGEN	I6. 2.42
997	GRUNEBAUM Samuel	5. 3.73	WENKHEIM	I6. 2.42
998	LEVY Gustav	27.I0.7I	KLIENGENMUENSTER	I4.2.42
999	GLUCK Sarah	I5. 5.68	DAUERBACH	I5. 2.42
I000	UFFENHEIMER Jacob	8. 8.60	BREISACH	I3. 2.42
I00I	BLOCH Charlotte	27. 6.84	GENGENBACH	I2. 2.42
I002	WOLFENSTEIN Arthur	I8.I0.85	COLLIN	I2. 2.42
I003	WEIL Aron	24. 9.64	BERWANGEN	I2. 2.42
I004	SCHNEIDER Léopold	30.I0.95	MANNHEIM	I2. 2.42
I005	DAUBE Louis	27. 4.73	KOENIGSBACH	I0. 2.42
I006	STERN Wilhelm	4. 4.92	COLOGNE	II. 2.42
I007	KALININE Théodor	I8. 2.90	NOVOCHERKASK	9. 2.42
I008	SAUER Hermann	7. 6.76		I0. 2.42
I009	SCHAUER Emil	22. 6.8I	KREUZNACH	I0. 2.42
I0I0	STRAUSS Heinrich	2I. I.76	KINDENHEIM-LUDWIGSHAFEN	I0. 2.42
I0II	FUCHS Betty	I3.I0.86	WEINGARTEN	8. 2.42
I0I2	WISNEWSKI Rosy	I5.II.78	NICOLAI	6. 2.42
I0I3	ROSENTHAL Lina	I6. 7.67	GINSHEIM	8. 2.42
I0I4	NELSON Marie	3. 5.88	SULSBURG	6. 2.42
I0I5	OESTREICHER Eugénie	I4. 5.8I	MANNHEIM	7. 2.42

I0I6	GOTTREICH Nanette	I6. 6.I0	MANNHEIM	3. 2.42
I0I7	GUNSBURGER Fanny	7. 3.63	MOSBACH	30. I.42
I0I8	ULLMANN Isidor	20.I2.79	DIESSENHOFEN	29. I.42
I0I9	OPPENHEIMER Jenny	2. 2.86	REINHEIM	24.I0.42
I020	LOEWY Maximilien	27. 2.76	BERSUN	22.I0.42
I02I	WEIL Bertha	I5. 8.66	ODERSTADT	20.I0.42
I022	GOLDSCHMIDT Rosa	7. I.75	CHALDENBACH	II. 9.42
I023	KARLEBACH Else	26.I0.88	MANNHEIM	I0. 9.42
I024	BERNSTEIN Gerd, Arthur	4. 8.42	GURS	6. 8.42
I025	REINACH Adolf	8. 7.65	DEIDESHEIM	26. 7.42
I026	KARLAMOFF Pierre	I0. 6.62	CHARMODIAK	I. 7.42
I027	SELIGMANN Gottlieb	20.I0.75	ROHRBACH	I8. 6.42
I028	SIMON Gustav	29.I2.74	KAISERSLAUTERN	I5. 6.42
I029	WOLFF née RISCHHEIMER Betty	I5. I.87	HEILBRONN	I3. 6.42
I030	MIESTEROFF Daniel	II. 5.95	ARCHALGESK	4. 6.42
I03I	LOEB Mina	7.I0.68	FREIBURG	2. 6.42
I032	WECHLER Eduard	7.II.0I	VIENNE	27. 5.42
I033	FARAK Josef	I. II.0I	ABRAHAM	24. 5.42
I034	WOLF Isac Fritz	I2. 2.89	ZUENDORF	22. 5.42
I035	GOLDSCHMIDT Raphael	29. 3.86	HELEFELD	I8. 5.42
I036	HEIN Henrich	23. I.02	BERLIN	7. 5.42
I037	NEUBERGER Adolf	4. I.74	SENNFELD	25. 4.42
I038	URBANSKI Czeslaw	6. 4.03	GDINO	26. 4.42
I039	GROEHL Margarete	2. 2.90	ANDRINOPLE	6. 4.42
I040	PFAU Erich	8. I.98	LIEGNITZ	I7. 4.42
I04I	SANDWEG Otto	I3. 6.00	BAUZEN	5. 4.42
I042	NIKOLOWSKI André	I4. 7.90	THIEBERMOSLAW	4. 4.42
I043	BAKOS Jean	I8.II.04	SASKO	4. 4.42
I044	WUERZWEILLER Emmy	4. 4.87	ITTLINGEN	29. 3.42
I045	DUCULO Charles	29. I.43	CAMP DE GURS	6. 4.43
I046	VOLKOFF Alexandre	9.I2.98	ALEXANDROWSK	24. 2.43
I047	STERN Frederika	I9. 7.69	MALSCH	22. 2.43
I048	ROSENBERGER Sophie	I9.I0.63	UNTERGRIMPEN	I2. 2.43
I049	GALLINAS Claude	29. 6.42	FLANGAC	I0. 2.43
I050	EZQUERRA Falcon, José	I5. 4.73	TERRUEL	7. 2.43
I05I	STEIGRAD Jacob	I2. 4.79	BIDOLI	24. I.43
I052	FRAENKEL Véronika	24.II.56	ROXHEIM	I4. I.43
I053	LEHMANN Ella	28.II.57	EHRSTTADT	I2. I.43
I054	PARRA-OTERO Béatrice	I9. 3.42	GURS	29.I2.42
I055	JOWER Enrico	25. I.07	SANTAGLIONA	I9. I.43
I056	MAYER Vere	9.I2.08	HALBERSTADT	I0. I.43
I057	ECKSTEIN Edith	3. 7.42	MARSEILLE	20.I2?42
I058	FLESSEMAN Simon	26.II.74	ROTTERDAM	I4.I2.42
I059	PARISER Ernst	I0. 9.92	BERLIN	2.I2.42
I060	BAER née ORTHSCHILD Minna	2I.I2?59	NORDSTETTEN	27.II.42
I06I	LEVY Johanna	22.II.6I	THALEICHWEILER	7.II.42
I062	LEVY Barbara	I0. 3.82	KARSLBERG	28.I0.42
I063	ECKSTEIN Selma	30.I2.8I	OFFENBURG	2I. 8.43
I064	KAUFMANN Klara	I.I2.60	REXINGEN	7. 7.43
I065	DAVIDSOHN Julius	I6. I.95	KOENIGZ	I5. 5.43
I066	ORTEGA-MARTOS Amador	22. 4.00	TORREDONJIMENO	I3. 6.43
I067	ARMANDO Laurent	22. 4.78	VOLCRENO	29. 3.43
I068	SCHWARTZ Berthe née FROELICH	3. 6.63	REXINGEN	I9. 3.43
I069	WEIL Julius	I9.I0.64	OBERMUSTADT	5. 3.43
I070	HOFMANN Anna	I0.I0.64	KARLSRUHE	24. 2.43

SOURCES ET BIBLIOGRAPHIE

I. LES ARCHIVES

1. Les fonds du camp lui-même (Archives départementales des Pyrénées-Atlantiques, à Pau)[1] :

- un fichier (170 x 95 cm) contenant 19 774 fiches de Gursiens internés entre le 1er septembre 1940 et le 31 octobre 1943.

- deux cartons dans lesquels sont conservés divers titres de séjour de Gursiens décédés au camp ou déportés en 1942 et 1943.

- 290 liasses[2], non cotées mais numérotées, de documents d'archives, émanant des services d'administration et de gestion du camp (septembre 1940 - avril 1946)[3] :

1. L'étude détaillée d'une partie des documents déposés à Pau a fait l'objet d'un article : Claude Laharie, "L'exploitation systématique des dossiers individuels des internés au camp de Gurs", *La Gazette des Archives,* 4e trimestre 1976, n°95, p. 229-240.

2. Leur dépouillement n'a été possible que grâce à une autorisation expresse du préfet des Pyrénées-Atlantiques, à la condition "*qu'il s'agisse d'une étude strictement anonyme et essentiellement statistique*" (autorisation préfectorale adressée le 7 janvier 1974 au directeur des Archives départementales des Pyrénées-Atlantiques). C'est pourquoi aucun nom de fonctionnaire de Vichy n'est mentionné dans le présent ouvrage.

3. Ces dates appellent plusieurs remarques.
La première, septembre 1940, ne coïncide pas avec la création du camp. En effet, les archives proprement gursiennes antérieures à l'armistice sont irrémédiablement perdues : elles ont été brûlées au camp, le 24 juin 1940, et consumées après un gigantesque feu de la saint-Jean. Nous avons rencontré l'officier qui procéda à l'incinération des dossiers et du fichier du camp, "*à la grande joie des Espagnols et des femmes allemandes qui apportaient les documents que nous jetions dans le feu*". La décision de détruire ces archives fut justifiée, expliqua-t-il, par l'arrivée, annoncée pour le lendemain, d'une commission d'inspection allemande. Le chef de camp, plutôt que de prendre le risque de fournir à l'occupant une mine de renseignements, dont il aurait pu faire un funeste usage, préféra s'en tenir à une solution dont le moins qu'on puisse en dire est qu'elle fut la plus sommaire de toutes celles qui étaient envisageables : l'élimination pure et simple.
Cette perte est irréparable. Pour l'historien, d'abord, qui est condamné à n'utiliser, pour toute la première période de l'histoire du camp, qu'une documentation de seconde main, et donc beaucoup moins précise. Pour les quelques 42 000 hommes, femmes et enfants internés avant septembre 1940, ensuite, puisque ce fonds pourrait, aujourd'hui encore, servir de référence à l'attribution, par les services préfectoraux, de certificats d'internement, et donc donner droit à la reconnaissance d'une pension.
Cependant, cette perte a été ressentie, pendant la Seconde Guerre mondiale, comme un bienfait. Elle a, en effet, permis à de nombreux "*internationaux*" et même à certains Espagnols, d'échapper aux poursuites que la police vichyssoise n'aurait pas manqué d'entreprendre à leur encontre. Elle a offert à certains d'entre eux l'occasion de prendre une nouvelle identité, moins "marquée" que la précédente, et de jouir ainsi des avantages de l'anonymat. A ce titre, elle a sauvé de la vie ou, du moins, augmenté les chances de survie, d'un grand nombre de Gursiens entrés dans la Résistance.
La deuxième date, avril 1946, déborde l'époque de la dissolution du camp (31 décembre 1945). Si les derniers détenus ont quitté Gurs à la fin de l'année, la liquidation effective du camp n'est intervenue que quelques mois après, en avril 1946. Jusqu'à cette date, une équipe réduite demeure sur place.

- n° 1 à 26 : notices individuelles, classées par ordre alphabétique, des internés transférés du camp de Saint-Cyprien, les 28, 29 et 30 octobre 1940.
- n° 27 : notices individuelles, classées par ordre alphabétique, des hommes internés entre le 1er septembre et le 24 octobre 1940.
- n° 28 à 242 : 214 liasses de dossiers individuels, classés par ordre alphabétique, des hommes, femmes et enfants, presque tous Juifs étrangers, internés entre le 24 octobre 1940 et le 31 octobre 1943.
- n° 243 à 249 : listes et dossiers d'internés expulsés du camp ou "*rapatriés sur leur demande*" entre le 1er novembre 1940 et la fin de l'année 1941.
- n° 250 à 273 : archives du gestionnaire du camp.
- n° 277 à 290 : rapports sur la liquidation du camp (janvier - avril 1946)[4].

2. Le fonds du cabinet du préfet (Archives départementales des Pyrénées-Atlantiques) :

- avant l'armistice, sous-série 1 M, liasses n° 531 (censure), 543 (création, fonctionnement du camp, effectifs), 544 (hygiène), 545 (statistiques des réfugiés espagnols dans le département) et 547 (rapatriement des réfugiés espagnols).

- à l'époque de Vichy, série M en cotation provisoire, liasses 500/6 à 500/42 : règlement, fonctionnement et protection du camp, listes diverses (décès, menus), transferts, dossiers individuels, rapports sur le personnel, rapports de police, etc...

- après la Libération, série M en cotation provisoire, liasses 500/48 à 500/180 : instructions ministérielles, rapports sur les effectifs, les mutations, la vie quotidienne, et dossiers individuels d'internés (500/65 à 500/178) ; deux fichiers (500/179 et 500/180).

3. Le fonds de la sous-préfecture d'Oloron-Sainte-Marie (Archives départementales des Pyrénées-Atlantiques) : 5 liasses (3 Z 239, 241 à 244) se rapportant exclusivement aux Républicains espagnols susceptibles de résider ou de travailler dans la région (avril - septembre 1939).

4. Les fonds spécialisés
- Les Archives de la Social-démocratie, à Bonn (A.S.D.) : SOPADE, Emigration, liasses 53, 62, 112 et 121 ; donation Stampfer, I, liasse 11 et VI, liasse 22. Cette documentation concerne exclusivement les volontaires allemands et autrichiens des Brigades internationales internés en 1939-1940[5].

- **L'Institut du marxisme-léninisme** de Berlin, R.D.A., IML/ZPA, V, 231/1/5a. Ce rapport présente un compte rendu des activités des communistes allemands de Gurs à leur comité central (1939)[6].

- **Bundesarchiv** de Coblence, liasses cotées R. Leur exploitation, centrée sur l'étude des Badois expulsés de chez eux par "l'opération Bürckel" a été faite par Peter Sauer qui a publié une partie des documents dépouillés[7].

4. Sur l'ensemble des 290 liasses, aucune ne concerne la période antérieure à l'armistice, et seulement quinze la période postérieure à la Libération. Ces lacunes sont en partie comblées par le fond préfectoral.

5. Archives dépouillées par Barbara Vormeier. Leur exploitation historique a fait l'objet d'un article : Barbara Vormeier, "Les internés allemands et autrichiens en 1939-1940", dans *Les barbelés de l'exil,* PUG, Grenoble, 1979, p. 224-242

6. L'analyse de ce dossier a fait l'objet d'un article de Jean-Philippe Mathieu, "Les communistes allemands et leur organisation", dans *Les barbelés de l'exil,* op. cit., p. 243-257.

7. Peter Sauer, *Dokumente über die Verfolgung der jüdischen Bürger in Baden-Württemberg durch das nazionalsozialistsche Regierung,* Ed. W. Kohlhammer, Stuttgart, 1966.

- **Le Centre de Documentation Juive Contemporaine,** à Paris (C.D.J.C.) : dossiers LXXVIII (expulsion des Juifs du Palatinat vers Gurs), CCXVIII, CCXIX, CCCLXII, CCCLXIII (donation F. Chevrier)...[8]

- **The Holocaust Library and Research Center,** à San Francisco : correspondance et coupures de presse sur l'internement des Juifs allemands et autrichiens (1940-1943).

- **Leo Baeck Institute,** à New York : courrier, recueils de souvenirs, rapports sur l'action du *Secours Quaker* à Gurs (1941-1943).

- Le mémorial **Iad Vechem** de Jérusalem. Peu de documents originaux sur le sujet. Photocopies de documents conservés au C.D.J.C. (1940-1942).

- **La Fédération Nationale des Déportés et Internés, Résistants et Patriotes,** à Paris (F.N.D.I.R.P.) : témoignages dactylographiés, évocations et coupures de presse. Documents nombreux mais dispersés dans une somme d'informations sur la période de Vichy, et difficilement exploitables.

- **L'Institut Maurice Thorez** à Paris : deux rapports et quelques lettres émanant des communistes français internés en 1940.

- **La Délégation basque** à Paris et à Bayonne (où la plupart des archives ont été transférées en 1979 et 1980) : quelques rapports du ministère de l'Intérieur du gouvernement de l'Euskadi sur la situation des réfugiés basques à Argelès et Gurs (1939).

- La fondation basque **Bidassoa,** à Ustaritz (institut d'histoire contemporaine) : liste nominative des réfugiés politiques basques internés à Gurs en 1940[9].

- L'hôpital de Pau et l'asile de Lannemezan (Hautes-Pyrénées) : dossiers médicaux des Gursiens dont l'état de santé nécessitait des soins particuliers.[10].

Deux directions de recherches se sont révélées vaines : les archives militaires de la 18e région[11] et les archives des Ponts et chaussées[12].

5. Les dépôts municipaux

- Mairie de Gurs : registres d'état-civil (listes des décès et des naissances survenus au camp) et registres des cartes d'alimentation du personnel français résidant sur le territoire communal (1940-1946).

8. Plusieurs dossiers sont publiés dans les ouvrages de Joseph Weill, *Contribution à l'histoire des camps d'internement dans l'Anti-France*, Ed. du Centre, série Etudes et monographies n° 5, Paris, 1946, et d'Adam Rutkowski, *La lutte des Juifs en France à l'époque de l'Occupation, 1940-1944*, recueil de documents, Ed. du Centre, Paris, 1975.

9. Uhaldea, Ustaritz (Pyrénées-Atlantiques). Nous remercions M. Eugène Goyhenetche qui nous a communiqué ces documents.

10. A Pau sont envoyés, en 1939 et 1940, les internés malades et contagieux. L'asile de Lannemezan a accueilli, en 1940 et 1941, une centaine de Gursiens atteints d'aliénation mentale.

11. Le camp est placé jusqu'au 31 décembre 1940 sous la double autorité du général commandant la 18e région (Bordeaux) et du préfet des Basses-Pyrénées. La destruction des archives du camp lui-même, le 24 juin 1940 et, de ce fait, les lacunes de l'information sur les événements antérieurs à l'armistice, auraient pu être palliées par la documentation d'origine militaire. Il n'en est rien : *le Bureau Central d'Archives Administratives Militaires* (B.C.A A.M.), dont le siège se trouve à Pau, caserne Bernadotte, "*ne détient pas de documents concernant le camp de Gurs*" (lettre n° 122 069 BCAAM/AC FAT/DOC adressée le 19 octobre 1978 par le commandant du B.C.A.A.M.), pas plus, d'ailleurs, que le *Service Historique des Armées*, à Vincennes.

12. Les services des Ponts et chaussées ont construit et entretenu le camp. Ils ne détiennent plus, à l'heure actuelle, aucun document d'archives concernant Gurs. L'ensemble aurait disparu, probablement brûlé, lors du déménagement de 1972. Cette perte, cependant, est en grande partie compensée par le fonds du camp et par les plans et rapports déposés chez des particuliers, en premier lieu chez l'ingénieur détaché au camp de 1941 à 1945 (voir note 18).

- Mairies de Navarrenx, Oloron-Sainte-Marie, Mauléon, Sauveterre-de-Béarn : documents témoignant des ventes de gré à gré, ou des offres de vente, faites par les commerçants de ces communes à l'intendance du camp, par l'intermédiaire du maire.

- Mairies de Morlaas, Nay, Lurbe-St-Christau, Eaux-Chaudes, Ogeu-les-Bains, Eaux-Bonnes : documentation sur les sorties, les permissions, les séjours avec assignation à résidence, les convalescences ou les libérations qui ont eu pour cadre, à l'époque de Vichy, le territoire communal[13].

6. Les archives des particuliers

Disséminées au gré des circonstances dans tel foyer d'Oloron, Pau, Salies-de-Béarn ou Navarrenx, de Saragosse, Bilbao ou Mannheim, elles réservent bien d'agréables surprises[14]. On peut les classer en quatre catégories :

- les documents de type artistique ou artisanal : recueils de xylographies, de gravures sur cuivre ou sur zinc, lavis, dessins, peintures[15] ; maquettes d'outils, d'avions, d'armes et ustensiles divers[14].

- les photographies originales, de format réduit, souvent jaunies[16].

- la correspondance privée[17] et les innombrables pièces administratives provenant des services du camp.

- une véritable petite étude rédigée au camp en 1943 par un interné, Siegbert Plastereck[18].

II. LES TEMOIGNAGES

1. Témoignages publiés

Ils sont présentés dans la bibliographie.

13. Une documentation de même nature est conservée dans certains dépôts municipaux situés en dehors des limites du Béarn. Ils correspondent à des localités dans lesquelles un centre d'accueil pour étrangers avait été installé : Aulus-les-Bains (Ariège), Châteauneuf-les-Bains (Puy-de-Dôme), Douadic (Indre), etc.

14. A l'occasion du quarantième anniversaire de la création du camp (avril 1979), une exposition a été organisée, à Oloron, dans le cadre des activités de la Maison des Jeunes et de la Culture. Des photos, des dessins originaux et des maquettes fabriquées au camp en 1939 ont pu être présentés, grâce au concours spontané de leurs détenteurs.

15. On trouvera dans Hanna Schramm et Barbara Vormeier, *Vivre à Gurs*, François Maspero, Paris, 1979, p. 64-65 (référence abrégée : *Vivre à Gurs*) et dans Antonio Vilanova, *Los Olvidades - Los exilados espanoles en la segunda guerra mundial*, ed. Ruedo Iberico, Paris, 1969, p. 497 et suivantes, quelques reproductions de croquis, dessins et tableaux.

16. Par exemple, celles qui sont présentées dans Artur London, *Espagne...*, Editeurs Français Réunis, Paris, 1966, p. 392-393.

17. Une partie du courrier échangé, pendant l'hiver 1940, entre le pasteur Cadier, d'Oloron, et divers internés, est déposée dans les locaux de la CIMADE, à Oloron.

18. Siegbert Plastereck, "Rapport sur la vie des Israélites au camp de Gurs (1er novembre 1940 - 31 octobre 1943)", texte dactylographié en six exemplaires, 32 pages. Nous remercions M. Georges Dachary, ingénieur des Ponts et chaussées détaché au camp de 1941 à 1945, qui a accepté de nous communiquer ce document (référence abrégée : rapport Plastereck).

2. Témoignages oraux

Récits émanant soit d'anciens Gursiens[19], soit de personnes appartenant au personnel français du camp[20].

Souvent irremplaçables pour traduire un état d'esprit ou le climat d'une époque, ces témoignages posent davantage de problèmes qu'ils n'en résolvent, car ils sont péremptoires, quoiqu'imprécis, et contradictoires. Il convient donc de les aborder avec prudence, car il est impossible de leur prêter foi systématiquement, même dans le meilleur des cas : la mémoire, une quarantaine d'années après, a trié, éliminé et entremêlé souvenirs et impressions. Les temps forts, les épreuves demeurent souvent bien vivants, mais leur évocation reflète davantage l'émotion qu'ils ont causée au témoin ou à l'acteur que le déroulement de l'action proprement dit. N'ont été retenues ici, que les déclarations confirmées par plusieurs témoignages. Les affirmations isolées ont été, peut-être à tort d'ailleurs, délibérément écartées.

III. LA PRESSE

Outre *Le Populaire* (1939-1940), *L'Humanité* (1939), *La Petite Gironde* (1939-1944), *Le Patriote des Pyrénées* (1939-1944), *L'Indépendant des Basses-Pyrénées* (1939-1944), *La IVe République des Pyrénées* (1944-1945) et *L'Eclair des Pyrénées* (1944-1945), deux catégories de journaux intéressent directement le camp de Gurs :

- quelques hebdomadaires, régionaux ou spécialisés, en langue française : *L'Echo d'Oloron* (1939-1944), *Le Petit Béarnais* (1939-1944) et *Le Démocrate d'Orthez* (1939-1944) ; *Le Volontaire de la Liberté* (1939) "organe de l'Amicale des volontaires de l'Espagne républicaine" ; après la Libération, *L'Etincelle* (1944-1045) et *Libération*, édition d'Oloron (1944-1945).

- quelques publications étrangères de langue allemande, éditées en Suisse pour la plupart : *Volkstimme* de St-Gall, *Oltner Tagblatt* de Soleure, *Israelistischer Wochenblatt* de Zurich, *Der Bund* de Berne, *Basler Nachrichten* de Bâle, *Aufbau* de New York[21].

19. Nous tenons à remercier MM. R. de Agesta, B. Alonso, O. Althausen, I et J.M. de Azpiazu L. Bérody, Mme Bettusch, MM. J. Castejon, J. Castellanos-Batista, E. Colera, J. de Duranona, L. Fernandez, N. Gomes, V. Lopez, M. Lurch, C. Martinez, I. Mujica, R. Nolibos, J. Orea, J. Padissa, A. Santos, V. Simons, M. Soler, J. Vicuno, M. et Mme L. Villalba, M.L. de Villalonga.

20. Nous tenons à remercier MM. L. Bordenave, ancien maire de Gurs ; Charont, secrétaire ; Mme A. Dachary, secrétaire ; MM. G. Dachary, ingénieur des Ponts et chaussées ; E. Guerre, secrétaire de la mairie de Gurs ; H. Hourquet ; J. Laplace ; L. Malaureille, interprète ; T. de Monzon, ministre de l'Intérieur du gouvernement basque ; F. Mazou, volontaire des Brigades internationales ; Puyade, maire de Gurs ; Schurch, ingénieur des Ponts et chaussées : M. Turrier, employé au service des "*subsistances*" du camp.

21. Les journaux de langue française, et particulièrement les quotidiens béarnais, mentionnent le camp de Gurs régulièrement jusqu'à la déclaration de guerre (3 septembre 1939). Par la suite, le décret du 1er septembre 1939 réprimant "*la publication d'informations de nature à exercer une influence fâcheuse sur l'esprit de l'armée et des populations*" a pour conséquence de limiter aux seuls comptes rendus d'audience des tribunaux correctionnels de Pau et d'Oloron les mentions du camp dans les colonnes des journaux, pendant toute la durée de la guerre. Paradoxalement, c'est alors à l'étranger, et surtout en Suisse, que des articles sur Gurs, présentant des témoignages et des lettres d'internés, sont les plus nombreux (sur la presse juive éditée pendant la Deuxième Guerre mondiale, voir L. Maas, "Judische Exilpresse" dans *Neue Deutsche Hefte*, Berlin, 1978, n° 25, cahier 2, p. 310-317). Après la Libération, il faut attendre la fin de la guerre pour rencontrer dans les nouvelles publications locales ou régionales, quelques informations sur le camp.

BIBLIOGRAPHIE

I. ETUDES HISTORIQUES

1. Quelques ouvrages de référence

Ne sont indiquées ici que des études générales dans lesquelles le lecteur pourra trouver une abondante bibliographie.

Sur l'exode des Républicains en France :

- Thomas (Hugh), *La guerre d'Espagne,* Robert Laffont, Paris, 1966.
- Vilanova (Antonio), *Los Olvidades - Los exilados espanoles en la segunda guerra mundial,* ed. Ruedo Iberico, Paris, 1969.

Sur la Deuxième Guerre mondiale :

- Michel (Henri), *La Seconde Guerre mondiale,* PUF, t. 1, *"Les succès de l'Axe",* Paris, 1968 ; t. 2, *"La victoire des Alliés",* Paris, 1969.
- Wright (Gordon), *L'Europe en guerre, 1939-1945,* A. Colin, Coll. U, Paris, 1971.
- Azéma (Jean-Pierre), *De Munich à la Libération,* Le Seuil, Paris, 1979.

Sur le régime de Vichy :

- Aron (Robert), *Histoire de Vichy,* Livre de poche n°1633-4 et 1635-6.
- Paxton (Robert), *La France de Vichy, 1940-1944,* Le Seuil, Paris, 1973.

Sur le problème juif à l'époque de Vichy :

- Billig (Joseph), "La condition des Juifs en France (juillet 1940 - août 1944)" dans *Revue d'histoire de la Deuxième Guerre mondiale,* 1956, n° 24.
- Billig (Joseph), *Le Commissariat général aux questions juives,* C.D.J.C., 3 vol., Paris, 1955, 1957 et 1960.
- Marrus (Michel) et Paxton (Robert), *Vichy et les Juifs,* Calman-Lévy, coll. "Diaspora", Paris, 1981.
- Poliakov (Léon), *Bréviaire de la haine - Le IIIe Reich et les Juifs,* Livre de poche n° 3834.

Sur la Libération :

- Aron (Robert), *Histoire de la Libération,* Livre de poche n° 2112-3.

Sur le Béarn :

- Descamps de Bragelongue (Henri), *La vie politique des Basses-Pyrénées,* Marrimpoey, Pau, 1958.

2. Ouvrages dans lesquels un ou plusieurs chapitres sont consacrés au camp de Gurs.

- Badia (Gilbert) sous la direction de. *Les barbelés de l'exil,* PUG, Grenoble, 1979. Voir plus particulièrement les articles de :
  . Barbara Vormeier, "Les internés allemands et autrichiens en 1939-1940", p. 224-242.
  . Jean-Philippe Mathieu, "Les communistes allemands et leur organisation, avril-août 1939", p. 243-257.
  . Claude Laharie, "Histoire du camp après juin 1940", p. 258-288.

- Baradat (Honoré), *Pays basque et Béarn sous la botte allemande,* Imprimerie de la République, Pau, 1970, p. 44-45.

- Carrasco (Juan), *La Odisea de la Republicanos Espanoles en Francia (1939-1945),* album souvenir de l'exil des Républicains espagnols en France, Edicion Nova Lettra, Barcelone, 1980, p. 142-147 (recueil de photos avec commentaire succinct en espagnol et en français).

- Klarsfeld (Serge), *Le mémorial de la déportation des Juifs de France,* édité par l'auteur, Paris, 1978 (liste nominative avec date et lieu de naissance des 1 054 Juifs décédés au camp).

- Laharie (Claude), *Le camp de Gurs, présentation succincte,* fascicule édité à l'occasion du 40e anniversaire de la création du camp, Oloron, 1979, 30 p.

- Laharie (Claude), "Les indésirables français au camp de Gurs, juin-décembre 1940", dans *Répression. Camps d'internement en France pendant la seconde Guerre Mondiale - Aspects du phénomène concentrationnaire.* Université de Saint-Etienne, Centre d'histoire régionale, 1983, p. 147-166.

- Laharie (Claude), "Les Espagnols au camp de Gurs", dans *Revue de Pau et du Béarn,* n° 11, Pau, 1983, p. 59-78.

- Lubetzki (Jacques), *La condition des Juifs en France sous l'Occupation allemande,* C.D.J.C., Paris, 1945.

- Mesplé-Somps (Robert), *La guerre d'Espagne vue à travers la presse des Basses-Pyrénées et certains témoignages personnels,* T.E.R., Faculté des Lettres et des Sciences humaines de Pau, 1970, p. 104-120.

- Nachmann (Werner) et Freund (Heinrich), *Sie sind nicht vergessen,* fascicule édité par le consistoire des Israélites du pays de Bade, Karlsruhe, 1961, p. 6-12.

- Rutowski (Adam) documents rassemblés et présentés par, *La lutte des Juifs en France à l'époque de l'Occupation, 1940-1944,* C.D.J.C., Paris, 1975, p. 65 et suivantes.

- Sauer (Peter), *Dokumente über die Verfolgung der jüdischen Bürger in Baden-Württemberg durch das nazionalsozialistsche Regierung,* W. Kohlhammer, Stuttgart, 1966, vol. II, chapitre XIV, p. 232-268.

- Sauer (Peter), *Die Schicksale der jüdischen Bürger Baden-Württemberg während der nazionalsozialischen Verfolgungzeit, 1933-1945,* W. Kohlhammer, Stuttgart, 1969, p. 268-424.

- Steinberg (Lucien), "Statistiques des déportations des Juifs de France d'après les archives de la Gestapo", dans *Le Monde Juif,* 1966, n° 41.

- *Vormeier (Barbara), La déportation des Juifs allemands et autrichiens de France (1942-1944),* la Solidarité, Société mutualiste des réfugiés allemands et autrichiens, Paris, 1980 (liste nominative des déportés).

- Vormeier (Barbara), *Vivre à Gurs. Un camp de concentration français, 1940-1944,* François Maspero, Coll. Actes et mémoire du peuple, Paris, 1979, p. 243-283.

- Weill (Joseph), *Contribution à l'histoire des camps d'internement dans l'anti-France,* C.D.J.C., Paris, 1946, p. 21-179.

II. TEMOIGNAGES PUBLIES

- Arnoldsen (Gret), *Silence, on tue.* La pensée universelle, Paris, 1981, p. 143-178.

- Dworkin (Eugeniusz), *Od Manzaneres do Oki, Wsponienia Dombrowszczaka,* Ksieski i Wiedza, Varsovie. 1974, p. 17-31.

- Gans (Jacques), *Het veege lijf,* G.A. van Oorschot, Amsterdam, 1951, p. 222-286.

- Gourfinkel (Nina), *L'autre patrie,* Le Seuil, Paris, 1953, t. II, chapitre IX.

- Israël (Gérard), *Heureux comme Dieu en France,* Robert Laffont, Paris, 1975, 328 p.

- Kapel (René), "J'étais aumônier des camps du sud-ouest de la France (août 1940 - décembre 1942)", dans *Le Monde Juif,* n° 87, p. 93-116 et n° 88, p. 154-182.

- Koestler (Arthur), *La quête de l'absolu,* Calman-Lévy, Paris, 1981.

- Krehbiel-Darmstädter (Maria), *Briefe aus Gurs und Limonest, 1940-1943,* Lambert Schneider, Heidelberg, 1970, p. 17-119.

- Lecoin (Louis), *De prison en prison,* édité par l'auteur, Antony, 1946, p. 196-203.

- Lesca (Charles), *Quand Israël se venge,* Grasset, Paris, 1941, p. 127—173.

- Liefmann (M. et E.), *Helle Lichten auf dunklen Grund,* Berne, 1966, p. 21 et suivantes.

- Ludwig (Max), *Das Tagebuch des Hans O. Dokumente und Berichte über die Deportation und den Untergang der Heidelberger Juden,* Lambert Schneider, Heidelberg, 1965, p. 8-35.

- Martin (Henri), *Gurs, bagne en France, 1939-1944 - Pour que souvenir ne meure,* texte dactylographié, Montpellier, 1982, 46 pages.

- Marx (Heinrich), *Die Flucht, Jüdisches Schicksal - 1940,* Düsseldorf, 1955, p. 110 et suivantes.

- Merle d'Aubigné (Jeanne), *Les clandestins de Dieu, CIMADE, 1939-1945.* Le Signe, Fayard, Paris, 1968, p. 61-85. La version allemande de cet ouvrage traduit par Adolf Freundenburg, est publiée sous le titre *Rettet sie doch,* Zurich, 1969.

- Moussinac (Léon), *Le radeau de la Méduse, Journal d'un prisonnier politique, 1940-1941,* Ed. Hier et Aujourd'hui, Paris, 1945, p. 147-278.

- Neter (Eugen), "Erinnerungen an das Lager Gurs in Frankreich". dans *Journal de liaison du Consistoire des Israélites du pays de Bade,* Karlsruhe, décembre 1961, p. 12-16 ; janvier 1962, p. 15-16 ; février 1962, p. 14-16.

- Rauch (Heinrich), *In Spanien, 1936-1939. Erinnerungen von Interbrigadisten aus der B.R.D.,* Francfort-sur-le Main, 1976, dernier chapitre.

- Schramm (Hanna), *Vivre à Gurs. Un camp de concentration français, 1940-1941,* François Maspéro, Coll. Actes et mémoires du peuple, Paris, 1979, p. 7-176. Cet ouvrage avait été publié en langue allemande sous le titre *Menschen in Gurs, Bericht und Dokumentation der frz. Gesetze sur Emigrantenpolitik,* Georg Heintz, Worms, 1977, 384 p.

- Ucesnici (Pisu) sous la direction de *Spnija, 1936-1939, Zbornik secanja Jugolovenskih Dobrovolijaca Spanskomraku* Voinoizdavacki Zavod, tome IV, Krozlogore i Zatvora, Belegrade, 1971, p. 171-552 (témoignages des volontaires yougoslaves des Brigades internationales).

- Vanino (Maurice), *Le temps de la honte. De Rethondes à l'île d'Yeu,* Ed. Castor, Paris, 1952, p. 130-147.

- Vicuna (Julio), Villalba (Luis) et Castejon (Julian), "Témoignages" publiés dans l'édition spéciale n° 1652 du 5 avril 1979 de *Libération* à l'occasion du 40e anniversaire de la création du camp, Oloron-Sainte-Marie, p. 2 et 3.

III. AUTRES PUBLICATIONS

1. Gurs - Souvenez-vous, bulletin de liaison et d'information de *l'Amicale du camp de Gurs,* publication trimestrielle, imprimé par Léon Bérody à Angoulême : témoignages, articles à caractère historique et informations diverses.

2. Romans

- Escoula (Yvonne), *L'apatride.* N.R.F. Gallimard, Paris, 1951, p. 162-280.

- Koestler (Arthur), *La lie de la terre.* Livre de poche n° 3222, p. 107-192 et 312-346.

3. Dessins et gravures

- Lingner (Max), *Le livre d'heures du travailleur,* Editeurs Français Réunis, Paris, 1979 (recueil de 24 dessins à l'encre de Chine exécutés en 1941 au camp, accompagnés de 46 poèmes de Jacques Gaucheron).

On trouvera des dessins, gravures et affiches exécutés au camp dans :

. *Les barbelés de l'exil,* op. cit., reproductions hors-texte, p. 96-97.
. *Vivre à Gurs,* op. cit. reproductions hors-texte, p. 64-65.
. *Contribution à l'histoire des camps...* op. cit., p. 242.

INDEX

D

E

F

G

H

I

J

K

L

M

N

TABLE DES CARTES ET DES REPRODUCTIONS

TABLE DES TABLEAUX STATISTIQUES

TABLE DES MATIERES

TROISIEME PARTIE - VIVRE A GURS (1939 - 1944)

Achevé d'imprimer
sur les presses de la
Société Atlantique d'Impression à Biarritz
le 6 octobre 1993

Réalisation : Infocompo à Pau

Dépôt légal octobre 1993

Couverture : Hubert Laharie